帝國的暮色

冬之卷　王朝末世與滅亡剖析

馮敏飛 著

亡國必然因素 × 永恆性探討 × 歷史決策假設 × 循環論之審視……
以末世救亡視角，看中國各大王朝的「倒數十年」！

> 從文明衰落所造成的痛苦中學到的知識，
> 可能是人類進步最有效的工具。
> ——湯恩比

歷史上 14 個強大王朝 × 滅亡前最後 10 年

當君主昏庸、民怨日增、外戚竊權、朝野爭鬥、征戰連連……
帝國的「死亡倒數」早已被啟動！

目錄

救亡與更替	005
推薦序	007
作者自序：讀史如觀荷	009
本卷開篇話：前車之鑑	021
第一章　秦末 10 年	027
第二章　西漢末 10 年	049
第三章　新朝末 10 年	067
第四章　東漢末 10 年	093
第五章　西晉末 10 年	109
第六章　隋末 10 年	131
第七章　唐末 10 年	155
第八章　吳越末 10 年	177
第九章　遼末 10 年	193
第十章　北宋末 10 年	209
第十一章　南宋末 10 年	231

目錄

第十二章　深化與超越　　　　　　　　249

第十三章　明末 10 年　　　　　　　　267

第十四章　清末 10 年　　　　　　　　291

小結：王朝夭折與國家永恆　　　　　　333

跋：馮敏飛和他的歷史寫作　　　　　　357

後記　　　　　　　　　　　　　　　　361

救亡與更替

▶ **整理 14 個王朝的最後 10 年**

　　本卷專注中國歷史上那些強大的王朝何以亡國，以電影慢鏡頭與特寫鏡頭的方式，生動地再現了 14 個朝代最後 10 年的覆滅過程，並分別對其另一種結局及國家永恆的最大可能性作了探討。

救亡與更替

推薦序

謝泳

　　認識敏飛兄稍晚，從相見到熟悉，不過四、五年時間，或許因為經歷接近，我和他卻有一見如故、相見恨晚之感。敏飛兄比我年紀稍長，但最後讀書和我在同一年，均是1980年代初，又都是地方教育大學畢業。現在學歷貶值，如非名校出身，一般人都不願意主動提及自己的學歷，但敏飛兄豁達，初次見面，三言兩語，我們就以同地方教育大學畢業拉近了關係。有一年，我參加他一本新書發表會，敏飛兄現場演講一個多小時，思路清晰，觀點新穎，口才極佳。因平時聊天，敏飛兄言語謙慎，初次接觸，還以為他不善言談。其時我的老朋友負責主持一個講座專案，那次演講結束後，我當即和敏飛兄約定，要他來演講一次，可惜不久，疫情來臨，未能在恰當時候回來演講，至今引為憾事。

　　敏飛兄早年以小說名世，後來轉向歷史文化散文的寫作，已有多部相關著作問世。他的「歷史四季」系列讀者眾多，影響深遠，一版再版，就是專門研究歷史的專家，也刮目相看。

　　敏飛兄的作品，雖不是職業歷史研究，但他能及時吸收歷史研究的最新成果，借鑑最新史料，並用他流暢優美的文筆，選擇新的視角，把豐富的歷史知識及其對當代的啟示傳達出來，在歷史和文學的結合點上，敏飛兄把自己的才情發揮得相當充分，他的歷史文化隨筆，不但故事講得好，更能用古代歷史映照當代現實，提出富有時代感的問題。

　　敏飛兄因文學而入歷史，本可以進入專業的相關研究，以論文表達自己的觀點，但他卻選擇歷史文化隨筆的寫法，我認為非常明智。現在的職

推薦序

業歷史研究者，多數沒有把歷史研究普及化的能力，所以那些在歷史和文學邊緣遊走的作家才大顯身手。敏飛兄平時涉獵廣泛，正史、雜書、人文社科類著作都不放過，所以作品能個性鮮明，別具慧眼，好讀而不膚淺。敏飛兄概括整理歷史事件的能力很強，常能在歷史人物的命運中，發現富於時代意義的話題，也善於在敘述歷史事件的過程中，引導讀者反觀當下的現實生活，這是敏飛兄歷史文化隨筆的新境界。

　　克羅采曾說過「一切歷史都是當代史」，敏飛兄的歷史文化隨筆，也可稱是書寫中國當代歷史的一種特殊文獻！

　　感謝敏飛兄信任，聊綴數語，以為序言。

（作者是著名學者、教授）

作者自序：讀史如觀荷

　　李白仰天長嘆：「秦王掃六合，虎視何雄哉！」秦始皇武功蓋世，死後猶威震殊俗。不料短短十數年，秦崩而楚亡，比秦始皇小 3 歲的劉邦手提 3 尺劍清寰海，創業垂基 400 載。相比長壽王朝，大秦如同一個強壯的年輕人忽然暴病死亡，特別令人喟嘆。

　　《劍橋中國秦漢史》有專節〈崩潰的原因〉，歸納秦亡的 5 個原因：一是殘暴和剝削嚴重，二是秦始皇及二世不願納諫、子嬰軟弱，三是未能吸取歷史教訓，四是陳勝、吳廣起義，五是好大喜功。[001] 除此之外，是不是還有其他原因？

從盛世看末世

　　這些年來，筆者專注中國歷史王朝興衰問題，著重創世、盛世、危世與末世歷史四季，嘗試系統性整理歷史上 43 個盛世（含治世、中興），剖析十餘個長壽王朝建國立朝之初，以及十幾個王朝的最後 10 年。一系列看下來，有一個詞逐漸浮現並明朗化，這就是「華麗轉身」。

　　「華麗轉身」是現代詞，指從一種社會角色形象轉變為另一種社會角色形象。轉身是改變，華麗則強調這種改與變是朝積極的、好的、大眾認可或期望的方向。引申到政治，就是古人所謂「皇道開明」，現代所謂「文明執政」。「天下雖得之馬上，不可以馬上治」，說的也是這個意思。對一

---

[001]　［英］崔瑞德、魯惟一：《劍橋中國秦漢史》，中國社會科學院譯，北京：中國社會科學出版社，1990 年，P80～85。
　　　　說明：凡相同版本，第二次引用後只簡注作者、書名及頁碼。

作者自序：讀史如觀荷

個帝王來說，這才是關鍵。

歷史上，不論中外，國家或王朝都像新生兒一樣帶著血汙而降，沒有幾個來自和平，來得聖潔。「湯武革命」，《周易》說是「順乎天而應乎人」，千古叫好，可是稍微深入討論，黃生說湯武並非「受命」而是「篡弒」，強調冠帽雖破舊也必須戴頭上，鞋履再新也只穿腳上，再怎麼也不應當推翻君主。轅固生堅持傳統觀點，將他一軍：「照你這麼說，我們高皇帝取代秦天子也不對嗎？」這時，漢景帝劉啟連忙喊停：「你們別爭啦！食肉者沒吃過馬肝不等於不懂肉味，學術討論即使不談論湯武革命，也沒人說你沒學問！」就這樣，從此再沒人敢公開爭論湯武革命的問題。[002] 晉明帝司馬紹偶然聽聞前輩開國真相，不敢相信，「覆面著床」說：「如果真像您所說那樣血腥，國運怎麼可能長久？」[003] 司馬紹顯然是剛出道，還沒來得及多讀歷史。史學名家呂思勉深有感慨說：「篡弒，也是歷代英雄的公罪」。[004] 法國歷史學家米涅（François Mignet）說得更直接：「好事和壞事一樣，也是要透過篡奪的方法和暴力才能完成。」[005] 連《聖經》都一再強調，上帝降生之時「猶如黑夜之竊賊」。所以，「權力來源合法性」對開國者來說，實際上是道偽命題。朱元璋、康熙為他們的權力來源喋喋不休地辯護，實在是浪費精力。而像北魏太武帝拓跋燾，為新修的國史所謂「暴揚國惡」問題，不僅族誅崔浩，還順手殺了他的姻親范陽盧氏、太原郭氏與河東柳氏等北方大族，北魏的漢化努力又一次失敗，實在是得不償失。

奪權之後再區分統治者高下與王朝優劣，才有實質性意義。漢代人所謂「逆取順守」，也是這個意思。人類歷史是一部華麗轉身史，那種說遠

---

[002] 《史記》卷121，〈儒林列傳〉，北京：中華書局，1999年（本書用涉二十四史均為此版本），3冊，P2374，「於是景帝曰：『食肉不食馬肝，不為不知味；言學者無言湯武受命，不為愚。』遂罷。是後學者莫敢明受命放殺者。」

[003] 劉義慶：《世說新語·尤悔》，「若如公言，祚安得長！」

[004] 呂思勉：《中國通史》，北京：群言出版社，2016年，P433。

[005] [法] 米涅：《法國革命史》，商務印書館，1977年，P4。

古多美好，後來才變壞，厚古薄今，我是無法相信的。但我覺得讀史如觀荷，不必糾結它是否出身泥濁。一個國家或帝王是否正當，即「權力來源合法性」，跟嬰兒是否出自血汙的問題一樣，沒有實質性意義。丹麥一個官方網站首頁就寫著：「我們曾是凶殘的維京海盜，現在我們是世界上最和平的社會之一。」他們坦然於曾經的血汙，欣然於現在的華麗轉身，不讓歷史成為包袱，輕裝快步前行。悠悠千古，有幾個盛世帝王合法，又有幾個末世帝王不合法？歷史上在這方面浪費太多精力了！

還是把注意力轉移到看它是否及時華麗轉身吧！有些開國帝王迅速華麗轉身，盡快告別暴力，即使未能開創盛世，也打下良好基礎，讓二、三代之後步入盛世。更多帝王遲遲不肯華麗轉身，甚至「醜惡轉身」，死腦筋走下去，王朝沒毀在自己手裡，也堅持不了幾代。漢光武帝劉秀、晉武帝司馬炎、梁武帝蕭衍、隋文帝楊堅、宋太祖趙匡胤、明太祖朱元璋，都是開國即盛世。周成王、宋文帝劉義隆、齊武帝蕭賾、唐太宗李世民、後唐明宗李嗣源、清聖祖康熙等，二、三代也開創盛世。所謂中興，就是「王道衰而有能復興者」。[006] 從前輩那裡接過來就是「王道衰」的班底，再不華麗轉身就無可救藥了。

「開元盛世」如日中天，可就在這時爆發「安史之亂」。專家學者分析：

安史之亂從根本上動搖了唐朝的統治根基，使唐朝處於瀕臨滅亡的危機境地，然而在不知不覺中，唐王朝卻又穩住陣腳，竟又延續了一個半世紀的命脈。究其原因，應該說與蘊含在唐朝內部的柔性結構所具有的強韌性有關。[007]

這種蘊含在王朝內部柔性結構的「強韌性」（國家韌性，National resil-

---

[006]　王觀國：《學林》，北京：中華書局，1988 年，P51。
[007]　[日] 氣賀澤保規：《中國的歷史・隋唐時代》，石曉軍譯，桂林：廣西師範大學出版社，2014 年，自序 P4～5。

作者自序：讀史如觀荷

ience），就是盛世的結晶。有了這種強韌性，唐朝能夠承受意外打擊。而秦統一雖然迅速，由於缺乏強韌性，未能及時華麗轉身，像鋼一樣看似無比堅硬，其實很脆，經得起高壓卻經不起打擊，一打就斷。人算不如天算，百密一疏，意外防不勝防。韌性的強度，或者說有沒有盛世，穩定發展期長短，決定一個王朝壽命的長短。

從暴君到明君

將一個人物簡單標籤化，很容易一葉障目，掛一漏萬。

《史記》中有一個細節不可忽略：第一次會商鞅，秦孝公聽得打瞌睡，事後還怒責引見的太監景監：「子之客妄人耳，安足用邪！」景監自然把怒氣轉發到商鞅身上，商鞅說：「求你再給我一次機會，我換個話題！」果然，秦孝公有興趣了，竟然快語通宵，一連幾天幾夜。景監好奇得很，忙問商鞅：「你究竟說了什麼，讓吾君甚歡也？」商鞅說：「前兩次，我推介禮樂之治，勸君直追三代學堯舜，君嘆道：『禮樂之治當然好，可那不是三年五年、十年八年能夠見效的，我等不了。你看當今天下，哪一個不是虎視眈眈？哪一個不是危在旦夕？又有哪一個能夠等待你幾十年、上百年變成強國？』聽了這些話，我恍然大悟，改而推介能最快成為強國的霸王之道，君王聽了果然非常高興。只可惜，這霸道在道義上就比不上『三代』了！」[008] 由此可見，秦孝公與商鞅都不是糊塗之人，也都不是無德之人，只是在殘酷現實逼迫下，不得不狠心為之，暫且為之，心靈深處還是幻想將來改行禮樂之治。由此，我們有理由相信：秦國在以暴力完成統一

---

[008] 同注2，卷68，〈商君列傳〉，3冊，P1764，「鞅曰：『吾說君以帝王之道比三代，而君曰：「久遠，吾不能待。且賢君者，各及其身顯名天下，安能邑邑待數十百年以成帝王乎？」故吾以強國之術說君，君大說之耳。然亦難以比德於殷、周矣。』」

大業後，有可能華麗轉身，轉成禮樂之治，直追「三代」。

面對春秋、戰國那禮崩樂壞、烽火連天的局勢，許多有識之士挺身而出。所謂諸子百家，都在積極尋求解救之道，只不過多數人失敗。秦始皇收拾了那麼大的亂局，應該說功莫大焉。

統一之後，秦始皇仍然勵精圖治。史家批評他大小事都親自處理，每天要批閱完一石檔案才睡覺。[009] 當時檔案刻在竹簡上，一石約為現在30公斤。我們難以想像那一石檔案相當於現在多少頁A4紙，但不難想像每天經手、過目30公斤物品是否輕鬆。

《中國歷史大事編年》記載始皇帝的主要作為：西元前221年統一六國、定官制、改行郡縣制、統一度量衡、收民間兵器鑄樂器，前220年西巡、築國道，前219年東巡封禪、鑿靈渠，前216年查核田畝，前215年伐匈奴，前214年擊南越、築長城。柏楊「不為君王唱讚歌，只為蒼生說人話」，卻破例讚秦始皇「做出了幾乎比此後兩千年大多數帝王所做的總和還要多的事」。[010] 這一系列大事，對一個歷經幾百年戰亂之後剛剛統一的國家來說，的確難以承受。據猜想，當時全國多達15%以上的人口被徵集到各大工地。《漢書》描述其時「赭衣塞路，囹圄成市」，慘不忍睹。如果說伐匈奴、擊南越、築長城出於無奈，那麼造宮殿和驪山墓可以暫緩吧？超出實際承受能力的事，難免要用暴力強制。最糟的是「焚書坑儒」，雖然存在諸多爭議，但「它使後世的文人對秦帝國產生了長久的反感」。[011] 實際上，後世不稱「焚書坑儒」而勝過「焚書坑儒」之事屢見不鮮。一方面是戰爭「焚書」，例如「光武遷還洛陽，其經牒祕書載之二千餘兩，自此以後，參倍於前……及王允所收而西者，裁七十餘乘，道路艱

---

[009] 同上，卷6，〈秦始皇本紀〉，1冊，P183，「天下之事無小大皆決於上，上至以衡石量書，日夜有呈，不中呈不得休息。」

[010] 柏楊：《中國人史綱》上冊，北京：同心出版社，2005年，P210。

[011] 同注1，P67。

作者自序：讀史如觀荷

遠，復棄其半矣。後長安之亂，一時焚蕩，莫不泯盡焉」；[012]另一方面是以編修新書之名所行的破壞，例如明清之時。而「坑儒」也有若干可議，至少一點，秦氏並沒有殺光或絕對排斥儒士，直到陳勝揭竿而起之後，秦二世還召「博士諸儒生」30餘人問計，並賜博士叔孫通帛20匹、衣一襲，[013]叔孫通隨後又成為漢朝著名儒士。只不過「焚書坑儒」早被標籤化，好比註冊商標，後來可以超過其標準，但不得同冠其名。

秦始皇顯然也有華麗轉身。他認為「天下共苦戰鬥不休，以有侯王」[014]，所以從體制上挖掉諸侯混戰的根源，廢分封制而改行郡縣制，廢貴族制而改官僚制。統一度量衡、鑿靈渠關係到經濟民生；收兵器、鑄樂器，那顯然是學周武王放馬於華山之南，放牛於桃林之野，極富象徵意義。深入歷史的大街小巷，還可以找到一些耐人尋味的細節。秦始皇聘有70位專家學者，授以「博士」官銜，又為博士招2,000多名「諸生」，並「尊賜之甚厚」。「博」與「諸」說明沒什麼「獨尊」之類。2002年湖南龍山里耶出土的秦簡顯示：西元前214年被調派服徭役的12名犯罪男子，每日薪資8錢，除去伙食費可餘6錢。一天收入扣除伙食費可餘3/4，這可不太像「懲治、改造思想的強制勞動」。西元前215年北巡時，秦始皇令李斯代撰〈碣石門辭〉，其中有句：「男樂其疇，女修其業，事各有序。」即使這不是現實寫照，至少顯示秦始皇有這樣的理想，與儒家的追求並不矛盾。這次北巡還到了今河北秦皇島，見島上荊條叢生，秦始皇立即下馬叩拜，長嘆說：「這是小時候讀書時，我老師用過的啊！」[015]如果這傳說不一定可信，那至少可以說明在有些古人的心目中，秦始皇是尊師重道的。明朝

---

[012]《後漢書》卷79上，〈儒林列傳〉，9冊，P1719。
[013]同注2，卷99，〈劉敬叔孫通列傳〉，3冊，P2100。
[014]同上，卷6，〈秦始皇本紀〉，1冊，P170。
[015]蔣一葵：《長安客話》：「俗呼秦皇島……俗傳秦皇至此山見荊，愕然曰：『此里師授吾句讀時所用樸也。』」

狀元出身的著名學者焦竑明確認為：「秦時未嘗不用儒生與經學也。」[016] 北京大學中國古代史研究中心教授辛德勇說：「儒家在秦代不僅沒有受到特別壓抑，且與其他諸家學說比起來，還可說是獨得朝廷的眷顧，有著其他諸家無可比擬的優越地位。」[017] 否則，如果真「焚書坑儒」殆盡，劉邦制禮作樂怎麼「頗採古禮與秦儀式雜就之」？[018] 陳寅恪甚至認為《中庸》是「秦時儒生之作品也」。[019]

可見秦始皇不是不想華麗轉身，只不過沒轉成功，或者說，沒來得及轉成功，就被貼上「暴君」的標籤了。秦始皇死時才50歲，他若地下有靈，恐怕會常吟白居易那首詩：「周公恐懼流言日，王莽謙恭未篡時……」

事實上，從戰國中期到秦漢之際，流行的是「黃老之學」。此學尊崇黃帝和老子，以道家思想為主，吸納了陰陽、儒、法、墨等學派的觀點。漢武帝劉徹所謂「罷黜百家，獨尊儒術」，實際上只不過表面文章，行的還是「霸王道雜之」。縱觀千古，「獨尊法術」或「獨尊儒術」的日子，總共也找不出幾天。秦始皇即使有超脫這個時代的社會思潮，也不可能太久遠。

從恩人變敵人

直到秦始皇死，秦朝局勢比此前此後許多政權變易之時看起來更平穩。西元前210年上半年，秦始皇遠離京城，從今陝西西安東巡至今湖北雲夢遙祭虞舜，然後到今浙江會稽山祭大禹，眺望南方戰場，也許還想

---

[016]　焦竑：《焦氏筆乘》。
[017]　辛德勇：《生死秦始皇》，北京：中華書局，2019年，P174。
[018]　同注13，P2102。
[019]　陳寅恪：《金明館叢稿初編》，上海：上海古籍出版社，1980年，P42。

作者自序：讀史如觀荷

繼續南下呢！哪有半點土崩瓦解的跡象？然而，正如孟德斯鳩（Montesquieu）《法意》（*The Spirit of Law*）（《論法的精神》）中所說：「專制政體的原則是恐怖；恐怖的目的是平靜。但是這種平靜不是太平。它只是敵人就要占領的城市的緘默而已。」

就在這時，秦始皇忽然病倒，局勢也隨之如山倒。大公子扶蘇曾公然為儒生辯護，觸怒龍顏，被逐邊境督軍，這是秦始皇的一個致命錯誤。但辭世前夕，秦始皇遺詔扶蘇接班，說明他仍有華麗轉身之心。不想這要命的時刻出意外，大臣趙高與大將蒙恬之間有怨，趙高便竄改遺詔，以「不孝」之名賜死扶蘇，連帶蒙恬，而讓另一個公子胡亥繼位。不過，至此局勢還不算太壞。胡亥少時跟趙高學過法律，時年23歲。此時距陳勝揭竿而起還有整整一年時間，劉邦起兵更是在後，胡亥有時間華麗轉身，問題是胡亥根本沒有此心。

在這裡，姑且不抨擊趙高、李斯之流，因為任何時候都有惡人。也不應抱怨六國後人復辟，給了你十幾年時間，為什麼還不能讓他們「悅服」？如果沒有陳勝等人帶頭，他們何曾有過反抗？關鍵是胡亥這不肖之子認賊為父，貪圖享樂，像木偶一樣任惡人擺布，死腦筋、錯到死。

劉義隆之父也是開國皇帝，命更薄，第三年病死。長子劉義符繼位，卻根本不把朝政放心上，而當時國際形勢嚴峻，顧命大臣謝晦等人感到問題嚴重，便將劉義符殺了，改立劉義隆。劉義隆皇位可謂撿來的，理當感恩戴德，然而他橋歸橋路歸路，將謝晦等人治罪，然後北伐南征，平息內亂，發展經濟，開創「元嘉之治」，這不是特例。此後十餘年，北魏太監宗愛殺太武帝拓跋燾，改立其子拓跋余。拓跋余佯裝胸無大志，暗中謀劃。宗愛覺察後先下手將他殺了，然後立拓跋濬。拓跋濬吸取教訓，繼位後即殺宗愛個措手不及。拓跋濬在位13年，逐漸安定，病死後由其子拓跋弘繼位，開創「孝文中興」。如果胡亥能像劉義隆、拓跋濬，繼位後華

麗轉身,不說盛世,維持大局穩定,應該不難吧?

民軍勢如破竹,火燒眉毛,胡亥、趙高、李斯之流卻還在那裡內訌。直到趙高殺了李斯,胡亥才意識到危險,怒責趙高。趙高怕了,逼胡亥自殺,擁立其姪子嬰。子嬰不是傻瓜,趙高派人請子嬰去受璽即位,子嬰稱病。趙高信以為真,前往探望,一進門便被殺。

子嬰也許不凡,但為時已晚。繼位第 46 天,劉邦的民軍即入咸陽。子嬰不願再連累百姓,放棄抵抗,向劉邦投降。強大無比的秦帝國,僅存 15 年又 47 天。

說到底,還得追究秦始皇。學者指出:「秦國在統一中國後,對它囊括天下的組織能力的有效性,以及它在全民戰爭時期發展出的一套嚴酷的統治手段,過於自信」,「因而出現了中國歷史上國家權力首次不受任何社會力量有效制衡的局面。正如歷史一再上演的那樣,這種政治體制所帶來的,只會是災難性的後果。」[020] 因為過於自信,秦始皇遲遲未能實現華麗轉身,雖然做了一堆大事,但人心也失盡了 —— 沒幾個人真心誠意想去挽救。

美國學者梅斯奎塔(Mesquita)、史密斯(Alastair Smith)認為:「從語源學來說,『君主制』(Monarchy)一詞也許指的是『一人統治』,但這樣的統治方式從來不曾、也絕對不可能存在」。實際上,不論君主制還是民主制,都是由「名義選擇人集團、實際選擇人集團和致勝聯盟」三種力量主導。「致勝聯盟」指由一小群法官、軍官和高階公務員組成,是最重要的集團。「沒有他們,路易國王恐怕早被別人取而代之了」。[021] 想想拓跋濬當時,年僅 12 歲,能有多少大智大勇?還不是靠左右大臣,即「致勝聯

---

[020] 趙鼎新:《東周戰爭與儒法國家的誕生》,夏江旗譯,北京:北京聯合出版公司,2020 年,P170、171。

[021] [美] 梅斯奎塔、史密斯:《獨裁者手冊》(*The Dictator's Handbook: Why Bad Behavior is Almost Always Good Politics*),駱偉陽譯,南京:江蘇文藝出版社,2014 年,P27、31。

作者自序：讀史如觀荷

盟」？可是，秦始皇遺詔被竄改之時，為什麼沒有「致勝聯盟」站出來阻止趙高、李斯，讓胡亥這個年輕人懸崖勒馬？胡亥娛樂至死，繼續橫徵暴斂修阿房宮，而將各地越來越激烈的內戰，誤以為是鼠竊狗偷。直到戰火燒到距咸陽僅60公里的地方，胡亥才如夢初醒，慌忙赦免驪山修墓的數十萬刑徒，發給武器，鼓動他們拚死抵抗。在這之前，那麼多文官武將做了什麼？別忘了，陳勝、吳廣們大都只是未經武裝訓練的農民，而官軍十幾年前曾橫掃中原六國，軍心、民心這麼快就丟往哪裡去了？

古往今來，人們都希望長壽，也希望國運永祚。迄今怨始皇，只因為他浪費了太多性命！

從折線轉射線

如果將秦王朝的歷史用線條畫出來，最像折線形，向上的線段11年，向下的線段4年，頂端只有西元前210年一個點，飆升後如同跳樓般墜落，如鋼條般戛然而斷。

隋朝與之類似，但有所不同。581年楊堅受北周靜帝「禪讓」，589年結束南北朝亂局，隨即華麗轉身，被譽為「開皇之治」。604年楊堅去世，兒子楊廣繼位，說是弒父篡權，但沒有影響大局穩定，完成大運河開發，完善科舉制度，拓展疆土，暢通「絲綢之路」，直到609年，還一派昇平景象。但隨後發生突變，特別是三征高麗而陷入泥沼，老天爺又雪上加霜，山東、河南嚴重水災，各地紛紛造反，光文獻確認的反叛組織，就有200多個，官軍根本應付不過來，618年被唐取代。這說明僅有一個華麗轉身的開國帝王還不夠。

漢武帝劉徹曾為自己辯護：「漢家庶事草創，加四夷侵凌中國，朕不

變更制度，後世無法。」[022] 其實，哪一個國家或王朝不是「草創」？何況如范仲淹所說：「歷代之政，久皆有弊，弊而不救，禍亂必生。」[023] 即使盛世，也無不隱藏著或多或少的問題。因此，即使開局轉身夠華麗，也不可一勞永逸，還需要一個又一個改革中興，才可能形成足以抵禦各種意外打擊的「強韌性」。

漢、唐、宋、明、清與秦、隋等大不相同。唐朝前期有「貞觀之治」、「永徽之治」、「武周之治」、「開元盛世」，好比一節節火箭助推衛星升入太空，一口氣發展興盛了130多年。「安史之亂」後，相繼有「元和中興」、「會昌中興」、「大中中興」又延續了150多年。明朝與此類似，前期有「洪武之治」、「永樂之治」、「仁宣之治」三大盛世，後期因為「弘治中興」、「隆慶之治」、「萬曆中興」又延續了150多年。如果描繪它們的歷史軌跡，一個盛世是一個波峰，整個王朝有數個波峰。將這些波峰的高點用曲線連起來，大致呈一條上升的橢圓弧線。這橢圓弧線好比雞蛋，享年短的王朝好比直立著放，長的好比橫著放，而不是只有一個高點，衝高之後直接向下的折線。

有人說歷史上中國疆土像法國手風琴一樣忽大忽小，其實包括法國在內的其他國家也一樣。在世界歷史的叢林中，除了古埃及、西羅馬和東羅馬、鄂圖曼和漢、唐等帝國那樣的參天大樹，大多數政體都是灌木或小草。「三千年未有之變局」或者說「西發里亞和約（Peace of Westphalia）體系」之後，尤其是第二次世界大戰勝利以來，大不相同了。人類透過深刻反省，建立了一系列國際秩序與文明準則。從此，強國也不能隨意去滅一個窮弱小國。

正是基於此，筆者強調「讀史明勢」，並設想今後一個國家的歷史軌

---

[022]　《資治通鑑》卷22，〈漢紀〉14，北京：中華書局，2019年，2冊，P844。
[023]　范仲淹：〈答手詔條陳十事〉。

作者自序：讀史如觀荷

跡可望由橢圓形變成「射線」。射線的特點：一是只有一個端點和一個方向，二是不可度量。在世界和平的時代，只要及時華麗轉身，保持執政定力，不斷改革進取，超越儒法，超越左右，超越中興，就完全可望讓國家的歷史在同一個方向不可度量地、持續地平穩發展。

中國是文明古國，典籍汗牛充棟。典籍分類：經、史、子、集，稱「四部」。那麼，讀經，還是讀史？我想，讀「經」不是讓人覺得「天地亦是架漏過時，而人心亦是牽補度日」，便是「斯道已大明，無煩著作」，沒完沒了地厚古薄今，與「三千年未有之變局」的歷史及現實漸行漸遠，甚至讓人對未來絕望。還是讀史吧！

讀史，就越可以覺悟改革之不可緩了。[024]

魯迅先生一語破的，歷久彌新！

且以此為本人歷史隨筆系列之自序。

（本文釋出於2018年2月5日《學習時報》文史版，原題〈強而無韌的秦王朝：秦朝二世而亡的教訓〉，略有修改充實。）

---

[024] 魯迅：《華蓋集・這個與那個》。

本卷開篇話：
前車之鑑

本卷開篇話：前車之鑑

一

寫完盛世、中興寫末世，有如硬幣從正面到反面。

整理中國歷史上有「盛世」之譽的 43 個階段，將同類時段抽出來比較，著眼於治世。歷史上的末世有所不同，不可能全面整理，只能選帝制時代一些大王朝的末世，抽出來比較，著眼於救世。

二

無庸諱言，常人不喜歡死亡話題。因此，我對是否寫這本書曾猶豫。忽有一日，豁然開朗。

賈德・戴蒙（Jared Diamond）是當代少數幾位探究人類社會與文明的思想家之一，他認為大多數決策者專注於「做對的事情」，但真正重要的是「為什麼會做錯」。心理學家、精神病學家去研究謀殺、強姦等案例，並不是為那些罪犯「進行辯護」，而是「想利用他們對因果鏈的了解，來打斷這個鎖鏈」[025]。光看「做對的事情」——盛世是不夠的，更重要還得看「為什麼會做錯」——末世。

中、西方歷史觀有所不同。中方重實用主義，注重利用歷史為現實政治服務。歷史上很多政治家都非常重視前車之鑑，最早可以周公為代表。商之滅亡，客觀上是征戰耗空國力，主觀上則是紂王過於迷信「天命」，有點像孔子那般自信——孔子周遊列國，與弟子在樹下習禮，宋國防部長桓魋砍樹驅趕他們。孔子臨危不懼，不屑一顧，說：「天有給我仁德了，桓魋他能把我怎麼樣？」[026] 很多帝王都如此自信，總以為天命在身，別人奈何不了他。紂王根本不把周人放在眼裡，結果被周人滅了。周公當政

---

[025]　[美] 賈德・戴蒙：《槍炮、病菌與鋼鐵——人類社會的命運》，P6。
[026]　《論語・述而》，「天生德於予，桓魋其如予何？」

後,「一沐三握髮,一飯三吐哺」,時刻警醒。周公認真總結商朝亡國的教訓,發現天命並非一成不變,老天爺給你帝王的任命書,說不定哪天又會收回去,周朝不能重蹈覆轍。因此,周公十分強調「禮樂之治」,即「以德治國」,統治者用道德自我約束,開創「成康之治」盛世。

劉邦粗人一個,得天下後還說自己是從戰馬上奪得天下,與詩書沒有關係。聽陸賈一番開導後,轉而要求:「試為我著秦所以失天下,吾所以得之者何,及古成敗之國。」[027] 結果,也為大漢開了個好局。

李世民和他的大臣魏徵等人經常談論隋亡的教訓,魏徵還強調:「鑑形莫如止水,鑑敗莫如亡國。」[028]

北魏開國皇帝拓跋珪也曾強調:「來者誠思成敗之理,察治亂之由,鑑殷周之失,革秦漢之弊,則幾於治矣。」[029]

康熙念念不忘明亡的教訓。1697 年,他對大臣說:

> 朕觀《明史》,一代並無女后預政、以臣陵君之事。我朝事例,因之者多。朕不似前人輒譏亡國也。[030]

明朝沒有外戚干政和奸臣犯上作亂,但有太監作孽,我們今天也普遍這麼看。康熙這話讓我更在意的是,他試圖結束那種後代譏諷前代的歷史惡性循環,立志不讓後人譏諷,此志不可不謂大。後來康熙又對《明史》大發感慨,說更具體,認為明朝開支太奢侈,一天的費用可抵康熙時代一年;他們囿於深宮,不知人情物資之貴。反思結果,康熙和他的兒孫開創一個長達百年的「康乾盛世」。

只有省悟而死的人,才可能想成仙!

---

[027] 《史記》卷 97,〈酈生陸賈列傳〉,3 冊,P2084。
[028] 《資治通鑑》卷 195,〈唐紀〉11,12 冊,P8098。
[029] 《魏書》卷 2,〈太祖紀〉,P25。
[030] 《清史稿》卷 7,〈聖祖本紀〉2,1 冊,P165。

本卷開篇話：前車之鑑

只有瀕死的人，才從骨子裡忌諱死！

這樣看來，就不難明白盛世何以多出現在一個朝代的前期，因為這種時期一般都小心翼翼，怕重蹈覆轍；而末世倒是多如阿Q忌諱多多，像清末攝政王載灃那樣，還陶醉在「不怕，有兵在」的美夢中。

其實，生、死與愛、恨一樣是文學藝術永恆的主題。著名國際政治專家資中筠在《國家人文歷史》雜誌發表一文，談及中美史觀差異，說有位美國歷史教授曾問美國學生為什麼要學歷史，絕大多數回答是「有興趣」。他問臺灣學生，回答：「為興趣而學歷史太奢侈，我們是為救國而學歷史。」所謂「救國」即「救亡」，著重吸取歷史上的亡國教訓。所以，晚明、晚清以及蘇聯亡黨、亡國的歷史，迄今是史學界熱門話題。湯恩比（Arnold Joseph Toynbee）說：「從文明衰落所造成的痛苦中學到的知識，可能是人類進步最有效的工具。」[031]

三

那麼，一個王朝何時開始滅亡？見仁見智，要回答這個問題十分不易。《左傳》曰：「國將興，聽於民；將亡，聽於神。」這就是說國亡比國興更難以捉摸。

西周之末，想當然是滅在周幽王之手。可是許倬雲明確寫道：「厲王之世是西周崩潰的開始。」[032] 厲王之後還有共和十幾年，甚至有「宣王中興」40多年，幽王也維持10餘年，該王朝滅亡的歷程，比後來許多王朝整個壽命還長。

關於秦朝的滅亡，學者認為，如果把15年秦帝國歷史分為6年、6年、3年這3個時期，會很好理解——第一個6年是滅六國戰爭後的「和

---

[031] 轉引自金雁〈我們應該從蘇東劇變中吸取什麼〉，《經濟觀察報》，2011年1月30日。
[032] 許倬雲：《西周史》，P318。

平時期」；第二個 6 年是對「蠻夷」戰爭時期；最後 3 年才是秦二世與子嬰「帝國崩潰時期」。[033]

關於明朝滅亡，史家一直有「明之亡，名亡於崇禎，實亡於萬曆」的說法。萬曆時期距李自成進京、清兵入關尚差半個多世紀，且被譽為「萬曆中興」，之後還有泰昌、天啟和崇禎 3 任皇帝。

關於清朝滅亡，錢穆說：「到乾隆時，滿族官僚日愈放肆，政治加速腐敗，那時知識分子的反抗意識已消沉，但下層民眾所受的痛苦卻積漸忍不住了。於是民變四起，屢撲屢興。最有名的就是所謂川楚教匪，滿洲朝廷費了很大力氣才把其壓平。但病根依然存在，一點也沒減。所以此後滿族政府即使沒遇到中西交通，沒有西洋勢力侵入，不久也仍得垮臺。」[034] 所謂「川楚教匪」指四川、陝西、河南和湖北一帶的「白蓮教起義」（1795～1804 年），此時距辛亥革命還有 100 多年。

如果說錢穆有「馬後炮」之嫌，那麼再看 1867 年 7 月 21 日晚，尚為「同光中興」之時，時任兩江總督的曾國藩與其心腹幕僚趙烈文的交談。曾國藩說：「京城中來人說，都城裡氣象甚惡，明火執仗之案經常發生，而市肆裡乞丐成群，甚至婦女也裸身無褲可穿，民窮財盡，恐怕會有異變。為之奈何？」趙烈文說：「我猜想土崩瓦解之局，不出 50 年。」曾國藩聽了，將信將疑，說：「我日夜擔心朝政大變，你不是開玩笑吧？」趙烈文說：「我雖然喜歡開玩笑，可我怎敢在您面前開這樣的玩笑？」[035] 清朝滅亡，果然未出此後 50 年。趙烈文一生乏善可陳，就因為這段對話名垂青史，並被譽為「天才預言家」。

---

[033]　《中國的歷史・秦漢帝國》，P74。
[034]　錢穆：《中國歷代政治得失》，P147。
[035]　趙烈文：《能靜居日記》，「天下治安一統久矣，勢必分崩離析。然而主德隳重，風氣未開，若無抽心一爛，則土崩瓦解之局不成。我估計，異日之禍，必先顛仆，而後方州無主，人自為政，殆不出五十年矣！」

本卷開篇話：前車之鑑

更令人瞠目結舌的是1981年4～9月，蘇聯舉行人類歷史上規模最大的軍事演習——「西方-81演習」，並破例遍邀北約各國的軍事觀察員到現場觀看。蘇軍出動十多個集團軍，近50萬兵力，坦克、火箭、轟炸機、戰艦等都以萬計，許多先進裝備首次公開亮相。電視轉播讓全世界看得心驚肉跳，不能不相信蘇聯完全可以「一週內踏平歐洲」。為此，西德、英、法、比、丹麥等歐洲多國，進入一級戰備狀態，生怕蘇聯假戲真做。然而，就在這時，挪威學者約翰・加爾通卻預言蘇聯會10年內解體。此說遭到一片反對、批駁與嘲笑。軍演結束後，人們還追問加爾通：「你的看法改變了吧？」加爾通卻說：「恰恰相反，我更加堅信了！沒錯，就10年之內！」他緊接著發表一篇〈蘇聯存在的六大矛盾〉文章，強調「當帝國開始使用強力維護自己霸權時，它已經開始衰退。當它不得不放棄這種方式時，它就會崩潰」。結果有目共睹。約翰・加爾通得到全世界廣泛認可，擔任聯合國及其相關組織的高階顧問，被國際學術界稱為「和平學之父」。

看來，國家前途的確有些人能夠看清。當然，具體時間主要還是巧合的因素。

在這裡，我不敢奢望像做學術那樣探索每一個朝代開始滅亡的具體時間。只是為了你我閱讀行文方便，統一倒數計時。

巧的是，西周太史伯陽感到末日將至，說得有板有眼：「周將亡矣……夫國必依山川，山崩川竭，亡國之徵也，川竭必山崩。若國亡不過十年，數之紀也。天之所棄，不過其紀。」[036] 後來，果真剛好第十年滅亡。我很懷疑這是馬後炮瞎編的。我這裡統一寫10年，只不過為倒數計時方便，與天紀之類無關。

---

[036]　同注27，卷4，〈周本紀〉，P105。

第一章
秦末 10 年

【提要】

西元前 215～206 年，為大秦帝國倒數計時 10 年，直至前 210 年毫無敗象，秦始皇還在東巡，只因忽然病亡，遺囑被竄改，民眾紛紛造反，而胡亥又與奸臣趙高、李斯爭權奪利，迅速被推翻。

假如胡亥像南朝宋文帝劉義隆，及時果斷地與邪惡的「恩人」切割，華麗轉身，秦此時未必亡。

第一章　秦末10年

前因：民怨日益增加

呂思勉說：「周和秦，是從前讀史的人視為古今界線的。」[037] 古書諸多「三代以上」、「秦漢以下」之類語。

每逢亂世，總有人挺身而出，立志救世。春秋戰國時，諸侯國諸多，有識之士紛紛提出自己的政治見解，爭先恐後為君主出謀劃策。學者認為：「這種爭鳴的思想內涵，實質是百家邀君主之寵。」[038] 以孔子為代表的儒家，只是百家之一。孔子的政見非常明確 —— 克己復禮 —— 以統治者自我克制「非禮」的方式，恢復周公時代那樣的禮樂之治。但一個又一個諸侯國敬而遠之，他只好回家教書、編書，把夢想寄託給後人。

有個值得一說的非著名人物，名叫由余，姬姓，字懷忠，周武王少子唐叔虞的15世孫，偶然流亡到西戎。秦穆公有志於東進，見由余來訪，連忙討教：「中原有《詩》、《書》、《禮》、《樂》還那麼亂，而戎夷沒有禮樂之治，豈不是更難嗎？」由余竟然笑道：「《詩》、《書》、《禮》、《樂》正是中原戰亂的根本原因，而被儒家貶為禽獸的戎夷，才是真正的聖人之治！」[039] 聽了這席話，秦穆公立即重用由余，轉而西進，向戎夷學習，有比「臨淵羨魚，退而結網」，迅速成為「春秋五霸」之一，然後再東進，橫掃天下。

儒家讓那個時代失望。「天下並爭於戰國，儒術既絀焉。」[040] 那個亂糟糟的局面，拖到秦始皇嬴政去收拾。秦人既不迷信古老的「周政」，也不指望那些美麗的外交盟書，而選擇法家，全力改革自己，不斷創新。可

---

[037] 呂思勉：《中國通史》，P359。
[038] 楊師群：《中國歷史的教訓》，杭州：浙江大學出版社，2012年，P128。
[039] 《史記》卷5,〈秦始皇本紀〉,1冊，P138,「此乃中國所以亂也。夫自上聖黃帝作為禮樂法度，身以先之，僅以小治……」。
[040] 同上，卷121,〈儒林列傳〉,3冊，P2369。

前因：民怨日益增加

悲的是，最後六強國面臨秦國的滅頂之災，他們的對策仍然是聯盟，可又仍然放不下眼前私利，面和心不和，競相叛盟賄敵，而不能真正團結一心抗秦，終被各個擊破，無一倖免。周王宮室掙扎到前256年，最後一任周王姬延面對秦軍入侵，親自號召組織國際聯軍，沒想到只有五、六千人響應，又缺糧餉，根本無法上陣，不得已自行解散。因為國人紛紛索債，姬延躲到一個高臺上不敢露面，最後被秦兵捉拿，徹底廢了周王朝。

從這個角度來說，嬴政是成功的，不愧是「德過三皇，功高五帝」之稱的「皇帝」。秦王嬴政於前246年繼位，於前230年滅韓，前225年滅魏，前223年滅楚，前222年滅燕與趙，前221年滅齊，從而結束長達5個半世紀的諸侯爭霸之亂，統一中國，為當時世界最大的帝國。隨之又統一經濟、文化。柏楊自稱「不為君王唱讚歌，只為蒼生說人話」，但對秦始皇評價非常高。他說：

帝國的領導者，上至嬴大帝，下至包括宰相李斯在內的高階官員，都精力充沛，具有活潑的想像力……做出了幾乎比此後兩千年大多數帝王所做的總和還要多的事。[041]

乍看柏楊這段話很誇張，可是稍加冷靜一想，便覺得並不虛枉。他創立的帝制，在中國實行到2,000多年後的辛亥革命。還有統一文字、度量衡和道路，開通河溝，都是千秋之功。一般說英語中「中國」一詞china的意思是指瓷器，也有說China是「秦」的音譯。

戲劇性的是，2,000多年來，儒家無不強烈抨擊秦始皇暴政，批得體無完膚，卻又無不竭力維護他創立的帝制。拙文〈強而無韌的秦王朝：秦朝二世而亡的教訓〉[042]發表後，有讀者問：「你也想為秦始皇翻案？」我說：「誤會了！我只是感慨秦氏之後，多少後儒一邊抨擊久遠的秦始皇，

---

[041]　柏楊：《中國人史綱》上冊，P210。
[042]　馮敏飛：〈強而無韌的秦王朝：秦朝二世而亡的教訓〉，《學習時報》2018年2月5日。

029

第一章　秦末 10 年

卻一邊叩頌那些好事沒秦始皇做得多、壞事卻多得多的新皇上，百步笑五十步！」比如同樣大行過「文字獄」，秦始皇就沒有像「洪武之治」成千上萬地屠殺自己的戰友，也沒有像「康乾盛世」種族滅絕式征戰⋯⋯

秦嬴政強烈奢望長壽，專門委派浩浩蕩蕩的人馬到海外尋求長生不死的仙丹。但同時他早做好死的準備，親自擬好一系列名稱，自己稱「始皇帝」，兒子稱「二世皇帝」，孫子稱「三世皇帝」，以至「萬萬世皇帝」，千秋萬代永遠在自家傳下去。然而，他太天真了！

正因為他太「有為」了，短時間強行做了一大堆空前絕後的事業，民怨日益增加，僅僅 5 年，他本人手上就開始倒數計時。

最大亮點：認賊為父錯到底

◎前 215 年，倒數計時：9

與西周倒數計時伊始人神共憤不同，這時的秦氏天下可謂欣欣向榮，如日中天。

秦定都咸陽，感覺有點偏僻。秦的政體發生深刻變化，不再實行分封制，讓諸侯國各自為政，改實行郡縣制，即各地直接隸屬中央政府統轄。為保持並強化這種體制，必須經常派出欽差大臣，或皇帝直接出馬，到各地檢查工作，預防一些地方官以為「天高皇帝遠」，可以我行我素。全國稍安，秦始皇便於前 220 年西巡隴西、北地（今甘肅寧縣），前 219 年東巡封禪泰山，後又北巡至碣石。碣石這個地方有些爭議，公認是今河北昌黎海中，但有的說是在今河北樂亭西南，還有的說在今山東無棣。

英美詩人威斯坦・休・奧登（W. H. Auden）在他的詩中寫道：

最大亮點：認賊為父錯到底

他們身邊，淨是些時髦的奉承話，

和蒐羅殆盡的聲色犬馬，

在這裡，良知聽命於感性的要求，

若滿足不了，定遭痛罵；

在這無邊欲壑的中央，

尋歡作樂的皇上，僅僅對死害怕。

這詩好像是專為中國帝王寫的，因為他們「僅僅對死害怕」，除此之外，沒有任何可畏懼。對秦始皇來說，創下如此前無古人的偉業，更是奢望能夠永生不死，永保江山。他生前 5 次大規模出巡，其中 4 次與求仙相關。前 219 年那次，封禪後順路到舊齊國海濱求仙，著名方士徐福自告奮勇，帶著數千金童玉女前往海中替他求仙藥。所謂「方士」，相當於現代科技兼神職人員。徐福也許堪稱中國歷史上頭號騙子，也可能真遇到神仙了，被留下（傳說定居日本，日本沿海迄今有許多徐福廟，甚至有學者認為徐福就是日本歷史上著名的神武天皇）。秦始皇不死心，這次，他直接北巡碣石，到舊燕國海濱仙人發跡之地，又委派方士盧生入海求仙。

秦始皇為自己樹碑立傳，令丞相李斯代撰〈碣石門辭〉，刻到碣石山上。平心而論，所記這些功業，包括「墮壞城郭，決通川防，夷去險阻」等等，應該屬實，只是「男樂其疇，女修其業，事各有序」[043]的盛世景象令我存疑。

傳說秦始皇此番北巡到了今秦皇島，見島上荊條叢生，感慨不已。荊條是一種落葉灌木或小喬木，廣泛分布於中國南北及日本，主要生於山坡路旁，裝點風景，也可藥用，更重要是古人用以當刑杖。不過此刑杖沒想

---

[043] 同註 39，卷 6，〈秦始皇本紀〉，P179，「遂興師旅，誅戮無道，為逆滅息。武殄暴逆，文復無罪，庶心咸服。惠論功勞，賞及牛馬，恩肥土域。皇帝奮威，德並諸侯，初一泰平。墮壞城郭，決通川防，夷去險阻。地勢既定，黎庶無繇，天下咸撫。男樂其疇，女修其業，事各有序。惠被諸產，久並來田，莫不安所。群臣誦烈，請刻此石，垂著儀矩。」

像那麼恐怖，老師也用以懲罰學生，家生也用以打子女。且說秦始皇那天見荊條，立即下馬叩拜，長嘆：「這是小時候讀書時，我老師用過的啊！」這故事直到明朝萬曆年間才見記載。[044]

北巡回來，入海求仙的盧生也還。盧生沒帶回什麼長生不老藥，但帶回一個重要情報！他看到有本名為《錄圖書》的著作上寫著「亡秦者胡也」。秦始皇火冒三丈：「看誰亡誰！」立即下令準備北伐。

「亡秦者胡也」中這個「胡」字，可能指匈奴，也可能指秦始皇次子胡亥。從後來史實看，應該是指胡亥。實際上此說肯定是後來編的。不過，即使如此，秦始皇的北伐並非多餘。中原古代最大的外患，長期是北方游牧民族。他們時常南侵，宣稱是夏王朝的後裔，因而也擁有部分中國。北部與他們在「河南地」（今內蒙古河套南伊克昭盟一帶）交界，距咸陽僅僅800里，騎兵一天就可以直抵城下，真可能帶來滅頂之災。為此，秦始皇即令大將蒙恬率30萬大軍開始北伐。

◎前214年，倒數計時：8

秦始皇上任後頒布的第一批政令，就是統一原本六國的各種制度，包括交通、文字、貨幣、度量衡、法律等。交通方面，拆除阻礙通行的關隘、堤防、城堡，新修以咸陽為中心的「直道」——相當於現代高速公路，向四面輻射，東達今河北、山東，南抵江蘇、湖南，北通內蒙古的陰山。各道一律寬50步，兩側每3丈種一棵青松。秦直道與萬里長城、阿房宮、秦始皇陵並稱「秦始皇四大工程」。2,000多年過去，我們今天仍然可以在內蒙古的包頭和東勝看到兩段秦直道遺跡。

直道開通後，秦始皇指揮開發「百越」——南方兩大塊蠻荒之地，一是「閩中地」，即現在的福建省及浙江南部；二是「陸梁地」，即現在的廣

---

[044] 蔣一葵：《長安客話》，「俗呼秦皇島……俗傳秦皇至此山見荊，愕然曰：『此里師授吾句讀時所用樸也。』」

東、廣西兩省和湖南、江西兩省的南部。徵逃亡者、贅婿、商人為兵卒，攻取南越（今嶺南地區），設桂林、南海等郡，遷罪犯50萬人戍五嶺，與越人雜居。1974年，在廣州發現一處秦漢時期造船遺址，並列4個造船臺，滑道長88公尺，還有載重至少五、六十噸的大木船，不難想見當時那裡經濟文化發達情形。本年還在今廣西興安境內開靈渠，全長60餘里，從而將長江水系與珠江水系貫通。該渠採用梯級船閘式，2,000年後美國修巴拿馬運河也採用這種方式。據悉靈渠保護完好，迄今仍發揮效益。

蒙恬在北伐中收復河南地，自榆中（今內蒙古伊金霍洛旗以北）至陰山設44縣，又渡黃河占陽山。蒙恬率軍駐紮上郡10多年，威震匈奴。為防止匈奴再侵擾，秦始皇又徵大量民工，將燕、趙、秦的舊長城連結起來，形成西起隴西的臨洮，東至遼東的「萬里長城」。萬里長城並非白手起家，戰國時各國為防備北方騎兵，紛紛在邊境築有長城。現在秦加以利用，放棄內地長城，加修北方長城，特別是陰山山脈，將其與趙、燕長城連為一線。但並非真有「萬里」，「萬」只是比喻。

秦始皇在南、北兩端同時發動戰爭，且兵分30萬、50萬是失策之舉。百越並非單一國家，秦軍分別駐5處，即今廣西桂林、湖南南部、廣東廣州、江西南昌等地。越人「與禽獸處，莫肯為秦虜」。更糟的是，北方人難以適應南方的潮溼、高溫氣候；再者，江南草莽川澤多有毒動物，也讓北方人深感恐懼。司馬遷到過南方，親眼目睹「江南卑溼，丈夫早夭」。古籍中不乏北方人對南方的偏見，甚至說南方人「口舌為毒」，「與人談言，口唾射人，則人脈胎，腫而為創。」[045]1975年，在湖北雲夢出土的〈睡虎地秦簡〉中，也發現一則以「毒言」為題的口供記錄，可見當時當地有迴避、預防「毒言」傳染的習俗，違者被治罪。

---

[045]　王充：《論衡·言毒》。

「秦法繁於秋荼，而網密於凝脂」[046]，稍不小心就可能觸犯刑法。對於罪犯，秦始皇不把他們關進牢獄，而是利用他們做各種勞役，或者築長城，或者作戰。不過，2002 年湖南龍山縣里耶出土 3.6 萬枚竹簡，其中紀錄：「某日，洞庭郡官府徵發陽陵縣 12 名犯罪男子服徭役，他們每日薪資 8 錢，除去伙食費可餘 6 錢。如果以贖金 1,344 錢折算，只須服勞役 224 日可贖罪。」[047] 我感到非常驚訝，一天收入扣除伙食費還可節餘 3/4，並不像為懲治而施行的強制勞動吧？

◎前 213 年，倒數計時：7

秦始皇重視文化教育，曾聘 70 多位老學者，授以「博士」官銜；又為博士召 2,000 多名學生，稱「諸生」。他說：「吾前收天下書不中用者盡去之。悉召文學方術士甚眾，欲以興太平」，為此「吾尊賜之甚厚」。[048] 如果能長此以往，秦代歷史肯定得改寫。

一日，秦始皇在宮中宴請群臣。喝了些酒，有的人趁機拍馬屁，有的人卻進諫。某官員奉承說：「平定海內……以諸侯為郡縣，人人自安樂，無戰爭之患，傳之萬世，自上古不及陛下威德。」秦始皇聽了很高興。接著，博士淳于越卻發表相反的意見，他認為商周朝之所以長達 1,000 多年，得益於分封子孫和功臣。如今皇上擁有天下，但子孫卻淪為平民，萬一有人作亂，高官當中沒有輔佐陛下的人，怎麼挽救？「事不師古而能久長者，非所聞也。」[049]

顯然，淳于越這話的出發點是為秦氏著想，只是太過迂腐。古人如果真那麼偉大，為什麼那些朝代作古而不延續迄今呢？如果「官二代」們真那麼可靠，哪來那麼多弒父、奪權之事？秦始皇聽了淳于越的話怎麼想不

---

[046]　桓寬：《鹽鐵論・刑德》。
[047]　《中國的歷史・秦漢帝國》，P83～84。
[048]　同註 43，P183。
[049]　同註 43，P181。

知道，反正不高興，但他還不是太專斷，只是命大家討論。丞相李斯批駁淳于越，並提出建議：一是凡《秦記》以外各國史書全都焚毀；二是除博士外，其餘人私藏《詩經》、《尚書》等百家諸語，限期送官府燒毀；三是談論《詩經》、《尚書》者，判處棄市（在鬧市執行死刑並暴屍街頭），以古非今者判處滅族，官吏知情不報者同罪；四是30日內不燒書的判處黥面（在臉或額頭刺字或圖案，並染墨作為記號），處4年勞役。但醫藥、卜筮、種樹之書不燒。秦始皇同意，付諸執行。李斯反對以古非今不無道理，但為此大燒書，顯然「擴大化」，讓2,000多年後的我們，讀來還覺得恐怖。有學者認為：「李斯只是反對士子們普遍擁有和討論這些經籍和著作。簡而言之，焚書所引起的實際損失，可能沒有像歷來想像的那樣嚴重……但是，焚書無疑具有深刻的心理影響。它使後世的文人對秦帝國產生了持久的反感」。[050]

這時令人恐懼的事還很多，比如「指鹿為馬」，或許表面看起來波瀾不驚，但它足以令人半夜醒來一身冷汗。

本年還有一件大事：將不依法辦案和辦案不實的獄吏貶去築長城，或者守五嶺。這條「新聞」自然很容易被前一條淹沒。

◎前212年，倒數計時：6

秦在兼併戰爭之時，每攻占一國，就將該國宮室描畫下來，然後在咸陽仿造一座，先後在渭河北岸200里間建了270座宮殿。如果能留到今天，肯定是世間第一文物。此外還有大量行宮，關外400多座，關內300多座。本年又開始興建「阿房宮」。該宮前殿，即正殿，面積約 $675 \times 112 = 7.56$ 萬平方公尺，可坐上萬人，相當於北京故宮總面積的 $2/3$，你想像那規模多宏偉。不過，一般認為這個數字大得不可信。據記載，該

---

[050] 《劍橋中國秦漢史》，P66、67。

第一章　秦末 10 年

宮用磁石做大門，以防私帶兵器進入。然而，後來項羽一把火，將阿房宮燒成灰燼。千年後的唐代大詩人杜牧吟一篇〈阿房宮賦〉，傳唱千古。元代詞人張養浩路經潼關，看到廢棄的宮殿遺址，不禁長嘆「興，百姓苦；亡，百姓苦」，讓我們迄今感慨不已。阿房宮的遺址，1992 年被聯合國科教文組織認定為是世界上最大的宮殿基址，屬世界奇蹟。不過，據報導，考古隊經過耐心考察，2006 年還以每公尺 5 個洞的密集度鑽探，除土夯什麼也沒發現，結論是項羽火燒純屬虛構，阿房宮根本沒興建過。

與此同時，繼續在驪山築秦始皇的陵墓。據記載，該墓高 50 餘丈，周圍 5 里餘。墓基極深，用銅液灌注。墓中奇珍異寶，不可計數。以水銀為百川江河大海，機械轉動，以人魚膏為燭。關於「人魚」，學術界尚有爭議，有的說是兩棲類動物，4 足，長尾，能爬樹，也稱娃娃魚；有的說是雌鯨。當時人們認為用這種動物油燃燈，可望萬世長明。墓中特製機關弩弓，有人觸動即斃命。也許因為防衛太好，2,000 多年來沒讓盜墓賊得逞。1974 年，幾個農民不小心在墓東側發現陪葬的兵馬俑坑，讓全世界轟動，每天吸引成千上萬的海內外遊人。

秦始皇四大工程簡介完，我還想說幾句也許不算題外話的話。歐文·斯通（Irving Stone）說：「藝術家的作品和他的私生活，就像正在分娩的婦女和她的嬰兒。你可以看她的孩子，但卻不可以掀起她的內衣去看她是否沾滿血汙。」[051] 此言在理，但欣賞文物應該不同，比如萬里長城，如果我們不掀開它的「內衣」，了解它每一塊磚都凝聚著杞良等無數男人的鮮血和孟姜女等無數女人的淚，而盲目謳歌它如何壯觀，那實在是誤導。我覺得在讚美兵馬俑之類文物之餘，應當譴責如此揮霍民脂民膏的「形象工程」。正因為太寬容，所以不時有帝王不顧百姓死活，追求那些千古工程。

---

[051]　［美］歐文·斯通：《梵古傳》，P205。

秦始皇繼續大行交通建設，命蒙恬修築從九原（今內蒙古包頭）至雲陽（今陝西淳化）直道，鑿山填谷1,800里，但數年未成。著名歷史學家范文瀾猜想，秦時服役人數不下300萬，而當時全國總人口大約只有2,000萬，等於約每7人（包括老人、婦女、小孩）就得出一人，徭役多沉重！史書描述當時「赭衣（囚犯）塞路，囹圄成市」，全國變成一座大監獄。為了保證這麼多重大工程建設，只得加重稅賦，竟然「力役三十倍於古；賦，鹽鐵之利，二十倍於古」。[052] 人們原以為一個大一統的新王朝會比原來好幾倍，哪敢料想賦役加重二、三十倍！另有記載：「秦賦戶口，百姓賀死而吊生。」[053] 死比生更可喜，這是什麼世道！

盧生訪仙求藥無果，無法交差，只好說有鬼作怪，請秦始皇低調些，所居也別讓人知道，才能避鬼得仙藥。對這樣的諫言，不可一世的秦始皇倒像個小學生，乖乖聽話。從此，他自稱「真人」，而不再稱「朕」，不再四處視察，行為詭密，有要事只能進宮稟報。又將咸陽周圍200里內270所宮觀，以復道（上下雙層道路）、甬道（側面有牆遮蔽的道）相連，要匯報工作跟進迷宮一樣，早上進去，傍晚都出不來。

秦始皇偶然獲悉方士侯生和盧生在背後議論他「剛戾自用」、「貪於權勢」、「專任獄吏」，並相約逃亡。他這才發覺受騙，惱羞成怒，命人追查。諸生相互揭發檢舉，越扯越多，牽涉460餘人。他又大興土木，不過這回不是建築，而是坑殺這數百人。

更可怖的是，秦始皇並非偶然為之。宋元時期披露，秦始皇後來又令冬季在驪山種瓜，要求博士和諸生700人去看，卻伏兵將他們坑殺。秦二世時，陳勝起事，召集博士和諸生商議對策，以他們所言荒謬為由，坑殺各數十人。這樣算來，僅秦始皇坑殺的儒生和方士總數就達1,160多人。

---

[052] 《漢書》卷24上，〈食貨志〉上，4冊，P957。
[053] 董說：《七國考‧秦食貨》。

第一章　秦末 10 年

連秦始皇長子扶蘇也看不過去，說：「儒生都是讀孔子書的人，壞不到哪裡去。如此重法，恐怕讓天下人心不安！」[054] 秦始皇聽了生氣，命扶蘇離京去前線監督蒙恬軍。

平心而論，如果沒有焚書坑儒，少弄些土木工程，我覺得秦始皇比唐太宗更偉大。只遺憾歷史容不得如果。「天地之性人為貴」，是也！如果草菅人命，再多所謂貢獻，也是歷史罪人。救兩人之功並不能抵消殺一人之罪。

不過，「坑儒」之說值得商榷。當時所謂「儒」，並不僅僅指稱那些繼承孔子學說的人，還泛指愚蠢學者不知其所云的意思。就所坑對象來說，特定為儒者的說法，是東漢以後的事。學者認為：

有充分的根據把它視為虛構（頗為駭人聽聞的虛構）的數據，而不是歷史。總之，似乎可以合理地斷定，在司馬遷用來撰寫《史記》卷六的秦原始記載中，並無坑儒之說。他或者是從其他半杜撰的史料中取此說，並不加說明地把它與《史記》的主要史料（秦的編年史）結合起來，或者，更可能的是，司馬遷死後，一個不知其名的竄改者，有目的地把它加進了《史記》。[055]

被坑殺的很可能是所有各類專家學者，包括方士在內。

◎前 211 年，倒數計時：5

有人在東郡的石頭上刻一條反動標語：「始皇死而地分」。追查無果，便將附近的百姓全殺了，並將那石頭焚毀。不過，專家學者認為此事也不可信。因為秦始皇雖然在前 221 年開始用始皇帝的稱號，但當時只有他一人使用。[056]

---

[054]　同注 48，「天下初定，遠方黔首未集，諸生皆法孔子，今上皆重法繩之，臣恐天下不安。」
[055]　同注 50，P68。
[056]　同上，P93。

這年秋一個夜裡，又有人拿著一塊玉，對過路的欽差大臣說：「明年祖龍死！」祖龍指始皇帝。說完扔下玉，人就不見蹤影。這大臣回京如實匯報。秦始皇聽了不寒而慄，於是問卜，得卦「遊徙，吉」3個字，連忙將3萬人家遷到榆中。

◎前210年，倒數計時：4

秦始皇忽然不怕鬼神了，又東巡，次子胡亥、丞相李斯和執掌車乘的宦官趙高等人陪同。至雲夢（今湖北孝感）祀虞舜，然後沿江而下，經丹陽、錢江，到會稽山（今浙江紹興）祭大禹，在此眺望南海戰場。也許，他還想繼續南下，親臨指揮呢！卻不料生病，只得中止，渡江北歸。南北戰爭不了了之，匈奴退回蒙古高原，百越回歸山岳地帶，實際上基本達到目的。

想不到秦始皇病如山倒，這年七月，死於沙丘宮（今河北平鄉），時年僅50歲。秦始皇的妻妾沒一個留下姓名，有兒子20多個。死前，秦始皇遺囑立大公子扶蘇為繼承人。可是趙高與蒙恬有怨，便與胡亥、李斯陰謀，竄改遺詔，賜扶蘇和蒙恬死，由胡亥接班。李斯不願做這種傷天害理的事，趙高便啟發他說：「您的才能、功績、人緣，還有扶蘇對您的信任，比得過蒙恬嗎？」李斯想了想，說當然比不上。趙高接著說：「那麼，扶蘇即位，肯定會讓蒙恬當丞相，您頂多是榮歸故里。胡亥厚道，他上去了，肯定不會虧待您！」[057] 李斯貪圖榮華富貴，便與他們狼狽為奸，炮製彌天大謊。

扶蘇一見遺詔即要自殺，蒙恬則懷疑：「陛下派我們率大軍守邊，這是天大的重任啊！今天只是來個使者，會不會有詐呢？等考核一下不遲！」扶蘇卻說：「父賜子死，尚安復請！」[058] 隨即自盡。蒙恬不願自殺，

---

[057] 《資治通鑑》卷7，〈秦紀〉2，P254，「長子即位，必用蒙恬為丞相，君侯終不懷通侯之印歸鄉里明矣！胡亥慈仁篤厚，可以為嗣。願君審計而定之！」

[058] 同上，P256。

第一章　秦末10年

被下獄，不久還是被迫吞藥。

為防意外，李斯對秦始皇的死訊嚴加保密，棺材用錫密封，又載於一種封閉的車中，宦官與棺同車，進食奏事如常，並載入一石鹹魚「以亂其臭」。八月，秦始皇遺體送回咸陽，釋出治喪公告。胡亥襲位，為二世皇帝，然後將秦始皇葬於驪山。

秦始皇陵在今西安臨潼城東10里處，呈覆斗形，現高51公尺，底邊周長1,700餘公尺。據勘測，秦始皇的棺槨在地下30公尺處，不會受太多溫度變化的影響，有許多嬪妃和造墓工匠陪葬。我們今天能看到的兵馬俑，只不過是這陵墓的一部分，被稱為世界考古史上最偉大的發現之一，列入世界文化遺產保護名單。我聯想更多的，還是當時百姓的血與淚。如果皇陵不修得如此豪奢，秦氏江山此時會突然步入倒數計時的尾聲嗎？

不過，「沙丘之謀」近些年也被質疑。2009年發現的《趙正書》，成書年代可能在西漢早期，紀錄了秦始皇臨終前與李斯的對話、李斯被害前的陳詞，以及子嬰的諫言等。此書顯示胡亥繼位是由秦始皇死前認可的，而非李斯、趙高等人密謀竄改遺詔。但有歷史文獻學專家認為《趙正書》的性質是小說，不能用於研究秦代史。而有出土文獻與學術思想史專家則認為，《趙正書》可能反映了很多歷史事實。[059]

◎前209年，倒數計時：3

陰謀得逞，胡亥迫不及待說：「我已經擁有天下，想盡興享受。」趙高說：「可以！不過，你繼位的事，其他公子和大臣都有疑心，變亂隨時可能發生。這種時候，陛下有心思享受嗎？」胡亥一聽，嚇出一身冷汗，忙問怎麼辦。趙高出個主意：「應該清除先帝時期的僚臣，換上自己的親信。只有這樣，陛下才能高枕無憂，縱情享樂！」[060]

---

[059]　李銳：〈《趙正書》研究〉，《史學集刊》2020年5期。
[060]　同注57，P258，「今陛下初立，此其屬意怏怏皆不服，恐為變。臣戰戰慄慄，唯恐不終，陛

於是胡亥大開殺心，不惜在鬧市殺自己兄弟 12 人；姐妹 10 人殺了不夠，還要肢解，牽連者不可勝數。然後外出踏春，理由是「先帝巡行郡縣以示強，威服海內，我不能示弱」。東至碣石，抄一遍父親的〈碣石門辭〉，再到江南會稽，繼續修建阿房宮等。因為京都人畜增加太多，糧草不足，便令役夫不得食用咸陽 300 里範圍內的糧食，都得自備。

　　秦始皇之死像一堵水壩崩潰，各地民變像洪流一樣奔騰，勢不可擋。最早、也最著名的是眾所周知的陳勝、吳廣。胡亥徵 900 名役夫去戍守漁陽，這批人行至蘄縣大澤鄉，天降暴雨，道路沖毀，眼看無法如期到達。法家是「重刑主義」，一般「重刑厚賞」或「重刑少賞」，而秦王朝則是「重刑不賞」，非常嚴酷。像陳勝、吳廣這樣無法如期到達，得處斬刑。在這種情況下，陳勝、吳廣很自然認為：「繼續赴役肯定得死，造反可能死，但也可能活，不如造反！便以公子扶蘇的名義率眾起事。」百姓聞訊，如乾柴烈火，「斬木為兵，揭竿為旗」，紛紛響應。

　　胡亥將怒火發洩到報告消息的官員身上，下獄治罪。從此官吏不敢如實匯報，只是輕描淡寫說：「我們這裡發生一些鼠竊狗偷之類的事，當地領導者高度重視，及時鎮壓，已經全部抓捕，請皇上放心！」胡亥聽了眉開眼笑。事實上，陳勝、吳廣們只不過是沒經過武裝訓練的農民，怎麼可能是正規軍的對手？10 年前，他們滅六國，橫掃中原，戰鬥力多強。然而，憤怒的百姓實在是太多了，很快增加到數十萬，迅速衝破函谷關。直到民軍距咸陽只差 60 里的時候，胡亥這才如夢初醒，感到不妙，慌忙赦免驪山修墓的數十萬刑徒，發給武器，鼓動他們拚死抵抗，迫使陳勝、吳廣不得不後撤。

　　這一招倒是不凡。春秋及以前，貴族才有資格參戰，是很榮耀的事，戰國時代才開始有平民參戰。現在，秦更進一步讓囚徒參戰。這是中國歷

史上第一次用囚為兵。第二次要等到劉邦時代。從此，不僅中國軍人的特質變了，相應文化也發生深刻變化。雷海宗說：「『好鐵不打釘，好漢不當兵』的成語不知起於何時，但這種鄙視軍人的心理，一定是由漢時開始發生的。」[061]

秦王朝最徹底的終結者劉邦在沛縣起事。他本來是秦氏隊伍的亭長（相當於現代村長），押送一批徒役到驪山修墓，因為途中逃跑很多，跟陳勝、吳廣一樣，認為前去必死，不如一拚。

後來勢力最大的項羽在吳中起事。項羽跟陳勝、吳廣及劉邦不同，很早就有野心。當年秦始皇遊會稽、渡浙江時，他跟親朋好友去看熱鬧，竟然感慨說：「皇帝，我可以取代他！」嚇得養父慌忙捂住他的嘴：「你說這話，可是會惹滅族的禍啊！」[062] 現在，聽說已經發生民變了，他哪還坐得住。

原本齊、楚、燕、韓、趙、魏六國的後裔紛紛起事，自立為王，到處反叛。民軍為增加號召力，紛紛以各種名義恢復被秦滅的六國，重現戰國時代。歷史上有兩個楚懷王，這第二個指熊心，原楚國貴族，楚滅後隱匿民間。原楚國的項梁起事後，立他為楚懷王，即義帝，踐行「楚雖三戶，亡秦必楚」的誓言。

原魏國的孔鮒，是孔子後裔。當年焚書時，朋友說：「秦要焚你祖先的書。你是這些書的主人，危險啦！」孔鮒說：「我是個無用書生，知道我的人只有朋友。秦國人不知道，我有什麼危險？」他將家裡的《論語》、《尚書》、《孝經》等書，藏在老房子的牆壁中，然後隱居嵩山，教弟子百餘人。陳勝起事後，他馬上抱著禮器投奔，並成為陳勝的軍師，後來戰死。漢武帝「獨尊儒術」時，《論語》、《尚書》、《孝經》、《逸禮》等書找不到，但不久在孔鮒的舊壁中找到，「魯壁藏書」成為一個典故。

---

[061] 雷海宗：《中國文化與中國的兵》，P32。
[062] 同注39，卷7，〈項羽本紀〉，P210，「籍曰：『彼可取而代也。』梁掩其口，曰：『毋妄言，族矣！』」

◎前 208 年，倒數計時：2

　　進攻函谷關失敗，吳廣被同夥矯殺，陳勝也被自己的馬夫所殺，但民軍整體越戰越勇。項羽和劉邦同歸楚懷王麾下，連連克敵。在《霸王別姬》劇中，項羽與心愛的女人難捨難分，給人的印象像個多情的王子。其實項羽非常凶殘，攻襄城時，竟將守城的軍民全都活埋。劉邦則相反，變得「財物無所取，婦女無所幸」，特別是入咸陽後「約法三章」，只要求殺人者死、傷人者刑及盜竊負罪3條，其餘秦朝的酷法一律廢除，深受當地官民愛戴。楚懷王與各路將領約定：「誰先攻入關中，今後就由誰稱王。」當時，秦軍勢力還強，沒什麼人搶先，只有項羽自告奮勇，還邀劉邦一起去。幾位老將軍分析：「項羽這人強悍且狡猾，非常殘忍，所過之處沒有不屠殺的。我們應當派有德行的人去，不用武力就可以攻下。劉邦為人寬大，派他更合適！」懷王同意。[063]

　　在民軍步步逼近的時候，秦王朝內訌卻加劇。胡亥驚慌失措，把怒發到李斯頭上：「你是怎麼搞的？怎麼現在到處作亂？」李斯害怕，應付說：「只要層層加強督促，把皇上您的英明指示貫徹到位，沒什麼了不起的事！」於是，胡亥強調各級官員的執行力，能夠多收稅就是明吏，能夠多殺人就是忠臣，導致路上到處是犯人，被處死的人成堆，加重了百姓的恐懼。胡亥轉而重用趙高，趙高則想借刀殺李斯。趙高先以安全為由，勸胡亥深居後宮，然後鼓動李斯：「現在盜賊群起，皇上卻依然橫徵暴斂，我想勸諫，無奈身輕言微，希望您能去勸勸。」李斯不知是計，嘆道：「現在我想見他一面也很難啊！」趙高說：「看哪天方便，我告訴您！」什麼叫方便呢？胡亥與美女尋歡作樂時，趙高派人通知李斯，說皇上有空，結果可想而知。一連3次敗興，胡亥大怒。趙高又挑撥說：「改先帝遺詔的事，

---

[063]　同上，卷8，〈高祖本紀〉，P252，「懷王諸老將皆曰：『項羽為人慓悍猾賊。項羽嘗攻襄城，襄城無遺類，皆坑之，諸所過無不殘滅。且楚數進取，前陳王、項梁皆敗。不如更遣長者扶義而西，告諭秦父兄。秦父兄苦其主久矣，今誠得長者往，毋侵暴，宜可下。今項羽慓悍，今不可遣。獨沛公素寬大長者，可遣。』卒不許項羽，而遣沛公西略地……」

第一章　秦末 10 年

李斯也參與了。現在陛下當皇帝，可他沒得到什麼好處，大概想分封稱王吧！他大公子李由是郡守，盜賊是他鄰縣人，所以他們來往很方便。我還聽說他們有文書往來，不敢稟報。」胡亥聽了這話，怒火沖天，馬上派人抓了李由。嚴刑拷打之下，李由不得不招認子虛烏有的通敵罪。

李斯嚇壞了，一邊上書反攻趙高有邪心，一邊與副丞相馮去疾、將軍馮劫聯名進諫表忠，請胡亥減輕賦役，停建阿房宮，以爭取民心。胡亥大發雷霆：「群盜並起你未能阻止，先帝的工程你倒是想罷停。不能報達先帝，又不能為我效力，要你們這樣的文官武將幹嘛？」[064] 於是將 3 人拿下問罪。趙高親自審訊，連續笞打 1,000 多下，李斯也不得不招。但他一回牢房就上訴，陳述以前的功勞，希望胡亥良心發現。趙高將他的上訴書扔在一旁，而胡亥派往三川調查的人，跟李由一起被楚軍殺了。就這樣，一起冤案坐實了，馮去疾與馮劫被逼自殺，李斯與他的次子被腰斬，並誅三族。從此，胡亥將大小事委以趙高。

王朝內訌總是與其末日成正比。

◎前 207 年，倒數計時：1

秦軍連獲幾個勝仗，20 萬軍北上攻趙，將趙王圍困在鉅鹿。趙王派使者向楚懷王求援。宋義奉命率軍救趙，到安陽再不能進。項羽主張立即渡河，與趙裡應外合破秦軍，宋義不服從，項羽將他斬殺。楚懷王封項羽為上將軍，增加兩軍歸其指揮。項羽先派兩萬人渡黃河（一說漳水），切斷秦軍運糧通道。然後，項羽親率主力渡河，令全軍將士破釜沉舟，每人只帶 3 天的乾糧，決一死戰。結果，楚軍個個士氣振奮，以一當十，大敗秦軍，並於數月後，迫使另外 20 萬秦軍投降，秦軍主力盡喪。就此，項羽確立在各路民軍中的統帥地位。

---

[064]　同注 43，P192，「今朕即位二年之間，群盜並起，君不能禁，又欲罷先帝之所為，是上毋以報先帝，次不為朕盡忠力，何以在位？」

最大亮點：認賊為父錯到底

劉邦先後得酈食其和張良等謀士良將，虛心聽取他們的建議，西進無往不前。秦軍堅守蘭田關，劉邦採納張良的計策，先派人前往勸降，誘之以利，然後趁其不備，引兵出擊，大破秦關。

與此同時，秦廷內鬥更進一步。「指鹿為馬」的典故就發生在此時。這典故有兩個版本，一是西漢陸賈記載：趙高駕鹿而行，胡亥問：「你為什麼騎一頭鹿呢？」趙高說：「這是一匹馬。」胡亥說：「這是鹿。」趙高說：「這明明是一匹馬！如果陛下認為不是，請問大臣。」結果大臣中有一半說是鹿，一半說是馬。這樣，胡亥連自己也不敢相信了，只能相信奸臣的話。二是司馬遷記載：趙高帶一隻鹿獻給胡亥，說：「這是一匹馬。」胡亥笑道：「錯了，這是鹿。」身邊大臣有的沉默，有的迎合說是馬，有的說是鹿。然後，趙高在暗中迫害那些說鹿的人，大臣從此都畏懼趙高。兩個版本大同小異，我覺得都異常可怕，比遭遇強盜和騙子可怕多了！遇到強盜，只怨自己力氣小、運氣差，但可以當場痛罵；遇到騙子，只怨自己缺乏相關知識、經驗，又不小心，但受騙之時沒有痛苦。而碰到指鹿為馬的傢伙，他赤裸裸以強盜加騙子的面目出現，你不僅得乖乖順從，還得磕頌皇恩浩蕩，摧殘自己的心靈，黑暗無以復加！

胡亥終於意識到時局的危險性，怒責趙高：「你不是一次次說那些盜賊成不了氣候嗎？你看看現在到什麼地步！」趙高害怕，找女婿咸陽令閻樂商量，決定先下手為強。閻樂率軍闖入宮中，直逼胡亥，斥責說：「陛下驕橫放縱，濫殺無辜，眾叛親離。現在，您自己說該怎麼辦吧！」胡亥明白是怎麼一回事了，只得說：「我有罪！我禪讓，當個郡王好了！」閻樂搖頭。胡亥嘆了嘆，說：「那我只當個萬戶侯！」閻樂還是搖頭。胡亥咬了咬牙，說：「那我帶老婆、孩子去當普通百姓！」閻樂聽了大笑，一揮手，兵卒緊圍而上。胡亥無奈，只得自殺。

然後，擁胡亥的姪兒子嬰繼位。但趙高說：「秦國本來一統天下。如

今六國重新建立，秦也應當跟從前一樣稱王，不能稱帝。」子嬰自行貶稱為「秦王」，自行了斷秦始皇的萬世皇帝夢。

然而，子嬰不是傻瓜。他對兒子說：「趙高殺胡亥，怕君臣找他算帳，便詐名立我，我也朝不保夕啊！」這年九月，趙高派人通知子嬰朝會百官，受璽即位。子嬰稱病，不能出門。趙高信以為真，前往探望，一進門便被殺，並夷三族。

◎前206年，倒數計時：0

子嬰殺趙高第二月是十月，因為秦以十月為新年第一個月，所以視為第二年。

子嬰也許不凡，但為時太晚。繼位第46天，劉邦的軍隊入京城。應該是不願再連累百姓吧！子嬰放棄抵抗，坐一輛白馬素車，繫一條白繩，躬著身恭候在路旁，雙手將那刻著「受命於天，既壽永昌」8個大字的玉璽呈遞給劉邦。強大無比的秦氏帝國，僅存15年零47天，便一去不復還。

後果：假如胡亥及時與「恩人」切割

歷史充滿了懸疑與爭議，但每一個王朝的交接無不是板上釘釘。比如秦被漢所取代、漢被三國所取代、明被清所取代，沒半點懸疑與爭議。然而，這都是必然的嗎？

不，絕不是必然的！只要某個關鍵點稍改變一下，秦完全可能被項羽的楚所取代，也完全可能被陳勝、吳廣的張楚所取代；或者說，秦始皇如果遲病一年，那麼秦亡完全可能延遲一、兩年；子嬰殺趙高如果不成

功，秦亡也完全可能延遲兩、三年……歷史的走向，與每一個人的人生一樣，具有無數的可能。享譽世界的小說大師波赫士著名小說《小徑分岔的花園》中描述，第一次世界大戰時，中國哲人崔朋在英國為德國當間諜，同伴已被捕，而自己正被追捕，這時他槍殺與城市「艾伯特」同名的漢學家，他的上司利用這凶案新聞，破解了重要情報。這小說故事情節複雜，其「時間永遠分岔，通向無數的將來」。

歷史的發展同樣如此，不可能只有一種必然。法國學者安德烈·莫洛亞說：「沒有哪段歷史享有特權……歷史有無數的可能性，它們都是有根有據的……每時每刻，不管你認為多麼短暫的一瞬，事件的進展都會像一棵生出兩根樹枝的樹一樣在分叉。」英國歷史學家路易斯·內米爾（Lewis Bernstein Namier）還說：「歷史研究的不朽成就，在於一種歷史感——敏銳地洞察出事情怎樣才不會發生。」[065] 托克維爾也坦言：

> 我承認在研究舊社會的每個部分時，我從未將新社會完全置之不顧。我不僅要弄清病人死於何病，而且要看看他當初如何可以免於一死。我像醫生一樣，試圖在每個壞死的器官內發現生命的規律。[066]

政治家與歷史學家研究歷史，如同醫生解剖屍體。

說王朝夭折是必然的，並不等於說秦朝只能十幾年，而不可能幾十年、幾百年，漢唐只能 200 多年而不可能上千年。百姓也非常希望江山萬萬年，而不希望經常改朝換代、動亂流血，問題是帝王自己太不爭氣，或者說他們囿於種種局限，沒能找到正確的路。所以，我們在反思歷史時，不妨立足當時統治者的角度，假如一番。在這裡，我同樣不敢奢望探討王朝最後的所有可能，只想就其最後 10 年覆亡之關鍵，作一點最可能的思考。

---

[065]　轉引自 [英] 尼爾·弗格森：《虛擬的歷史》（*Virtual History*），顏箏譯，北京：中信出版集團，2012，導言。

[066]　[法] 托克維爾：《舊制度與大革命》（商務版），P33。

第一章　秦末 10 年

有如一個人英年早逝，秦之暴亡特別引人注目，議論特別多。《劍橋中國秦漢史》(The Cambridge History of China Volume) 有專節〈崩潰的原因〉，歸納 5 個因素：

一是道德方面。雖然《史記》對秦帝國──特別是對秦始皇──的描述可能過於陰暗，但秦王朝殘暴和剝削顯然嚴重。

二是智慧的缺陷。秦始皇自滿，不願納諫，秦二世也大致如此，而子嬰則軟弱，生性孤獨。

三是摒棄傳統。賈誼說「前事之不忘，後事之師也」，認為秦沒有仿效歷史中好的一面；喬治・桑塔亞那 (George Santayana) 說：「不能記住過去的人，勢必重複過去」，認為秦無法避免歷史上壞的一面，總之沒吸取歷史教訓。

四是社會因素。以上 3 個解釋是中國傳統史學所強調，後來歸因於階級鬥爭，陳勝、吳廣的民變。該書認為：「在幾個叛亂領袖進行的不但是反對秦朝，而且是自相殘殺的鬥爭中，很少發現有『階級團結』的證據，而大量出現的倒是機會主義和追求私利。」

五是資源的過度緊張。該書認為：「經過了幾個世紀的血腥戰爭，當秦突然從諸侯國發展成帝國時，它承擔的任務太多，根本不能在如此短的時期中完成。因此，失敗是不可避免的。」[067]

我的個人看法有所不同。我想如果胡亥能像劉義隆、拓跋濬，繼位後華麗轉身，保持大局穩定應該不難吧？詳見本書自序。

---

[067]　同注 50，P84、85。

第二章
西漢末 10 年

【提要】

西元前 2 年～西元 8 年為西漢倒數計時 10 年，漢哀帝劉欣沉湎於同性戀，引起君臣衝突。其後平帝劉衎年幼，皇太后王政君將權委以王莽。王莽是個道德君子，朝野一致好評，強烈推擁他為「安漢公」、「攝皇帝」，一步步取代漢室。

假如王政君能像劉邦夫人呂雉，果斷地選一位正常的皇帝，或自己直接當政，都不至於末日。

第二章　西漢末 10 年

前因：皇帝忙於同性戀

湯恩比對劉邦評價非常高，多次談到他，將他與羅馬帝國的凱撒大帝相提並論，稱讚他們「把帝國體制從崩潰中解救出來，進行整頓，打下了長治久安的統治基礎」，甚至說「劉邦把中國的民族感情平衡，從地方分權主義持久地引向了世界主義」。[068]

文帝劉恆、景帝劉啟當政時期，從前 180 年劉恆繼位開始，至前 141 年劉啟去世，其間「無為而治」，休養生息，稅收為當時世界最低，刑制由野蠻轉入文明，被譽為「文景之治」，詳見《春之卷》第一章。

武帝劉徹當政時期，從西元前 140 年繼位開始至前 87 年去世，其間擊敗匈奴，奠定中華疆域版圖；「罷黜百家，獨尊儒術」，儒家學說從此開始獲得獨尊地位，被譽為「漢武盛世」，詳見《夏之卷》第一章。

昭帝劉弗陵、宣帝劉詢期間（前 86 ～ 49 年），在大臣霍光盡心輔佐下，平定西域，緩和社會矛盾，儒法兼備，民生經濟恢復發展，被譽為「昭宣中興」，詳見《秋之卷》第一章。

這之後就糟糕了。特別是劉奭死後，太子劉驁繼位，即成帝。劉驁生母王政君被尊為太后，外戚王氏家族開始登上政治舞臺。劉驁生活荒淫，不僅寵幸趙飛燕、趙合德（趙昭儀）姐妹，還熱衷同性戀，將朝政全委諸位舅舅。外戚權傾朝野，卻沒做什麼正事。前 7 年，劉驁去世，由於沒有兒子，只好讓姪兒劉欣繼位，即哀帝。想不到，劉欣名垂青史的是更痴情的同性戀。

諫大夫鮑宣上書直言，當時「民有七亡而無一得」，即天災、苛捐雜稅、貪官汙吏掠奪、豪強地主兼併、徭役誤農時、地方雜差誤生產、盜賊

---

[068]　湯恩比、池田大作：《展望二十一世紀：湯恩比與池田大作對話錄》，P255 ～ 256、295。

搶劫；另「有七死而無一生」，即酷吏打死、判刑從重、陷害加罪、盜賊傷害、仇殺、饑荒和瘟疫。對此類忠諫，劉欣當耳邊風。

所謂「獨尊儒術」，使西漢既繼承了暴秦的政體、避免了亡秦的命運，但又帶來了災難性的副作用。朝野都特別熱衷於「天人感應」、「五德終始」之類，與兩漢興衰有著直接的關係。如劉恆就曾「罪己」說：「朕聞之，天生民，為之置群以養治之。人主不德，布政不均，則天示之以戒不治。」[069] 更甚者是朝野都深信：堯的後代劉姓一定會禪讓給舜的後代，火德終究被土德取代，這是不可違的天命。大臣谷永上書給成帝，嚴厲地教訓道：「垂三統，列三正，去無道，開有德，不私一姓，明天下乃天下之天下，非一人之天下也。」[070]

前5年六月，大臣夏賀良上奏：「本朝曆法已衰，應當重新受天命。只有改年號，才可以讓皇上延年益壽，生養皇子。」劉欣竟欣然採納大漢天命已盡的說法，改元並改稱「陳聖劉太平皇帝」。有人說，陳國是舜帝後裔，劉氏是堯帝後裔，堯傳位給舜，而外戚王氏正是陳國後裔。

然而，劉欣的病依然未好，皇后仍然無孕，天災則照舊接連不斷。派人一查，發現夏賀良等人是騙子，便以妖言惑眾罪將他們處死，新的年號用不到兩個月也結束。學者認為，此事件可以作為象徵，「說明前漢王朝為振興帝國實力而作的最後努力失敗了」。[071]

---

[069] 《漢書》卷4，〈文帝紀〉，4冊，P84。
[070] 同上，卷85，〈谷永杜鄴傳〉，6冊，P2575。
[071] 《劍橋中國秦漢史》，P203。

第二章　西漢末 10 年

最大看點：熱烈籲請篡漢

◎前 2 年，倒數計時：9

中國同性戀有兩個著名典故，一是孔子時代衛靈公「分桃」，再就是這時期的「斷袖」，說劉欣常與他的「好朋友」董賢同臥同坐。有次睡午覺，董賢頭枕著劉欣的衣袖，劉欣不忍驚醒董賢，毅然截斷衣袖才起身，恩愛可見一斑。

問題不在於他們的性愛取向，而在於是否影響政務。衛靈公熱衷於同性戀，但沒影響政務，孔子照樣予以最高評價。劉欣則不然。董賢得寵日甚，難捨難分，劉欣便詔董賢之妻到宮中，又召董賢之妹做昭儀，地位僅次於皇后。提拔董賢的父親擔任少府，賜爵關內侯，後遷衛尉；董賢的岳父任大將，內弟任執金吾，連董家僕人都受賞賜。董賢穿衣級別僅次於皇帝。前一年，劉欣想為董賢封侯，正愁沒理由時，有人透過董賢控告東平王之妻在祭祀時利用鬼神降禍於所憎惡之人，被告認罪。就憑這點「功勞」，劉欣封董賢為高安侯，食邑 1,000 戶，不久又增封 2,000 戶，賞錢多達一兆，驚動朝野。

大年初一發生日食，在當時看來是件非常令人不安的事。劉欣要大家說說看法，大臣紛紛藉機發洩對董賢的不滿。有位大臣說：「日食是陰犯陽。如今各外戚，不論賢能還是敗類，都身居要職。今天是任命大司馬和將軍的重要日子，發生日食，顯然是上天昭示聖君快省悟。」有的大臣更直接：「我在元旦摔個碗都心驚肉跳，何況日食！白氣犯陽，連陰不雨，說明上天憂沒消，百姓怒未解。天下貢獻，當奉養一國之君，如今卻盡奉董賢，會順天意和民意嗎？」

劉欣不僅沒收斂寵愛，反而假托太后遺詔，要增加董賢采邑 2,000

戶。丞相王嘉生氣，將詔書退回，勸諫：「如今大家都怨恨他，陛下應適當迴避才是。」劉欣大怒。馬上有人落井下石，彈劾王嘉欺騙聖主，建議治死罪。只因有人說情，才改為恩賜鴆酒。王嘉當場摔了送來的鴆酒，怒道：「我身居堂堂三公之位，如果有負於國，理當在都市伏刑受死，以示萬眾，怎麼能像小女人喝毒藥？」說完，主動到廷尉官府受刑。審訊官問：「你到底有什麼罪，總不能憑白無故下獄吧？」王嘉說：「身為丞相，賢能的人不能舉薦；奸惡的人，比如董賢父子，卻不能罷黜。我罪當死，死無所憾！」[072] 隨後絕食而死。劉欣的舅舅、大司馬丁明，對董賢表示不滿，同情王嘉，也被免官。

這年末，劉欣又要提拔董賢為大司馬，類似於現代武裝部隊總司令。有人上書：「從前孝文皇寵鄧通，不過是中大夫。如今董賢無功封侯，位同三公，朝野意見多多，實在不符天意！」劉欣沒採納他的意見，只是沒治罪。

◎前1年，倒數計時：8

為董賢，劉欣不惜與越來越多大臣公開對抗，甚至在宴會上公然說要把帝位禪讓給董賢。真不敢想像長此以往，會發生什麼樣的衝突。所幸這年六月，年僅25歲的劉欣突然死了，這場衝突沒引起更多流血。當時，玉璽在董賢手上。大臣王閎持劍走到董賢面前，威脅：「你還捧著玉璽做什麼呢，要等著大禍臨頭嗎？」董賢畢竟不是政客，沒有借題發揮，老老實實等王政君來收拾局面。太皇太后王政君來了，問如何安排喪事。董賢回答不出，王政君便說：「王莽處理過先帝喪事，我令他協助你。」第二天，以王政君名義下詔：「自從董賢入宮以來，陰陽不調，災害並至。現收回大司馬印綬，令董賢罷官回家。」然後，王政君詔「公卿舉可大司馬

---

[072] 同注69，卷86，〈何武王嘉師丹傳〉，P2599，「丞相幸得備位三公，奉職負國，當伏刑都市以示萬眾。丞相豈兒女子邪，何謂咀藥而死……高安侯董賢父子，佞邪亂朝，而不能退。罪當死，死無所恨。」

053

第二章 西漢末 10 年

者」，結果「舉朝皆舉莽」[073]。於是，由王莽接過了董賢手上的玉璽。

不可忽略一點——王莽是被劉欣逐出的。劉欣死時年僅 25 歲，而王莽已 45 歲，在當時已屬老人。如果不是劉欣意外死了，王莽連重返朝中的可能性都很小，更別說幻想取代漢帝了。

董賢感到更大的禍還等在後頭，當日與妻自殺。王莽懷疑他假死，派人開棺驗屍。董家心虛，連夜將他們夫婦埋了，一家人慌忙逃亡。長安城中百姓聞訊，到董賢宅第門前哭鬧，要求分他家財產。朝廷立即派官員抄其家，總值 43 億，富可敵國。

當時一大美女，即芳名鼎鼎的趙飛燕。趙飛燕美麗異常是肯定的，雖然沒能躋身中國古代四大美女之列，但與其中一大美女楊玉環平起平坐。宋時大文豪蘇軾吟道：「短長肥瘦各有態，玉環飛燕誰敢憎。」從此成語多一條「玉環飛燕」，形容女子各有各的美妙。趙飛燕出身平民，生下就被拋棄，3 天後僥倖還活著，才被抱回，後來成為歌妓，再後來成為漢成帝劉驁第二任皇后，接下來被劉欣尊為皇太后，再接下來又不幸了。因為劉驁死得非常突然，連傳喚太醫的時間都沒有，引起諸多懷疑。追查皇帝起居，當夜妃子趙合德羞愧不已，飲藥自殺。有的大臣不解恨，要進而追究趙合德的姐姐趙飛燕，劉欣沒有同意。現在劉欣一死，王莽舊事重提，說她們姐妹專寵專行，杜塞後宮侍寢進御之路，殘害滅絕皇帝後嗣。為此，貶趙飛燕為孝成皇后，打入冷宮。

趙飛燕在正史中記載很少，但野史非常多。據說她們姐妹雖專寵，卻從未懷孕。她們害怕別的嬪妃生子，威脅后位，便瘋狂地摧殘宮人，說是「生下者輒殺，墮胎無數」。民間也流傳童謠：「燕飛來，啄皇孫。」無可辯駁的是，劉驁沒有兒子，只能讓姪兒劉欣繼位。現在劉欣又沒有兒子，只能將年僅 8 歲的庶孫劉衎迎為嗣。後繼無人，不敢追問美女如雲的帝王，

---

[073] 《資治通鑑》卷 35，〈漢紀〉27，P1344。

卻拿受寵的美女問罪。何況趙飛燕沒有干政，唯有個「受寵罪」。貶入冷宮不解恨，不久進而廢皇后之名，送去為劉驁守陵。趙飛燕受不了這般落魄，當天自殺，一大歷史性美人就這樣香消玉殞。女人不漂亮可能很悲哀，但太漂亮可能更悲哀。

劉欣死後一個月，王莽選擇時年9歲的劉箕子（後改名「劉衎」）繼位，即漢平帝。

昏君和奸臣都暴死，連「禍水」也潑了，漢室江山該轉危為安，雲開霧朗了吧？明年將開始以西元紀年，他們當時當然不知道，如果知道，應該會以一種嶄新的姿態迎接新紀元吧！

◎西元1年，倒數計時：7

王氏家族權傾朝野，先後有9人封侯，5人大司馬，數西漢最顯貴。族人大都生活侈靡，聲色犬馬，只有王莽例外。

王莽父親早死，沒輪到封侯，家境孤貧。王莽以孝母聞名，又博學多覽，為人謙恭。他對家裡人要求十分嚴格。有一次，眾官上門探望他母親，見他夫人穿著簡陋，還以為是奴僕。對社會，王莽則十分慷慨。他常把自己的俸祿分給門客和平民，甚至賣掉馬車，接濟窮人。朝野都稱頌他，名聲很快超越那些大權在握的叔伯。本年初，大臣上書盛陳王莽功德，建議像周王敬重周公一樣，加封王莽「安漢公」尊號，意思是他讓漢朝得以安寧。王莽謙讓說：「我與孔光等人一起制定國策，希望能表彰他們的功勞，不要提及我！」王莽一連推讓4次，甚至稱病不朝，抗議表彰自己。王政君只好先提拔孔光等人，王莽仍不肯上朝。群臣又上書，要求及時封賞首功，不要讓民眾失望。於是，王政君直接任命王莽為太輔，權力幾乎與皇帝相當，稱「安漢公」，增加采邑民戶2.8萬。王莽這才上朝，但辭退所封的采邑，並建議褒揚賞賜宗室和群臣。王莽說：「願須百姓家

給，然後加賞。」[074] 這話說得多麼感人啊！我很懷疑范仲淹那句名言「先天下之憂而憂，後天下之樂而樂。」是受王莽這話的啟發。王莽聲譽又提升一大級，皆大歡喜。如此善於「為人」，簡直令人嘆為觀止！太后下詔：「今後除了封爵大事，其他事一律由安漢公決斷！」

王莽在本年主要做了4件事。一是尊孔崇儒，封周公後裔公孫相如為褒魯侯，孔子後裔孔均為褒成侯，追諡孔子為「褒成宣尼公」。「褒成」是古國名，「宣尼」是諡號，「公」是爵位。這是孔子第一個封號。二是改革官道制度。秦時開始設「國道」，漢長安城內有未央宮、桂宮、長樂宮、北宮、明光宮，西城外有建章宮。這些宮殿群裡，有街道相通，還有復道相連。漢武帝開始，馳道中央3丈之路神聖不可侵犯，影響市民交通。現在，王莽予以罷除。三是寬待女性囚徒，凡女徒論罪已定，均放歸家，令每月出錢300，僱人服役。四是完善農業機制，設大司農部丞13人，專門負責農業發展工作。

◎西元2年，倒數計時：6

郡國發生嚴重旱災和蝗災，百姓四處逃難。王莽捐錢百萬、地30頃，由大司農分發給災民。公卿們為王莽所感動，紛紛向他學習，先後有230人捐田、捐房屋，連王政君也省下自己的「湯沐邑」10個縣，交給大司農。同時，王莽派官員巡視，百姓捕蝗交上，按數給錢。皇家園林呼池苑被撤，改為安民縣，招募災民遷徙至那裡，政府發給田宅，借給犁、牛、種子和糧食。還在長安城中開闢新區，住宅200所，專門安置貧民。

王莽太多人擁戴了，可也陸續有人深感不安，或公開表露，或拂袖而去。跟王莽對抗的沒好下場，分道揚鑣則禮遇。這年又有兩位大夫辭官，王莽以太后令的名義安慰說：「朕不忍用公務拴住你們，你們安心養年去吧！」給予優厚賞賜，並送他們回家。南昌尉梅福感到王莽必出亂子，有

---

[074] 同注69，卷99，〈王莽傳〉上，6冊，P2975。

天丟下官府和妻兒不知所往。人們傳說梅福成了神仙，也有人說他改名換姓在吳城市場當門衛。古代吳城在江南就有幾個，不知是指哪個。福建泰寧舊縣志寫梅福在城北居煉丹，上清溪及棲真巖名由此而來，還有板有眼地寫著：「今丹爐尚存。中有朝斗石、採藥澗。」我曾去那裡尋覓過，遺憾沒收穫。你如果有興趣，我可以當嚮導。

委派欽差大臣44名，持節巡視守邊的士兵。針對匈奴大量接收百姓逃入，王莽派員出使，約法4章：今後凡漢人、烏孫人、西域各國佩漢印綬者，及烏桓人逃入匈奴，不得接納。

有個叫成重的江洋大盜帶著200多名徒弟四處為害，王莽派員去招安，讓他們改邪歸正，發給田宅，其餘均還本鄉。

◎**西元3年，倒數計時：5**

皇帝劉衎只有11歲，皇后未立，嬪妃也空缺。於是決定為他選12個女子，條件是商、周天子的後裔，或周公、孔子的後代，或在長安的列侯之女。王氏家族有多名女子名列其中，包括王莽之女。王莽謙遜說：「我女兒才質下等，沒資格跟她們排在一起！」王政君下詔：「王氏女子是我娘家人，就不參選了！」激起朝野不滿，平民、諸生和官吏在宮門外上書，公卿大夫直接在宮內呼籲：「強烈請求讓安漢公女兒母儀天下！」王政君只好順從民意，不知是不是真的逆王莽之心。

王莽繼續推進社會經濟文化改革，推出吏民養生、送終、嫁娶、奴婢、田宅等方面的新制度，確立帝王祭祀的社宮，在郡國、縣邑、鄉村層層設學官，配備經師。注意，王莽登帝前後改革的內容大不一樣，之前這些改革都不傷害誰的利益，純粹是好事。

王莽的心腹陳崇與張竦寫一封奏疏，對王莽功業進行一次大總結：一是討伐叛賊，堪比周公誅管蔡；二是當年因忠言被劉欣逐回，堪比伍子

胥、屈原被流放；三是罷斥董賢，堪比姜子牙輔佐周武王；四是女兒被納入宮而不受賞，堪比舜帝功成不受獎；五是勤儉節約、賑濟貧窮等等，堪比……總之，王莽集堯、舜、禹三代之功於一身，不似周公，勝似周公，理當突破「非劉氏不王」之限。此文長達 2,500 多字，在古文中罕見之長，卻全文收入《漢書》，令人嘆為觀止。[075]

外戚政治的危害，劉邦夫人那時開始出現。出於同樣考量，王莽不許劉衎母子見面。王莽的兒子王宇認為這樣不妥，但又不知道怎樣勸阻。王宇的老師出個主意：「你父親不喜歡進諫而好鬼神，可用怪事嚇唬他！」於是，王宇指使大舅呂寬，半夜將狗血灑在王莽府邸門口，但被發現。王莽大怒，將王宇賜死。兒媳呂氏因為懷孕，產後再殺。呂寬潛逃不久被誅殺，並滅三族。不僅如此，還進而逼敬武公主等上百人自殺。前些年，王莽另一個兒子王獲因為殺一個奴婢，已被他逼迫自殺。

這件事又讓朝野震驚。有人讚美王莽大義滅親，也有人因此看透王莽。北海郡有個小吏嘆道：「三綱絕矣！不去，禍將及人。」說著解下官帽掛在城門上，拂袖而去。

◎西元 4 年，倒數計時：4

王莽依然如旭日冉冉上升。女兒正式冊立皇后，又有大臣稱頌王莽的功德，建議增加王莽的封國，讓他像周公一樣榮光。對此，有官民 8,000 多人響應，實在是一大奇蹟。文史作家評論：

> 這些請願有王莽及其同黨授意的因素，但能激發起如此龐大的民意，並不純出於蠱惑。考察 21 世紀，無論多麼荒謬的事情，在網際網路上都可能信者雲集，有理由相信很多漢朝士民確屬真心。畢竟在孔孟之後，漢朝的士民們找不到第二個像王莽這樣「最接近聖人」的人了。[076]

---

[075]　同上，卷 99 上，〈王莽傳〉，P2979～2985。
[076]　張向榮：《祥瑞：王莽和他的時代》，P243。

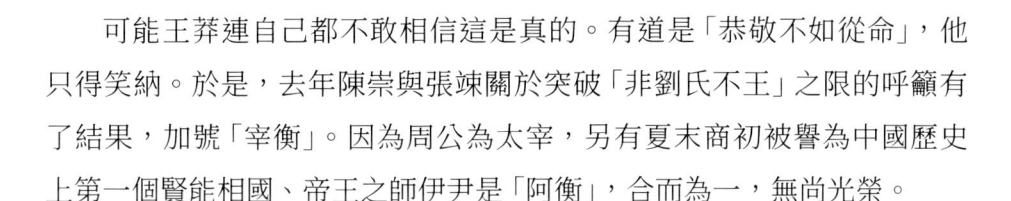

可能王莽連自己都不敢相信這是真的。有道是「恭敬不如從命」，他只得笑納。於是，去年陳崇與張竦關於突破「非劉氏不王」之限的呼籲有了結果，加號「宰衡」。因為周公為太宰，另有夏末商初被譽為中國歷史上第一個賢能相國、帝王之師伊尹是「阿衡」，合而為一，無尚光榮。

王莽又拒絕封地，只要精神嘉獎，不要物資鼓勵。為此，又有大臣上書：「不受千乘封地，推辭萬斤黃金獎勵，就是周公也沒這麼大公無私啊！應當把這種精神廣為宣傳，讓天下婦孺皆知！」這奏疏得到批准實施，舉國上下迅速掀起向王莽學習的新風潮。然而，孔子的14世孫、大將軍、丞相孔光感到不寒而慄，辭職回鄉。王政君挽留，說：「辭官就不必吧！你可以不必上班，隔10天入宮一次就行。宮裡準備几案、手杖，你可以享受特殊待遇。」晉升太傅、太師，但第二年，他還是稱病辭歸了。

王莽繼續推出一些改革措施。如詔令婦女非自身犯法，及男子80歲以上、7歲以下，如果不是朝廷指名特捕，不得囚禁；派遣8名官員，分赴各郡國考察民風；創立明堂（天子舉行重大典禮的地方）、辟雍（天子所設大學）、靈臺（天子望氣之臺）；為學者築舍上萬區；編印《樂經》；增加博士數名，徵天下通經教授11人，還徵得古籍、天文、月令、兵法、史學方面人才千餘，及治河技術人員百餘。

王莽派員帶著金銀招安塞外羌人。使者回來匯報：「太皇太后聖明！安漢公至仁，大卜太平，五穀豐收，有的禾苗長一丈多高，有的粒穀了長3粒米。4年來，羌人日子過得可幸福啦！十分感激大漢的英明領導！特此獻地一塊，略表謝意，懇請笑納！」說到這種程度上，不接受也不好意思。於是在那裡設西海郡（今青海），並新增50條法律，將全國各地成千上萬的罪犯強行集中到那裡去強制勞動。因為太艱苦，史稱「民始怨矣」[077]——王莽的人氣終於開始負成長！

---

[077]　同注73，卷36，〈漢紀〉28，P1377。

第二章　西漢末 10 年

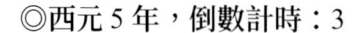

◎西元 5 年，倒數計時：3

年初詔選郡國有德者為師，加強宗室子弟的教育。同時向全國應徵通曉逸經、古籍、天文、算曆、小學、史篇、方術及《五經》、《論語》、《孝經》、《爾雅》的老師數千，到首都任教，待遇優厚。

群臣議論：「周公攝政 7 年，制度始定。如今安漢公輔政才 4 年，天下就禮樂融融，一點也不比周公遜色。」官吏和平民計有 48 萬人陸續上書，諸侯王公和皇族們則直接上朝叩頭，一致請求加賞「安漢公」。

派往各地了解民情的風俗使回到長安，帶回各地歌頌王莽的民歌 3 萬多字。1980 年，考古工作者在未央宮前殿遺址發現 100 多枚火燒過的木簡，殘片上有「嘉禾、靈芝並見」、「五枝合為一心」、「葛根下有銅」、「禮樂長常甘露下」、「瑞十二」、「瑞五十九」等文字，很可能就是這批風俗使帶回的成果。

全國沒有稱頌王莽的地方官僅兩人，馬上被彈劾：「公孫閎偽造不祥訊息，班稚拒絕匯報祥瑞，是因為他們嫉恨聖政，應當予以嚴懲！」公孫閎時任琅邪太守，人家匯報工作喜氣洋洋，他卻匯報什麼大災大難。班稚是班彪之父，班固祖父，時任廣平相，別的地方都蒐集到一疊疊頌詩，他卻一首也沒有，幸好有背景。太皇太后親自說情：「班稚是後宮的家人，也是我喜歡的人，你就饒了他吧！」結果，公孫閎被殺，班稚謝罪後辭職，但食故祿終身。

王政君下詔王莽賜九錫。九錫是帝王賜給諸侯、大臣有殊勳者的 9 種禮器。這些禮器一般只有天子才能使用，加賜大臣表示最高禮遇。不過，九錫之禮究竟怎麼回事，誰也說不清楚，只是《周禮》中有「九儀之命」4 字記載。但這難不倒王莽及劉歆等儒士們，大膽、想像地創制。此外，明堂、辟雍、靈臺、祫祭等儒家道具及典儀也失傳千年，都得靠這批人重新創研製作。在為儒家傳承辦實事方面，王莽比孔子貢獻大多了。從此，一

代代儒士們只要照搬即可。

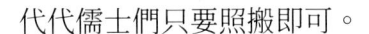

這年末，劉衎突然死了。《資治通鑑》認為王莽在酒中下了毒[078]，但日本學者認為：「平帝是否死於鴆毒（浸泡毒鳥鴆羽的毒酒），當然很難確認。」[079] 英國學者則明確說：「旁證有力地說明王莽是無辜的。」[080] 但這喪事也被王莽利用。周武王生病時，周公曾祈禱說願代他去死，祈文藏在「金縢之匱」，後來周公被人們誤解時才公布，重獲大家的信任。劉衎重病之時，王莽如法炮製，也做個願代劉衎死的祈文藏著。

劉衎死時才14歲，更沒有太子，群臣想在劉詢曾孫5人中推舉1人，王莽說5王都是劉衎的兄弟，不能為帝，應在劉詢玄孫中選。劉詢玄孫有23人，卻挑一個襁褓中的劉嬰為嗣，理由是卜卦他最吉利。

劉嬰需要幫他把屎把尿的保母，更需要幫他當政的周公。大臣紛紛推薦安漢公升為攝政王，代天子行政。這時，有人報告從水井得到一塊白石，上有硃紅字：「宣告安漢公王莽為皇帝。」王政君說：「這是騙人的，不能聽！」可是大臣說：「事已至此，只能這樣了！王莽應該不敢有太多想法，只是想用攝政來加強權力，穩定天下。」[081] 王政君還有些猶豫，徵求意見。群臣便建議制定一系列規矩，如王莽的車駕出入等，全按天子禮儀執行，祭祀辭稱「假皇帝」，臣下和平民稱他「攝皇帝」，他自稱「予」，在朝見太皇太后、皇帝和皇后時，則只能用臣下之禮。這樣一變通，王政君准奏。

◎西元6年，倒數計時：2

王莽一路飆升，終於有人公開說不。安眾侯劉崇與他的大臣張紹密謀：「王莽明顯是在篡奪漢室，人們意見很大，但沒人敢站出來，實在是

---

[078] 同上，P1382。「時帝春秋益壯，以衛後故，怨不悅。冬，十二月，莽因臘日上椒酒，置毒酒中。」
[079] 《中國的歷史・秦漢帝國》，P337。
[080] 同注71，P210。
[081] 同注77，P1382，「事已至此，無可奈何。沮之，力不能止。又莽非敢有他，但欲稱攝以重其權，填服天下耳。」

皇室之恥！我如果率先站出來，天下人肯定紛紛響應！」[082] 劉崇太有自信了，結果只有100多人響應，進攻宛，連城門都沒摸著。

更想不到的是，張紹的堂弟張竦和劉崇的遠房伯叔劉嘉怕受誅連，主動到官府自首。王莽赦免他們，沒治罪。張竦感恩戴德，代劉嘉寫奏章歌頌王莽，痛斥劉崇，說：「我要為皇族帶頭，父子兄弟背著籠筐，扛著鐵鍬，到南陽去掘劉崇的宮室，做為汙水池。劉崇的土地神社，要像亡國的宗社一樣毀掉，分給各王侯，作為永久的警示！」王莽看了非常高興，立即封劉嘉為率禮侯，他7個兒子為關內侯。長安人編歌謠：「想封侯，找張竦。拚命鬥，不如巧上奏。」從此有條不成文法，把謀反者的房屋掘成汙池。

不僅如此。群臣上奏：「劉崇等人反王莽，說明王莽的權力還小，應當再提升，他才能震服天下。」[083] 於是，王政君令王莽在朝見她時也自稱「假皇帝」，等於劉崇幫了倒忙。

倒數計時至此，仍然看不到明顯的末世景象，好奇怪！這是因為，這個末世的朽氣被勃勃的生機所掩蓋。

◎西元7年，倒數計時：1

劉崇的號角還是喚醒了一些人。趁京城忙於科舉，東郡太守翟義率眾反王莽。翟義控制當地的戰車、騎兵和弓箭手，徵募勇士，擁嚴鄉侯劉信為天子，自號大司馬、柱天大將軍，向全國各地發文告：「王莽毒殺平帝，攝居皇位，想要滅漢。現在真天子已立，讓我們共同代天行罰！」各郡國震動，很多人響應，民軍很快增至十餘萬。趁官軍主力向東鎮壓之機，京城附近的豪傑趙朋等人也起事，從西面直攻長安，在未央宮前殿就可以望見戰火。同年底，翟義戰敗而死。

---

[082]　同上，P1386，「安漢公莽必危劉氏，天下非之。莫敢先舉，此乃宗室之恥也。吾帥宗族為先，海內必和。」
[083]　同上，「劉崇等謀逆，以莽權輕也；宜尊重以填海內。」

最大看點：熱烈籲請篡漢

王莽惶恐不安，飯都吃不下。王政君很同情他，對左右說：「人同此心，心同此理。身為一個女人，我也知道他現在心裡有多難過。」王莽一方面拜孫建、王級等人為將軍，委派他們去鎮壓反叛；另一方面，日夜抱著劉嬰到郊祀祭壇和宗廟禱告，沉痛地對群臣說：「遙想當年，周公代理朝政，管叔和蔡叔發動叛亂，現在翟義仿效。連周公那樣的大聖人都難免這種事，何況我這樣的小人物呢？」王莽這話博得同情，群臣說：「沒有這樣的災難，無法彰顯您的聖德啊！」[084] 王莽的話很睿智，大臣的話很到位，一唱一和，輕易將一場兵諫危機化解為顯聖的大喜事了。王莽又仿《周書》，寫一篇〈大誥〉，詞句幾乎一一對應，明文宣布一定會像周公那樣將權力歸還，派人傳布全國。

◎西元8年，倒數計時：0

年初趙朋等民軍也敗。王莽依周制設5等爵位，大封平叛功臣，然後清算首逆，派人挖翟義的祖墳，夷三族。皇宮衛士張充等6人謀劃劫持王莽，準備改立劉詢的曾孫劉紆為帝，沒來得及行動便東窗事發，被殺。

這年底，呼籲王莽當真皇帝的人倒是增加。臨淄亭長辛當，夜裡夢見天使對他說：「攝皇帝當為真皇帝。如不信，亭中新井便是證。」第二天早晨起來一看，亭中果然出現一口百尺深的新井。長安舉子哀章，私製一個銅匱，上刻「王莽為真天子」讖言，趁黃昏交給太祖廟門衛。守廟官報知，王莽趕往一看，果然如此。

第二天，王莽率群臣入太祖廟拜受金匱，回未央宮就端坐前殿天子位，釋出文告：「我很敬畏天命，現在漢高祖在天之靈命我受皇位，我敢不接受嗎？」[085] 一副很無奈的樣子。要知道，漢人是非常信鬼神的。當時每月祭祀一次高帝廟，每次都要將劉邦生前的衣冠從廟中請出來，有模有樣地巡遊

---

[084]　同上，P1390，「不遭此變，不章聖德。」
[085]　同注74，P3007，「赤帝漢氏高皇帝之靈，承天命，傳國金策之書，予甚祇畏，敢不欽受！」

第二章　西漢末 10 年

一番,跟生前巡視一樣。現在說劉邦親自禪讓王莽,沒幾個人不信。隨即宣布改國號為「新」,廢劉嬰為定安公。狼要吃羊總是有理的,政客要食言更是堂皇。去年說會還權的〈大誥〉墨跡未乾,被「上天」徹底改了。

此為開天闢地以來第一次「禪讓」,第一次是舜帝禪讓大禹,多難得!不過,那一次只是傳說,這一次是實實在在的。有了這第一次,以後就常見了。

王莽披上黃袍後,派人向太皇太后王政君索要傳國玉璽。王政君這才覺得上當,氣得要命,不肯給,邊哭邊罵:「你們幾代人依靠漢家富貴,不但沒回報,反而利用託孤奪權,連豬狗都不如,天不會容!你要當新皇帝,自己去做新璽啊!幹嘛要這個亡國璽?我是漢朝的老寡婦,我要這璽殉葬!」[086] 經再三勸說,她還是一肚子氣未消,將玉璽一扔,璽鈕上的蟠龍摔掉一個角。不過,好歹她還是接受了「新室文母太皇太后」的新職。文母本指周文王之妻,不是俗人可以企及的。

相對而言,王莽篡權整體算是平靜,之後十來年也沒發生一起針對他的反叛或民變,顯示朝野都樂於接受這次和平過渡。這在中國歷史上是唯一一次沒什麼流血的改朝換代。

董仲舒們花多少力氣才將皇帝包裝成「天子」,王莽不費吹灰之力,就將這個神話給戳破,眼睜睜看著將一個凡夫俗子吹捧上天。從此,想當皇帝的人,只會更多,不會更少。學者評論:「很可能,希特勒是以嚴格的、合乎《憲法》的方式獲得無限權力的,因而在法律意義上來說,他的所作所為都是合法的。但是,誰會因為這種理由而說,德國仍然盛行著法治呢?」這話是不是可以借用來反思王莽,反思西漢末的儒教?[087]

---

[086]　同注 77,P1396,「而屬父子宗族,蒙漢家力,富貴累世,既無以報,受人孤寄,乘便利時奪取其國,不復顧恩義。人如此者,豬狗不食其餘,天下豈有而兄弟邪……我漢家老寡婦,旦暮且死,欲與此璽俱葬,終不可得!」

[087]　[英] 弗里德里希・海耶克:《通向奴役之路》(*The Road to Serfdom*),P103。

後人對王莽的人品爭議很大。現代學者認為：「班固借用《論語》的話，說王莽『色取仁而行違』，但通觀《漢書》可以看到，王莽代漢而立的前後，其人格還是一致的。」[088] 實際上，西漢有比秦更強暴的一面。當時大儒揚雄支持王莽，就是以周政反對西漢延續秦政。漢朝在歷史上名聲並不太好，總讓人聯想強秦，只是到清朝才開始轉為正面形象。

後果：假如王政君負起責任來

西漢之亡，不假思索便能看出是幾個皇帝太小的問題，不然不會給王莽機會。但這樣的反思沒意義。可以說根本的問題在於王莽，如果他能像前輩霍光那樣，不僅沒篡漢，而且開創盛世。可我又想，不能把問題歸咎於「敵人」，那樣的反思更沒有意義。還是從統治者的角度考量吧！於是我注意到王政君。

中國傳統文化不允許女人染政，可是中國政治常常得靠女人挽救。優秀的「國母」應當具備兩方面的政績，一是輔佐夫君成為明君；二是再生育、培養個明君。以此來看，王政君太遜色了！

王政君是劉奭皇后，劉驁生母，劉欣奶奶，是中國歷史上壽命最長的皇后之一，其身居后位（包括皇后、皇太后、太皇太后）長達61年，歷史給足了她機會。然而，夫君劉奭沒成明君，兒子劉驁也沒成明君，那都屬於本章倒數計時之前，姑且不計較。問題是步入倒數計時之後，她仍然長時間大權在手，卻沒有作為，不僅沒能挽救漢室，反倒有意無意幫助篡漢者王莽。她太多普通女人那種自私與善良，偏愛姪兒王莽，也偏愛後宮家人班稚（當然班稚無辜），沒有原則立場。即使看出白石上「宣告安漢公王

---

[088]　卜憲群：《中國通史》卷2，P175。

第二章　西漢末 10 年

莽為皇帝」的文字不可信，嘴上說「這是騙人的，不能聽」，卻無法堅持，讓輿論牽著鼻子走。直到王莽登基廢漢、索要玉璽，悲憤不已，她也只是像一般潑婦那樣發洩一下。劉邦在天之靈看了，非氣吐血不可。

假如這時碰到劉邦之妻呂雉，歷史肯定不是這樣。呂雉智慧，像武則天一樣心狠手辣，名聲不好，但政績顯著。劉邦原本只是個鄉下流氓、小混混，呂雉為他造反奪權立下汗馬功勞。呂思勉說：

> 漢高祖東征西討，頻年在外，中央政府所委任的，卻是何人呢？幸而他的皇后呂氏是很有能力的……所以高祖死後，嗣子惠帝雖然懦弱，倒也安安穩穩的當了七年皇帝。惠帝死後，嗣子少帝，又做了四年。[089]

呂雉先後掌權達 16 年，認真貫徹執行劉邦的遺囑，繼續重用蕭何、曹參、王陵、陳平、周勃等能臣，繼續奉行「無為而治」的國策，不論政治、經濟與文化各方面，均獲得進一步發展，為「文景之治」奠定了堅實的基礎。司馬遷將她列入紀錄皇帝政事的本紀，說她「政不出房戶，天下晏然。刑罰罕用，罪人是希。民務稼穡，衣食滋殖。」[090]

如果王政君像呂雉，這最後 10 年，她應該會果斷選一位成年且心智正常的皇帝，或者自己直接當政。應當承認王莽相當優秀，魅力十足，對他的宣傳攻勢難以抵擋。對這樣的人才應當重用，但也應當有底線（如果認同他改朝換代則另當別論）。至少已經看出他的野心，並有人公開站出來說不的時候，她完全可以藉助內外力量，控制王莽進一步篡奪，挽救時局。可她沒有，一步步退讓，一次次預設，兩眼睜睜看著事態發展到不可收拾的境地。沒有成年的皇帝，也無從政能力的太后，卻有異心的能臣，這樣的政權能生存下去，豈不是怪事？

---

[089]　呂思勉：《中國通史》，P370。
[090]　《史記》卷 9，〈呂太后本紀〉，1 冊，P290。

第三章
新朝末 10 年

【提要】

　　西元 14～23 年為新朝倒數計時 10 年，王莽掀起史無前例的大改革，各方面全盤照搬「周政」，引起上上下下、裡裡外外大混亂，又逢天災，飢民紛紛揭竿而起，貴族官人也捲入，烽火連天，王莽直接被殺。

　　假如王莽能像武則天那樣「亂上而不亂下」，不要弄得「天下騷動」，那麼旺的人氣，何以致迅速冰凍三尺？

第三章　新朝末 10 年

前因：照搬古典的大改革

讀本卷有一點別樣的滋味，這就是《桃花扇》中那句：「眼看他起朱樓，眼看他宴賓客，眼看他樓塌了」，前一章是王莽起他的新朝朱樓，這後一章就是他樓塌了，強烈反差。其他也不乏類似，例如〈第十二章〉朱元璋起朱樓，〈第十三章〉就是他子孫樓塌。

王莽代漢建立新朝，取年號為「始建國」，這顯然是模仿「始皇帝」，此後為始建國二年、始建國三年，以至永遠。然而，新朝也像秦朝一樣，十幾年就夭亡，比秦更狼狽的是，亡在開國皇帝王莽自己手上。

王莽走向他的反面，讓歷史大失所望，那是另外的話題。不管怎麼說，我贊同一個觀點：「如果從整體中國史的長河而言，這絕不是一個特殊的王朝，而應具有中國古代帝國的一席之地。王莽政權的改革，是對西漢中期以後儒家官學化形式中設想的儒教國家結構的最初嘗試。」[091] 不少史書將王莽新朝忽略不計，我認為不該，所以專寫一下新朝之末。

新朝開國皇帝王莽與中國歷史上所有開國帝王都不同，他是被朝野一步一步推舉上臺的。王莽在當「假皇帝」時提出：「為市無二賈，官無獄訟，邑無盜賊，野無飢民，道不拾遺，男女異路。」[092] 學者評論：

> 這其實就是王莽的終極理想，他想要按照經書，建造一個小康社會，甚至建造一個人人平等的大同世界。這種理想，不止是讓天下儒生為之傾倒，也幾乎激勵了各個階層的民眾。[093]

試想，還有哪一個開國帝王擁有這樣的「人和」？僅西元 5 年，就有官吏和平民 48 萬多人陸續上書請求為王莽加賞，認為他賽周公。第二年，

---

[091]　《中國的歷史・秦漢帝國》，P337。
[092]　《漢書》卷 99，〈王莽傳〉上，6 冊，P2994。
[093]　卜憲群：《中國通史》卷 2，P177。

安眾侯劉崇號召阻止他「篡漢」，卻只有 100 多人響應，連城門都沒摸到，就被平息。從現代角度看，可以說新王朝的來源是最合法的，無可比擬。王莽真實地開創了中國歷史上「禪讓」的先河。詳見前章。

此前 6 年，即西元 8 年，王莽的政權建立，國號為「新」。這個「新」字，讓王莽的心跡昭然若揭。一方面「喜新厭舊」，另一方面又熱衷於新瓶裝千年古釀。王莽立志按照周公、孔子們的理想，建立一個嶄新的美好天下。2001 年，在長安城四號遺址發現一枚玉牒殘片，殘留 29 個字，如「萬歲壱」、「作民父母」、「退佞人奸軌」、「延壽長壯不老」、「封亶泰山新室昌」，從末尾幾個字可知，這是王莽所製，可見王莽的心願：新朝要萬歲，要愛民如子，要警惕小人，要長生不老，要像秦始皇、漢武帝那樣有成就、有資格上泰山封禪⋯⋯

說實話，站在現代的立場，我個人十分樂見這樣的「和平演變」，並一定程度支持王莽。皇位到手，王莽像孔子一樣決心拯救「禮崩樂壞」的現實，但比孔子更幸運，因為他謀到帝王之權。王莽雄心勃勃地將偉大的理想付諸實施，仿照周朝制度，開始推行一系列新政。從 9 年四月至 10 年十一月，先後推出王田制、「六筦」制、禁止奴婢買賣等新政。《中國改革通史》評論：「歷史上從來沒有一個改革家在一生中採取過這麼多的經濟措施，更談不到在一年多時間內，全部加以實行。」[094]

大眾心理學研究顯示：「各國的群體都有明顯的女人氣」，「一旦贏得其信賴，立刻就能升官發財，但之後命運就像永遠踩在懸崖邊上，不知道哪天就會掉下來。」[095] 那麼，王莽呢？

人算不如天算。踩在懸崖邊上的王莽，說不清踩空了哪一腳，人氣像氣球一樣轉眼間破滅，墜入倒數計時。

---

[094] 《中國改革通史・秦漢卷》，P367。
[095] 《烏合之眾》，P17。

第三章　新朝末 10 年

最大亮點：中央權威重樹

◎ 14 年，倒數計時：9

這年氣象反常，夏四月降霜，凍殺草木。六月本當碧空萬里，卻黃霧四塞。七月天，大風拔樹，颳飛北闕直城門屋頂上的瓦片，冰雹砸死了牛羊。

這年是王莽始建國天鳳元年，本來他信心滿滿，決定只用一個年號「始建國」傳之兆年，無奈國勢越發不如人意，只得改了。步入新的紀年，王莽心情好多了，不僅大赦天下，且宣布二月開始巡狩之禮，隨從官員自帶乾糧，不給地方添麻煩。他具體說：

> 予之東巡，必躬載耒，每縣必耕，以勸東作。予之南巡，必躬載耨，每縣必薅，以勸南偽。予之西巡，必躬載銍，每縣必獲，以勸西成。予之北巡，必躬載拂，每縣必粟，以勸蓋藏……[096]

這話像《詩經》一樣美麗動聽。問題是全國這麼大，一年巡遍東南西北可行嗎？群臣不得不質疑：「如果一年四巡，道路萬里，春秋祭祀，不是靠乾糧、乾肉所能解決問題的……」由此可見，王莽之政多麼隨意，多麼浪漫，極富個性與象徵意義。

王莽雖然在經濟等方面多學秦始皇、漢武帝，但政治文化方面是否定秦漢的，要徹底回到周公時代，諸多招式直接照搬《周禮》等先秦儒家經典到現實中。說穿了，其實這也是「霸王道雜之」。

「大司馬」是個重要職位，《周禮》即有此名，掌邦政，相當於宰相。西漢時常授予掌權的外戚，多與大將軍、驃騎將軍、車騎將軍等聯稱，也有不兼將軍號的。王莽曾任此職，所以他對此特別重視，或者說特別敏

---

[096]　同注 92，〈王莽傳〉中，P3034。

感，像女孩挑男人一樣，換來換去。前年大司馬去世，去年二月大司馬退休，命逯並接任。本年三月末出現日食，這在當時看來不是好兆頭，於是大赦天下，將大司馬逯並免職，以示有人負責；改以苗訢接任，希望他能為新朝帶來好運。

王莽繼續深化改革。這次改的是系列名稱，以《周官》為依據，新設「卒正」、「連率」、「大尹」，職如太守；新設「州牧」、「部監」25人；分設長安城郊6鄉，各配帥1名；分3輔為6尉郡，河內、河東、弘農、河南、潁川、南陽為6隊郡，並改了大堆官名和地名，分並郡縣，共1萬個封國。例如「符離」改為「符合」、「無錫」改為「有錫」等。隨後又經常變更，甚至一個郡名改了五、六次，最後還是恢復原本的。因為誰也無法記清楚，每次詔書都得附上原本的名稱。王莽熱衷於改名，無非是求「新」，以便從形式上將新朝與舊朝區分開來。

更重要的是錢幣改革。學者敘述：「貨幣鑄造伴隨著年號制度、統一度量衡的措施，成為用來表現政治權力正統性的方法，而不一定是滿足經濟需求的產物。王莽在其從攝政到以新朝皇帝君臨天下的過程中，好像隨時都在確認自我權威似的，一次一次地鑄造新貨幣。」[097] 此前，已經於7、9、10年進行過3次錢幣改革。比如9年那次，詔令明說：「夫『劉』之為字『卯、金、刀』也⋯⋯其去剛卯莫以為佩，除刀錢勿以為利，承順天心，快百姓意。」劉是刘的繁體字，意味著劉氏江山的陰影，對王莽來說刺眼得很，必欲去之而後快。問題是王莽隨心所欲。在王莽各種經濟改革中，最混亂、最荒唐的是貨幣改革。這已是第四次，罷除剛通行不久的大、小錢，改行貨布、貨泉、大錢3種。莫名其妙的是，貨泉重5銖，貨布重25銖，1貨布卻值25貨泉。所以，這次幣制改革不僅未能理順貨幣制度，反而更加混亂，導致「農商失業，食貨俱廢」的後果。此後於西元

---

[097]　同注91，P345。

第三章　新朝末10年

20年進行第五次貨幣改革，基本上恢復五銖錢制度，應該是較為成功的，但沒等來得及收效……

自漢宣帝以來，漢與匈奴幾十年基本上和平相處。這期間，匈奴在安定中逐步恢復強盛，漢朝倒是動亂不已。王莽急於構築儒家「華夷」秩序，一再威臨匈奴。匈奴單于烏珠留忍無可忍，怨道：「先單于受漢宣帝恩，不可負也。今天子非宣帝子孫，何以得立？」[098] 不再承認新朝政權的合法性，重啟戰爭。本年，烏珠留去世，其弟咸繼位，改而向新朝求和求親。再說，本年邊地又發生饑荒，到人相食的地步。大臣進言：「軍士久屯塞苦，邊郡無以相贍。今單于新和，宜因是罷兵。」可是，校尉韓威卻不屑一顧說：「中國如此強大，滅匈奴，跟咬個蝨子一般！請皇上讓我領兵5,000，不用斗糧，餓了吃他們的肉，渴了喝他們的血，橫掃大漠！」[099] 王莽聽了這番豪言壯語，大為感動，即提拔韓威為將軍。說大話、空話的韓威個人撈到了好處，王莽及民眾則很快被這種思維害慘了。

在今廣西百色西林、雲南文山一帶，古代有個句（鉤）町國。此前，王莽對外也改制，貶句町王為侯，引起強烈不滿。本年，那裡的民眾起兵叛亂，王莽命馮茂為平蠻將軍，率巴郡、蜀郡、犍為郡吏士前去鎮壓。

◎ 15年，倒數計時：8

才二月，王莽又對大司馬不滿了，將苗訢左遷，即貶官，改任陳茂。

民間謠傳黃龍在黃山宮中摔死了，幾萬人湧去看。龍的話題事關帝王，王莽怕別有用心的人做文章，慌忙阻止，並捕了一些人。

這年有一大好事，就是與匈奴和好。單于令各部落領袖不許侵犯漢塞，並將之前叛逃過去的將領交給新朝處理。由此可見，直到此時，匈

---

[098]　《資治通鑑》卷37，〈漢紀〉29，P1424。
[099]　同上，P1440，「以新室之威而吞胡虜，無異於口中蚤虱。臣願得勇敢之士五千人，不齎斗糧，飢食虜肉，渴飲其血，可以橫行！」

奴尚友好，北邊可望安定，可以集中精力處理內部改革與發展。可是王莽什麼都想做，委派官員出訪匈奴，帶去大量金幣，但是改稱其「恭奴單于」。「匈奴」可能是音譯，可這「恭奴」明顯是「奴隸」之意吧？單于不是傻瓜，只不過覺得金幣更誘人，笑呵呵收下金幣，對辱稱姑且裝傻。

又有人造反，這回是五原、代郡一帶，但規模更大，多達數千人，經一年多才平息。

相對來說，這一年還算平靜。

◎ 16年，倒數計時：7

二月地震，又降大雪。關東地區雪深丈餘，有的竹子、柏樹枯死。為此，大司空王邑上書引咎辭職。王莽不同意，勸慰：「大地有震有動，震有害而動無害。《春秋》記載地震，《易經》只說地動，動的時候就張開，靜的時候就合攏，萬物由此發生。」看來，王莽不信「天人感應」。震與動區分如此，可見儒家之用心。

王莽個人肯定不缺錢，且視錢如身外物，上臺前又是捐贈又是拒賞。他也如此要求廣大下屬，以制度未定為由，延遲發薪資。那可不是一般的欠薪，一欠七、八年，有些官員家裡沒飯吃了，只好貪汙受賄，敲詐勒索。五月，王莽終於過意不去，也可能是終於發現問題的嚴重性了，下詔：「欠薪這麼多年，每當想到這件事，我心裡就不安。現在基本上困難過去了，國庫雖然不是很充足，但已稍寬裕，決定從六月開始正常發放官吏薪資。」各級官吏共分15個等級，年薪從66斛至萬斛不等。隨後還補發通知：「古時候，年歲豐收加薪，歉收則減薪，官吏與平民同喜同憂。現在我們也這樣做，如逢災年，以十為率，相應減扣。」[100] 王莽改革諸

---

[100] 同上，卷38，〈漢紀〉30，P1448，「古者歲豐穰則充其祀，有災害則有所損，與百姓同憂喜也。其用上計時通計，天下幸無災害者，太官膳羞備其品矣；即有災害，以什率多少而損膳焉……」

第三章　新朝末 10 年

多,很多不切實際,可能只有這一項還不錯,可惜後世千年沒人借鑑。

長平館西岸坍塌,把涇河阻塞,決口向北流去。有人認為這就是「河圖」所指點用土鎮水吧!是滅匈奴的好兆頭。王莽調集大量兵馬,屯於前線,準備徹底收拾他們。隨後,王莽又換大司馬。嚴尤(莊尤)是王莽的老同學,自比樂毅、白起,著有兵書《三將》,征戰無數,勝多敗少,頗受王莽器重。大司馬換上嚴尤,顯然是用兵的準備。

這年的兵事明顯增加,而且不大順利。前年出征句町遭瘟疫,士兵死十之六七,只好在當地大斂民財,十取其五,加劇官民衝突。王莽把平蠻將軍馮茂調回,下獄至死。然後,再發廣漢等郡官員丁壯為戰士 10 萬,加上運輸民工,共計 20 萬人,再擊句町。初戰告捷,殺敵數千。不久又發生軍餉供應不足與瘟疫問題。王莽再召廉丹、史熊。這兩位將軍決心大,表示不勝不生還,但請求加大支持力度。大臣馮英反對:「西南夷叛亂十來年了,征勤沒停過。現在廉丹、史熊生怕沒把握,又要搜刮民財,這可能激發更多反叛啊!弄不好沒完沒了。我認為應該停戰,派兵駐守並屯墾,公開懸賞捉拿叛亂分子即可。」王莽聽了發怒,罷免馮英。

王莽派特使王駿、李崇和郭欽出使西域,各國君王到郊外熱烈歡迎,王駿卻陰謀趁機襲擊。焉耆將計就計,表面投降,暗中集結兵力。王駿等率莎車、龜茲 7,000 餘人,兵分數路入侵,焉耆伏兵突起,而姑墨、危須等軍隊突然叛變,與焉耆一起作戰,把王駿等人全部斬殺。郭欽稍後入焉耆,趁焉耆軍沒來得及返城,襲殺老弱,取道車師入塞回國。從此,西域與中原隔絕。

◎ 17 年,倒數計時:6

王莽登帝第二年,即此前 8 年,推出重大經濟政策「五均六筦」。五均指均市價;六筦指酒、鹽、鐵專賣,官府鑄錢,並對山、澤徵稅。「筦」

即「管」，由國家經營、管理之意。說是根據《周禮》制定的，實際上是漢武帝劉徹經濟政策的翻版。還說以此限制商人對農民的過度盤剝，制止高利貸猖獗，實際上是想藉以增加財政收入，並為豪族權門大謀私利。結果，大商人與地方政府、豪民富戶狼狽為奸，盤剝百姓。市官收賤賣貴，甚至以賤價強取民物，賒貸過期便要處以刑徒。稅賦繁重，連不事生產的城市居民也要納稅。因為招致民怨，推行起來困難重重。所以，本年詔令重申六筦之禁，增加規定，嚴重違者可至死罪，並在各郡應徵富商為督察「五均六筦」的專管人員，名為「羲和命士」。羲和是傳說中的太陽神。

琅邪海曲縣吏呂育被縣官冤殺，其母盡散家財，備置兵器和酒食，招徠一些貧窮少年。本來，呂母只想招幾個亡命之徒為兒子報仇，不想沒飯吃的人太多，一聽有人招兵買馬，紛紛投奔，迅速聚集數百人。呂母率這些流民攻縣城，殺了縣官。呂母復仇的目的實現，正煩惱怎麼解散這些烏合之眾，可是恨官府的人太多了，一聽殺縣官就以為反叛，從四面八方湧來，很快增至數萬，推舉呂母為領袖，然後向四方蔓延而去。

在呂母的鼓舞下，其他地方紛紛揭竿而起。如臨淮人瓜田儀，在會稽長洲率眾起事。新市人王匡、王鳳等為領袖起事，以綠林山（今湖北當陽）為根據地，因此稱「綠林軍」，不久增至萬人，成為反王莽的主力軍，活動遍及大半個中國，影響巨大。此後，「綠林」一詞還成為黑社會或造反者的代名詞之一。

◎ 18 年，倒數計時：5

對內、對外軍費開支日益增加，國庫不堪重負。王莽又學漢武帝，本年初詔令：「近 8 年以來，諸軍吏及邊疆吏大夫以上貪官的家財，沒收 4/5 充當軍費。對隱瞞家產的，鼓勵吏士檢舉其將，奴婢揭發其主。」這明顯是學漢武帝的「算緡告緡運動」伎倆。

第三章　新朝末 10 年

天災人禍，造反不斷增加。樊崇率眾在莒縣起事，以泰山為根據地，轉戰黃河南北。為了與官軍區別，他們以赤色塗眉，因此稱「赤眉軍」，也很快成為反王莽的主力軍之一。差不多同時，刁子都率眾起事，轉戰於徐州、兗州一帶，眾達六、七萬。官兵四處鎮壓，根本應付不過來。

外部更加不安。大漢曾和匈奴和親時，送去大美女王昭君，王昭君如今已兒孫滿堂，女婿須卜當長大成人並為官。這年，匈奴單于去世，新單于繼位，並願與中原友好，遣使奉獻。王莽卻冒出個主意，要扶持須卜當這個「自己人」為匈奴單于。嚴尤連忙勸諫：「須卜當在匈奴朝中為官，有什麼動靜及時通報，所以這幾年很平靜。如果請到長安來，他只是一個普通的匈奴人，意義就不大了！」王莽還是誘逼須卜當到長安來，宣布立他為匈奴單于，準備派大軍護送他回國就職。匈奴單于聞訊大怒，立即出兵南侵。

這年還值得一說大文豪揚雄死了。揚雄這個人很有意思，孤傲而純粹。家裡很窮，口吃多病，可是安然得很，嗜酒如命，如果想拜他為師，得帶上酒菜。他才華橫溢，是漢辭賦四大家之一，卻認為辭賦屬「雕蟲篆刻」，「壯夫不為」，轉而研究哲學，成為漢朝道家思想的繼承和發展者。揚雄崇拜孔子，認為自孔子死後，聖道的發展受阻，希望能恢復孔子的正統儒學。他模仿《論語》作《法言》，模仿《周易》作《太玄》，被人稱為「孔子」再生。他受王莽賞識，他也竭力支持王莽，著文稱王莽是周公以來最有德行的人。鉅鹿侯芭是揚雄的粉絲，拜他為師，跟他一起居住。現在他死了，侯芭為他建墳，並守喪 3 年。

◎ 19 年，倒數計時：4

又一個新年到，但好兆頭依然沒有出現，王莽便決定自己創造一些正能量。他令太史推算出 3.6 萬年的日曆，要求每隔 6 年改換一次年號，並

詔曰：「我會跟黃帝一樣羽化為仙！」王莽試圖以此「銷解盜賊」[101]。於是，作新樂呈獻於明堂、太廟。

王莽令嚴尤和廉丹兩人準備率軍出征匈奴，護送須卜當回去就職。嚴尤再次進言：「匈奴權且放以後再說吧！先考量山東的民變要緊啊！」王莽聽了火冒三丈，立即發文將嚴尤免職，加緊戰備。大規模召集全國壯丁、死囚及官吏、平民的家奴，命其名曰「豬突」、「豨勇」，為精銳部隊。豬是家豬，豨是野豬。士兵受如此侮辱，可能為你賣命嗎？王莽想他們會貪生貪財，為此又一次向全國廣大官吏和平民徵稅，抽取財產 1/30；令公卿及以下與郡縣佩帶黃色綬帶的官吏都要飼養軍馬，數量依官秩等級而定。

大概王莽內心也覺得這種「豬突」、「豨勇」不可靠，又廣泛招集有奇巧技術的戰爭人才。從各地推薦上萬人，有的說能不用舟船槳楫而渡江河；有的說不用帶軍糧，只要服食藥物便可以作戰；還有的說能一天飛行 1,000 里去匈奴偵察。王莽大為興奮，馬上召這批人才進京面試。那個說能飛的人，頭上和身上都插著羽毛，並用大鳥的羽毛做兩扇翅膀，釦環紐帶操縱動作，真的能飛，不過飛幾步就掉地上。王莽有點失望，但還是給他們鼓勵，全都任命為理軍，賞賜車馬，等待出征。

地方官韓博奏報：「有個名叫巨毋霸的奇士闖入我府中，自告奮勇要去征匈奴。他身高 1 丈，體大 10 圍，小車裝不下，3 匹馬拖不動。我用大車套 4 匹馬，才將他運來京城。這是上帝派來輔佐新朝的天將啊！請陛下備特大的鎧甲，1 輛高車，1 套古代勇士孟賁、夏育穿的衣服，並派大將 1 人和虎賁武士 100 人到郊外新豐來迎接。京師的門戶肯定太小，請把城門加高些。有了巨毋霸，不僅可以對付內賊，還可以向蠻族示威，鎮懾天下。」這回，王莽怎麼看都不是滋味，臉面感到火辣辣。因為王莽的字是「巨君」，所謂巨毋霸很難說沒有惡意。王莽指示讓巨毋霸留在新豐，

---

[101] 同上，P1456，「下書自言『己當如黃帝仙升天』，欲以誑耀百姓，銷解盜賊」。

第三章　新朝末 10 年

韓博自己先進京。結果，韓博下了獄，以出言不當獲死罪。對此，雷海宗評論：「想用法術之類的把戲去打仗，這是一個兵力墮落不堪的社會才會發生的事，一個真正尚武的民族，絕不屑於享受這些幼稚的幻想。」[102] 但王莽之後，還有趙佶、慈禧等人迷戀這種「幼稚的幻想」。

益州那邊的形勢還沒有好轉，王莽改派將軍，要求盡快平息。可是天災人禍、造反的人還是越來越多。不過，儘管末世已臨，還有些人熱衷於奉迎聖意，將百姓視為他升官發財的資本。翼平郡主官田況匯報：「雖然這些年加了稅，可是對民間財力猜想嚴重不足，百姓沒機會為國家作更多貢獻。」王莽聽了十分感動，立即升田況為伯爵，賞錢 200 萬，號召廣大官員、民眾向田況學習，學他實事求是的精神。然後，以 1/30 的稅率，向全國再徵一次。[103] 如此，國庫是更豐了些，全國各地的窮人則更多了。關東本來就饑荒連年，再加稅，更多人拋家棄園，老弱者死於流亡之路，強壯者加入民軍，樊崇等部眾增至六、七萬人。

每臨末世，病急亂投醫，各種「幼稚的幻想」都會堂而皇之起來。王莽與田況聯演這齣戲，看似風光，實際上加速了他們自己的滅亡。

◎ 20 年，倒數計時：3

王莽雖然殺了韓博，但不能不渴望天神相助。他再次修正新朝永遠只用一個年號的理想，改成「始建國」3 字不變，每 6 年修訂一次。新修了 3.6 萬年的日曆，以及 6,000 個年號。本年開始實施，新年號為「始建國地皇元年」。如此新年，又信心百倍，大赦天下。

王莽認為黃色高貴，是新朝的色調；紅色輕賤，是漢朝的色調。王莽要求低階官員，如郎官、侍從官，都穿深紅色的衣服，暗示漢朝低賤；同

---

[102] 雷海宗：《中國文化與中國的兵》，P41。
[103] 同注 98，P1460，「田況奏郡縣訾民不實，莽復三十取一；以況忠言憂國，進爵為伯，賜錢二百萬，眾庶皆罝之。」

時在長安城南興建「九廟」，即皇家祭廟。1950 年在此挖掘出 12 座遺址，其中黃帝廟東西南北四方各長 40 丈，高 17 丈，氣勢恢弘，「令萬世之後無以復加也」[104]。為此，廣泛徵召全國工匠，花費數百萬錢，役夫喪生萬數。王莽和他的大臣心裡想的是皇家萬古偉業，死多少民、傷多少財都是小事。王莽親臨工地參加奠基大典，揮舞鐵鍬，「親舉築三下」，隆重無比。不過，總有些烏鴉嘴讓皇上掃興。比如汝南人郅惲精通天文星象與曆法，竟然認為漢王朝一定會復興，特地上書勸王莽：「上天之所以發生異象，是在啟示陛下，希望您回到臣僚的位置。取之於天，交還於天，這才算知天命。」王莽勃然大怒，立即將郅惲下獄。

造反的情勢仍居高不下。王莽心急如焚，下詔強調軍紀：「膽敢不守紀的，就地處決，不必等行刑季節！」本來只在秋季執行斬刑，現在春季、夏季、冬季也殺，四時血腥。隨後又詔曰：「朕親任大將軍，內設大將，外設大司馬 5 人。朕取法古人，組織完備。」於是，朝中設前大司馬、後大司馬、左大司馬、右大司馬、中大司馬之職，各州牧至縣宰都賜大將軍、偏將軍、裨將軍、校尉稱號。乘坐驛站傳車的使者經各郡國，每天有十來批，糧食、馬匹不夠，就徵用民間的。戰爭的氣氛籠罩全國。

鉅鹿郡馬適求等人陰謀串通燕、趙等地共討王莽，當地屬吏王丹發覺後，立即奏報。王莽抓了幾千人，全都處死，王丹則賜為輔國侯。

前有規定，凡私鑄錢的處死，破壞貨幣的流放。沒想到犯此法的人太多，多到執行不過來。本年只好把處罰減輕，私鑄錢的人，連同妻子、兒女，沒收為官府的奴婢，官吏和鄰居知道而不檢舉、告發的同罪。破壞錢幣信譽的，平民罰苦工一年，官吏免職。

儒者唐尊認為：「如今國庫空虛，人民貧困，根源在奢侈過度。」於是，他身穿小袖短衣，乘坐母馬拉的簡陋車子，坐臥則用禾稈當墊，吃飯

---

[104] 同注 92，〈王莽傳〉下，P3053。

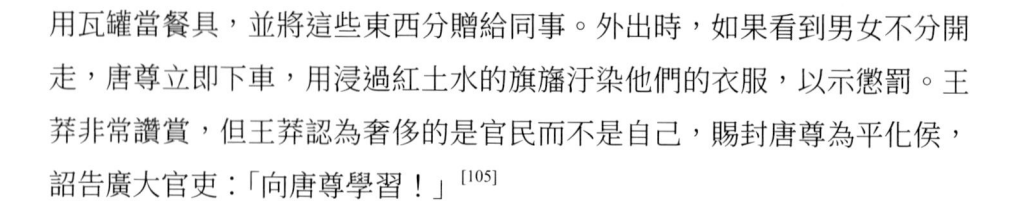

用瓦罐當餐具,並將這些東西分贈給同事。外出時,如果看到男女不分開走,唐尊立即下車,用浸過紅土水的旗旙汙染他們的衣服,以示懲罰。王莽非常讚賞,但王莽認為奢侈的是官民而不是自己,賜封唐尊為平化侯,詔告廣大官吏:「向唐尊學習!」[105]

◎ 21 年,倒數計時:2

這年開門不吉,皇后死了。為了顯示大公無私,王莽先後幾次處死自己的兒子。為此,他妻子──即皇后──的眼睛都哭瞎了。想想這些,王莽不能不內疚。但不久,有人建議續立皇后,說:「黃帝靠 120 個女子成仙。」王莽即採納,派員 45 人分巡全國,廣泛選取淑女。

青州、徐州、句町等地的反叛仍然無法平息。這時,有個叫儲夏的人請纓,說可以去勸說瓜田儀歸降。王莽當然很高興,許諾千般好處。儲夏真的去了,可是瓜田儀沒等出山就死了。這樣的人物死了很遺憾,但死人並不等於沒用。王莽將瓜田儀的屍體運出來,舉行隆重葬禮,修建豪華墳墓和祠廟,並賜諡號「瓜寧殤男」,希望廣大叛眾向瓜田儀先生學習。

王莽又失望了,沒招到一個降,卻新冒出一個女性造反頭目。她叫遲昭平,本來是一個博戲專家,在平原城西南一帶聚眾數千人起事,抗官稅,蕩官衙,殺豪紳,掠貴族,一時聲威大震。王莽慌忙詔議對策,群臣安慰:「這些都是觸犯蒼天的罪犯,行屍走肉而已,撐不了幾天!」

對匈奴的備戰仍然繼續,從全國各地運糧食、絲帛前往西河、五原、朔方和漁陽等地,每一郡以百萬計。須卜當因病去世,王莽策略不變,將自己的庶女嫁給須卜當的兒子須卜奢,希望有一天能護送須卜奢回匈奴即位。

國內外形勢越來越糟,王莽也感到越來越計窮,便召集群臣問計。老

---

[105] 同注 98,P1464,「尊曰:『國虛民貧,咎在奢泰』……下詔申敕公卿『思與厥齊』」。

將軍公孫祿毫不客氣說：「新室憂不在匈奴，而在朝中內部。」他具體建議殺六個奸臣以慰天下，第一是胡亂解釋天象的太史令宗宣，第二是亂弄政務的太傅唐尊，第三是作偽學的國師劉歆，第四、五是復古井田制的張邯與孫陽，第六是擾亂工商業的魯匡，第七是欺上瞞下的崔發。這七個都是王莽推新政的得力助手，懲治他們，不等於追究王莽自己嗎？王莽一聽，臉都綠了，連忙叫人將他擾走。

歷史上的造反者大都不是什麼「起義」，根本沒有什麼政治目的。開始時，各地民眾只是因為飢寒交迫，小規模群聚為盜，心裡常想著田裡莊稼快點熟，好還鄉。後來規模壯大到數萬人，可是民軍領袖還不占據城市，仍然是掠食、混日子而已。地方長官都是自己在亂戰中死，那裡民軍是不敢有意殺他們的。可惜王莽始終不明白這種真相。[106] 其實，歷史上的農民起事，絕大多數都是如此，歷代統治者也很可能明瞭但無法寬容，逼他們拚個魚死網破。

或許還可以說這時期的民眾當中，還殘存先秦貴族思維。想當年鄢陵之戰，晉國將領韓厥打敗了鄭國的國君鄭伯，從將要追，韓厥卻阻止：「不可以再辱國君。」本年，荊州牧組織 2 萬兵馬進攻綠林軍，反而被殺數千。綠林兵截擊荊州牧，鉤住他車上的裝飾板，刺殺車上陪乘的人，但始終不敢殺州牧。他們襲安陸等地，擄掠婦女退回綠林山中。此時，他們已增到 5 萬餘人，當地官府根本無法對付了。

山東的田況果敢，組織 18 歲以上民眾 4 萬餘人，授以兵器，並把軍令刻在石上，要他們隨時抵抗入侵者。民軍樊崇等人聽聞，嚇得不敢入界。田況將此事上報自責，王莽則說：「沒有虎符而擅自調集軍隊，擅動干戈，本來是要治罪的。但念你平叛有功，姑且不予處分。」隨後田況請

---

[106] 同注 92，〈王莽傳〉下，P3059，「初，四方皆以飢寒窮愁起為盜賊，稍稍群聚，常思歲熟得歸鄉里。眾雖數萬，亶稱巨人、從事、三老、祭酒，不敢略有城邑，轉掠求食，日闋而已。諸長吏牧守皆自亂鬥中兵而死，賊非敢欲殺之也，而莽終不諭其故。」

第三章　新朝末10年

求越郡界討民軍又獲勝，王莽很高興，令他代理青州和徐州兩州牧。他有點得意過頭，長篇大論：「叛亂剛起的時候，他們條件差，當地就對付得了。問題是當地官吏沒重視，縣欺騙郡，郡欺騙朝廷，100人只說10人，1,000人只說100人。朝廷也疏忽，沒及時督察，蔓延幾州才調兵遣將。郡縣應付檢查問責，酒飯招待，籌備禮物，忙著為自己解脫死罪，哪有精力思考清剿？將帥又不能親臨戰場衝鋒陷陣，一交戰就敗，士氣低落，白費了錢財。聽說現在又要派太師和將軍下來，他們是權臣，隨從多，沿途已民窮財盡，無法供給。地方官民怕他們，比叛軍更怕。因此，懇請皇上把各位使者召回，讓郡縣官民得以休息。」話多必失，聽了這番話，王莽倒不信任田況了，不動聲色地派人接替他。田況一走，齊地的局勢變得更加無法收拾了。

◎ 22年，倒數計時：1

新年伊始，九廟竣工，窮極工巧，金碧輝煌，王莽親臨祭拜，渾然不覺末日已臨。他的車6匹馬，每匹都披著用五彩羽毛織成龍形圖案的套子，頭上裝的角3尺長，又加上華麗的車蓋9層，高8丈餘，用4輪大車裝載，拉車的大漢一路高呼口號「登仙」。官吏們私下卻議論：「這像靈柩車吧！哪像神仙用車！」

函谷關以東地區的災情更嚴重了，緊接著又蝗災，鋪天蓋地，導致人吃人的現象。入函谷關的流民達幾十萬，餓死十之七八。王莽委派官員王業出去了解情況。王業收了賄，拿了米和肉回宮匯報：「挨餓的只是些流民，居民吃的都是這些。」王莽相信了，心安理得。王莽又派出大批官員深入各地「教民煮草木為酪」[107]，草木怎麼可能變成乳酪呢？不過，王莽也發動吏民捕蝗。對於湧入京城的飢民，專門任命「養贍民」予以安置，也有驅遣，沒有大劫掠發生。

---

[107]　同上，〈王莽傳〉下，P3063，「莽又多遣大夫謁者分教民煮草木為酪，酪不可食，重為煩費。」

最大亮點：中央權威重樹

再說樊崇等人的部眾強盛後，加強軍紀，互相約定：「殺人的抵命，傷人的養創。」倒是官軍還不如叛軍，以致有些地方出現民謠：「寧肯遇赤眉，不要遇官軍。」[108] 但這時，綠林軍遇到瘟疫，死亡近半，沒死的人，有些離開綠林山。

無鹽又有人起兵，攻占縣城，響應赤眉。官兵收復無鹽，斬殺1萬餘。王莽派員帶著詔書去慰勞王匡和廉丹兩位將軍，進封2人為公，另賜封有功的官員10多人。赤眉軍別部幾萬人在梁郡一帶，王匡想追擊他們，廉丹則認為剛戰無鹽，士兵疲勞，應當休整一下。王匡不聽，單獨率軍進擊，兵敗而逃。赤眉軍趁勝殺過來，廉丹抵擋不住，結果戰死。

這時，新王朝的最終掘墓人出山了！南陽的劉縯、劉秀兄弟召集當地豪傑，商議：「王莽凶殘暴虐，分崩離析，而今又連年大旱，到處兵荒馬亂，這是上天要滅他，恢復高祖大業、建千秋功業的時候到了！」大家表示擁戴。鄉鄰見劉秀改穿將軍服，大吃一驚，說：「你這麼忠厚的人，怎麼也反了！」[109]

◎ 23年，倒數計時：0

開局更不妙。正月初一，幾股民軍協同向官兵進攻，殺士卒2萬餘人，緊接又大破嚴尤軍，進而包圍宛城。在此之前，民軍雖然幾十萬人，但一直像無頭蒼蠅。現在不一樣了，一個個自稱將軍，紛紛打起恢復漢室的旗號，攻城掠地，傳遞文書，聲討王莽的罪惡。王莽看了，不免膽顫心驚。

漢兵已有10餘萬眾，選一位劉姓皇族當領袖，推舉劉玄，稱更始將軍。二月初一，劉玄登極，面南站立，接受群臣朝拜，恢復漢室。他感到難以擔當，滿臉流汗，只舉手而說不出話來，不過這可能是出於某種目的，有意歪曲的。宣布大赦，改年號為「更始」。對此，後世史家倒是多

---

[108] 同注98，P1474，「寧逢赤眉，不逢太師。太師尚可，更始殺我。」
[109] 同上，P1480，「及見秀絳衣大冠，皆驚曰：『謹厚者，亦復為之？』」

第三章　新朝末 10 年

數認可，但當時英豪多有失望，多有不服。

王莽心更虛，只能為自己壯膽，弄些「沖喜」的事。他染黑鬍子和頭髮，立史氏為皇后，選嬪妃 120 人，封號比照公、卿、大夫、元士。然後詔令伐賊，大赦天下，並宣布：「來降者不殺。如果仍然迷惑不散，即派百萬大軍清剿。」

王莽另派王邑等火速出征，並提拔通曉 63 家兵法者為軍官。王邑到洛陽，各州郡選派精銳的士兵，由州郡長官親自帶領，匯集 43 萬，號稱百萬。漢軍看到王莽軍兵多勢眾，嚇得跑回昆陽城，但也想分散到其他城邑。劉秀當時只是個小官，卻站出來說：「現在城內兵、糧既少，城外敵軍強大。如果分散，勢必不能保全。如果昆陽被占領，只要一天時間，各部全都完了。」剛好偵察兵回來報告：「敵人即將到城北，軍陣幾百里，看不到尾。」火燒眉毛了，大家冷靜下來，與劉秀共商應急。這時城中只有八、九千人，劉秀要王鳳和王常守昆陽，自己與李軼等 13 人連夜出城，到外面去召集友軍。

到昆陽城下的王莽軍已近 10 萬。嚴尤向王邑獻策：「昆陽城小而堅固，我們大軍向那裡進逼，他們必定奔逃。等宛城方面的漢軍失敗，昆陽城自然投降。」王邑反對，說：「百萬之眾如果遇城而不能下，怎麼向上交代？我們先攻陷它，踏著血泊前進，豈不快哉？」於是，把昆陽死圍幾十重，列營上百個，戰鼓響徹幾十里。挖地道，戰車撞城，弓弩亂射如雨。城裡忍受不了，乞求投降，王邑不理睬。嚴尤連忙又建議：「《兵法》說『圍城要留缺口』，讓被圍之敵逃出，讓圍攻宛城的綠林軍害怕。」王邑仍然不聽。

宛城方面，漢軍圍幾個月了，城中缺糧到人吃人的地步，只得投降。更始帝進城，並在宛城建都。

再說劉秀出昆陽城後，調集各營全部兵力。劉秀親自帶領步騎 1,000

多人為先鋒部隊,在距王莽大軍四、五里處擺開陣勢。王邑只派幾千人迎戰。劉秀率軍衝過去,一下子斬了幾十首級。將領們笑道:「劉將軍以往小戰好像膽小,今天大戰這麼英勇,奇怪了!還是讓我們衝鋒在前吧!」[110]漢軍各部一起殺過去,接連獲勝。劉秀從城西水岸邊攻擊王莽主將的營壘。王邑依然輕視漢軍,親領1萬餘人巡行,令各營按兵不動,單獨上前交戰。漢軍乘機擊潰敵軍。這時,昆陽城中的漢軍也殺出來,裡應外合。王莽軍大潰,屍布100多里,王邑只帶幾千人逃洛陽。嚴尤在敗退的路上,就迫不及待打出了漢朝的旗號,自稱漢將……

昆陽之戰的消息傳出,王莽十分震驚。各地豪傑則歡欣鼓舞,紛紛響應,襲殺當地長官,自稱將軍,用更始年號,等待更始皇帝的詔命。僅一個月,勢遍天下。

至此,王莽只能思索後事了。漢軍宣傳王莽用鴆酒毒殺了漢平帝,王莽鳴冤叫屈。他特地召集公卿們到堂中,開啟收藏在金匱中的策書,那上面寫著他替平帝祈求解除疾病、並表示願以身代死,流著淚出示給群臣看,希望大家能幫他洗刷。將軍王涉與親信董忠等人密謀劫持王莽,投奔更始政權,沒想到有人告密。王莽召見董忠,當場格殺,還用斬馬劍剁董忠的屍體。接著逮捕董忠家族,用濃醋、毒藥、利刃、荊棘合成一穴埋他們。王涉只好自盡。王莽感到絕望,吃不下飯,只喝酒。讀兵書倦了,靠著几案打個盹,不再上床,生怕什麼意外突降。

更始帝派兵直攻洛陽,王莽不知所措。大臣說:「古時候國家有難,就用哭向上天告哀。」[111]於是王莽率群臣到南郊,陳述他承受符命的經過,仰天大哭。眾儒生和百姓每天早晚集合起來哭,官府送稀飯給他們。哭得最悲哀的人,當即被任命為郎官,郎官一時達5,000多人。

---

[110] 同上,卷39,〈漢紀〉31,P1490,「劉將軍平生見小敵怯,今見大敵勇,甚可怪也!且復居前,請助將軍!」
[111] 同上,P1494,「古者國有大災,則哭以厭之。宜告天以求救!」

第三章　新朝末10年

　　各地大姓分別起兵，從四方匯集到長安城下，爭著第一個入城，希望能立大功，並多搶財寶。王莽赦免監獄的犯人，發給武器，殺豬飲血，立誓：「如有不為新朝效力的人，讓社鬼記住他！」可這些犯人還是剛衝出城就四處逃散，王莽只能關閉城門固守。漢軍挖王莽妻子、兒子、父親、祖父的墳，焚燒他們的棺及9廟、明堂和辟雍，火光通天。

　　九月初一，漢軍從宣平門入城，官府和豪門的人全都逃了。第二天，大火蔓延到掖庭、承明殿。王莽避火到未央宮宣室前殿，火總是跟著他。王莽穿著全套天青色的衣服，拿著虞帝匕首，蓆子隨北斗七星轉，學孔子當年仰天大嘆：「上天把美好的品德賦予我，漢軍能把我怎麼樣？」[112] 至死還在模仿古典聖人，深信天命。天快亮時，群臣攙扶王莽，從前殿退往漸臺，還有1,000多人跟著他。漸臺在今長安縣，漢武帝修建的，高20餘丈，臺址在水中。

　　十月初六，漢軍聽說王莽在漸臺，立即將那裡重重包圍，弓箭對射，然後短兵相接。王邑等人戰死，王莽躲進內室。有人率先衝進去殺了王莽，接著有人砍下王莽的腦袋。眾人分王莽屍，幾十人亂剁。第二天，王莽的頭顱被送到宛城，掛在街市示眾。百姓用石塊、大白菜擲它，還有人爭著切下他的舌頭分食──它太會說了！

　　對王莽的評價幾乎一面倒。王莽走向他的反面，讓歷史大失所望。否則，王莽至少可與孔子齊名，儒家就破天荒真正勝利一次了！然而，中國歷史上這唯一一次將儒家理論全面運用於政治的實踐徹底失敗了，慘不忍睹。實際上，西漢末順帝、成帝、哀帝、平帝及王莽這70多年裡的皇帝和丞相，幾乎都是儒生。失敗的不僅只是王莽一人，王莽只是那一代儒家的代表人物。一般人們把王莽看成騙子、亂臣賊子，稱帝之前那些好事

---

[112]　同注92，P3073，「莽旋席隨斗柄而坐，曰：『天生德於予，漢兵其如予何！』」《論語・述而》：「子曰：『天生德於予，桓魋其如予何？』」

全是偽裝。明禮部尚書夏言怒斥他是「用《周禮》誤天下者」。[113] 黃仁宇譏諷：「他盡信中國古典，真的以為金字塔可以倒砌」。[114] 柏楊則冷靜說：「王莽是儒家學派的鉅子，以一個學者建立一個龐大的帝國，中國歷史上僅此一次。他奪取政權的目的與劉邦不同，劉邦之類只是為了當帝、當王，滿足私慾。王莽則有他的政治抱負，他要獲得更大權力，使他能夠把儒家學說在政治上一次實踐，締造一個理想的快樂世界」。「對他診斷出來的社會病態的治療，認為只要吃下古老儒書上所用的那些古藥，就可痊癒……腳步向前走，而眼睛向後看，僅這一點，就注定他必然跌倒」。[115] 胡適評價可能最高：「王莽是中國第一位社會主義者……王莽受了一千九百年的冤枉……王莽卻是一個大政治家，他的魄力和手腕遠在王安石之上。」眾說紛紜，我覺得還是柏楊之說最精彩。如果說魯迅筆下的阿Q是第一國民性格的話，那柏楊筆下的王莽，可謂第二國民性格，因為從孔子開始，一代接一代人都熱衷於「腳步向前走，而眼睛向後看」。刻舟求劍，能求得喜劇才怪呢！

白居易有一首詩頗為經典：

贈君一法決狐疑，不用鑽龜與祝蓍。
試玉要燒三日滿，辨材須待七年期。
周公恐懼流言日，王莽謙恭未篡時。
向使當初身便死，一生真偽復誰知？

王莽如果只活到「假皇帝」之時，那麼他的名譽該有多好啊！人要死得其時，過早、過遲都可能變糟。現在落到這樣的下場，也就如子貢嘆商紂王落到歷史的下水道了。

---

[113]　夏言：〈申議天地分祭疏〉，「用《周禮》誤天下者，王莽、劉歆、蘇綽、王安石也。」
[114]　黃仁宇：《中國大歷史》，P60。
[115]　柏楊：《中國人史綱》上冊，P273、274。

第三章　新朝末 10 年

最具戲劇性的是，王莽與劉歆都是執著的儒家踐行者，結果卻遭到儒家的千古唾棄。姚大中說：

> 持平而非過與不及的印象批評，須謂為受儒家經典激勵過度，一個矯情的神經質者與幻想者，被尚古的儒家潮流烘托，越走越偏向誇大狂發展，注定自身悲劇下場，莽身於現實政治之前，更為國家、人民加重了災禍。[116]

此評應該是「持平而非過與不及」的。然而，這悲劇並沒能遏止一代又一代儒者，像王莽那樣盲目崇拜「三代」，並仍然一次次把國家和人民當白老鼠的衝動。

後果：假如王莽不胡搞到「天下騷動」

王莽勝利了，比誰都更「合法」地登上開國帝王的寶座。轉眼間，王莽又失敗了，比誰都更慘。東漢初年的史學家班固將他定性為「篡漢」，其後 2,000 多年來的史家，幾乎都認同這個結論，不視王莽為皇帝，不視「新」為王朝，成王敗寇若此。這傷的遠不止王莽一人，豈不將擁戴他那千千萬萬的官民，也都視為篡漢的共犯了？

王莽上臺之時，擁有充足的人和，但天時、地利方面就欠缺了。據研究，西漢初年人口不過 1,300 多萬，末年增至 6,000 多萬，關東與關中一些地區，每平方公里的人口密度達千人以上，與現代差別不大。在當時生產力條件下，正常年景也難以提供足夠的糧食，何況西漢末年天災不斷，黃河多次改道，王莽期間仍然天災頻仍，逼得人們離鄉背井，甚至到人食人的地步，不得不揭竿而起，苟且偷生。學者明確說：

---

[116]　姚大中：《姚著中國史》卷 1，P339。

後果：假如王莽不胡搞到「天下騷動」

所有證據證明，實際上全體官員都支持王莽，只是在廣泛的農民騷亂導致官軍徹底戰敗時，對他的支持才消失。如果王莽對這種騷亂負責，那將是對他統治的一個致命的控訴。[117]

對此，我基本上同意，但有所保留。天時、地利不與是這最後10年的重要因素，但應該不是致命的因素。關鍵還是「人和」的問題吧？

國家要發展，離不開國際和平、國內和睦的環境。王莽上臺之時，漢朝雖然已衰，但畢竟承平已久，「匈奴稱藩，百蠻賓服，舟車所通，盡為臣妾，府庫百官之富，天下晏然」。[118] 只不過當時宮中亂象多，人們以為漢室天命已盡，要王莽改天命，實指望「天下晏然」之世保持下去，甚至更上一層樓，哪想經他十幾年揮霍，全然變樣。

或許，導火線在於對外。王莽之初，周邊的確很友好。宿敵匈奴不比後來的契丹、蒙古、女真等，他們並沒有分享，甚至併吞中原的野心，只不過為生活所迫，劫掠一些邊境地區。特別是「和親」之後，隨著王昭君生根開花，「在匈奴中已存在一個親漢的集團」。在這種情況下，王莽不是進一步鞏固與發展這種好的情勢，而出於儒家的偏見，鄙視「四夷」，一再破壞這種情勢。貶人家「王」為「侯」，將「璽」換成「章」，殺人質，甚至要強行扶持「女婿」去當家。關係壞了，就大規模備戰：

> 募天下囚徒、丁男、甲卒三十萬人，轉眾郡委輸五大夫衣裘、兵器、糧食，長吏送自負海江淮至北邊，使者馳傳督趣，以軍興法從事，天下騷動。[119]

雖然最終沒有交火，但這種長期大規模備戰，是一種「奇怪」的戰爭，長痛不如短痛。對於已經天災人禍的自家天下來說，無異於雪上加霜。

---

[117] 《劍橋中國秦漢史》，P221。
[118] 同注92，〈食貨志〉上，P961。
[119] 同注92，〈王莽傳〉中，P3026。

第三章　新朝末10年

問題還在於王莽不僅針對匈奴，西域、高句麗及西南，也很快化玉帛為干戈。四面出擊，導致四面楚歌，其內也「愁於徵發，民棄城郭流亡為盜賊」了。[120] 結果，「天下晏然」變成「天下騷動」，史稱「戰鬥死亡，緣邊四夷所繫虜，陷罪、飢疫，人相食，及莽未誅，而天下戶口減半矣」。[121] 沒等王莽死，就重現秦末漢初「天下戶口減半」的悲慘景象。

何況內郡本來就已經是正在爆發著的火山。一系列出自古書而不切實際的改革，也很快弄得「天下騷動」。光那沒完沒了的官名、地名改革檔案，就把全國各級大小官員們弄煩了，何況幾年不發薪資，反而三天兩天要捐款，政令可能通暢嗎？「五均六筦」看似光鮮，但得不到官僚集團的支持，只能依靠富商大賈，反而形成危害更大的官商壟斷集團。為了解決沉重的軍費開支，王莽學漢武帝幾個狠招斂財，甚至直接收繳百姓財產。同樣那類招術，漢武帝算是成功，王莽則失敗，殊不知王莽的政治腐敗了，諸條件都不允許了。王莽聽不進不同意見，嚴刑酷法，民怨鼎沸，曾經擁戴他的人，一個個覺得受騙上當。當時最著名的學者劉歆，是王莽篡漢不可或缺的人物。眾所周知，劉邦明令非劉姓不可封王，早已成為人們的共識，你一個王姓還想坐劉姓江山？怎可能那麼順利地和平演變？劉歆卻被逼到反叛而死的地步，王莽的人氣也就發生截然相反的逆轉。如此，他能不身敗名裂嗎？

假如王莽像武則天，肯定不至於暴亡。武則天像王莽一樣「篡」了人家的天下，但阻力比王莽大多了，登臺後還不得不採用一些鐵腕手法，朝中常常血淚橫飛。然而，武則天明智的是，將這種「騷動」限於朝中，而不亂於外，更不亂於天下。史家公認的說法，是「僭於上而治於下」，不是王莽那樣弄得「天下騷動」，上下左右全都敵對。所以，武則天不僅穩

---

[120]　同上，P3028。
[121]　同注92，〈食貨志〉下，P990。

住自己的皇位,還開創了「武周之治」,詳見《夏之卷》第十章。再說西晉末年,司馬衷皇后賈南風也不是省油的燈,她專權並濫殺政敵,但她起用能臣,史稱其間「雖暗主在上,而朝野安靜」。[122] 呂思勉嘆王莽,總結出一條政治家的金科玉律:「治天下不如安天下,安天下不如與天下安」,[123]是也!

王莽與武則天等人給我們一點重要啟迪:讓你們宮中去亂吧!只要別弄得我們「天下騷動」就好!

---

[122] 同注98,卷82,〈晉紀〉4,P3308。
[123] 呂思勉:《中國通史》,P381。

第四章　東漢末 10 年

第四章
東漢末 10 年

【提要】

　　唐武宗李炎任期雖短（840～846年），但大幅裁官，將貪官與「十惡」相提並論，大禁佛教，抵禦外敵，國勢大振。

　　假如李炎像胡亥，讓邪惡的「恩人」牽著鼻子走，非常可能也變得好獵聲色，更可能無法平息藩鎮的反叛與回鶻的侵擾，唐朝的末日不也可能提前於此時嗎？

第四章　東漢末 10 年

前因：皇帝老老實實當傀儡

漢光武帝劉秀 25 年恢復漢室後至 57 年去世，對外和平，集中精力於內部，大力解決奴婢和土地兼併等歷史遺留問題，農業勞動生產率居歷史最高水準，人口達歷史高峰，被譽為「光武中興」，詳見《春之卷》第二章。

明帝劉莊、章帝劉炟當政時期，從西元 57 年劉莊登帝開始，至 88 年劉炟去世，恢復對西域的統治，將儒學系統化，完善曆法，引進佛教，被譽為「明章之治」，詳見《夏之卷》第二章。和帝劉肇當政時期（88～105年），壓抑外戚勢力，滅北匈奴，刑法「務從寬恕」，被譽為「漢和盛世」，詳見《夏之卷》第三章。

這樣接二連三開創盛世，在中國歷史上少有。然而，由於體制跟西漢無異，西漢致命的問題東漢並沒有解決，外戚政治還更嚴重。外戚們大多不知道珍惜權力，而只知道濫用權力，貪汙暴虐，一味追求物質享受，最後到田野空、朝廷空、國庫空的地步。如此能延續十幾任，已是奇蹟。

歷史老人為東漢敲響喪鐘時，末代皇帝是漢獻帝劉協。劉協有幸，也不幸。他母親雖然受漢靈帝劉宏寵愛，但是遭何皇后嫉妒，懷了劉協卻不敢聲張，要偷偷墮胎，幸好墮胎藥失效才生下。何皇后妒性大發，將她毒死。劉協尚未足月，便寄人籬下。靈帝死時，讓 14 歲的劉辯繼位。只因宮中宦官和大臣爭權奪利，軍閥董卓廢劉辯，才改立劉協，時年 9 歲。很自然，劉協只不過是擺設，實權都在董卓手裡。192 年，董卓被他部下所殺，劉協逃亡到洛陽。劉協向各地長官寫信求救，沒什麼人理睬，只有時任兗州牧曹操率軍來護駕。劉協被曹操挾持後，依然沒有實權。劉協心有不甘，暗下衣帶詔，令董貴人的父親車騎將軍董承設法誅殺曹操。董承與左將軍劉備等一起密謀，不想敗露，董承被殺並夷三族，懷孕的董貴人也

被絞。劉備賣草鞋出身，顛沛流離，投靠過多個諸侯。他深得曹操賞識，但在「煮酒論英雄」中受驚，早一步另立山頭，逃過曹操的追殺。

從此，劉協老老實實當傀儡皇帝。曹操自任丞相，「挾天子以令諸侯」，成為東漢末年事實上的帝王，朝廷一切由曹操處理。有些文武官員勸他自立為帝，他不同意。他不知疲倦地與其他軍閥火拚，征戰四方。他跟王莽一樣在體制內奮鬥，看似保衛舊政權，實則建立自己的新政權，只不過是一文一武之別。

最大看點：父親不篡兒子篡

◎ 211 年，倒數計時：9

曹操基本平定北方後，轉而向南。在 208 年那場著名的「赤壁之戰」中，曹操失敗，三足鼎立的格局初步形成。在這種情況下，曹操著力於穩定內部，重整實力。上一年，即 210 年春，曹操寫了著名的兩篇文章。

〈求賢令〉：這「賢」可不是今天常說「德才兼備」之德，恰恰相反。其中兩句我印象最深：「今天下得無有被褐懷玉而釣於渭濱者乎？又得無盜嫂受金而未遇無知者乎？」這話用兩個典故，頭一句指姜太公出山前穿粗衣、懷大志在河邊釣魚，後一句指大將陳平提拔公示之時，有人檢舉他跟嫂子私通又受賄，而曹操說要路無遺賢，對他們那樣的人才也重用。戰爭歲月，當然只要拚命三郎，流氓地痞無所謂。也因為東漢崇儒，用人過於注重「孝廉」，不少人弄虛作假，徒有虛名，誤國誤民，曹操不能不改革，唯才是舉，大力網羅各種人才。有學者認為，正因為曹操推翻了漢代以來的用人標準，招致儒家批判，經數百年演變，將曹操從一個忠臣（至死未稱帝），變成了民眾印象中的奸臣。

〈述志令〉：針對孫權、劉備兩大軍閥聯手抗曹，並在政治上抨擊曹操「託名漢相，實為漢賊」，曹操釋出這篇令文，宣布退還皇帝加封的3個縣，展現他的本志，反擊朝野謗議。其中最讓人感慨的一句是：「如今這亂糟糟的天下如果沒有我，不知道會有多少人稱帝稱王呢！」[124] 換言之，他在一定程度上控制了亂象。他還坦率說無心篡位，但絕不會放棄權力。

曹操文章寫得坦白直率，氣勢磅礡，充滿豪氣，表現出非凡的氣度和見識。魯迅稱讚：「曹操本身，也是一個改造文章的祖師，可惜他的文章傳得很少。他膽子很大，文章從通脫得力不少，做文章時又沒有顧忌，想寫的便寫出來。」[125] 還有人說，傑出的政治家很少成為傑出的文人；傑出的文人也很少能成為傑出的政治家，大概因為一種角色需要理性，一種角色需要感性，矛盾衝突。縱觀中國歷史，沒有第二個能像曹操那樣，腳踏著兩條船而遊刃有餘。

曹操有25個兒子，幾乎個個優秀。曹植7步成詩，曹沖稱象，都是千古美談。文學史上著名的「三曹」，指的就是曹操與他的兒子曹丕、曹植。新年伊始，曹操任命曹丕為五官中郎將。別看曹丕這年才14歲，他6歲學射箭，8歲學騎馬，廣讀博覽古今經傳、諸子百家。10歲那年，兄弟隨曹操南征失利，兄長等人遇害，他卻能乘馬逃脫。去年有人舉薦曹丕，曹操認為並不是出於公心，反而將那人免官。

曹操遣兵討伐漢中，馬超等關中諸將聯合抵抗。曹操親自率大軍出征，大敗聯軍。馬超等想割地求和，曹操不允。曹軍渡河，士兵先行，曹操自己率100餘人在南岸斷後。馬超率步騎一萬多人進攻，箭如雨下，曹操坐在椅上巍然不動。不久，曹軍全部渡河。馬超等再次請求割地，並送子求和。曹操假意答應，趁機襲南昌，再敗聯軍。馬超等人敗走涼州，楊

---

[124] 曹操：〈述志令〉，「設使國家無有孤，不知當幾人稱帝，幾人稱王！」
[125] 魯迅：《而已集・魏晉風度及文章與藥及酒之關係》。

秋逃回安定，關中平定。曹操進軍安定，楊秋投降。曹操撤回，命眾將繼續西征。

為了抵抗曹操，益州劉璋聽從部將張松建議，委派法正去邀請劉備入川，沒想到中圈套。劉備留諸葛亮、關羽等守荊州，親自率數萬步卒入蜀。張松、法正等勸劉備襲劉璋，劉備認為初到乍來，人心未定，予以拒絕。劉璋蒙在鼓裡，還上表推薦劉備代理大司馬，配給士兵，督白水軍，令他進攻張魯。劉備到了葭萌，卻駐軍不前，收買人心。劉備說：「現在跟我水火不容的，只有曹操，我要跟他鬥智鬥勇。他嚴厲我就寬厚，他殘暴我就仁慈，他詭詐我就忠信。事事跟他唱反調，就不難成功！」[126]

◎ 212 年，倒數計時：8

從周公開始有一大套非常繁瑣的禮儀制度，禮儀也可以成為獎品。劉邦滅了項羽，平定天下，論功行賞，由於爭功太激烈，一年多也評不完。劉邦認為蕭何第一，特許他帶劍、穿鞋上殿，還可以不按禮儀小步快走。從此，「入朝不趨，劍履上殿」特例，拿來給帝王獎賞大臣。這年，曹操也獲此獎。

還有人建議曹操進爵公，加九錫，像當年王莽那樣，遭尚書令荀彧反對。曹操恨得要命，將他調離。後來，荀彧在壽春病亡，有人說是受曹操暗示而服毒。

曹操繼續征戰，擊敗馬超部將。馬超的父親馬騰及其二子被曹操所殺，並夷三族。河間有人起事，擾幽州、冀州，曹丕遣將平息。

張松吃裡扒外之事敗露，劉璋與劉備反目。劉備召白水軍楊懷來，將他斬殺，併吞其部隊，然後派大軍南下進攻劉璋，占涪城。

當時三大梟雄，除了曹操、劉備，還有一個孫權。孫權在 4 年前的赤

---

[126] 《資治通鑑》卷 66，〈漢紀〉58，P2652，「今指與吾為水火者，曹操也。操以急，吾以寬；操以暴，吾以仁；操以譎，吾以忠；每與操反，事乃可成也。」

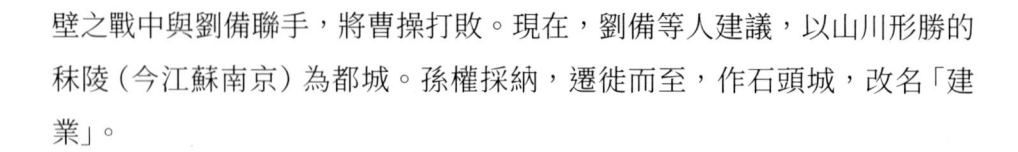

壁之戰中與劉備聯手，將曹操打敗。現在，劉備等人建議，以山川形勝的秣陵（今江蘇南京）為都城。孫權採納，遷徙而至，作石頭城，改名「建業」。

◎ 213 年，倒數計時：7

曹操親率 40 萬軍南征孫權，破江北營寨，生擒大將公孫陽。孫權親率 7 萬兵抵禦，相持月餘，各無所獲。曹操見孫權軍容嚴整，感到難以獲勝，嘆道：「生子當如孫仲謀！」仲謀是孫權的字。孫權寫信給曹操，說：「春季到了，洪水馬上來，奉勸你儘早回去！」同時在另一張紙上寫道：「只要你不死，我就不得安寧！」曹操當然只能看到前一紙，大笑：「這小子沒騙我！」笑完，果真撤軍北還。當時，曹操 59 歲，孫權 32 歲，如同父子，卻棋逢對手。曹操能夠讚賞敵人，理智而退，更令人欽佩。其實，曹操幾個兒子夠優秀了，並不比孫權差。

去年被荀彧耽擱的事，本年實施，劉協冊封曹操為魏公，加九錫，建魏國，定都鄴城（今河北臨漳），擁有冀州 10 郡之地，置百官。

劉璋遣將阻擊劉備失敗，又派李嚴等統帥前往，李嚴卻率眾投降。劉備軍力壯大，分別平定各縣，諸葛亮、張飛、趙雲等率軍入蜀。劉璋部連連潰敗。

馬超攻入冀城，殺刺史，自稱征西將軍，領州牧，督涼州軍事。

◎ 214 年，倒數計時：6

當年董承等謀殺曹操失敗，反攻倒算，流血有聲。董承的女兒為貴人，懷孕在身，劉協出面求情，也無法倖免。伏皇后看了不寒而慄，恐懼不已。於是她寫信給身為將軍的父親伏完，揭露曹操凶相，請求父親圖謀剷除曹操。伏完不敢動手，不久去世。本年，伏皇后當年寫密信給父親之事敗露，曹操大怒，逼迫劉協廢伏皇后，並假詔華歆、郗慮統兵入宮。伏

皇后緊閉門戶，匿藏牆壁，華歆將伏后拎出。當時劉協在外殿，郗慮坐他身旁。伏后披頭散髮，赤腳經過時，哭著對劉協吶喊：「你不能救救我嗎？」劉協泣道：「我也不知能活幾天呢！」[127] 伏后被下掖庭，即宮中女監獄，幽禁至死（有的說當場被殺），所生兩個皇子被毒殺，伏氏宗族100多人被斬，伏后母親等19人被流放到涿郡。

曹操繼續西征。宋建在枹罕（今屬甘肅臨夏）自稱河首平漢王，割據一方30餘年。曹操破枹罕，河西諸羌皆降，隴右一帶平定。

雒城被圍近一年，終於攻陷，劉備與諸葛亮、張飛、趙雲等合圍成都。馬超降劉備，奉命率軍屯成都之北。劉備入成都，自領益州長牧，命諸葛亮為軍師將軍、益州太守。

劉備和諸葛亮治蜀法紀嚴明。大臣進言：「想當年劉邦入關，約法三章，秦民感恩戴德。希望你也能緩刑弛禁，撫慰這裡的百姓。」諸葛亮說：「秦當時無道，苛政民怨，匹夫一呼，天下大崩。劉邦順勢而為，解民倒懸。而現在蜀地，原來統治者闇弱，德政不舉，威刑不肅，君臣之道不明……所以，我們現在要實行法制，榮恩並濟，上下有節。」

正因為幾個兒子都很優秀，究竟選哪個接班最好？曹操也為難，一直猶豫著，暗暗觀察。他看好曹植，這年改封臨淄侯。出征孫權時，令曹植留守鄴城，並告誡：「當年我當縣令時，才23歲。如今你也23歲了，當奮發圖強！」

◎ 215年，倒數計時：5

漢中是益州門戶，無漢中則無蜀，歷來兵家必爭。曹操見劉備得益州，便率10萬大軍親征漢中。本來曹操聽俘虜說漢中易攻，到這才發現山勢險要，傷亡又大，糧草也不足，很沮喪，準備撤退。沒想到，先頭部隊夜

---

[127]　同上，卷67，〈漢紀〉59，P2684，「我亦不知命在何時！」

第四章 東漢末 10 年

裡誤入張魯弟弟張衛的營地，張衛的士兵以為奇兵襲來，紛紛驚逃。曹操趁勢追擊，大敗張衛軍。而張魯聽說張衛失守，也嚇壞了，連忙逃往巴中。曹操追擊，張魯只得投降，漢中落入曹操囊中。

曹操出征時，留一份指令給合肥護軍薛悌，封套上寫著：「敵來才開。」孫權果然趁虛而來，10 萬大軍將合肥層層包圍，十分危急。薛悌慌忙打開曹操留的指令，只見裡面寫著：「如果孫權來襲，張將軍和李將軍出城迎敵，樂將軍守城，護軍不許參戰！」幾位將軍感到不合情理，懷疑指令的真實性。張將軍猜測：「魏公遠征在外，等他來救，城早陷了。我覺得這指令是要我們趁敵未結集之時主動出擊，先打掉他們的氣焰，然後堅守。」第二天一大早，幾位將軍率部突然出城，衝破敵人營壘，直抵孫權旗下。孫權嚇一跳，掉頭就逃。他的部下跟著逃，亂成一團，好不容易才逃到逍遙津南岸。部將痛哭，孫權親自上前為他擦淚，沉痛地自我批評：「非常慚愧！我一定把今天這教訓銘刻在心上，而不僅僅是記在腰帶上。」

孫權見劉備已據益州，便想要荊州。劉備說：「等我得了涼州，就把荊州給你。」孫權大怒，派呂蒙襲長沙、零陵、桂陽 3 郡。劉備則率兵 5 萬下公安，關羽入益陽。這時，曹操已攻下漢中，劉備只得與孫權議和，以湘水為界，平分荊州。

◎ 216 年，倒數計時：4

劉協冊封曹操為魏王，邑 3 萬戶，位在諸侯王之上，准許奏事不稱臣，受詔不拜，國都鄴城，王子皆為列侯。此舉打破了漢朝不許非劉姓封王的制度。

烏桓原與鮮卑同為東胡部落之一。前 119 年，漢軍大破匈奴，將匈奴逐出漠南，烏桓臣屬漢，代漢北御匈奴。烏桓勢力逐漸強大後，卻經常擾漢。現在，代郡烏桓 3 部均稱臣於南匈奴，恃力驕恣。曹操高度警惕，委

派新太守恩威並濟，單于懾服。

2個月後，南匈奴單于來朝，曹操將他留下，派左右賢王去監南匈奴國。從此，南匈奴像列侯一樣每年進貢，並將其分為5部，選漢人為司馬監督。

◎ 217年，倒數計時：3

三方繼續混戰。曹操進擊孫權，劉備攻漢中，孫權則破丹陽等地。

曹操在建政方面獲得重大突破，設天子旌旗，出入稱警蹕。所謂「警蹕」是指古代帝王出入時，在所經路途侍衛警戒，清道止行，出為警，入為蹕。可見，曹操名義上雖然還是臣，但已經享受天子待遇了。

十月更進一步，劉協賜曹操王冕12旒。古代冕冠頂部蓋有一小塊木板，叫「冕板」。冕板前後兩端分別垂掛著玉珠，叫「旒」。旒多少依戴冠者身分而定，天子12旒，諸侯9旒，上大夫7旒，下大夫5旒，士3旒。那玉珠簾擋視線，所以人們說「視而不見」。兩耳附近各垂一段絲繩，下懸一顆丸狀玉石，名「充耳」，時時提醒勿聽讒言，所以又有「充耳不聞」之說。這笨重的冠，僅靠一支玉笄和一根絲帶固結，戴著不能自由地左顧右盼，而只能正襟端坐，顯然不適合輕鬆的場合。僅從這點看，皇帝上班並不輕鬆，難怪他們常曠工。但在「禮儀之邦」，想多戴一根旒，那是大逆不道的事。現在曹操經劉協特許。

接班人問題，曹操本來傾向曹植，但這幾年越來越失望。曹植太文人氣、才子氣。他率性得很，不注重修飾，喝起酒來無節制，居然還敢趁著酒興，私自坐王車，又擅自開啟王宮司馬門，在禁道上縱情馳騁。曹操大怒，斬了掌管車馬的公車令，諸侯法規禁令從嚴，曹植則因此失寵。這年十月，曹操下決心立曹丕為世子。曹丕得悉，抱著丞相的脖子說：「你不知道我有多高興啊！」

第四章　東漢末 10 年

◎ 218 年，倒數計時：2

曹操招致一些不滿。大臣金禕是漢昭帝劉弗陵四大輔臣之一金日磾之後，世代忠良，這時他聯合侍中少府耿紀等人聚眾千餘，計謀殺都督御林軍馬的長史王必，挾持劉協，並暗通劉備為外援。沒想到王必警惕性很高，迅速出擊，金禕反被殺，耿紀等 5 家宗族老少被誅。

劉備親率大軍攻占陽平，與曹軍夾關對峙。曹操也親自趕往關中，坐鎮長安。

代郡、上谷的烏桓與鮮卑部族起事，曹操派兒子曹彰率軍鎮壓。臨行，曹操告誡：「在家我們是父子，接受任務就是君臣了，一舉一動要按王法行事，你要記住！」[128] 代郡的烏桓頑強抵抗，曹彰親自上陣搏戰，鎧中數箭。九月破敵，俘斬千計。鮮卑人見烏桓人慘敗，便請求臣服，於是整個北方基本上平定。曹彰的鬍鬚是黃色的。凱旋時，曹操高興得捏著曹彰的鬍鬚誇：「黃鬚兒竟大奇也！」

◎ 219 年，倒數計時：1

南陽人苦於徭役，守將侯音率軍起事，逐太守。曹操兒子曹仁率軍鎮壓，侯音敗死。但在陽平關，劉備南渡沔水，曹操部將大敗。曹操率軍至漢中，又遭劉備部將阻擊。兩軍對壘月餘，曹操損失嚴重。為儲存實力，只好退回長安，把漢中讓給劉備。為防止劉備進而占北部的武都，將那裡 5 萬多氐族遷至扶風、天水一帶。氐族原在西北部，東漢起陸續遷至今陝西、甘肅、四川一帶。

劉備自立為漢中王，並立子劉禪為王太子，治成都。趁曹操從漢中撤出，劉備命大將關羽從荊州向襄、樊一帶發動進攻。曹操派大將于禁率兵救樊城。關羽乘洪水氾濫生擒于禁，將樊城緊圍，內外斷絕。當時樊城曹

---

[128]《三國志》卷 19，〈任城威王彰傳〉，P415，「居家為父子，受事為君臣，動以王法從事，爾其戒之」。

軍只有數千，城被水淹，但曹仁率軍死守。曹操從關中趕到洛陽，親自指揮救樊城。

當時，西北武威的顏俊等軍閥各據一地，相互攻擊。孫狼等人起兵支援關羽。關羽威震四方，曹操感到沮喪，忙與部下商議遷都避讓。在這緊要關頭，不想孫權插一手。原來孫權早想取荊州，眼看關羽就要得勢，便想聯手曹操，準備派大將偷襲荊州要地江陵。曹操接信後，立即通知曹仁，命他堅守，自己進一步攻摩陂，又派 12 營反擊關羽。關羽急轉直下，自知大勢已去，一面詐降，一面解散兵卒，僅率 10 餘騎逃亡。結果呂蒙偷襲江陵得手，關羽及其兒子被孫權部將擒殺。

曹操收到關羽的首級，以諸侯之禮安葬，然後表孫權為驃騎將軍、荊州牧。孫權遣使入貢，向曹操稱臣，並勸曹操稱帝。曹操將孫權的信給大臣們看，說：「這不是明擺著把我往爐火上推嗎？」群臣也奉勸曹操自立。曹操仍不肯，說：「如果真有那個天命，那我就當周文王吧！」[129] 曹操心志並不小。從這點看，曹操比王莽言而有信。當初他在〈述志令〉中說了不稱帝，至死不食言。

這年九月，鄴城發生一起謀反案。趁曹操出征漢中未歸，他的同鄉加親信魏諷密結私黨，準備與長樂衛尉陳禕等起兵。沒等行動，陳禕怕了，向守城太子曹丕告密，被殺數十人（有的說數千）。

◎ 220 年，倒數計時：0

冥冥之中的天命，成全曹操的周文王之志。這年正月，曹操在洛陽病逝，死前遺令：「天下尚未安定，後事不必都遵古禮。葬禮一結束，你們要脫去孝服。屯戍者一律不得離開屯部。斂棺時就用隨身穿的衣服，不許用金玉珍寶隨葬。」簡樸得很，務實得很，一心仍然在國事上。後來，著名文人陸機根據曹操遺令寫一篇〈弔魏武帝文〉，說曹操臨終時指著最小

---

[129]　同注 125，卷 68，〈漢紀〉60，P2735，「若天命在吾，吾為周文王矣！」

第四章　東漢末 10 年

兒子曹豹，對其他幾個說：「託付你們了！」說完流淚，又交代將婕妤等人遷到銅雀臺，每天早晚供食，每月歌舞兩次，無事時讓眾妾做草鞋，表現出這位叱吒風雲人物的兒女情長。學者認為：「陸機所說的曹操遺令，完全有可能是為了貶低曹操而捏造出來的產物⋯⋯這篇〈弔魏武帝文〉的內容，基本上都被反映在《演義》裡，而且的確對醜化曹操形象發揮了一定的作用。」[130]

然而，曹操對後事不放心是真的。去年，漢中被劉備奪去，荊州南被孫權占領，還有魏諷謀反，令人不安。更重要的是，兒子個個太強，很容易發生要命的內亂。當時太子遠在鄴城，曹彰搶先一步從長安趕到洛陽，一到，馬上尋問玉璽在哪？曹彰不僅有才能，連鬍鬚都是黃色的。因為魏的象徵性色彩正是黃色，要取代紅色的漢朝，而黃色鬍鬚跟孫權的紫鬚一樣罕見，曹彰不會沒想法。大臣卻正色告訴他：「魏王已選定繼承人，玉璽在哪不是您該打聽的！」[131] 經這麼一斥，曹彰才老老實實走開，去忙父親的喪事。可是，如果他趁機發難怎麼辦？大臣不能掉以輕心。曹操的葬禮很緊湊，一天全部辦完，希望能將危機也一起埋葬。

第二天，曹丕襲爵位，劉協很快下詔授予丞相印、綬和魏王璽、綬。然後，曹丕命他兩位弟弟回封地去，解除後顧之憂。不想，沒幾天就有報告，說曹植酒醉，悖逆傲慢，對魏王使者不恭。曹丕大怒，馬上追究。據說，著名的「七步成詩」故事就發生在這時，曹丕命曹植在大殿上走 7 步，然後以「兄弟」為題，即興吟詩一首，而詩中不能出現「兄弟」二字，成則寬恕，不成則不客氣。曹植脫口而出：

煮豆燃豆萁，豆在釜中泣。

本是同根生，相煎何太急！

---

[130]　《中國的歷史・後漢三國時代》，P125。
[131]　同註 126，卷 69，〈魏紀〉1，P2742，「國有儲副，先王璽綬，非君侯所宜問也。」

是啊！「本是同根生，相煎何太急！」幾千年歷史中，這種同根相煎的悲劇，絕不是第一個，遠不是最後一個。曹丕也是才子，不能不慚愧，饒老弟一命，只是貶為安鄉侯，邑僅800戶。對曹植黨羽就不客氣了，將兩家男子全殺了。

也許曹丕事後還對七步詩難以釋懷吧！當年七月，便將曹植改封鄄城侯，兩年後又改封為鄄城王，增至2,500戶。就是在這次回鄄城的途中，曹植寫下著名的〈洛神賦〉。這賦描寫一位美麗多情的女神，把她視為自己美好理想的象徵，寄以無限仰慕和熱愛；又虛構向洛神求愛的故事，表現對美好理想的熱烈追求；最後寫戀愛失敗，以示追求破滅，千古絕唱。就這樣，成就曹植成為「建安文學」的代表人物。南朝文學家謝靈運說：「天下才有一石，曹子建獨占八斗」，曹子建就是曹植，說他獨占了天下80%的才華。清初文學家王士禎評論：「漢魏以來2,000年間，詩家堪稱『仙才』的，只有曹植、李白和蘇軾3人。」

曹丕忙於內政，主持官制改革，創「九品官人法」。新任豫州刺史賈逵執法不阿，外修軍旅，內治民事，興修水利交通，受到當地百姓稱道，曹丕予以表彰。

外部一片昇平景象，扶餘等遣使奉獻，以示對新主的擁戴。劉備的部將不和，4,000餘私家兵降曹丕。武都的氐王也率部屬內附。

也有不滿的。麴演與原本相互混戰的軍閥勾結，聯手抵抗曹丕任命的涼州長官。張掖的張進、酒泉的黃華等人叛亂，分別抓了當地太守。金城太守率兵進擊，張進被誘斬，黃華降，河西一帶平定，可以說沒太大動盪。

就是在這種形勢下，劉協宣布將皇位禪讓給曹丕。曹丕「三讓」之後才接受，築受禪臺即位，改國號「魏」，建都洛陽，並追諡曹操為魏武帝。歷時195年的東漢，至此壽終正寢。

第四章　東漢末 10 年

　　禪讓後，曹丕尊劉協為「山陽公」，並留一句客氣話：「天下之珍，當與山陽公共之！」[132] 不久，曹丕娶劉協兩個女兒為妻。據傳，舜就娶了堯的兩個女兒，這樣等於傳位給女婿，跟鄉里「肥水不落外人田」在邏輯上高度一致。稍不同的是，曹操正因為將女兒嫁給劉協，成為岳父，進而挾皇帝以令諸侯，曹丕實際上是劉協的大舅子，他娶的雖然不是自己妹妹所生，但名分上如此。娶外甥女為妻，有悖儒家倫理，但不如此，取代漢室便理由不足。而劉協成為岳父，得以保命，壽終正寢，還比曹丕多活了幾年，稍可慰藉。因為堯舜禹的禪讓屬傳說，王莽禪讓屬實但沒有儀式，因此曹丕是中國歷史上第一個正規的禪讓帝王。受禪臺高約 13 公尺，遺址仍在今河南臨潁。

　　劉備口口聲聲要復興漢室。曹丕繼位登帝的消息傳開，人們說劉協被殺，劉備立即召集群臣服喪，第二年四月，在成都稱帝，史稱「蜀漢」。孫權則非常能忍，雖然同年八月稱吳王，但繼續接受曹丕的領導，直到 229 年才稱帝。至此，3 個皇帝全部到位，正式形成三國鼎立的格局。

後果：假如劉協能夠智取曹操

　　從最後這 10 年看，東漢之滅的負責人只能是劉協自己，找不出第二個。宮中基本平靜，劉協極少拋頭露面，偶爾一現，也是不斷為曹操加官進爵，以至「禪讓」。這 10 年，跟 200 多年前那 10 年非常相似，讓人不得不相信歷史真會重演，只不過劉協比王政君還糟。

　　想當初，劉協也曾勇敢。那是他 9 歲的時候，京城發生兵變，火燒南宮，他和少帝劉辯半夜出逃。董卓率兵來救，比劉協大 5 歲的劉辯嚇得驚

---

[132]　同上，P2752。

慌失措,淚流滿面,語無倫次。劉協卻冷靜得很,不慌不忙,毫不含糊地介紹政變經過。於是,董卓認為劉協比劉辯強,便罷劉辯而改立劉協。後來董卓被殺,劉協又被曹操挾持。劉協不願繼續當傀儡,暗下衣帶詔密謀政變,不想失敗,其他涉案人員都被殺。僅這一次,他就嚇到了,再沒勇氣謀翻身,皇后求救也不敢幫一句腔。最後那 10 年,他已經 30～40 歲,可他表現多乖啊!

　　寫劉協,我一直想到康熙。康熙也是偶然坐上金鑾殿的孩子,只有 8 歲。輔佐他的周公是鰲拜等 4 位大臣。鰲拜有「滿洲第一勇士」之稱,像董卓、曹操一樣專權,先後擅自殺了幾位大臣。康熙越來越不滿,16 歲時利用一種布庫遊戲,將鰲拜制伏。康熙開始親政,很快開創「康乾盛世」。劉協如果像康熙,肯定會以智取勝。在那二、三十年當中,難道會沒有任何機會?從最後 10 年看,體制內也有人反曹操,可他沒利用,很可能沒再敢想利用。他乖乖巧巧地當著傀儡,低三下四地撿些殘羹冷炙,窩囊至死,悲乎?

第五章　西晋末 10 年

第五章
西晉末 10 年

【提要】

　　西元 307～316 年為西晉倒數計時 10 年，與成漢、漢趙三國鼎立，但比當年三國更亂，晉懷帝司馬熾心有餘而力不足，司馬越獨攬大權卻內訌。司馬熾被俘繼而被殺。晉愍帝司馬鄴即位，不久只得降。

　　假如司馬熾能像漢和帝劉肇，巧妙制伏司馬越，團結對敵，未必沒可能轉危為安。

第五章　西晉末 10 年

前因：「八王之亂」

西晉武帝司馬炎當政時期，從 265 年司馬炎篡位開國，至 290 年去世，其間結束百年分裂，制定史上第一部儒家法典，「太康文學」興盛，「天下無事，賦稅平均，人咸安其業而樂其事」[133]，被譽為「太康之治」，也稱「太康盛世」，詳見《夏之卷》第四章。

可惜司馬炎命薄，這個盛世僅 10 來年。更可惜司馬炎沒能管教好皇室，他一死就發生「八王之亂」，一亂 16 年。

更糟的是「五胡亂華」，匈奴、鮮卑、羯、羌、氐 5 個胡人游牧部落，趁西晉王朝衰弱，大規模南下，建立數十個強弱不等的政權，與中華正統對峙。老天爺雪上加霜，并州鬧饑荒，各郡縣百姓無法生存，州官只好率吏民 2 萬餘人到冀州討食，稱「乞活」，可謂史上最大難民集團。

此前一年，即 306 年末，那位認為百姓沒米可吃、可吃肉的晉惠帝司馬衷，因吃餅中毒而死（有人說是司馬越下毒），23 歲的司馬熾繼位，即懷帝。司馬越被封為東海王，獨掌西晉實權，成為「八王之亂」最終勝利者。司馬越個人是勝利了，西晉卻隨之開始倒數計時。這樣的爛攤子早該解散了，可它還繼續為百姓製造災難。

史家對司馬熾個人評價很好：「懷帝天姿清劭，少著英猷，若遇承平，足為守文佳主。」[134] 只可惜他碰到的時代遠非承平之世。這時期事實上也是三國鼎立，除洛陽的西晉外，還有成都氐族李雄的成漢，平陽（今山西臨汾）匈奴劉淵的漢趙，而實際上比魏、蜀、吳三國更混亂，這裡只能作個簡要整理。

---

[133]　《晉書》卷 26，〈食貨志〉，11 冊，P513。
[134]　《資治通鑑》卷 88，〈晉紀〉10，5 冊，P3532。

最大看點：皇帝相繼而降

◎ 307 年，倒數計時：9

　　新皇帝司馬熾想力挽狂瀾，正月初一宣布大赦，廢除滅三族的酷法。叛軍陳敏的大將周玘等想歸附，暗中聯繫晉征東大將軍劉準。劉準立即派揚州刺史劉機等率軍攻歷陽（今安徽和縣），陳敏遣弟弟陳昶率兵數萬進屯烏江。沒想到，陳昶的部將錢廣與周玘是老鄉，兩人密謀將陳昶殺了。周玘進而勸陳敏部將甘卓投降，也得逞。陳敏親自率萬餘人征討甘卓。甘卓部將隔江喊話：「原來我們為陳敏效力，正是為了周玘。現在周玘已經反陳敏，你們還圖什麼呢？」這麼一煽動，陳敏軍不戰自潰，陳敏只好單騎逃命。司馬熾收回墨跡未乾的法令，殺陳敏三族。

　　琅琊王司馬睿為安東將軍、都督揚州江南諸軍事，坐鎮建業。有人說司馬睿並非皇族血統，而是琅邪王府小吏牛金的兒子，所以後世有人戲稱司馬睿為「司牛睿」，稱東晉為「南朝晉牛氏」。也許真有此事，所以司馬睿為人低調，不太熱衷交結，愛好史籍，沒有權力野心，未捲入「八王之亂」，頗受稱讚。但現在到南方不一樣，吳人認為他身輕言微，到任很久還門前冷落鞍馬稀。司馬睿對謀士王導非常信任，稱他「仲父」，比為自己的蕭何。現在，王導獻一計，請司馬睿出遊城郊，儀仗隊開道，威風凜凜。當地名士一見，驚呼：「江東有主！」連忙大拜，先後歸附。

　　王衍在歷史上是個滿有名的人物，他一人留給現代好幾個成語。早在他年紀很小的時候，便有名士說：「哪位老婦，竟然生這樣的『寧馨兒』。將來誤盡天下的，必定是此人！」「寧馨兒」一詞就由此而來，但現在用以讚美孩子。王衍喜歡老莊學說，手裡總拿著一把與肌膚同色的玉拂塵，神態從容瀟灑，談論精闢透澈，能說善變，時人稱他「口中雌黃」。因父

第五章　西晉末 10 年

親是將軍，王衍平步青雲，官至宰相。然而，他身居要職，並不以國事為重，仍然沉迷於「玄談」。青州和荊州都是軍事重地，物產豐饒。這年，王衍將親弟弟王澄任命為荊州刺史，族弟王敦為青州刺史，說：「荊州有長江漢水之堅固，青州有背靠大海之險要。你們兩個鎮守外地，我留京師，可謂『狡兔三窟』，發生什麼變故也不怕！」現代人們還常說「空談誤國」，本來指的就是王衍。[135]

老天爺似乎沒了耐心，狠心跟百姓過意不去。雍州以東饑荒嚴重，無數百姓流離失所。還有 6 州蝗災，寸草不生，牛馬脫毛，又瘟疫，屍布河面，白骨蔽野，逼得更多人叛亂。

上黨羯人石勒，原是個佃戶，20 多歲被賣到茌平為奴，所以後來被稱為是世界歷史上唯一一個奴隸皇帝。這是一個不安分的奴隸，利用相馬特長拉了 18 個人為盜，與人販子汲桑一起投奔叛軍公師藩。不久，公師藩被官軍斬殺，石勒與汲桑潛逃，但他們又劫郡縣囚犯，招亡命之徒，重集反叛勢力。本年，汲桑發動起事，自稱大將軍，以石勒為掃虜將軍，所向披靡，大敗官軍。當時鄴城早被掠空，只有司馬騰家中殷實，但他非常小氣，將士不肯為他賣命，輕易被石勒攻破，殺司馬騰等萬餘人，燒了宮殿，掠婦女、珍寶。然後，從延津渡河，南擊兗州。司馬越大驚，連忙派苟晞等將征討，相持數月，大小 30 餘仗難分勝負。苟晞終於大敗汲桑、石勒，追殺萬餘人。汲桑逃茌平，被乞活軍斬殺。石勒則逃樂平，歸附劉淵。當時，烏桓人張伏利度有 2,000 餘兵，盤據樂平，劉淵曾多次去招募都沒成功。石勒假裝從劉淵處叛逃，投奔張伏利度，結拜兄弟。張伏利度派石勒率部去搶劫，敢作敢為，令人敬畏。石勒見時機成熟，便說：「如果要做大事，你們看我與張伏利度誰更適合當頭？」眾人推舉石勒。於是，石勒率部眾回劉淵部。劉淵封石勒為督山東征討諸軍事。

---

[135]　同注 133，卷 43，〈王衍傳〉，12 冊，P813 ～ 815。

苟晞被司馬越重用為督青、兗諸軍事。他說是依王法辦事，姨媽的兒子犯了法照樣殺，殺完，穿素服去哭：「殺你的是兗州刺史，哭你的是表哥！」可他為了樹威，每天都要殺人，青州人稱他為「屠伯」。

這年大亂還有貧民劉靈力大能制伏奔牛，腿快能追上奔馬，但沒人舉薦，力氣沒地方發洩。他懷才不遇，常撫胸長嘆：「天啊！世道為什麼還不亂呢？」[136]終於等到有人造反，他隨即自稱將軍，率眾進擊趙魏，後來投奔劉漢。率萬人起事的劉伯根敗死，但他部將王彌自稱征東大將軍，繼續攻青州、徐州，不久歸降劉淵。秦州流民鄧定等掠漢中，官軍鎮壓，李雄救援，將漢中百姓強遷入蜀。

◎ 308 年，倒數計時：8

司馬越從許昌遷鄄城，後遷濮陽，又遷滎陽，四處逃命。他想招安乞活軍田甄部，田甄不受。派兵討伐，田甄逃往上黨，部眾投降。

說起胡人，往往以為他們蠻橫不講理，其實不然。劉淵是漢人和匈奴混血，熟讀儒家經典，海納百川。他兒子劉聰也如此，聰明過人。然而，他們認為：「晉人無道，對我們像奴隸！」因此，他們的反叛深得人心，劉淵曾在 20 天裡聚眾 5 萬，日益強大。本年初，遣劉聰等 10 將南據太行。

王彌接連攻陷幾個郡縣後，屯於洛陽津陽門。王衍督軍迎戰，這回倒沒誤國，部將募勇士百餘人偷襲，王彌大敗，燒了建春門東逃。王衍派將軍追擊，又敗王彌。王彌逃至平陽，劉淵派大臣到城外迎接，說：「我要親自到王彌家中，為他拂坐洗酒杯，待他如王衍！」劉淵果然有氣度。

石勒在常山被官軍 10 餘萬騎兵擊敗，死萬餘，退據黎陽，但隨即轉攻信都，殺冀州刺史，連敗晉將。劉淵大喜，授石勒為鎮東大將軍。隨後，王彌、石勒進犯鄴城，那裡的守將棄城而逃。接下來，石勒、劉靈率

---

[136] 同注 134，卷 86，〈晉紀〉8，P3460，「天乎，何當亂也！」

第五章　西晉末 10 年

3 萬人進犯魏郡等地，50 多村百姓望風而降。石勒授村頭目將軍、都尉的印和綬帶，從百姓中挑選 5 萬壯士為兵，老弱病殘的予以安撫，「軍無私掠，百姓懷之」。[137] 石勒又先後殺魏郡太守等，並攻乞活軍。

劉淵稱皇帝，大赦囚犯，任命百官，宗室以親疏等級封郡縣王，異姓以功勞等級封郡縣公侯。

李雄遣兵屯晉壽，多次攻漢中，那裡的百姓被迫逃荊州等地。

◎ 309 年，倒數計時：7

這年最風光的是劉淵。年初，大臣進言：「大王您雖然如龍騰起，如鳳翱翔，天降大任，晉廷餘部尚未滅，紫宮星還指向晉氏，但不出 3 年，必能克洛陽。這裡地狹，不可久安。平陽有天子氣，希望您上合天象之變，下合地理之祥。」劉淵採納，即從蒲子遷平陽。有人在汾水河中撿到玉璽，上有文字「有新保之」，顯然是王莽的，這人便加刻「淵海光」3 個字。劉淵認為這是好徵兆，於是大赦境內囚犯，改年號為「河瑞」。晉將朱誕降劉淵，說洛陽已經非常虛弱，勸劉淵攻取。劉淵採納，命朱誕為前鋒，相繼攻下黎陽等地，將 3 萬餘人溺殺於黃河。叛徒比一般敵人更可怖。

這年夏，老天爺又跟晉過意不去，長江、漢水、黃河、洛河全都乾涸，人可以徒步而過。劉淵的運氣仍然不錯，匈奴和鮮卑也有些部落來歸附。

別看石勒沒學歷，可是很有文化意識，很喜歡儒生讀書給他聽，他也常發表自己的「聽後感」。比如聽到漢臣張良進諫，他感嘆：「幸虧漢高祖能納諫！」官家子弟張賓，博涉經史，自視為西漢張良，對石勒佩服得五體投地，說：「我認真觀察過當今這些戰將，沒一個比得上石勒，跟他可以成大業！」他到石勒軍營門前高呼求見。石勒收留，但認為他並沒有什

---

[137]　同注 133，卷 104，〈石勒載記〉上，13 冊，P1811。

麼超群之處，不予重用。後來張賓多次獻計策，料事如神，石勒才感到他不同尋常，提升為軍功曹，一舉一動都請教他。這年夏，石勒攻取鉅鹿、常山，部眾增至 10 餘萬。還聽取張賓建議，從部眾中挑選一批讀書人，成立「君子營」。不過，石勒不久被晉與鮮卑聯軍大敗。

劉聰大顯身手，連敗晉將，產生輕敵思想。弘農太守假稱投降，乘夜偷襲，劉聰大敗。劉淵心疼兒子，穿白衣迎接。劉淵遣劉聰、王彌等率精騎 5 萬再攻洛陽。晉將強力反擊，劉聰連連受挫。王彌說：「我軍失利，說明洛陽守備還堅固，不如暫還平陽。」劉聰同意，明智而退。

這年還有些人添亂。平陽人劉芒蕩起事稱皇帝，隨即有人響應，聚眾數千，但不久敗死。又有穎川等 4 郡流民起事，殺官吏，隨後歸附王彌。

與此同時，晉廷內亂繼續。中書監王敦對親信說：「現在司馬越獨攬大權，但用人方面仍按老一套模式，他肯定會殺人！」[138] 果不其然，司馬越懷疑司馬熾的心腹繆播、尚書何綏等人與自己做對，便誣他們作亂，派 3,000 士兵進宮，當著所謂皇帝司馬熾的面，將繆播等十幾名高官抓了，全都處死，司馬熾只能流淚嘆息。

這種局面早有人預料到。何綏的爺爺何曾是司馬炎的丞相，他曾私下對兒子們說：「司馬炎稱帝以來，我每次在宴席上見到他，從來沒聽他談論治國謀略，而只是說些生活瑣事，不是好兆頭。國家在他手上也許能夠安定，後代就危險了。你們這一輩，也許能免禍……」他指著幾個孫子說：「他們肯定會死於國難。」現在何綏果真被殺。何綏的哥哥何嵩哭訴道：「我爺爺真是聖人啊！」旁人也有預料。何綏家人不僅生活奢侈，且狂妄無禮。名士王尼看了他的信，對友人說：「何綏身居亂世卻傲慢到如此地步，肯定會有禍！」友人連忙勸道：「別亂說！被何綏聽到，沒你的好

---

[138] 同注 134，卷 87，晉紀 9，P3468，「太傅專執威權，而選用表請，尚書猶以舊制裁之，今日之來，必有所誅。」

第五章　西晉末 10 年

處。」王尼大笑：「等他聽到我這話時，肯定死了！」再幾年，何家絕後。

司馬越處死何綏等人後，又與苟晞結怨，說是近年朝中多次發生變故，大多由宮中人引起，因此將宮中警衛全都罷免，換上自己的親信。司馬越一系列所作所為，引起眾人不滿，他自己也憂鬱成疾。

◎ 310 年，倒數計時：6

王彌率 3 萬兵會同石勒攻徐、兗、豫。石勒殺兗州刺史，馬不停蹄過濟河，攻冀州各郡縣，有 9 萬民眾隨從。這年七月，劉淵病死，長子劉和繼位。這新皇帝疑心過重，父皇屍骨未寒，有人進言：「先帝思慮不周，讓劉聰領 10 萬重兵駐紮近郊，現在陛下如寄人籬下，應當儘早解除心腹之患。」劉和聽信，連夜召集兄弟劉盛和劉欽，要對劉聰採取行動。劉盛勸道：「不要聽信讒言！如果兄弟都不能信，您還能信誰呢？」劉和大怒，將劉盛殺了，發兵剿劉聰。劉聰不得已反戈一擊，殺了劉和。劉聰要把帝位讓給同父異母的弟弟劉乂，劉乂不肯受，哭著推辭。劉聰只得自己繼位，封劉乂為皇太弟，尊劉乂的母親單氏為皇太后。單氏是劉淵第二任皇后，這時仍然年輕漂亮，與劉聰關係曖昧。劉乂知道後，覺得母親有悖道德，予以規勸，單氏羞愧而死。劉聰加封石勒為征東大將軍。石勒即率軍南征襄陽，攻陷襄江以西壘壁 30 餘處，又取襄城，屯江西，試圖雄據江漢。謀士張賓反對，勸石勒北還，石勒不從。

李雄對部將張寶說：「如果你能得梓潼，我提拔重用你！」張寶便殺人，逃到梓潼，騙取晉將的信任。不久，有重要客人到訪，晉將出城迎接。沒想到，張寶突然緊閉城門，輕易占據。

不斷有新的反叛冒出來。吳興錢某起兵，自稱平西大將軍、八州都督，立孫皓之子孫充為吳王，進攻陽羨（今江蘇宜興）。周玘率鄉里武裝配合晉軍鎮壓，斬殺錢某，穩定江東。但更多反叛失控，特別是這年幽、

并等6州發生蝗災，草木及牛馬的毛被吃光，民眾四處逃難。雍州的流民多在南陽，距都城洛陽很近。司馬熾要求遣返這些流民。流民則以關中饑荒為由，抗旨不歸。派兵催他們走，流民王如便率眾起事，自號大將軍，很快發展到四、五萬人，襲擊官軍。年末平陽又有流民起事。

京城地區的形勢日益嚴峻，司馬熾發出緊急詔令，並派使者前往各地，徵召軍隊援助京城。行前，司馬熾心急如焚地對這些使者發表重要講話，說：「請你們務必替我向各地說清楚，今日京城尚可救，再遲就來不及了。」結果，只有鎮南將軍山簡派兵前來救駕，卻被剛起事的流民王如打得落花流水。朝議怎麼辦，許多大臣建議遷都，未被採納。司馬越請求出征，司馬熾憂心：「現在胡人逼近京郊，你怎麼能離開京城？」司馬越說：「我這次出征如果能勝，可以重振國威，總比坐以待斃好！」於是率兵4萬去討石勒。宮中沒剩什麼防守力量，饑荒加劇，盜賊公行，各官府挖戰壕自衛。

◎ 311年，倒數計時：5

這一年石勒仍然是重要角色，新年伊始攻克江夏，接著北寇新蔡，上黨、廣平太守率眾降，進而陷許昌。

苟晞與司馬越的矛盾公開化。苟晞向各州釋出檄文，聲討司馬越的罪狀。司馬熾不甘當傀儡，祕密下詔，委派苟晞討伐司馬越。司馬越也釋出檄文，並派兵剿苟晞。苟晞早有防備，派騎兵殺了司馬越的黨羽。司馬越急血攻心，病死於項城，「八王之亂」至此最後終結。眾人共推太尉王衍為元帥，送司馬越的靈柩回東海國安葬。

石勒獲悉司馬越死訊，派騎兵包圍潰敗的10萬士兵和家屬，弓箭射殺，無一倖免，屍堆如山。至此，西晉最後一支主力被消滅，再無可戰之兵。石勒抓了王衍等大臣，訊問晉亡之故。王衍運用他那擅長「清談」的

第五章　西晉末 10 年

三寸不爛之舌，詳陳內情，強調責任不在於他，清高地說自己從小就沒想當官，不參與世事，並藉機奉勸石勒建國稱帝。王衍本意想討好石勒，倖免於死，不想石勒聽了大怒，駁斥說：「你年紀輕輕就入朝為官，名揚四海，身居要職，怎麼不想當官呢？敗壞天下的，正是你這種人！」石勒命人推牆，將王衍等人活埋。然後，命人打開司馬越的棺材，焚燒他的屍體。石勒說：「亂天下的，就是這個人！我為天下人報仇！」[139] 不久，司馬越的長子及 48 位親王也被石勒俘虜，全部殺死。苟晞被俘，但授官。

司馬越死了，朝中並沒有安寧。有人建議遷都，司馬熾同意，但大臣們猶豫。不久洛陽發生饑荒，到人吃人的地步，文武百官十有八九已逃亡。等司馬熾決心遷都時，沒了像樣的侍衛，車馬也找不到，只好步行。沒走幾步，遭盜賊洗劫一空，幸好有些流民搶了些糧食送給他，才沒被餓死。司馬熾想逃往長安，被王彌等追捕，3 萬餘官吏和百姓被殺。劉聰將司馬熾貶為「平阿公」。

司馬熾被俘後，眾人在江南共推琅邪王司馬睿為盟主，置百官。刺史華軼不服，司馬睿派兵殺了他。史稱司馬睿「恭儉有餘而明斷不足」[140]，雖然算是好人，但沒有能力治天下，內亂不已。他之所以僥倖為盟主，完全靠地方權臣擁立，只是司馬家族的代表而已。

王彌與石勒表面親近，內心互相猜忌。石勒俘了苟晞並重用他，王彌心裡很不平衡。王彌寫信給石勒，酸溜溜說：「您抓了苟晞又用他，多了不起啊！讓苟晞當您左司馬，再讓我當您右司馬，天下就不難平定了。」石勒看了這封信，心裡很不安，對張賓說：「王彌位高而話語謙卑，他一定有什麼圖謀。」張賓勸石勒趁王彌現在力量較弱，找個機會除掉他。這時王彌正與晉將劉端緊張對峙，王彌向石勒求援，石勒本來不肯答應。張

---

[139]　同上，P3494，「君少壯登朝，名蓋四海，身居重任，何得言無臣情邪……亂天下者此人也，吾為天下報之，故焚其骨以告天地。」

[140]　同上，卷 92，〈晉紀〉14，6 冊，P3694，「帝恭儉有餘而明斷不足，故大業未復而禍亂內興。」

賓說：「這是天賜良機啊！」於是，石勒出兵將劉端斬殺，王彌大喜，以為石勒跟他是好兄弟，不再置疑。石勒請王彌赴宴，酒喝得正來勁時，石勒突然親手殺了王彌。然後兼併他的軍隊，這才向劉聰匯報，說他反叛。劉聰勃然大怒，派使者責備石勒擅自殺朝廷重臣，心中無主，但還是為石勒加官鎮東大將軍，督并、幽二州諸軍事，兼并州刺史等職，予以安慰。

本年戰亂還有李雄攻陷巴西、涪城。蜀流民李驤起事，據樂鄉，被晉將擊敗，歸降被殺。蜀流民杜疇不滿官軍屠殺，率眾起事。湘州刺史揚言殺光流民，激變四、五萬家流民，共推杜弢為主，並稱梁、益二州牧，領湘州刺史，隨後攻長沙，南破零陵、桂陽（今湖南彬縣），東襲武昌，斬長沙等地郡守。

◎ 312年，倒數計時：4

套用一句時下的話來說：「只有更混亂，沒有最混亂。」老天爺不忍心看，索性日食，讓瘟疫在黑暗中大肆流行；讓人禍在黑暗中相互廝殺。

在這個混亂的歷史舞臺上，石勒不知疲倦地扮演主角。年初他在葛陂築營，向百姓徵稅造船，準備攻建業。司馬睿當然不會坐以待斃，不等石勒備戰，迅速調集大部隊，主動征討石勒。這時，老天爺似乎有意調停，大雨連下3個月不停，雙方都無法進一步行動。石勒軍中缺糧，又遭流行病，死亡過半。將領商討對策，有的建議向司馬睿求和，等對方退兵後伺機而動。這顯然是屈辱，石勒無法接受。張賓不客氣說：「石將軍陷了京城，囚了天子，殺了王公，占了王妃公主，拔下頭髮也數不清您的罪，怎麼能以臣事晉呢？現在數百里大雨不停，是昭示不該在此留。」[141] 按照張賓計策，全軍順利撤回。

---

[141] 同上，卷88，〈晉紀〉10，P3514，「將軍攻陷京師，囚執天子，殺害王公，妻略妃主，擢將軍之髮，不足以數將軍之罪，奈何復相臣奉乎？去年既殺王彌，不當來此。今降霖雨於數百里中，示將軍不應留此也。」

第五章　西晉末 10 年

　　石勒渡黃河,想攻三臺。張賓不同意:「當前大敵是王浚和劉琨,應當先征他們。況且目前天下饑荒混亂,您率大軍離鄉背井,人心無定,不如選個便利之地,多多屯積,向西占平陽,謀取幽州、并州,這才是霸業!」於是,石勒即攻襄國,又令諸將攻冀州,將各郡縣糧食集中到襄國。

　　王浚是晉大將,長期坐鎮北邊,不會坐等石勒。他委派段末柸(段末波)等將出征,石勒幾戰失利。石勒生氣,想動用所有兵力決一死戰。張賓反對:「鮮卑軍中段氏最凶悍,段末柸尤其勇猛。他們訂下日子來攻北城,認為我們虛弱不敢出戰,輕敵麻痺。我們最好將計就計,在北城暗挖 20 多條地道,等他們到來,突然襲擊,讓他們措手不及!段末柸一失敗,其餘不攻自破。」石勒採納,果然成功,段末柸也被生擒。段氏請求用人質換回段末柸,而有人建議殺了。石勒說:「鮮卑與我們素來無仇,只不過受王浚利用罷了!現在因為殺段末柸一人而與一國結仇,不值得。不如放回去,他感激我們,王浚也少一份勢力!」石勒召來段末柸,以酒相待,結為父子。段末柸回去後,一心歸附石勒,王浚勢力果然衰弱。

　　劉聰忙於享受。年初,劉聰要娶太保劉殷的女兒,因為同姓,有人反對,可也有人辯護:「劉殷是周代劉康公的後代,與陛下不同源,不算近親。」於是,封劉殷兩個女兒為左右貴嬪,又娶劉殷 4 個孫女為貴人。從此,劉聰忙於「六劉」,政事都由宦官傳奏決定。

　　有意思的是,劉聰不忘與俘虜司馬熾分享。劉聰宴請司馬熾,酒過三巡說:「你當豫章王時,我曾與王濟到你那。你說久聞我名,把你寫的樂府歌給我看,說『聽說你會寫辭賦,幫我看看。』當時我和王濟寫的都是〈盛德頌〉,你很讚賞。又帶我去射箭,我得 12 籌,你和王濟都 9 籌。你送我柘弓、銀研,還記得嗎?」司馬熾受寵若驚:「我怎敢忘,只恨沒早識您帝王之相!」劉聰大笑,換個話題:「你家骨肉相殘,怎麼那麼厲害?」

司馬熾討好:「這不是人事,是天意。您應天受命,所以我們為陛下互相驅除。我家如能奉行大業,各家和睦,陛下怎能得天下?」[142] 劉聰聽得飄飄然,酒話說到天黑。臨別,將小美女劉貴人賜給司馬熾,強調:「這是名門之後,你要好好待她!」

因為魚蟹供應不了,劉聰殺了負責水域的官員;又因為溫明、徽光兩座大殿沒修成,斬了木匠。王彰勸諫:「現在百姓附漢的心尚未堅,思晉心還很強,劉琨又近在咫尺,到處有刺客,陛下您外出遊玩要注意安全啊!」劉聰聽了大怒,要將王彰處斬,經王彰女兒求情,才改為囚禁。太弟等人抬著棺材進諫,劉聰發怒:「難道我是暴君嗎?」太保劉殷等100餘名大臣免冠涕泣勸諫,劉聰這才說:「朕昨晚喝太醉了!」

晉陽守將劉琨很有政治頭腦,詩琴一流,打仗也常勝,但跟劉聰同類貨色。劉琨向各州郡釋出檄文,約定十月在平陽會合攻漢,可他天天沉湎女色。護軍令狐盛多次進諫,劉琨將令狐盛殺了。劉琨母親生氣:「你無法指揮英雄豪傑來實現自己的抱負,只會除掉比自己優秀的人,將來肯定會禍及我身。」[143] 果不其然,令狐盛的兒子令狐泥投漢,帶走大量軍事情報。劉聰大喜,馬上派兵出擊并州,讓令狐泥當嚮導。劉琨調兵東線,漢軍乘虛襲晉陽,令狐泥親自殺了劉琨之母。

王澄既善清談,又勇力過人,跟他哥哥王衍一樣年輕時就名揚四海。可是,劉琨對王澄說:「你外表雖然灑脫,內心卻有俠義,像你這樣的人,難以善終。」王澄時任荊州刺史,多次被民軍杜弢打敗,但仍然傲慢。他去拜訪正在征討杜弢的族兄王敦,認為自己的名望在王敦之上,根本不把他放在眼裡。王敦大怒,誣王澄與杜弢有書信往來,隨手將他殺了。

---

[142] 同上,P3516,「大漢將應天受命,故為陛下自相驅除,此殆天意,非人事也。且臣家若能奉武皇帝之業,九族敦睦,陛下何由得之?」
[143] 同上,P2522,「汝不能駕御豪傑以恢遠略,而專除勝己,禍必及我。」

第五章　西晉末 10 年

◎ **313 年，倒數計時：3**

正月初一，劉聰在光極殿宴請群臣，心血來潮要司馬熾穿著青衣，為大家斟酒、敬酒。所謂「青衣」，在古時候也是帝王、后妃的春服，但自漢以後，多為地位低下者所穿。要當過皇帝的司馬熾穿著青衣為大家倒酒，顯然不敬。可現在司馬熾是劉聰的階下囚，別說青衣，囚衣也得穿！一同被俘的晉臣庾珉等人看著司馬熾在那裡強裝笑顏，忍不住大哭，讓劉聰掃興。劉聰目的是要看笑話，你怎麼壞事？正巧有人告發庾珉等人謀反，劉聰一怒，將庾珉和司馬熾等俘虜全殺了。

劉聰一副小人得志的樣子，為所欲為。相當於最高法院院長的廷尉陳元達進諫：「陛下即位以來，已建宮殿 40 多所。如今戰爭不停，饑饉、疾病流行，百姓家破人亡，您還要建新殿，符合天意嗎？」劉聰大怒：「朕是天子，難道建個宮還要請示你這樣的鼠輩嗎？」說完一揮手，將陳元達拉出去，連同他妻、子一同斬首示眾。大臣當場說情，劉聰不理。劉皇后聽說，一面暗中命令停止行刑，一面親筆上疏：「陛下殺他們是因為臣妾造宮殿，不久天下人會將所有的罪孽都歸於臣妾，請您直接賜死臣妾好了！」[144] 劉皇后這些話，字字句句有理，今天讀來也不免為之一慟。昏庸的劉聰不能不有所清醒，立即叫人把陳元達帶上來，將這疏給他看，說：「外有你這樣的人輔佐，內有皇后這樣的人輔佐，我還有什麼可憂？」他下令將「逍遙園」改名為「納賢園」，「李中堂」改名為「愧賢堂」，又對陳元達說：「本來是你怕我，現在我要怕你了！」劉聰這一變，倒值得肯定。

獲悉司馬熾死訊，長安舉行祭奠，由司馬鄴即位，為晉愍帝。這時的長安城中不滿百戶人家，荊棘成林，百官沒有官服印綬，只能把官銜寫在桑木板上當標誌，軍隊不過 1 旅，公私車只有 4 輛。皇室、世族紛紛遷江

---

[144] 同注 134，P3534，「陛下為妾營殿而殺諫臣，使忠良結舌者由妾，遠近怨怒者由妾，公私困弊者由妾，社稷阽危者由妾，天下之罪皆萃於妾，妾何以當之……妾誠無面目復奉巾櫛，願賜死此堂，以塞陛下之過！」

南，西晉中原王朝已名存實亡。

周玘因為家族勢力大，又「三定江南」，功勳卓著，被封為建威將軍、吳興太守。但由於北方士族相繼南渡，司馬睿所用重臣大都是在中原丟官棄職的人，造成南北士族矛盾。司馬睿對周玘心懷恐懼，而周玘也怨恨，便與江東人士密謀政變，事洩失敗，憂憤而死。周玘臨終時對兒子周勰說：「殺我者諸傖（指中原人士）子。能復之，乃吾子也！」周勰糾集地方武裝密謀起兵，也未舉而失敗，但司馬睿沒追究。

司馬鄴任命司馬睿為左丞相，督陝東軍事。司馬鄴詔書指示：「我朝當務之急是掃除劉聰這樣的鯨鯢，奉迎懷帝靈柩。現令幽州、并州出兵30萬，直抵平陽，右丞相率秦、涼、梁、雍數州軍直達長安，左丞相率所屬精兵同時抵達平陽。」鯨鯢比喻凶惡的敵人。緊接著，又詔令司馬睿按時行軍，與皇帝的車馬在中原相會。司馬睿推辭：「我剛定江東，無力北伐。」結果，這年底漢兵入長安，司馬鄴躲到射雁樓才逃一命，所幸另一位將軍趕跑漢軍。

祖逖素有遠大抱負，成語「聞雞起舞」說的就是他，被司馬睿任用為軍諮祭酒，相當於高階軍事參謀。祖逖向司馬睿毛遂自薦：「晉室敗落到今天這地步，並不是君主無道導致臣下叛亂，是由於宗室爭權奪利、自相殘殺，使外敵趁機入侵。現在晉室遺民都不甘，大王您如果下令，派像我這樣的人統軍去收復中原，一定會有很多人望風響應。」司馬睿聽了，左右為難，只好任命祖逖為豫州刺史，給1,000人的口糧，3,000匹布，但不給武器，要他自己去募集。祖逖非常熱血，不在乎司馬睿冷淡，帶著私家兵100多人北渡長江。在江中，他還敲打著船槳發誓：「如果不能恢復中原而要再渡回來，就讓我像這江水一樣流去！」[145] 又創一個成語：「中流擊楫」。祖逖駐紮淮陰，製造兵器，召募2,000多人繼續前進。他曾一

---

[145] 同注133，卷62，〈祖逖傳〉，P1121，「祖逖不能清中原而復濟者，有如大江！」

第五章　西晉末 10 年

度收復黃河以南大片土地，使石勒不敢南侵，進封鎮西將軍。後因受官場忌憚，憂憤而死。

王浚雖然有所衰弱，但依然不可小看。只因段氏不肯攻石勒，王浚用重金拉攏拓跋氏，又邀慕容氏，3方聯軍共擊段氏。就為此，石勒也想收拾王浚。張賓出謀劃策：「王浚名義上是晉將，實際上想廢帝自立，只不過怕別人不服，暫時忍著。將軍您威震天下，如果想收拾他，還怕沒機會？」石勒聽從，便誠懇地寫信給王浚：「我本來只是個小小胡人，只因世道太亂，流竄到冀州，聚些人保性命而已。現在晉室沒落，中原無主，適合登帝的，除了您還有誰呢？希望您能順應上天和百姓的意願，早登皇位。我尊奉您，如同尊奉天地父母，請您也將我視如兒子！」王浚看了這封信，非常高興，但高興之餘不免感到肉麻，起些疑慮：「石將軍這人可信嗎？」他問的是送信人，送信人早備有一番說法：「自古以來，胡人輔政是有，但沒一個當帝王。石將軍並不是不想當王，只因為他知道沒有這天命，不如成全您！」聽這麼一說，王浚不能不信，立即派人回訪。這時，王浚有個部將私派使者歸附石勒，石勒卻將這人殺了，又將他的首級送交王浚。這樣，王浚半點懷疑也沒有了。

此外還有些混戰，去年反叛的胡亢有個部將叫杜曾，能穿著鎧甲渡河，因被猜忌，殺了胡亢，自號南中郎將。荊州刺史陶侃（陶淵明曾祖）敗杜弢，但被杜曾擊敗，隻身而逃。不久又有流民楊武起事，攻陷梁州，歸附李雄。

◎ 314 年，倒數計時：2

新年伊始又有離奇天象，說是流星從牽牛星座入紫微星座，星光照亮地面，墜落到平陽，卻變成一大團肉，長 15 丈、寬 13 丈。滿城議論紛紛，當然也傳進宮，越傳越離奇。那位死裡逃生的陳元達又放重話：「這是因為後宮寵女太多，亡國之兆啊！」劉聰聽了很生氣，但只是克制地駁

斥：「這是陰陽變化的自然現象，跟人間有什麼關係！」[146]

且說王浚派出的使者到石勒處，石勒將精銳部隊和武器都藏起來，只讓他參觀老弱殘兵和空虛的府庫，但態度非常熱情與恭敬。見使者，石勒面北稱臣。王浚贈送的拂塵，石勒不敢拿在手上，而高懸在牆，早晚叩拜。石勒虔誠地對使者說：「每當我看到王公所賜，就像拜見王公一樣！」然後派使者去見王浚，約定三月親自到幽州尊奉他稱帝，並寫信給王浚女婿，請求當個區區并州刺史，一切演得跟真的一樣。石勒的使者匯報真相：「幽州去年水災，百姓無糧，王浚囤積百萬石粟穀，卻不肯賑濟災民，刑政苛刻，賦稅繁重，夷狄反叛，人們都感到這個政權要滅亡。」而王浚的使者回去卻匯報看到的假象，說石勒勢力如何衰弱，如何忠心不二。聽這麼一說，王浚更驕傲懈怠了。

石勒一面發兵遠征王浚，一面連夜送信給劉琨，利用他與王浚的矛盾，痛說自己罪過，請求讓他以討伐王浚謝罪。劉琨大喜，連忙向各州釋出檄文，說石勒已降，現在應合力去對付偽皇帝劉聰。石勒的軍隊到易水，距王浚所駐薊城很近了，部將請求發兵阻止，王浚卻發怒：「石公是來擁戴我的，敢再胡說者斬！」接著下令準備酒宴歡迎石勒。石勒不敢相信真的這麼順利，到城門口還怕諸葛亮空城計，先趕幾千頭牛羊進去，說是送給王浚的禮物，實際上是為堵塞街巷。王浚被抓到石勒面前，這才發現上當，大罵：「胡奴戲弄老子到這地步！」石勒將王浚殺了。王浚的部將紛紛到石勒門前謝罪，唯有尚書裴憲和侍郎荀綽不來。一查，其他官員家產都有鉅萬，裴憲和荀綽卻只有書百餘冊及一些口糧而已。石勒大為感動，連忙召他們為官，說：「得幽州我並不怎麼高興，高興是得兩位正直的官員。」石勒帶著王浚的首級報捷，劉聰獎賞他12郡。石勒辭謝，僅受2郡。

---

[146] 同注134，卷89，〈晉紀〉11，「此陰陽之理，何關人事！」

第五章　西晉末 10 年

這年六月，劉聰再派大將趙染攻長安，晉派征東大將軍索綝抵抗。趙染不把索綝放在眼裡，長史魯徽提醒：「晉軍知道力量懸殊，很可能以死相拚，我們不可輕敵啊！」趙染不屑一顧：「司馬模那麼強大，我打他像摧枯拉朽。索綝這小子，會弄髒我的刀嗎？」一大早，趙染率數百騎去挑戰，還吹噓：「等我擄來索綝，再吃早餐。」沒想到，趙染敗了。趙染心裡難過得很：「真不該不聽魯徽的話。現在回去怎麼見他？」趙染挽回面子的方式與眾不同──下令先殺了魯徽。

此時成漢李雄天下倒是一派盛世景象。對外新據漢嘉、涪陵、漢中，對內推出一系列新政。李雄善於納諫，唯才是舉，刑政寬簡，尊師重教，設定史官。成年男子每人每年僅交 3 斛穀，成年女子減半，有病的，再減半。每戶賦稅僅幾丈絹、幾兩綿，勞役少，新歸附的人免徭役，多數百姓殷富。

◎ 315 年，倒數計時：1

晉建代國，以拓跋猗盧為王，以代郡、常山為食邑。當時，司空劉琨駐并州，與拓跋猗盧關係密切。現在，拓跋猗盧請求讓劉琨的愛將莫含到代郡，實際上是要他去當人質，莫含不肯。劉琨勸道：「并州勢單力薄，我又沒本事，之所以能在胡人、羯人的地方生存，完全是靠代王的力量。你想當忠臣，怎麼能留戀私情而忘大節呢？」莫含聽這麼說，只好去。

王敦派陶侃等大將再次討伐叛軍杜弢，打了幾十仗，杜弢終於抵擋不住，請求投降。晉同意，讓杜弢擔任巴東監軍。他接受任命，可晉將還是攻伐，他非常憤怒，再次反叛，一舉攻陷豫章。

陶侃與杜弢相互攻擊，難分勝負。杜弢派一個叫王貢的部將出去挑戰。陶侃不忙應戰，發起政治攻勢，說：「杜弢本來是益州小吏，盜用州庫錢財，父親死了也不奔喪，不是好人。你本來是個好人，為什麼要跟

他？天底下會有白頭到老的賊寇嗎？」[147]成語「卿本佳人」出於此。這話比刀槍更厲害，王貢立即降，將士潰敗，杜弢隻身逃命，不知所往（有的說投水而死）。陶侃乘勝克長沙，湘州全部平定。這一切歸功於王敦，提拔他為鎮東大將軍，督江、揚、荊、湘、交、廣6州諸軍事及江州刺史。

陶侃平湘州後，乘勝進剿叛軍杜曾，但因輕敵，反被杜曾打敗，死傷數百。杜曾進而包圍宛城，守將荀崧因兵少糧盡，想向襄城求援。沒想到荀崧13歲的小女兒荀灌，率幾十名勇士連夜突擊出城，已到襄城。在襄城方面援助下，杜曾果然退兵。

王敦部將嫉妒陶侃的戰功，趁機詆毀。陶侃為自己辯護，王敦大怒，將他貶為廣州刺史。當時的廣州可不似當今，偏僻、荒涼得很。陶侃在廣州無所事事，只好每天一早將100塊磚搬到屋外，天黑又搬回屋裡。他說：「我要收復中原，要鍛鍊好身體。」可惜，陶大人只能是「夢裡挑燈看劍」。

漢軍進犯北地，幾乎快到長安城郊了。當時，晉在靈武尚有駐軍，但兵力太少，不敢救援。司馬鄴多次要丞相司馬保徵召軍隊，司馬保的近臣嘆息：「被蛇咬到手，斷腕保命。現在胡兵氣焰正盛，我們應當截斷隴地的路。」有人當即反駁：「現在是蛇咬到頭了，可以砍掉頭嗎？」他們只能將司馬鄴護送到司馬保那裡去。索綝說：「司馬保得到天子，肯定有個人目的。」因此，他沒去。從此，西安以西地區也不再進貢，朝中百官只能靠自己採野穀充飢。

三月東宮竟然下血雨，顯然不是好兆頭。太子太傅崔瑋、少保許遐勸太弟劉乂說：「現在相國的權勢超過東宮，殿下不僅難以繼承皇位，還朝不保夕，應當早做打算。」劉乂沒聽從，但還是被人告發，於是崔瑋和許遐被殺。劉乂上表請求當一個普通百姓，並請立劉粲為繼承人，沒理會。

漢青州刺史曹嶷奪了齊、魯所有郡縣，軍隊多達10萬之眾，沿著黃

---

[147] 同上，P3570，「卿本佳人，何為隨之？天下寧有白頭賊邪？」

第五章　西晉末 10 年

河設防。石勒看了很不放心，上表：「曹嶷有獨據東方的野心，請讓我去討伐。」劉聰怕滅了曹嶷難以控制石勒，不同意。

劉聰新娶部將靳準兩個女兒月光和月華，立月光為皇后，劉貴妃為左皇后，月華為右皇后。陳元達認為 3 位皇后並立，不符禮制而極力反對，並說月光有不光彩之舉。劉聰無奈，只好將月光廢了。月光含恨自殺，劉聰從此更恨陳元達。

◎ **316 年，倒數計時：0**

劉聰繼續沉湎後宮享樂，有時百日不出宮，政事委相國劉粲，只有決定生死或高官任免，才讓王沈等近臣進宮報告。王沈雖然很有文才，曾作〈釋時論〉指責世族制度對人才的壓抑，可他本人並不是一盞省油的燈，會照自己喜好決斷轉呈劉聰的報告。陳元達看不過去，與河間王劉易等人一起進諫：「如今晉尚未最後滅亡，巴蜀也未歸服，石勒圖謀占趙、魏，曹嶷想稱齊王，陛下心腹四肢何處沒有禍患？還要讓王沈再添亂？」劉聰將此諫交給被告，嘲笑道：「這群小子，跟陳元達一混，都變書呆子了。」結果，不僅沒處理王沈，反而提拔他為列侯。劉易又上書勸阻，劉聰大怒，將他諫書撕了。劉易氣不過，含恨而死。陳元達哭道：「以前正是仗著劉易大人，我可以進諫。現在他死了，我再無法進言，苟活有什麼意義？」哭完劉易，陳元達回家自殺。

樊氏是張皇后生前的婢女，劉聰卻把她立為皇后。從愛情角度來說顯然可嘉，從禮制角度來說顯然不該。問題還在於，除 3 個正式皇后之外，劉聰另有 7 個佩帶皇后璽綬的女人。他沉醉於後宮，朝中大事由小人操縱，亂象迭出。大將軍劉敷看不過去，一次次哭著勸諫，劉聰大怒：「你咒我死啊！幹嘛一天到晚哭？」把劉敷活活氣死。

然而，昏庸的劉聰卻有幾位驍勇的部將，劉曜是其一。5 年前他率軍攻入洛陽，擄走司馬熾。本年他又圍長安，斷了內外，城中人飢難忍，出

現人吃人現象。司馬鄴心善，泣道：「到如今這地步，外援無望，我當忍辱，趁城未破出降，讓士民活下去！」[148] 司馬鄴派侍從送降書，索綝卻暗中攔下，改派自己兒子，並擅自對劉曜說：「如果能封索綝為萬戶郡公，我們就獻城而降。」劉曜聽了大怒：「帝王之師，當按道義行事。索綝居然說這樣的話，真不是東西！」劉曜將索綝兒子殺了，送還屍體。司馬鄴按照亡國之禮投降，口銜玉璧，袒露著臂膀，坐著羊拉的車。群臣有的挽著羊車，有的抬著棺材，一路哭號，悲天憫人。有的大臣不願降，當即自殺。至此，歷時52年的西晉王朝正式滅亡。

劉曜將俘虜押送平陽，司馬鄴向劉聰跪拜行禮。劉聰封司馬鄴光祿大夫、淮安侯，但在劉聰打獵時，司馬鄴只能像獵狗一樣跑在最前，百般羞辱他。[149]

第二年三月，司馬睿在建康稱晉王（318年改稱帝），如同西周與東周、西漢與東漢，史稱此為「東晉」。318年劉曜在赤壁（今山西河津）稱帝，以石勒為大司馬、大將軍，後改國號「趙」，史稱前趙。319年石勒稱王，國號「趙」，史稱後趙。

後果：假如司馬熾能親政

就像對子嬰、劉嬰，我不追究司馬鄴的亡國責任。相反，我想表揚司馬鄴。司馬鄴受命危難之時，當務之急是掃除劉聰那樣的鯨鯢，可惜積重難返，根本指揮不動殘餘的軍隊。長安城又被圍，城中餓得人吃人，外援

---

[148] 同上，P3588，「今窮厄如此，外無救援，當忍恥出降，以活士民。」
[149] 同注133，卷5，〈孝懷帝紀〉，P84，「劉聰出獵，令帝行車騎將軍，戎服執戟為導，百姓聚而觀之，故老或歔欷流涕，聰聞而惡之。聰後因大會，使帝行酒洗爵，反而更衣，又使帝執蓋，晉臣在坐者多失聲而泣，尚書郎辛賓抱帝慟哭，為聰所害。」

第五章　西晉末 10 年

無望,他毅然選擇忍辱,趁城未破,出去投降,讓士民活下去。有些傳統觀念是很沒人性,「安史之亂」時,唐將張巡鎮守睢陽城,被叛軍圍困,城中糧盡,張巡便將自己老婆殺了,給將士吃肉。這種可怕的事,居然被視為千古美談。司馬鄴不想以人肉為軍糧繼續抵抗,圖一個英雄的虛名。在劉聰宮中那樣屈辱,可我想像他是在學越王勾踐,或者說,為了其他人免遭屠戮。我原諒司馬鄴,甚至讚賞他在大難之時閃耀出來的人性光芒。

司馬熾明顯錯誤不多,但是難以諒解。他被司馬越扶持為傀儡皇帝時 14 歲,向司馬越發動反擊時已經 28 歲,心智應當正常。當時天災人禍不斷,劉聰等反叛勢力越來越壯大,而晉廷內部爭權奪利仍然十分嚴重。在這種情況下,應當以大局為重,而不該發動討司馬越的戰爭。他們是有些矛盾,司馬熾要司馬越保衛京城,司馬越則主張出征,認為:「如果能勝,可以重振國威,總比坐以待斃好吧!」於是率兵 4 萬去戰石勒,畢竟是在打擊共同之敵吧!怎麼能在大敵當前利用他與大將苟晞的私仇,指令苟晞去討伐他,自相殘殺?結果,司馬越氣死,石勒趁勢追擊,晉軍最後主力被殲,苟晞被俘叛變,司馬熾自己也被俘,以致被殺。晉以內亂起,終以內亂亡。

可以理解司馬熾討伐司馬越的動機。他皇兄惠帝司馬衷當年被毒死,司馬越是最大疑凶。這些年,司馬越獨攬大權,壓制司馬熾,不久前又殺他的心腹繆播、何綏等十幾名高官。如果殺了司馬越,穩定內部,然後一致對外,也許能夠挽救時局。如此,那麼他該學漢和帝劉肇。劉肇繼位時才 10 歲,由養母竇太后執政。可這竇太后不是善人,臨朝後大謀私利,大行外戚政治。竇憲在戰爭中立大功,舊病復發,更加跋扈恣肆,竟然欲謀叛逆,非誅不可。劉肇這時雖然才 14 歲,可不像司馬熾那樣隨隨便便,向各州釋出檄文,浩浩蕩蕩出兵,而是不動聲色用計策,將竇憲的死黨全都逮捕,下獄誅死。劉肇親政後開創了「漢和盛世」。司馬熾如果像劉肇巧妙制伏司馬越,開始親政,團結對敵,未必不可能轉危為安吧?

第六章
隋末 10 年

【提要】

西元 609～618 年為隋朝倒數計時 10 年,609 年還一派盛世景象,但從此劇變,楊廣一再大征高麗,引發內亂,而他還固執地遠巡江南,以致侍從譁變,直接被殺。

假如楊廣能像劉徹在緊要關頭猛然省悟,改弦易轍,不難穩定江南,進而恢復中原。

第六章　隋末10年

前因：醉心於大排場、大征戰、大享受

　　隋文帝楊堅當政時期，從581年開國至604年去世，實現大一統，官制、科舉方面的創新影響深遠，開世界上最早的運河，藏富於民，「朝野歡娛」，被譽為「開皇之治」，詳見《夏之卷》第八章。

　　一般說這個盛世隨著楊堅突然死亡戛然而止，其子楊廣繼位，即隋煬帝。「煬」字本意指熔化金屬，烘乾，火烤，用以評價帝王是貶意。《諡法》：「好內遠禮曰煬，去禮遠眾曰煬，逆天虐民曰煬，好大殆政曰煬，薄情寡義曰煬，離德荒國曰煬。」不過，專家學者敘述：

> 儒家修史者對煬帝道義上的評價的確是苛刻的，因為他們把他描寫成令人生畏的典型「末代昏君」。在民間傳說、戲劇和故事中，他的形象被作者和觀眾隨心所欲的狂想大大地歪曲了⋯⋯他很有才能，很適合鞏固他父親開創的偉業，而他在開始執政時也確有此雄心。[150]

　　的確如此！大運河在楊廣手上完成；科舉制在楊廣手上完善。短短十幾年時間，他還開拓疆土，暢通絲綢之路。將「開皇之治」延至楊廣前期未嘗不可。

　　學者認為，600年楊堅廢楊勇，簡直是一場「政變」——政治路線的改變。其背景是以楊勇為代表的關隴集團，與以楊廣為代表的江南集團之間的鬥爭，前者核心是繼承並發展關中本位政策，後者則要脫離關中本位，而在包括江南在內更為廣闊的基礎上重構權力。實際上，楊堅本人在選楊廣為太子時，已經決定轉變路線的大政方針。[151]

　　但楊廣又是道道地地的亡國之君，一點也不冤。他醉心於大排場、大

---

[150]　《劍橋中國隋唐史》，P133。
[151]　《中國的歷史・隋唐時代》，P47～48。

征戰、大享受，國勢突然急轉直下。只是有一點請格外注意，專家學者坦言：「對這個歷史上稱為隋煬帝的人的性格刻劃是非常困難的……只由於他最後一次冒險行動的災難性失敗，他的過去給予人恐怖的印象，他執政的全部歷史才遭到了歪曲……」[152]《資治通鑑》對楊廣有利的記載甚少。

最大看點：夢斷江南

◎ 609 年，倒數計時：9

新年伊始，楊廣將東京（今河南洛陽）改名為「東都」，更重要的政令是全國實行「均田制」。早在春秋時期，齊國大夫晏嬰就提出「權有無，均貧富」思想，孔子也說中國一大特點是「不患寡而患不均，不患貧而患不安」，但秦以後土地兼併問題日趨嚴重。為此，西漢推「限田法」，西晉推「占田制」，北魏、北齊、北周則推「均田制」。均田制「計口授田」，指政府根據所掌握土地數量，授予每人幾十畝桑田和露田。桑田可繼承，露田在年老或死後收回。582 年規定，官人「永業田」（也稱「世業田」，身終不還）自諸王以下至都督，多至百頃，少至 40 畝；內外官也按其品級高低授給職分田，多至 5 頃，少至 1 頃。楊廣上任當年，還免除婦人和奴婢、家兵的租調，並取消他們的授田。從此，諸王以下至都督都給永業田，多者 100 頃，少者 40 頃。這政策延續至唐中葉。

楊廣命戶部侍郎裴蘊負責人口普查工作，要求地方官員對脫漏戶口及虛報年齡逃稅賦的，要「貌閱」，發現有一人不實即解職；鼓勵民眾檢舉，凡發現一丁作假，便令被檢舉之家代輸賦役。本年共檢出 24.3 萬丁，64.15 萬口。至此，全國共有 190 郡，1,255 縣，890 萬戶，為隋朝之最。

---

[152] 同注 150，P107、108。

第六章　隋末 10 年

帝制時代，上級得經常檢查下級，否則各項工作很容易半途而廢或敷衍了事。楊廣與他的大臣認為：「自古以來，天子有出巡狩獵之禮。而那些江南小帝王從來不出巡，整天在後宮鬼混，不跟百姓見面，難怪會滅。」[153] 決定先來一次西巡。行前，命裴蘊到高昌等屬國打前站，送上厚禮，要求屆時來朝，以免冷場。花紅柳綠時，西域 27 國領袖得到好處，早早恭候在路旁，夾道歡迎，讓楊廣覺得好有面子。但他覺得不過癮，又要求武威和張掖地方政府組織一批美女，打扮漂漂亮亮來捧場。穿戴不漂亮的，督促她們當即回去換妝。此行最大收穫是伊吾請降，獻地數千里，隋在那裡設西海、河源、鄯善、且末等郡，從全國各地調服刑犯人去當兵守衛，廣開屯田，保持與中央政令通暢。但回程太掃興，遭遇風雪，士卒凍死大半，馬驢損失十之八九。

吐谷渾本為遼東鮮卑慕容部的一支，329 年立國建朝。可汗受劉宋封為河南王，又受魏封為西平王。581 年，楊堅登帝不久，吐谷渾就攻涼州。隋將出擊，俘斬萬計，可汗率親兵遠循，眾人受降。第二年，吐谷渾入侵臨洮等地，隋軍將他們擊退。584 年，隋將又大敗吐谷渾，殺男女萬餘口而還。從此，雙方關係轉為友好。591 年，吐谷渾遣使入隋表示稱藩，敬獻土特產，並請求賜給美女充實後宮。楊堅禮遇他們，但捨不得美女。595 年，吐谷渾又入隋奉獻。第二年，楊堅終於同意和親，嫁一位公主去當皇后。597 年，吐谷渾發生內亂，新可汗伏允與隋不友好。608 年，楊廣曾命重兵大敗吐谷渾。本年五月繼續出擊，降男女 10 餘萬口，伏允逃入党項。前些年伏允曾送兒子來朝，楊廣留為人質，現在立他為吐谷渾可汗。

或許楊廣潛意識感知歷史老人已悄然開啟隋王朝的倒數計時，這年初，禁民間兵器，鐵叉、刃之類一律嚴禁。看來楊廣也心虛，他應該知

---

[153] 《資治通鑑》卷 181，〈隋紀〉5，P7514，「帝謂給事郎蔡徵曰：『自古天子有巡狩之禮，而江東諸帝多傅脂粉，坐深宮，不與百姓相見，此何理也？』對曰：『此其所以不能長世。』」

道，秦始皇統一全國後也曾收天下兵器，集中到咸陽，鑄12個鐵人，每個重達千斤，結果如何？

才子薛道衡，隋代詩人中成就最高。其代表作〈昔昔鹽〉，描寫思婦孤獨寂寞的心情，其中「暗牖懸蛛網，空梁落燕泥」一聯，為千古名句。薛道衡倍受楊堅信任，擔任機要職務多年，皇太子及諸王爭相與他結交。楊廣對薛道衡的文才也極愛慕。有一次，薛道衡被人彈劾結黨，流放嶺南。楊廣當時是晉王，坐鎮揚州，祕密派人到長安，要薛道衡到揚州，留在幕府。楊廣即位後，薛道衡回京師，寫一篇〈高祖文皇帝頌〉奏上，沒想到拍錯馬屁。楊廣看了這頌辭，發怒：「這不是〈魚藻〉嗎？」〈魚藻〉透過歌頌周武王而譏刺周幽王。[154] 楊廣認為薛道衡藉此把自己和周幽王連結在一起，產生殺心。這時，薛道衡的朋友勸他杜絕賓客，以求保全，薛道衡不以為然。本年，朝臣們討論新令，爭論不休，薛道衡又口無遮攔。裴蘊落井下石：「道衡負才恃舊，有無君之心。見詔書每下，便腹非私議，推惡於國，妄造禍端。」楊廣看了，稱讚裴蘊：「公論其逆，妙體本心。」於是將薛道衡逮捕，令自盡。臨刑前，楊廣嘲笑薛道衡：「你還能作『空梁落燕泥』嗎？」因此，有人把薛道衡之死視為「詩禍」。

609年是隋王朝一道分水嶺。司馬光稱這一年為「隋氏之盛，極於此矣！」[155]

◎ 610年，倒數計時：8

楊廣父親開創的「開皇之治」，留下了豐厚的國庫。楊廣繼位時，「戶口益多，府庫盈溢，乃除婦人及奴婢部曲之課。男子以二十二成丁」。[156] 曲課是酒稅。成丁指男子可以服役的年齡，歷代不同，一般是15歲左

---

[154] 《詩經・魚藻》，「魚在在藻，有頒其首。王在在鎬，豈樂飲酒。魚在在藻，有莘其尾。王在在鎬，飲酒樂豈。魚在在藻，依於其蒲。王在在鎬，有那其居。」

[155] 同注153，P7517。

[156] 《隋書》卷24，〈食貨志〉，23冊，P465。

第六章　隋末 10 年

右，唐天寶年間 13 歲。隋初由 18 歲提高到 21 歲，楊廣又推遲至 22 歲。國家太富有了，根本不需要老闆娘納酒稅，也不需要太多人服役。此外，還經常實行臨時性減免賦稅。

女人穿了新衣要上街，男人衣錦得還鄉，否則就錦衣夜行了。楊廣就有這種心態。這年正月，安排在首都洛陽端門大街上表演豐富多彩的文藝節目，戲場周圍 5,000 步，光演奏樂器就有 1.8 萬人，從早到晚，從月夜到黎明，燈火映天地，聲傳幾十里，從正月十五演到二月十五，你想像那是多熱鬧的盛世景觀！從此成為慣例，「元宵節」由此而來。不僅如此，楊廣還令街邊的店鋪裝修一新，到處設帷幄，擺滿名貴貨物，街兩旁的樹則用絲綢纏繞得漂漂亮亮，充分展現大隋的繁榮，楊廣的領導多麼英明偉大。還要邀請過路的外國遊客入店吃喝，酒醉飯飽，不收分文，熱情說：「我們這裡富裕，酒食從來不收費！」那些外國人聽了，自然大加讚美，不過也有人置疑：「這邊應該還有窮人吧？為什麼不把這些絲綢給他們做衣裳，而要纏樹呢？」[157] 外國人根本無法理解這邏輯，簡直夏蟲不可語冰！

隨後，從各地徵樂工 3 萬多人，組建皇家歌舞團。2013 年，從蕭皇后墓中出土成套編鐘 16 件、編磬 20 件，是迄今為止，中國唯一出土的隋唐編鐘、編磬實物，填補了中國音樂考古史上一項空白。專家學者認為，這些編鐘、編磬不僅是權貴的象徵，也證明隋代音樂水準之高，更說明楊廣本人對音樂的熱愛。

江都，即今江蘇揚州，風光旖旎，是當時最繁華的大都市。為了到此一遊，楊廣早早徵調 100 餘萬役夫開通濟渠，沿運河建皇宮 40 餘所，每所美女二、三百，隨駕宮女數千。出遊之時，僅縴夫就得 8 萬。一萬餘艘船首尾 100 餘里，騎兵夾岸，萬馬奔騰，旌旗遍野。南巡回來，又北遊突

---

[157]　同注 153，P7520，「紿之曰：『中國豐饒，酒食例不取直。』胡客皆驚嘆……『中國亦有貧者，衣不蓋形，何如以此物與之，纏樹何為？』」

厥。北方缺水，改船為車。車跟船一般大，不用車輪，而由人肩抬著走，又得人山人海。本年春暖花開時，楊廣再遊江都。負責江都城市建設的張衡曾向楊廣進諫：「這幾年勞役繁多，百姓疲憊已極，希望陛下能稍加節制。」楊廣聽了很不高興：「難怪到涿郡時，那裡歡迎朕的百姓衣冠不整，原來是心懷不滿。」於是，將張衡外調為榆林太守。但張衡畢竟是自己宮廷政變的大功臣，還是將他從偏遠的西北重用到繁華的江都來。沒想到，禮部尚書楊玄感報告，說張衡為去年被殺的薛道衡鳴冤叫屈，江都郡丞王世充又報告，說張衡貪汙宮中建設物資。楊廣大怒，將張衡貶為平民，提拔王世充為江都宮監。王世充是胡人，從小隨母改嫁入隋，善於拍馬，負責建宮中樓臺亭閣，深受楊廣恩寵。這年底，楊廣又命開江南運河，自京口至餘杭，長800多里，寬10餘丈，可通龍舟。這是中國南方和北方首次連為一體。

這年還有一大盛事是外征凱旋。608年，楊廣曾派使者到流求招撫，被拒絕。不久派兵萬餘，從義安（今廣東潮州）出海到流求。流求人以為是商隊，湧上船做生意。不想隋兵登岸，攻占都邑，斬殺流求王，俘1.7萬人。另有倭國、室韋（今黑龍江中上游兩岸及嫩江流域）、赤土（泰國的宋卡一帶）等遣使入貢。

百姓反抗開始增加。這年正月，洛陽有幾十人白衣素冠，焚香持花，自稱彌勒佛，入都城後搶奪衛士的武器，試圖暴亂。結果全被殺，另有1,000餘家受株連。

外部也有人不買帳。與高麗關係時好時壞，去年視察突厥，見高麗使者也在那，卻沒主動朝隋，楊廣一肚子不高興，即向高麗使者宣詔：「歸語爾王，當早來朝見。不然者，吾與啟民巡彼土矣。」[158] 啟民是突厥可汗，兩個帝王聯手「巡」你國，什麼意思，還需要說得更清楚嗎？可是等

---

[158]　同注156，卷3，P48。

第六章　隋末10年

了一年，高麗王的影子也沒看見。楊廣覺得很沒面子，開始籌劃征高麗，要求全國富人買馬，馬價漲至每匹10萬錢；又令檢查兵器，凡粗製濫造的，監造者立斬。

你不來朝拜就討伐你，這當然是野蠻的，但是形勢所迫。對中原的主要威脅，以前是匈奴，現在突厥也和好了，而高麗不知不覺發展壯大起來，並形成軍事對峙。早在十幾年前，楊堅就對高麗王下過詔：「你那遼河比得過長江嗎？你高麗人比陳國更多嗎？朕連陳國都滅了，你能抵擋多久？」[159]赤裸裸地進行威脅。不過，大凡高調的人，往往都帶有輕敵的致命傷。幾年後，因為高麗伐營州，楊堅派30萬大軍水陸兩路反擊，不想途中遭遇大風，船多漂沒，死十之八九，讓楊堅死不瞑目，也讓楊廣耿耿於懷。後來，李世民等也一再伐高麗，所以並不能說楊廣伐高麗沒有意義。

◎ 611年，倒數計時：7

楊廣這麼愛面子的人，說話是會算數的。這年二月，楊廣從江都乘龍舟至涿郡（今河北衡水），正式宣布向高麗開戰。他令在東萊的海口趕造戰船300艘，船工日夜在水中，不得休息，腰以下生蛆，死十之三四。隨後向全國徵水、陸軍，匯集到涿郡；另調江南水手1萬名，弩手3萬名，槍手3萬名。五月又命河南、淮南、江南造戰車5萬輛。七月，發江淮以南民夫及船隻運糧至涿郡，陸路另外常有數十萬人。車夫兩人推米才3石，因為路途又險又遠，所運糧食還不夠車夫路上吃，只好畏罪而逃。史書描述那情形：「往還在道常數十萬人，填咽於道，晝夜不絕，死者相枕，臭穢盈路，天下騷動。」[160]

---

[159] 同上，卷46，〈高麗傳〉，24冊，P1219，「王謂遼水之廣，何如長江？高麗之人，多少陳國？朕若不存含育，責王前愆，命一將軍，何待多力！慇懃曉示，許王自新耳。宜得朕懷，自求多福。」

[160] 同注153，〈隋紀〉5，P7528。

這時，老天爺雪上加霜，山東、河南水災，漂沒30多郡。各地百姓紛紛造反，如鄒平的王薄因兵役繁重，自稱「知世郎」，作歌號召民眾不要當官兵去遼東白白送死。[161] 這可抓住了楊廣的死穴，那些想逃兵役的人紛紛歸附「盜賊」。又如平原郡劉霸道率眾起事，從者10餘萬；漳南孫安祖因為家被洪水淹，妻子餓死，縣令又逼服兵役，他便殺了縣令，率眾起事。最著名的是竇建德，因膽力過人，在官府徵兵中選為200人的小頭目，但因幫孫安祖起事，家屬被殺。他認為：「先帝時，天下富足，國家強盛，發兵百萬征高麗，尚且失敗。如今洪澇成災，百姓無法生存，皇上卻不知體恤，還要征高麗，天下肯定會大亂。」於是，他起事投奔民軍。史稱當時「天下皆叛，隋政不行」，[162] 僅文獻中能夠確認的造反組織就有200多個，官軍根本應付不過來。

學者認為，楊廣時期分前、後兩期，本年以前為前期，意氣風發、蓬勃向上；此後，先是繼承前半期餘緒，遠征高麗陷入戰爭泥沼，然後陷入歷史上前所未有的大動亂，無可奈何，過著紙醉金迷的頹廢生活。[163]

◎ 612年，倒數計時：6

楊廣沒把百姓起事放在眼裡，加緊對外備戰。年初，大軍匯集涿郡，陸路左右各12軍，共113.38萬人，號稱兩百萬。望著如此浩浩蕩蕩的兵馬，楊廣充滿信心，想討幾句奉承，於是對部將說：「高麗總人口還不如我們一郡！現在，朕派這麼多兵，你看如何？」部將小心翼翼說實話：「此戰當然可以獲勝！不過，世事畢竟難料。陛下親征萬一失利，恐怕有損皇威。不如留在這裡，派部將出征，授權作戰，火速行軍，出其不意，必定能勝。」楊廣聽了不高興。楊廣想要做的事，沒人能夠阻攔。楊廣出征也

---

[161]　〈無向遼東浪死歌〉：「長白山前知世郎，純著紅羅綿背襠。長槊侵天半，輪刀耀日光。上山吃獐鹿，下山吃牛羊。忽聞官軍至，提刀向前盪。譬如遼東死，斬頭何所傷。」
[162]　同註156，〈隋紀〉8，P7652。
[163]　同註151，50～51。

第六章　隋末10年

非常講排場，親自指揮每天發兵一軍，每軍相隔40里，頭尾相繼，鼓角相聞，旌旗相連，綿延960里。另有水軍從東萊出海，船艦首尾相連也數百里。場面之壯觀，聞所未聞，但根本不是什麼征戰格局。在楊廣想來，區區高麗，一見這陣式，就會嚇得投降。

楊廣還有一個致命問題，就是把兵權握太緊，要求部將：「凡軍事進止，皆須奏聞待報，毋得專擅！」[164] 攻遼東城時，眼看要破城，敵軍請降，前線隋軍卻不敢接受，急忙飛馬請示楊廣。等到楊廣批示回來，時機已失，敵人變固守拒降了。如此反覆幾次，楊廣反而怒罵部將：「你們怕死，不肯拚命！」

水軍登陸高麗，乘勝入平壤城，卻中埋伏，4萬兵只逃回數千。35萬兵馬渡鴨綠江，要求每人帶百日糧，棄米糧者斬。士兵實在無法重負，只好偷偷埋帳下，導致行軍中途就缺糧。到離平壤30里處，士兵疲憊不堪，一戰就敗，喪30萬，楊廣只好下令班師。九月回到洛陽，追究責任，貶的貶、殺的殺。

這年老天爺繼續作惡，山東等地大旱，然後瘟疫，人多死。

前年將張衡貶回老家後，楊廣不放心，特命他的親人加以監視。果然，楊廣從遼東回來時，張衡妾告發，說他誹謗朝廷。於是，楊廣令張衡在家中自盡。張衡仰天大喊：「我究竟做錯了什麼？我還想活著啊！」監刑人把自己兩耳搗起來，催促他快點了結。

本年，楊廣密詔江淮以南各郡，命令每年須從民間選送一批姿質端麗的童女入宮。他在親自指揮國內外大事的同時，沒忘淫樂。

◎ 613年，倒數計時：5

高麗慘敗而歸，楊廣大丟面子，殺了幾個替罪羔羊不解恨，決心再

---

[164]　同注153，P7536。

征。又有大臣小心翼翼進諫：「誰都不會用千鈞弩去射小老鼠，陛下何必親征那種小寇？」楊廣當然攔不住，沒殺這烏鴉嘴算便宜他了。這年初，楊廣下令再從各地徵兵，安排新的將領，並修築遼東古城貯糧。四月，他再次親臨遼東，命宇文述等率兵進擊平壤。這回，楊廣接受教訓，同意前線將領靈活作戰，但高麗守軍更巧妙，20多天攻不下，雙方傷亡重大。

形勢發展大出意外，百姓起事依然層出不窮，這年春，又新爆發幾起。靈州（今甘肅吳忠）奴隸出身的白瑜娑（又稱「白瑜妄」、「奴賊」）起事，奪官馬，北連突厥，很快壯大至數萬人。濟陰（今山東荷澤）的孟公海起事，占2州，眾至3萬。他們「見稱引史書」，即見到談論中引經據典的讀書人便殺，異常恐怖。真不明白，官怎麼如此遭民仇恨。渤海的孫宣雅起事，眾至10萬，稱齊王。他們與其他民軍聯合，屢敗官兵。那一帶郡縣官兵望風而逃，只有齊郡丞張須陀率軍抵抗，殺民軍常常以萬計，血流成河。

還出現一種新的嚴重情況──官軍反叛。楊玄感是重臣楊素之子，理當國之棟梁。可是楊素自恃功高，常表現倨傲，讓楊廣覺得沒面子，懷恨在心。楊素死後，楊廣還對近臣說：「楊素如果沒死的話，少不了滅族之禍！」[165]這話讓楊玄感不寒而慄，暗生異心。楊廣備戰高麗，楊玄感主動請戰，負責運糧。沒想到，楊玄感從中挑選壯夫5,000，另徵船夫3,000，號召：「我身為上柱國，家累鉅萬金，至於富貴，無所求也。今不顧滅族者，但為天下解倒懸之急耳！」[166]大家聽了很感動，民軍急速發展。不過，這話顯然不實。如果不是楊廣那話公然威脅，楊玄感很可能為「柱國」至死。歷史上的造反者，除了孫中山等少數，大都實為生活所迫，所謂「為天下云云」，不可信。

---

[165]　同上，P7548，「使素不死，終當夷族」。
[166]　同上，P7542。

第六章　隋末 10 年

　　楊廣在遼東城久攻不下之時，靈機一動，命人縫製 100 萬個布袋，一個個裝滿泥土，準備堆起來，高出城牆，讓射手居高臨下攻城內。可就在這時，突然傳來楊玄感在黎陽（今河南濬縣）起事的急報。楊廣大驚失色，嘆道：「此人聰明，恐怕成大禍！」[167] 楊廣不敢大意，連忙掉頭，軍用物資丟棄如山。楊玄感抵不過增援來的重兵，洛陽月餘攻不下，轉攻長安也告失敗。僅剩 10 餘騎時，楊玄感感到絕望，對部下說：「我不能忍受別人凌辱，請你殺了我吧！」

　　沒親手殺楊玄感，楊廣覺得不解恨，竟然說：「玄感一呼而從者十萬人，益知天下人不欲多，多即會相聚為盜耳。不盡加誅，無以懲後。」[168] 於是挖地三尺，追究楊玄感的同黨，殺 3 萬多人，其中大半冤死。楊玄感曾在東都開倉放糧，凡是收過米的百姓，都被視為同黨坑殺。

　　著名詩人王冑，曾跟隨楊廣東征，跟楊玄感也友好。現在楊廣殺王冑，跟殺薛道衡一樣，嘲諷：「你的『庭草無人隨意綠』寫得很好，今後還有人能寫嗎？」楊廣很在意跟文人較勁，常對近臣說：「天下人以為我是靠父親才當皇帝，其實如果讓我跟士大夫們比高低，我也是該當天子的！」[169] 他甚至明說：「我不喜歡什麼進諫！如果是顯貴的人想用進諫出名，更不可容忍。如果是卑微之人，還可以稍加寬容，但也絕不讓他有出頭之日。你們要記住這點！」[170] 我也不忘記下這點，一是看清帝王的本質；二是別忘了楊廣也想透過公平競選獲得天下認可──潛意識中的民主意識。

　　楊玄感失敗了，但各地仍然紛紛響應，如餘杭劉元進等。時值楊廣再

---

[167]　同上，P7544，「此兒聰明，得無為患？」
[168]　同上，P7562。
[169]　同注 153，卷 182，〈隋紀〉6，P7564，「天下皆謂朕承籍緒餘而有四海，設令朕與士大夫高選，亦當為天子矣。」
[170]　同上，「我性不喜人諫，若位望通顯而諫以求名，彌所不耐。至於卑賤之士，雖少寬假，然卒不置之於地。汝其知之！」

次發兵征高麗，人們說：「以前父輩在國家強盛時征高麗，尚有大半沒回來，現在國家這麼糟，我們去肯定送死。」於是，人們紛紛投奔劉元進。劉元進率部數萬攻占吳郡，稱天子，置百官。又如唐縣宋子賢起兵，直接圖謀殺楊廣；扶風僧人向海明自稱彌勒佛出世，起兵數萬，稱帝改元；章丘杜伏威等率眾起事，推向淮南，與其他民軍聯手進逼江都。

楊廣殘酷地鎮壓，將俘虜的叛軍綁在木樁上，不只命九品以上的官員手持兵器亂砍一通，還要加以車裂。對劉元進的部下，召集投降者到菩薩像前焚香發誓，宣布其他逃散的人只要投降都不殺。把人騙回來，3萬多人全部坑殺。楊廣下令，凡是參與民變的，家屬與財產都要沒收。這樣，郡縣官吏權勢更大了，更是對百姓作威作福，反過來助長叛亂。

◎ 614年，倒數計時：4

征高麗再三無功而返，楊廣耿耿於懷。年初再命百官討論征高麗的問題，幾天沒人敢說話，那就視為同意啦！楊廣又下令從全國各地徵兵，多路進軍。到臨渝祭黃帝，殺逃兵用其血塗鼓，實指望將士們望而生畏，可還是越來越多逃兵，而且有很多兵根本不來報到。想當初，「國家殷盛，朝野皆以遼東為意」，一致主張征高麗，只有儒生劉炫寫一篇〈撫夷論〉，認為高麗不可伐，而應當採取親撫之策，「當時莫有悟者」。劉炫是個怪才，能夠「左畫方，右畫圓，口誦，目數，耳聽，五事同舉，無有遺失」，為了一點獎金，居然敢寫偽書百餘卷。[171] 我很想看看〈撫夷論〉原文，可惜沒找到。專家學者說，楊廣伐高麗失敗的原因，是史學界長期探討的一個問題，近來總結陳寅恪及其他學者的解釋，大致如下：一是地形和氣候有利於防禦；二是高麗的策略家熟悉地形，並有時間備戰，能夠頑強地防禦；三是隋都至戰場太遠；四是隋用水軍得不償失而且愚蠢。[172]

---

[171]　同注156，卷75，〈劉炫傳〉，24冊，P1157、1156。
[172]　同注150，P130～131。

第六章　隋末 10 年

這怎麼說，天時、地利、人和都向著高麗，而不助楊廣。三征而過，楊廣不得不認可劉炫之說。當然楊廣不可能認錯，他後來還曾下令伐高麗，只是沒再實施而已。

高麗雖然能抵禦入侵，但被長期的戰爭拖累，提出和解，並送還斛斯政。斛斯政本來是楊廣的兵部侍郎，因為暗通楊玄感，叛逃高麗。現在連叛徒都送回來，楊廣覺得有面子。回到西京，將高麗使者和斛斯政殺了，用他們的血祭太廟，並將斛斯政的肉煮了，要求百官吃。百官吃了斛斯政的肉，就能治反骨嗎？

反叛更多了，不勝枚舉。一個新特點是，直接自稱皇帝的人多了，如扶風的唐弼、延安的劉迦論、離石郡的胡人劉苗王等，邯鄲的楊公卿還敢襲擊從遼東返京途中的楊廣後部。

楊廣是屁股坐不住的人。這年底，又要巡視東都。太史令庾質進諫：「這幾年東征高麗，百姓實在是太疲憊了！陛下應當坐鎮關內安撫，讓百姓安居樂業，三、五年國家富裕後再去不遲。」楊廣聽了很不高興，堅持要去。庾質稱病不能隨行，楊廣發怒殺了他。

◎ 615 年，倒數計時：3

江山搖搖欲墜，楊廣還有雅興為祕書省增加 120 名官員，授予學士職稱，負責修撰工作。在觀文殿前建書房 14 間，門上垂錦幔，上置兩個小巧的飛仙，門外地面有開關。每當有人進書房，領路的宮人在前踩踏開關，兩個小飛仙自動下來，收起錦幔，門與書櫥都自動開啟。人步出，則自動關閉。這應該可以申請技術專利，可惜不知發明者姓名為何。突厥、契丹、新羅等 20 餘國遣使入貢。二月的一天，有 10 餘人看見兩隻孔雀從西苑飛到朝堂，連忙上報。等楊廣親自趕來，那孔雀早已飛走，但依然大喜，百官慶賀，一派昇平景象。

最大看點：夢斷江南

對於此起彼伏的造反及逃亡，楊廣詔令「民悉城居，田隨近給」，要求各郡、縣、驛、亭、村、塢都要築城而居，既防民軍進攻，又防良民出逃。

楊廣自我感覺仍然良好，又北巡準備第四次征高麗。隋與突厥本來友好，近年他們漸漸強大，大臣建議提防，於是想以宗女嫁突厥可汗的弟弟，並任命他為南部突厥可汗。這弟弟不敢接受，而可汗知道後懷恨在心。見楊廣北巡，可汗率數十萬騎截擊。幸好義成公主遣使急報，楊廣連忙躲入雁門（位於山西代縣），但仍然被圍困。那一帶 41 座城被占 39 座，城中糧食僅夠 20 多天。突厥攻勢很猛，利箭飛到楊廣腳邊，楊廣嚇壞了，抱著幼子哭，兩眼哭腫。真想不到，好戰嗜殺的楊廣會如此怕死。義成公主是隋朝宗室女，在楊堅手上和親入突厥，先後為啟民可汗及其 3 個兒子之妻，對娘家人還是很有感情。大臣蕭瑀說：「依突厥習俗，可敦（即皇后）可以參與政務，向義成公主求救，也許有希望。」楊廣連忙遣使向義成公主求救，同時詔各地募兵救援。16 歲的李世民——未來的大唐帝王——就這時應召入隋軍。楊廣親自激勵將士，說：「你們一定要努力殺敵！只要能夠活著出去，誰都不用愁富貴，我一定不會讓舞文弄墨的官吏埋沒你們的功勞。」[173] 這話激勵人心，軍情激昂，戰鬥力倍增。再說，義成公主冒死騙可汗說北邊有軍情，讓他慌忙撤兵。後來義成公主還救了楊廣的遺孀蕭太后，但最終被唐將所殺。

且說楊廣死裡逃生，回到東都，斜眼望著街市，竟然感慨：「還是大有人在啊！」[174] 意思是說前一段鎮壓楊玄感案殺人還太少。至於兌現獎賞，雁門守軍 1.7 萬人，只有 1,500 人受勳，打一仗得第一功的才升一級，

---

[173] 同注 153，卷 182，〈隋紀〉6，P7580，「努力擊賊，苟能保全，凡在行陳，勿憂富貴，必不使有司弄刀筆破汝勳勞。」
[174] 同上，P7582，「帝至東都，顧眄街衢，謂侍臣曰：『猶大有人在。』意謂向日平楊玄感，殺人尚少故也。」

第六章　隋末 10 年

沒有勳級的，打 4 仗才能升一級，大打折扣。至於蕭瑀，楊廣怒道：「區區突厥能狂妄到哪去？蕭瑀竟然嚇得不成樣子，不能寬恕！」說著，將他貶出洛陽。楊廣下令再討論征高麗，沒人敢異議。

李淵是大唐開國皇帝，但這時候還是隋軍大將。楊廣命樊子蓋率兵鎮壓民軍，有來投降的都坑殺，百姓怨恨，更多人上山為盜。楊廣令李淵代樊子蓋。李淵善待四方，來降者越來越多。

◎ 616 年，倒數計時：2

這年開局不祥，缺席元旦大朝會的多達 20 多郡。當時全國總共 190 個郡，也就是說，抗命的超過 1/10。其因不詳，但顯然與各地愈演愈烈的民變相關。這次朝會主題是布置發兵平叛工作。然後，楊廣繼續忙於享樂。他下令匯集 10 郡兵數萬，在毗陵郡（今江蘇常州）新建宮苑，周圍 12 里，內設離宮 16 所，新奇豪華的程度，超過現有的西苑（在洛陽）。三月三上巳節是古代中國最浪漫的節日。這天，楊廣與群臣在西苑水上宴飲。他令學者蒐集古代 72 個關於水的故事，用木雕出來，其中有妓女和酒船，木製的人物能動、能發聲，又可以申請專利。他在享樂方面跟殺人一樣，有很多新奇的點子，命人抓了數斛螢火蟲。一斛是 10 斗，你不用想像抓那麼多螢火蟲多不容易，只要想像那麼多螢火蟲能發多少光。他夜遊就將這些螢火蟲放出，照得山谷如晝，別有詩情畫意。

四月的一天，大業殿失火，楊廣以為民軍攻入，躲到草叢裡，直到火滅後才出來。雖是虛驚一場，但他的心再也無法安寧，夜夜失眠，常常半夜驚醒，大叫「有賊」，要幾個美女安撫一番，才能入睡。

各地民變形勢究竟如何？楊廣心中無數，便問大臣。總領軍事的大將軍宇文述回答：「逐漸減少。」宰相蘇威聽了，迴避到大柱後面去。楊廣見了，連忙追過去問，他只好說實話：「我沒管軍事，不知道天下究竟有多少

賊兵,只知道他們離京城越來越近了。」楊廣嚇一跳,問為什麼。蘇威說:「他們以前在長白山(今山東鄒平),現在到汜水(今河南)了。最近上報的情況都不實,朝中措施不當。陛下在雁門避難之時,曾許諾不再征遼東,可現在又恢復。失信於民,怎麼平息民憤?」這話讓楊廣不高興。不久,楊廣又問征高麗的事,蘇威直接說:「希望陛下不要再徵兵。只要赦免賊兵,派遣他們去遼東,不愁高麗不滅。」楊廣聽了更不高興。蘇威一出門,裴蘊便說:「簡直胡說八道,天下哪來那麼多賊兵?」這話說到楊廣心坎上,他不由罵道:「這老傢伙詭計多端,想用賊兵來嚇唬我,真想給他一巴掌!」不日,裴蘊指使河南一個平民告狀,說蘇威在高陽的時候濫授官職,於是下詔將蘇威削職為民,消了楊廣心頭一恨,更消了裴蘊心裡一嫉。

　　自欺欺人一番後,楊廣第三次出遊江都。將軍趙才進諫:「現在百姓疲憊,國庫空虛,政令不暢,請陛下留在宮中安定民心!」楊廣大怒,當即將他下獄。大臣任宗進諫,結果更糟,在朝堂被杖死。然而,不怕死的官吏還是不少。洛陽出發時,有大臣在建國門上表,說各地賊兵太多,不宜出巡,楊廣命人將他下巴敲了再斬首。大臣王愛仁上表,請楊廣還京。楊廣將他殺了,繼續東行。有人攔御駕,上書說:「如果陛下堅持遊江都,那天下就不是陛下的了!」楊廣又將這人斬了。楊廣的雅興絲毫不受烏鴉嘴影響。他留詩給宮人:「我夢江都好,征遼亦偶然。但存顏色在,離別只今年。」[175] 楊廣計劃此行離京只暫別,哪曾想會是永別。

　　在楊廣遊山玩水之時,各地民軍不僅繼續不斷冒出來,而且由烏合之眾發展、壯大成「品牌」。楊廣侍衛李密,自幼才子,後稱病自免,乘黃牛讀《漢書》,因捲入楊玄感案,投奔瓦崗。翟讓原本是東郡的司法官,因罪被判死刑。有個獄吏卻看重他,說:「天時人事,也許可為,你怎麼能夠在這裡等死?」趁夜將他放了。翟讓大為感動,泣拜:「我逃走,追

---

[175] 顏師古:《大業拾遺記》,「帝意不回,因戲飛白題二十字,賜守宮女云:『我夢江都好,征遼亦偶然。但存顏色在,離別只今年。』」

第六章 隋末 10 年

究起來，您怎麼辦？」那獄吏怒道：「我以為你是個大丈夫，能夠解救百姓，怎麼兒女情長起來？快走，別管我！」翟讓上瓦崗，聚集一些流民，只是為盜。李密到來，鼓勵翟讓向劉邦、項羽學習，幫他出謀劃策，商定滅隋取天下大計，又說服一批民軍併入瓦崗軍。楊廣命張須陀率兩萬大軍進剿，李密分兵千餘設伏，大破隋軍，張須陀也被斬。

涿郡通守郭絢率萬軍進剿高士達，高士達委命於竇建德，竇建德大敗隋軍，郭絢喪命。隋將楊義臣繼續進剿，高士達不聽竇建德建議，結果失敗，自己也戰死。竇建德收了高士達的散兵，自稱將軍。對隋官與貴族子弟，民軍往往殺了解恨，只有竇建德善待俘虜。於是，竇建德常常獲降城，很快發展精兵 10 餘萬。

楊義臣向楊廣報告實情，楊廣大吃一驚：「不可能吧！哪來那麼多賊兵？」內史郎虞世基說：「毛賊雖多，不足為慮。楊義臣打勝仗，擁兵不少，又長期在外，倒是堪憂。」立即派人追楊義臣，遣散他的兵力。為此，有御史上奏參劾說：「虞世基和裴蘊職掌中樞機要，卻將四方上奏的軍情告急隱瞞不報，將賊兵多說成少，以致出兵不力，討而不勝，形勢日益嚴峻。請將他們法辦。」沒想到又有大理卿說御史的話不實，楊廣將御史貶職。

楊廣繼續陶醉在江都夢中。據說僅江都宮中的美女就有 3 萬，全國各地總數超過 15 萬。江、淮各郡的官員來見，送禮多的升官，少的貶官。那一帶的百姓則一方面被盜賊掠奪，另一方面被官吏盤剝，加上饑荒，逼得吃樹皮或稻草，最後吃人。官倉雖然滿滿，可是官吏畏罪，不敢開倉放糧。虎賁郎將羅藝看不下去，憤然說：「城中糧倉堆積如山，卻不肯給窮人，我們要拿什麼激勵將士？」[176] 他毅然起事，隊伍開進城，把國庫中的物品分給將士，糧食分給貧民。

---

[176] 同注 153，卷 183，〈隋紀〉7，P7602，「吾輩討賊數有功，城中倉庫山積，制在留守之官，而莫肯散施以濟貧乏，將何以勸將士？」

李淵仍然在隋軍中，忙著鎮壓民變。楊廣命李淵率數千兵討伐甄翟兒，兩軍遭遇。甄翟兒的兵有一萬多，將李淵包圍幾層。幸好李淵的兒子李世民率兵來救，反敗為勝。

◎ 617 年，倒數計時：1

李密建議趁東都空虛去攻占，然後謀天下。翟讓貴有自知之明，說：「這是英雄韜略，不是我能擔當的，還是讓我聽您的吧！」既然他這麼說，李密不客氣了，率 7,000 精兵攻下洛陽附近的興洛倉，讓百姓取糧。開始時，由於沒人管理，白花花的稻米丟得到處都是，路上鋪起幾寸，洛水兩岸 10 里遠望而去像大片沙灘。望著這些浪費的稻米，再想想各地那些餓死的百姓，你能不悲憤嗎？還不明白楊廣該滅嗎？附近郡縣官吏紛紛歸依。翟讓推舉李密為王，尊號魏公。李密軍增至數十萬，奪取河南大多數郡縣。

劉武周原是馬邑太守王仁恭的校尉，因與王仁恭侍女私通，這年殺王仁恭，得兵萬餘，歸附外敵突厥。突厥立劉武周為定楊可汗，賜給狼頭纛。劉武周即位皇帝。

隋軍郎將梁師都也反叛，殺朔方郡丞，占郡邑，歸附突厥。梁師都攻取延安等郡，稱皇帝，國號梁。突厥可汗也授予狼頭纛，稱「大度毗伽可汗」。梁師都進而勾引突厥入河南。

翊衛郭子和因罪流放榆林，時值郡中大饑荒，郭子和便串通 18 人殺郡丞，開倉放糧，很快擁騎兵 2,000 多人，自稱永樂王，也北附突厥。突厥突然獲得這麼多隋將，笑得合不攏嘴，連忙進封劉武周為安楊天子，梁師都為解事天子，郭子和為平楊天子。郭子和謙遜些，不敢當天子，便改封為「屋利設」，即酋長。

金城縣令郝瑗命校尉薛舉率數千兵清剿民軍。沒想到，授士兵武器，擺酒餞行之時，薛舉突然翻臉，抓了郝瑗，然後開倉放糧，自稱西秦霸

第六章　隋末10年

王,很快攻占隴西一帶,擁兵13萬。

李密仍然圍洛陽。後來大名鼎鼎的秦叔寶、程咬金都在這時歸附李密。守洛陽的越王委派元善達突圍,千里迢迢去向楊廣哭訴:「東都城內已無糧。如果陛下迅速返回,鼓舞士氣,那些烏合之眾肯定潰敗。否則堅持不了多久!」虞世基卻說:「越王年輕,那些人騙他。如果真像他說的那樣,元善達怎麼能夠平安到這來?」聽這麼一說,楊廣大怒:「元善達這小人,怎敢在朝廷上欺騙我!」貶元善達去東陽運糧,被民軍所殺。從此,再沒人敢向楊廣如實匯報軍情了,好比現代親人對待罹患癌症末期的病人,讓他在最後的夢裡少點恐懼。

就是在這樣的時候,李淵和李世民正式登上歷史舞臺。追溯起來,李淵不僅世受國恩,母親還與楊堅之妻是姐妹,換言之,李淵與楊廣實為表兄弟,他怎麼忍心反叛?李世民先與有識之士達成共識:世事亂到如今地步,取天下易如反掌,不出半年帝業可成。為了說服父親,李世民用一計,讓宮監裴寂請李淵喝花酒,喝醉了,又讓美女陪上床,事後才告訴他那是宮女,犯下大罪。這時,李世民提舉兵事,李淵不同意,並說要將李世民送官治罪。不過,思之再三,李淵又安撫李世民說:「吾愛汝,豈忍告汝邪?」[177]並同意反叛。

李淵寫信向突厥求援,突厥承諾賣千匹馬並派兵送入關。李淵派使者回訪,暗中交待:「讓外兵入境對百姓是一大害,我之所以也向突厥借兵,只是怕別人借去造孽,藉以造聲勢,幾百人就夠,多了也沒用!」[178]李淵沒想到,他為子孫開了一個壞榜樣。李淵宣布,尊楊廣為太上皇,而擁13歲的代王楊侑為帝,自稱大將軍,然後命兒子李建成和李世民攻西河郡。

---

[177]　《新唐書》卷1,〈高祖本紀〉1,P2。
[178]　同注153,卷184,〈隋紀〉8,11冊,P7630,「胡騎入中,生民之大蠹也。吾所以欲得之者,恐劉武周引之共為邊患;又,胡馬行牧,不費芻粟,聊欲藉之以為聲勢耳。數百人之外,無所用之。」

李淵率軍 3 萬向霍邑出發，一路慰問百姓，一天就任命 1,000 名官員。代王楊侑命大將分兵抵抗，因連續下雨無法前進。李淵寫信招李密來歸附，李密不屑一顧。李淵只好尊他為大，以免多樹一敵。這時，軍中糧食不足，又傳聞突厥和劉武周乘虛襲晉陽，李淵要回去救老窩。李世民哭訴：「我們舉義，向前才可能勝，後退必然渙散人心。人心一散，後有追兵，很快就到末日。」李淵恍然大悟。

八月雨停，李淵率軍直抵霍邑城下，一舉攻占，然後論功行賞和授官。奴隸出身的士兵，擔心不能平等論功，李淵說：「戰鬥是不分貴賤的，論功怎能有分別？」至於授官太多，李淵解釋：「楊廣正是吝嗇官位才失人心，我怎麼能像他一樣？」隨後又攻克臨汾等地，韓城歸降。

李淵部隊日益壯大，每天來投奔的上千。於是，一邊留諸將包圍河東，一邊親自統兵直搗隋王朝的老巢──長安。這時，李淵的女兒李氏（即後來的平陽公主）等人也在鄠縣（今陝西西安）起事，領精兵萬餘在渭北與父親匯合，號稱「娘子軍」。

李淵到長安城下，各路兵馬 20 餘萬全部匯集。李淵遣使向城內發最後通牒沒回應，便令進攻。十一月，長安城一舉被攻破，代王楊侑近臣都逃散，只剩侍讀姚思廉一人。除曾參與毀李淵祖墳的十幾人斬殺，其餘不究。與百姓約法 12 條，將隋法令全都廢除。然後踐諾擁楊侑為帝，尊遠在江都的楊廣為太上皇，李淵自稱大丞相，封李世民為唐王。山東各州紛紛歸附李淵，巴、蜀 2 郡也被攻下。

中原逐鹿、老巢危亡之時，楊廣在江都也不得安寧。身邊的士兵越來越多逃亡，只好下令招江都的寡婦和處女從軍為妓。[179] 這些女人難道能挽救他的命運嗎？

---

[179] 同上，P7640，「悉召江都境內寡婦、處女集宮下，恣將士所取；或先與奸者聽自首，即以配之。」

第六章　隋末 10 年

◎ 618 年，倒數計時：0

新年伊始，李淵為自己定特殊禮儀，可以帶劍穿履上殿，見皇上行禮不用通報姓名。他用書信招諭各郡縣來歸附，每天發百來封。同時，命世子李建成和秦王李世民率兵 10 餘萬進攻東郡，斷了楊廣的歸路。

楊廣心灰意冷，不想再回北方，只想保住江東。有大臣反對：「江東地小，內要奉養朝廷，外要供給三軍，百姓承受不起，恐怕也會反！」也有人逢迎：「陛下親臨撫慰百姓，三生有幸啊！」楊廣下令修建丹陽宮，準備遷都丹陽。

形勢很快逼得楊廣自行了斷遷都夢。他怎麼也沒想到，一個強大政權瓦解起來，跟摧枯拉朽一般，只能作最後打算。他顧影自憐，嘆道：「我這麼帥的腦袋，要被誰砍呢？」[180] 轉念一想，他捨不得被人砍，自備一缸毒酒，交代寵妃：「賊兵來了，妳們先喝，我馬上跟著喝。」沒想到他的禁衛軍宇文化及比民軍還快，直接譁變……

宇文化及祖上是匈奴人，姓氏很有趣，是「破野頭」。楊廣當太子時，宇文化及是他的衛官，兩人關係非常好。他多次受賄、多次罷官，只因楊廣寵著，每次都很快恢復。有一年，楊廣巡視榆林，陪同的宇文化及竟敢偷偷跟敵人突厥做生意，楊廣大怒，下令斬他。劊子手已將他五花大綁，剝衣解髮，只待時辰到，就開斬。可是，像很多戲演的一樣，在這生死關頭，南陽公主（宇文化及的弟媳）出面求情，楊廣只好免他死罪。後來，楊廣念及舊情，又起用他當將軍。可現在，見楊廣眾叛親離，大勢已去，宇文化及卻擁軍政變，逼楊廣用自己的絹帶自縊，毒酒——畢竟是酒——也不讓他喝最後一口……

李淵聞訊哭道：「我依然是隋朝臣子啊！隋帝我不能去救，多悲傷啊！」李淵所能做的，是追諡楊廣為「煬」。富有戲劇性的是，當年陳叔寶

---

[180]　同上，卷 185，〈唐紀〉1，P7668，「好頭顱，誰當斫之？」

降隋後，楊廣給他的諡號也是「煬」。煬也指一生貪圖花天酒地而怠慢政務。楊廣被稱為「隋煬帝」，你想李淵的眼淚有多真？

宇文化及掀了隋桌，當然想自己吃那桌上的酒肉。宇文化及緊接著殺幾十位大臣和外戚，立秦孝王楊浩為帝，自任大丞相，然後從水路西歸都城。然而，搶食的狗太多，除了早就在桌下虎視眈眈、爭先恐後的大大小小一群，又新闖進來一大群：吳興太守沈法興起兵討宇文化及，至烏程得精兵6萬，連克餘杭、毗陵、丹陽10餘郡，自稱江南大總管，置百官；梁王蕭銑稱帝，克南郡，嶺南多地的隋將、刺史、太守紛紛歸附，很快擁地，東起九江，西達三峽，北自漢水，南至交趾，兵力40多萬；東都留守官們擁越王楊侗為帝⋯⋯

這時，李淵才逼楊侑禪位，自己稱帝，國號「唐」，定都長安，徹底取代隋。

後果：假如楊廣最後關頭猛醒

《伊索寓言》(Aesop's Fables) 中，有個農夫牽一頭驢過懸崖，怕牠掉下去，總要往裡面拉一些，可那驢堅決不肯，偏要往外掙扎一些，爭執結果，驢掉了下去，農夫嘆道：「你勝利了！」看著楊廣自縊，是否也有人說：「你勝利了」？

我實在不敢相信，楊廣怎麼會頑固到那般地步，真懷疑是不是有人故意醜化他，瞎編了不少。建議少弄點「面子工程」，省下纏繞樹的絲綢給窮人，他不聽；建議不要打那些勝不了的仗，少讓百姓白白送死，他罷人的官；建議他別再東巡，留在京城安撫百姓，他將人殺了⋯⋯直到跟那頭驢一樣墜入深淵。我想像他最後那10年，始終處於一種瘋狂的夢中，瘋

第六章　隋末 10 年

狂地追求面子；瘋狂地追求勝利；瘋狂地追求享受……一葉障目，如痴如醉，走火入魔，目中無人。偶然看到人，無非兩種，一種是獻媚的笑臉，一種是進諫的素顏，而對後一種，他明說討厭，不是驅逐，就是消滅。最後終於意識到滅頂之災，不得不思索頭顱被誰砍的問題，但他好像還沒有悔意，仍然醉生夢死，夢想的還是酒。

我常感慨明君難終，也感慨昏君難有醒，楊廣昏得最徹底。我想他如果有漢武帝劉徹那種猛醒，不至於沒有柳暗花明又一村的可能。哪怕是在江都那最後關頭，誠誠懇懇地釋出一份〈罪己詔〉，切實反省自己的「狂悖」之舉，果斷宣布「傷害百姓，靡費天下者，悉罷之」，開啟各地官倉解救飢民，懇請全國百姓相信他會脫胎換骨，重新為帝，號召大家團結平叛，那麼宇文化及非常可能根本不敢生譁變之念，不難穩定江南，並進而恢復中原，信乎？

第七章
唐末 10 年

【提要】

西元 898～907 年為唐朝倒數計時 10 年,「安史之亂」後 3 次中興也未能扭轉衰勢,昭宗李曄只是個傀儡,藩鎮趁著鎮壓民變的機會,相互爭戰壯大自己。朱全忠挾天子令諸侯,卻殺李曄,改立李柷,李柷禪讓朱全忠。

假如李曄能像李純,利用各藩鎮與宦官、朝臣及他們相互間的重重矛盾,各個擊破,是否也可以重振大唐雄風?

第七章　唐末 10 年

前因：雙重之惡

談論唐朝很容易犯一個錯誤，學者提醒：「唐帝國的壽命長達 300 年，其統治存在一個明顯問題：王朝末期的統治體系和初期是不一樣的。因此，選取某個特定年代或統治時期來代表整個唐王朝的統治，無異會誤導讀者。」[181] 不僅如此，前期不同皇帝治下，也有所不同。

口碑最好的唐太宗李世民，其實學者也有不同看法。學者冷靜地將他與隋煬帝楊廣相比較，就會發現：

無論在掌握未來的構想能力和行動能力方面，還是在學問以及文學素養方面，隋煬帝都要高出一籌；身為一位統治者，唐太宗並沒有任何方面超過隋煬帝。[182]

然而，唐太宗李世民 626 年政變上臺，華麗轉身，至 649 年李世民去世，其間以人為本，裁減官吏，參政、議政蔚然成風，經濟繁榮，犯罪率低，文化多元，具有世界主義色彩，被譽為「貞觀之治」，詳見《春之卷》第五章。

緊接著，高宗李治當政時期（649～683 年）疆域為唐時之最，法律被譽為中華法系的代表，人丁興旺，被譽為「永徽之治」，詳見《夏之卷》第九章。從 690 年武則天稱帝開始，至 705 年被迫退位，其間亂上而不亂下，重用人才，無外患之憂，經濟、文化持續發展，被譽為「武周之治」，詳見《夏之卷》第十章。從 712 年玄宗李隆基政變上臺，至 755 年「安史之亂」，其間追諡孔子為「文宣王」，李白、杜甫等湧現，「海內富安，行者雖萬里不持寸兵」，人口創大唐之最，被譽為「開元盛世」，詳見《夏之卷》第十一章。

---

[181]　[英] 薩繆爾·E·芬納（S. E. Finer）：《統治史》（*The History Of Government*）卷 2，P152。
[182]　《中國的歷史·隋唐時代》，P82。

「安史之亂」是整個大唐的轉捩點。歷時9年的「安史之亂」落幕，依舊是大唐江山，但是風光不再，國勢也就一天不如一天。有3次短暫的迴光返照：憲宗李純任職期間（805～820年），不惜對軍閥開戰，取消宦官監軍，藩鎮割據暫告結束，中央權威初步恢復，被譽為「元和中興」，詳見《秋之卷》第三章；武宗李炎任期雖短（840～846年），但大幅裁官，將貪官與「十惡」相提並論，大禁佛教，抵禦外敵，國勢大振，被譽為「會昌中興」，詳見《秋之卷》第四章；宣宗李忱任職期間（846～860年），果斷結束「牛李黨爭」，收復被吐蕃所占領土，一洗200年之恥，獲得進一步興盛，被譽為「大中中興」，詳見《秋之卷》第五章。

　　「大中中興」之主李忱還有「小太宗」之譽，可惜他的努力只能暫時延緩衰敗的大勢，而無法徹底扭轉。875年爆發王仙芝、黃巢起事，從中原南下福建廣東，然後回北，直指唐王朝的心臟。880年攻入長安，建立大齊政權，黃巢稱帝。唐僖宗李儇步李隆基後塵，逃入四川。

　　唐以前的戰爭，主要依託於策略要地，攻守城池。黃巢開始變化，以運動和流竄的方式，專攻薄弱環節，令官軍防不勝防。不過他們也有劣勢，長期一邊攻占一邊丟，手中只留長安一塊地盤。沒多久，李儇調集各路兵馬包圍，大將李克用率4萬騎兵進攻。在這關鍵時刻，黃巢的大將朱溫叛歸官軍。黃巢兵敗，退出長安，自殺了結。885年，李儇雖然回到京城，但面目全非。那世紀最後20年，有3個顯著特點：

　　一是全國農村徹底破壞，一向被稱為中國心臟的中原地區，幾乎成為沙漠，洛陽「荊棘滿城，狐兔縱橫」[183]。

　　二是所有戰區都脫離中央，自行割據，互相攻戰。皇帝的命令出不了首都，宰相和宦官分別與軍閥勾結，各自尋求利害關係，作為在小朝廷內鬥的後臺。

---

[183]　《資治通鑑》卷265，〈唐紀〉72，P10934。

第七章　唐末 10 年

三是中原居民大批南逃，直到五嶺山脈一帶，在蠻荒叢山中定居，成為新的「客家人」。

888 年李儇去世，昭宗李曄即位。李曄由當時掌權的宦官楊復恭所擁立，只是個傀儡。藩鎮趁著民變的機會壯大自己，對中央的威脅一天比一天嚴重。李曄想恢復中央實權，反而引起藩鎮疑心。唐代的宦官之禍，始於明皇，盛於肅宗，成於德宗，極於昭宗。這樣，上下左右矛盾重重，戰亂不休。如此，能不開始倒數計時嗎？

這個末世的頭緒特別複雜，要理清楚很難，我只能整理一些主要的線索。

最大看點：虎落平陽被犬欺

◎ 898 年，倒數計時：9

在中國歷史大事上，本年正月第一條：「帝下詔罪己」。迎合現代讀者來說，「罪己詔」是皇帝的自我批評書，實際上它是一種判決書。「罪」顯然比「批評」性質嚴重，但這是皇帝自己定的調，且用「詔」這種莊嚴無比的公開形式，以示深刻檢討、徹底悔改的誠意與決心。那麼，唐昭宗李曄有什麼「罪」？

李茂貞原名宋文通，普通人家出身，屢立戰功，很快被提拔為武定節度使，李儇賜姓名李茂貞，寄以厚望。唐朝帝王大度得很，很愛拿自家姓氏當獎品，不知李姓老祖宗是否有意見。「節度」意為節制調度。唐節度使常一人兼統兩、三鎮，多者 4 鎮，威權極重。所統州縣官吏雖由中央任命，實際聽命於節鎮。後來又設「採訪使」，與節度使逐漸歸一，亦即政

最大看點：虎落平陽被犬欺

權與軍權合而為一。不久，李茂貞被又加封鳳翔和隴右節度使。從此，他以鳳翔為根據地，繼續擴充地盤，先後攻占鳳州等 3 地。至此，可以說當年安祿山叛亂的條件，李茂貞都具備了。李茂貞變驕橫，莫說大臣，對皇上也不恭。鳳翔離京城近，萬一作亂，難以收拾。因此，李曄下令出兵討伐李茂貞，沒想到失敗，李茂貞便領兵進長安問罪。李曄慌忙殺兩個當事人，請求李茂貞退兵。不久，李曄為防止被人控制，決定另行招募軍隊，讓皇族統轄。李茂貞說這是防他，又進長安，逼得李曄出逃，投奔鎮中軍節度使韓建。李茂貞縱兵搶掠，許多宮殿付之一炬。韓建出面調停，李茂貞不但沒被治罪，反而加封為岐王。李茂貞裝模作樣上表請罪，表示願出資修復宮室。897 年，調李茂貞為西川節度使，改李嗣周為鳳翔節度使，顯然有防李茂貞之意。李茂貞不是傻瓜，堅決拒命，並圍攻李嗣周。李曄發怒，削李茂貞官職，恢復他原名，並發兵征討。韓建再次出面調停，本年初，李曄下〈罪己詔〉，重賜他姓名官爵，罷討鳳翔之兵。你覺得李曄這「罪」如何？

讓李曄難堪的，遠不止一個李茂貞。

也是這個正月，朱全忠修建洛陽宮，請李曄光臨，嚇李茂貞和韓建一跳。朱全忠跟李茂貞相似，他原名朱溫，雖然書香門第出身，卻「以雄勇自負，里人多厭之」。參加黃巢民軍後，英勇善戰，短短 5 年，成為一員大將。民軍內部混亂，他很不滿。謀士建議：「黃巢草莽，只是趁人之危占得長安，並不是憑真才實德建立土業，不足與謀。現在唐朝天子在蜀，各路兵馬漸近長安，說明唐朝氣數未盡。」他覺得這話有理，便殺黃巢的監軍，率部投降官軍。李儇大喜，高興說：「天賜我也！」即命他為左金吾大將軍，還賜給他一個名字──全忠，希望他從此全心全意忠於唐朝。朱全忠不負皇恩，大戰黃巢，一直打到汴州，並以此為根據地，後來還以此為後梁的首都。朱全忠與黃巢軍作戰 40 餘次，全都獲勝。因為追剿黃巢有功，不

第七章　唐末 10 年

斷加封,地位相當於宰相,成為這個時期歷史舞臺的主角。如果讓朱全忠把李曄接到洛陽去,那李茂貞和韓建不是都沒了護身符嗎?於是他們也上書,請求修復長安舊都,並請李克用出面調和。如此折磨了一番,朱全忠雖然沒接到李曄,但表現出忠誠,新加 3 鎮節度使,辛苦沒白費。

這李克用又是一大人物,《夏之卷》第十二章有具體介紹。現在,李克用也怕朱全忠「挾天子以令諸侯」,不僅答應出面幫李茂貞和韓建去李曄那裡調解,且承諾派出修整長安宮的人丁和工匠。李曄當然不願部將鬥爭,又當了一回和事佬,任命韓建為修宮闕使。

還有一個大人物叫劉仁恭。劉仁恭本來是盧龍節度使的將領,因在一次戰中挖地道攻城池,被稱「劉窟頭」。後來發動兵變,歸附李克用,受到厚待,被追認為盧龍節度使,但這時劉仁恭想擺脫李克用。897 年,李克用向劉仁恭徵兵,他借口搪塞,李克用大怒,親征幽州,不想大敗。本年三月,因為與義昌節度使盧彥威爭奪鹽利,劉仁恭派兒子率兵襲擊,占滄州、景州、德州,盧彥威逃奔汴州。為此,劉仁恭替兒子向朝廷申請節度使的旌旗,沒批准。劉仁恭很生氣,當面對使臣發牢騷:「我又不是沒有節度使旗子,只不過是想從長安得到一面更正宗的罷了,可是屢遭拒絕。」[184]

朱全忠與劉仁恭和好,會同魏博的軍隊,一起向李克用發起進攻,占邢、洺、磁 3 州。李曄回長安,想讓各藩鎮和睦,委派官員調解。李克用樂意,但朱全忠不做。李克用攻邢州,想奪回 3 州,遭失敗。

昭義節度使薛志勤去世,李罕之趁機進軍潞州,駐紮下來。李罕之本來想讀書,讀不好出家,當和尚討飯還受氣,便落草為寇,先後入黃巢、李克用、朱溫等勢力集團。他生性殘暴,曾任光州刺史等職。屯澤州後,天天率兵掠懷州等地,數百里郡邑無官吏,鄉間無居民。百姓躲到山寨,

---

[184]　同上,卷 261,〈唐紀〉77,P11172,「旌節吾自有之,但欲得長安本色耳,何為累章見拒?」

有出去就被殺。摩雲寨地勢險要，百姓躲到那裡，也被李罕之攻下，因此稱他「李摩雲」。數州百姓被屠盡，10餘年四處荊棘蔽野，煙火斷絕。現在先斬後奏，他占了潞州，才寫信給李克用：「聽說薛志勤去世，新統帥還沒到，怕潞州被他人占走，所以沒等您指令，我先來了。」李克用大怒，派李嗣昭征討。

再說件小事，保義節度使王珙，聽說朝中突然詔長期在野的王柷進京，料想有要職，便趁他路經時挽留，盛情款待說：「承蒙途經，深感榮幸！若不嫌我是個粗人，願稱您為叔輩。」王柷很不喜歡王珙的為人，不肯應允。王柷渡黃河時，王珙命人將他一家人殺了，上報說是翻船落水。因為亂事太多，朝廷無法深究。

◎ 899年，倒數計時：8

去年朱全忠、劉仁恭與魏博節度使羅紹威還是戰友，今年伊始，劉仁恭卻發10萬兵攻魏博，屠貝州，占魏州。羅紹威向朱全忠求救。劉仁恭先丟內黃，折兵3萬；接著敗魏州，從魏州至滄州500里間殭屍相枕。從此，劉仁恭一蹶不振，朱全忠勢焰日熾。

朱全忠乘勝攻河東，李克用調兵反擊，斬殺4,000餘級。李克用乘勝圍潞州，李罕之病死。朱全忠遣兵相救，敗李克用。李克用部下繼續圍潞州，每天派騎兵繞城巡邏，抓人打草放牧，將方圓30里的禾黍粟全都割光。朱全忠的守將害怕，乘夜棄城而逃。於是，李克用上表請朝廷任命新的昭義節度使。

朱全忠有個部將叛逃楊行密。這楊行密也是個傳奇人物，他出身貧窮，卻人高馬大，手舉百斤，日行300里。因參加造反被抓，刺史卻被他奇特相貌感動而放走。後應募為州兵，但軍吏討厭他，要他去戍邊。出發時，楊行密特意走近那軍吏。軍吏問他做什麼，楊行密大吼一聲：「取你

第七章 唐末10年

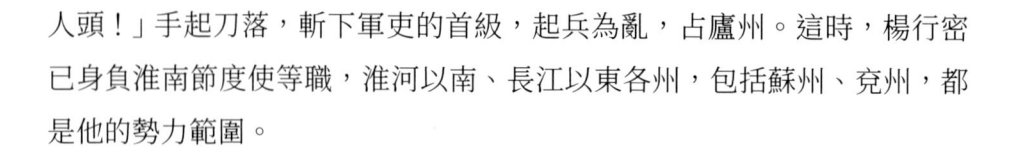

人頭！」手起刀落，斬下軍吏的首級，起兵為亂，占廬州。這時，楊行密已身負淮南節度使等職，淮河以南、長江以東各州，包括蘇州、兗州，都是他的勢力範圍。

◎ 900年，倒數計時：7

朱全忠發兵10萬擊劉仁恭，占德州，進一步圍滄州。劉仁恭從幽州調5萬兵救滄州，結果大敗，損兵3萬。李克用出面救劉仁恭，攻朱全忠的邢、洺州。朱全忠難以抵擋，加上久雨，只得退兵。李克用攻下洺州，朱全忠不久便奪回，然後向成德、盧龍、義武和鎮州發起進攻，成德請和，景州等20多城相繼被攻克。至此，河北各鎮全歸朱全忠。

朝中不甘寂寞，權臣與宦官爭權奪利白熱化。宰相崔胤與朱全忠勾結，想除宦官，多次被罷，均因朱全忠支持而東山再起，先後4次官拜宰相。李曄名為皇帝，卻無實權，自然懷恨弄權的宦官。李曄與崔胤密謀，殺專權的宦官多人。但如此一來，變成崔胤專權，引起宦官憤恨。李曄則變得「忽忽不樂，多縱酒，喜怒不常，左右尤自危」。

這年十一月，李曄到禁中打獵，酗酒夜歸，殺幾名宦官和宮女。宦官劉季述等馬上借題發揮，說：「皇上這樣草菅人命，怎麼能治天下？廢昏君而擁明主，自古就有，為社稷大計，不是叛逆！」於是領兵入宮，矯詔立太子，改李曄為太上皇，並將他及皇后10餘人幽禁到少陽院。劉季述跟李曄算帳，用一根銀杖邊怒指他的鼻子，邊在地上畫痕，數落說：「某時某事你不聽我的，罪行之一；某時某事你又沒聽從我的，罪行之二……」就這樣數了十幾下，然後將院門鎖上，並將鎖焊死，只許從狗洞裡送點食物。李曄「求錢帛俱不得，求紙筆亦不與。時大寒，嬪御公主無衣衾，號哭於外……」[185] 我實在想不通，李曄何以讓劉季述恨到如此地

---

[185]　同上，卷262，〈唐紀〉78，P11200。

步？什麼叫「虎落平陽被犬欺」？這是最好的注釋。想想李曄的老祖宗李世民之輩，我都替他悲哀。

其實，劉季述並沒有什麼實力，不敢忘乎所以，連崔胤都不敢動。儘管宮中得勢，劉季述還是派員去大梁向朱全忠匯報，承諾支持他執掌大唐社稷。崔胤不敢輕舉妄動，也慫恿朱全忠趁機進長安。這當然是誘人的，謀臣進言：「宮室有難，正是成就霸業的好時機。如果這時你不去主持正義，還能用什麼號令諸侯？等幼主地位穩定，大權全落宦官手裡，想成大事也遲了。」朱全忠恍然大悟，立即囚禁劉季述的使者，以勤王為名，出兵討伐劉季述。所謂「勤王」，指君王有難時，臣下起兵救援君王。

◎ 901年，倒數計時：6

對於李曄被囚，禁軍將領孫德昭常發牢騷。崔胤獲悉，派人遊說：「這次謀逆，只不過劉季述和王仲先兩個。你如果把這兩人殺了，迎太上皇復位，可以富貴一世，忠義傳千古。你如果不快點動手，這奇天大功就會落到別人手裡。」孫德昭聽從，崔胤便割衣帶下指令。孫德昭找大將董彥弼、周承誨密謀。新年元旦一早，王仲先入朝，孫德昭將他殺了，快馬加鞭到少陽院，叩門大喊：「叛賊已被誅殺，請陛下出來慰問將士！」李曄哪敢相信！皇后說：「如果是真的，你拿他首級來看看。」孫德昭從洞裡塞進首級，一看果然是王仲先，這才召集眾人撬門。周承誨去抓劉季述，他已被亂棍打死，只能誅殺他的黨羽及全族親人。論功行賞，孫德昭、董彥弼和周承誨被賜姓李，升官加爵獎錢財，崔胤更受寵。朱全忠救駕之功被人搶了，但憑他的忠心，也升爵東平王，李茂貞升岐王。

朱全忠閒不住，將原準備討劉季述的兵力突然轉向河中。河中節度使王珂慌了，向李克用求救。李克用說他的兵動不了。王珂又寫信給李茂貞，說：「皇上要求藩鎮不要互相廝殺，可現在朱全忠違抗聖旨。我河中如果丟了，那麼同州、華州、岐州都難保，大唐江山就拱手斷送在朱全忠

第七章　唐末10年

手裡。」王珂說的是實情，他的河中，即蒲州，與同州、華州、岐州素有「四輔」之譽，是輔翼京城的重鎮。可是，李茂貞沒回覆。王珂想進京告御狀，又出不了包圍。萬般無奈之下，只得投降。李克用心虛了，派人向朱全忠示好。朱全忠認為他在信中言語還是傲慢，便派兵分路向河東發起進攻，潞州等不戰而降。

李曄要求崔胤將機密奏章裝入囊袋，並密封好呈送，千萬不要在便殿面奏，以免讓宦官知曉。宦官韓全誨發現這個祕密，挑一批美女進獻，透過這些美女，暗中掌握皇上的密謀。李曄沒察覺，與崔胤密商剷除宦官的計畫洩漏。韓全誨與藩鎮節度使勾結，伺機而動。

劉季述事件後，崔胤想將宦官全除，韓偓反對。韓偓是個才華橫溢的詩人，10歲時即席賦詩送其姨丈李商隱，滿座皆驚，李商隱讚其詩「雛鳳清於老鳳聲」，現為翰林學士。韓偓說：「那次事件當中，哪個太監不是惡人？應當像殺劉季述一樣全都處斬，可現在沒機會了！」李曄怨道：「你當時為什麼不說？」韓偓說：「陛下詔書說除了劉季述等4人外，一個都不追究，我怎麼還敢說？陛下信用要緊。」韓偓仍然想將宦官全除，只留幾個掌管內廷事務。韓全誨從美女間諜那裡獲悉，加緊陰謀，並開始拒絕執行聖旨，李曄無奈。崔胤請求朱全忠帶兵進京，朱全忠同意，從大梁發兵。韓全誨聞訊，立即挾持李曄到鳳翔，依附李茂貞。朱全忠到長安赴空，轉向西進，包圍鳳翔。李茂貞連忙求救於李克用。

◎ 902年，倒數計時：5

李克用響應李茂貞籲求，連克朱全忠的老巢慈、隰2州，並向晉、絳等州逼進。朱全忠不能不重視，親率部分兵力回河中。朱全忠的汴軍一排10里長，一舉收復慈、隰和汾3州，進而反攻李克用的老巢晉陽。李克用慌了。這關鍵時刻，老天爺幫忙，汴軍發生瘟疫，只得撤退。李克用追擊，重占慈、隰和汾3州，但從此多年不敢再與朱全忠爭戰。

李曄受制於李茂貞，提拔東王楊行密，並令他討伐朱全忠。楊行密奉命行動，向宿州進攻，但逢雨天，糧食供應不上，只得敗退。

回鶻王國遣使入貢，主動請求發兵支援平叛。李曄同意，韓偓則反對：「戎狄人面獸心，不可輕信。看我們現在人物華奢而軍力衰落，必定有輕中國之心。何況他們曾經被我們打敗，恐怕是想趁機報復。應當明確告訴他們，這點小事不必麻煩他們，阻止他們的陰謀。」[186] 看來，韓偓官雖不大，智不可小覷。歷史上此類血的教訓不少。李曄採納了這個意見，從此舉看出他高於李亨之流。

崔胤到河中向朱全忠哭訴，甚至拿著歌板為他唱曲、敬酒，請求盡快出兵救李曄。朱全忠答應，率兵5萬圍鳳翔。但天公不知究竟想幫誰，大雨太久，對誰都不利。因為士卒生疾，朱全忠又想退。部下勸阻：「天下看我們一年啦！怎能讓他們失望？」於是用計引誘，李茂貞開城門出擊，被朱全忠伏兵大敗。朱全忠在鳳翔四周挖塹壕，掛上鈴鐺，獵犬守護，城裡連老鼠也休想溜。李茂貞一方面拒絕交李曄，另一方面嚴防士兵用繩索吊下投降。於是，城外的兵罵城上的兵「劫天子賊」，城上的兵罵城外的兵「奪天子賊」，一天天對峙……

朱全忠圍城太成功，可把城裡人害慘了。史載：

> 是冬，大雪，城中食盡，凍餒死者不可勝計；或臣未死已為人所剮。市中人肉，斤值錢百，犬肉值五百。[187]

曾國藩也記載太平天國時皖南、蘇北的人肉高不過百餘文，遠較豬、羊肉更便宜。初時市場售的只是死人腐肉，後來發展到當場屠宰活人，謂之「菜人」。隋末唐初武夫朱粲還教士兵怎麼烹婦人與嬰兒，並無恥地說：

---

[186] 同上，卷263，〈唐紀〉79，P11236，「戎狄獸心，不可倚信。彼視國家人物華靡，而城邑荒殘，甲兵調整，必有輕中國之心，啟其貪婪。且自會昌以來，回鶻為中國所破，恐其乘危復怨。所賜可汗書，宜諭以小小寇竊，不須赴難，虛愧其意，實沮其謀。」

[187] 同上，P11250。

第七章　唐末 10 年

「肉之美者無過於人，但使他國有人，何憂於餒」，「啖醉人正如糟藏彘肉」[188]。一句「寧為太平犬，莫做亂世民」的古諺，已經讓我過目不忘幾十年，更哪堪這樣一連串細節。如果這是寫小說，我絕不忍心虛構這樣的細節。

覆巢之下無完卵。李茂貞終於良心發現，不得不尋求退路，否則皇上及他自己最終也得餓死。年末，李茂貞寫信給朱全忠：「這一切都是韓全誨造成的，我只不過是為了保護皇上。您如果真心匡扶社稷，就護送皇上回長安吧！我願領著殘兵破甲為您效力。」如此，一切迎刃而解。如果這時要我投票，我肯定選李茂貞，儘管他也不算好人。

◎ 903 年，倒數計時：4

與朱全忠達成和解，李茂貞向李曄匯報，他自然大喜。於是立即捕殺韓全誨等人，然後派韓偓帶著韓全誨的首級去見朱全忠，說：「李茂貞把他們殺了，希望您息怒！」朱全忠派員進城向李曄謝罪，接出李曄。到大梁，朱全忠與李曄抱頭痛哭。

回長安後，崔胤建議：「請將宮內各宦官全部罷免，事務分解相關部門，各道監軍的宦官全部召回。」李曄同意。於是，朱全忠命士兵搜捕宦官數百，全部殺死，呼冤喊屈的號哭，響徹宮內外。出使在外的，就地處斬。李曄心善，事後悄悄寫祭文，燒給無辜的幾個太監。可想而知有冤屈，顯然有「擴大化」之嫌。說起來，太監也是可憐之人，身為一個男人，最重要的生理快樂都被剝奪，不值得同情嗎？然而，看看此前一、兩千年歷史，再看看此後千年歷史，不難發現，太監這種人做的壞事實在是太多了，找不出幾個好的。隨著生理變態，心理也變態，做不出什麼好事。可憐之人必有可恨之處，這是一種制度之惡，像毒蛇之牙，很難說哪一顆不該拔。文史作家說：「不是不能夠找出好宦官的例子，但有一個這

---

[188]　同上，卷 187，P7746、7759。

樣的例子，就有一百個反例」;「他們不過分到了一、兩成皇權，皇權的惡，倒分到了十成」。[189]

褒獎有功之臣，朱全忠手下官吏都得封號之類。李曄賜朱全忠號稱「回天再造竭忠守正功臣」。輝王李祚為諸道兵馬元帥，朱全忠為副手，升爵梁王。朱全忠獨攬大權，皇帝的一切都得經過他，朝野生畏。李曄要任韓偓為宰相，韓偓卻推薦趙崇和王贊。崔胤不滿，朱全忠進言:「趙崇為人輕薄，王贊無才，韓偓怎麼能推薦這樣的人？」於是貶韓偓為濮州司馬，不久又貶榮懿尉，後再貶鄧州司馬。韓偓離京，李曄從此無親信之人。

平盧節度使王師範為人文雅，軍紀嚴明，轄內百姓安居樂業。朱全忠派兵攻兗、鄆二州時，王師範自知不敵，主動乞好，結為聯盟。李曄被劫鳳翔時，李茂貞矯詔令四方藩鎮出師討朱全忠，王師範收到詔書後，便與楊行密結盟，分遣諸將襲朱全忠的後方。朱全忠大怒，命兒子朱友寧率兵征討，不想被殺。安頓好李曄，朱全忠留上萬步騎及黨羽在京城，遍布宮殿內外，然後歸大梁。不久調兵遣將圍兗州，攻青州，又親率20萬大軍攻王師範。王師範嚇壞了，再次乞降。朱全忠考量王師範部眾有10餘萬，又聞李茂貞要起兵迎李曄到洛陽，只好允准，將他全家遷汴州當人質，命他為河陽節度使。直到後來，朱全忠滅唐建後梁，分封諸子為王，朱友寧的遺孀哭訴:「陛下化家為國，人人得封賞。妾夫橫屍疆場，冤仇卻還在朝廷，公平何在？」朱全忠聽了流淚:「我幾乎忘了這個老賊！」立即遣人到洛陽將王師範滅族，子姪200餘口無一倖免。

◎ **904年，倒數計時：3**

朱全忠與崔胤相互利用。崔胤說:「京城離李茂貞太近，不可不防。軍中有些空缺，我想補上，讓您沒後顧之憂。」朱全忠不是傻瓜，一邊感

---

[189]　刀爾登:《中國好人》，P46。

第七章　唐末10年

激他想得周到，一邊派祕探去應募徵兵，果然發現有伎倆。於是祕密上表，說崔胤大權獨攬、篡奪朝政，請求將他及其黨羽剿滅，順利得逞。耍了一輩子心計的文官，終究敗給武臣。

朱全忠不僅嗜殺，還好色。前幾年征邠州時，曾占有節度使楊崇本的妻子。楊崇本是李茂貞的義子。楊崇本懷恨在心，煽動說：「大唐滅亡在即，父親您能坐視不管嗎？」於是，李茂貞和楊崇本一起向京城進軍。朱全忠先下手為強，請李曄遷都洛陽，拆毀長安的宮室、官署和民舍。

宮中一行人到華州（今陝西渭南），百姓還為這輩子能親眼目睹一次皇帝感到無比榮幸，夾道歡迎，熱淚盈眶，高呼萬歲。李曄卻泣不成聲道：「勿呼萬歲，朕不復為汝主矣！」[190] 到陝州（今河南三門峽），因為洛陽的宮殿沒建好，在此暫留。李曄派密使拿著他的親筆信，求救於蜀王王建，王建即派兵北上，但在興平遭遇朱全忠，無法再進。李曄用絹寫密信向王建、楊行密和李克用告急，請他們快來救，說：「如果到洛陽，朕被幽禁，所發詔書敕令就都是朱全忠的了。」

朱全忠說洛陽宮修成，請李曄出發。李曄說皇后剛產子，不便上路，要求等到十月。朱全忠懷疑他有什麼企圖，強行上路，並將一路隨行服務的200人都殺了，另選面貌相似的人替代，李曄好幾天都沒認出。

李茂貞、王建等聯手討朱全忠，發檄文，聲稱要復興唐室。朱全忠擔心發生變故，指使部下朱友恭將李曄殺了，擁立13歲的輝王李祚在靈柩前繼位，並改名為李柷。宮人感到這當中有什麼蹊蹺，不敢放聲哭。朱全忠見狀，連忙撲到靈柩上痛哭：「這些奴才壞我大事啊！讓我千秋蒙冤了！」隨即斬殺朱友恭等人。朱友恭大罵：「用我的命堵天下人的嘴，不怕我做鬼報應嗎？」[191] 當然不怕！如果朱全忠們會怕鬼神，還有這麼多歷

---

[190]　同注183，卷264，〈唐紀〉80，P11294。
[191]　同上，卷265，〈唐紀〉81，「朱全忠……號哭自投於地，曰：『奴輩負我，令我受惡名於萬代』……彥威臨刑大呼曰：『賣我以塞天下之謗，如鬼神何？行事如此，望有後乎？』」

史故事嗎？

朱全忠親率 5 萬兵馬渡淮河，向楊行密發起進攻。楊行密心虛，在城裡按兵不動。朱全忠圍而不攻，大掠淮南一帶，把牛分給那裡的百姓，收取「租牛課」，牛死租不除，一收數十年。

◎ **905 年，倒數計時：2**

朱全忠指使心腹蔣玄暉設宴邀請李裕等 9 位親王，將他們全殺了，拋屍池中。

柳璨為人乖巧輕浮，極力討好朱全忠，進士及第不到 4 年，便當上宰相。他誣陷吏部尚書裴樞，改任楊涉。楊涉這個人很守本分，聽說被委任尚書，對兒子哭訴：「這是我們家的不幸啊！要讓你受連累了！」[192]

四月的一天，西北方出現彗星，橫掃天際。占卜說：「君臣有難，當誅殺祭天。」當然要殺臣保君，而不是相反。柳璨列一堆平日所憎惡的人，向朱全忠匯報說：「這些人對您心懷不滿。」這份名單上，除裴樞等大臣，還有豪門貴冑、文人學子和名節人士。朱全忠同意後，將這 30 多人押到白馬驛，一夜殺盡。謀士李振曾經多次名落孫山，對科舉出身的人嫉恨得很，建議將他們的屍體扔進黃河，咬牙切齒說：「此輩常自謂『清流』，宜投之黃河，使為『濁流』！」朱全忠笑著允准，附和說：「書生輩好順口玩人，皆此類也！」[193]「清流」指德行高潔而有名望的士大夫，東漢後期及魏晉南北朝許多文人以此為榮，但也有不少人為此遭難。「他們身為知識分子，意志消沉，作風頹廢，縱酒狂醉，捫蝨清談。」[194] 中國一代又一代武夫，連這樣的文人也不能容忍。

朱全忠急於升任皇帝，蔣玄暉和柳璨畢竟有些書生氣，不領其意，認

---

[192] 同上，P11310，「此吾家之不幸也，必為汝累！」
[193] 同上，P11312。
[194] 何滿子：《中古文人風采》，廣州：花城出版社，2007 年，P4。

第七章　唐末 10 年

為自漢魏以來外人想當皇帝得先封代國，賜九錫，然後才能接受禪讓，建議照程序辦。朱全忠大怒，對近臣絮叨：「他們想當大唐忠臣啊！故意拖。」蔣玄暉嚇壞了，連忙跑去解釋。朱全忠怒氣未消：「你們這些人花言巧語，說穿了就是想阻止我。如果不受九錫，難道不能當天子嗎？」蔣玄暉找個藉口說：「唐朝氣數已盡，天命已歸您。只是晉、燕、岐、蜀那些地方還與我們為敵，現在禪讓，他們不服怎麼辦？」朱全忠又將他怒斥一通。蔣玄暉和柳璨只好立即為朱全忠辦理封王加九錫儀式，可朱全忠怒氣沖沖不理睬。柳璨請李柷直接禪讓，到大梁向朱全忠匯報，他還不接受。

這年末，有人告發蔣玄暉、柳璨與何太后勾結，夜晚宴飲，焚香發誓，要復興大唐。於是，朱全忠將他們 3 人全殺了，並在城門外焚屍揚灰。柳璨在臨刑時大罵自己：「負國賊柳璨，死得活該！」

◎ 906 年，倒數計時：1

「牙兵」即親兵或衛兵，是唐末五代時期特有的一種軍隊。因為古稱官署為牙，所樹之旗為「牙旗」，所居之城為「牙城」，所居之屋為「牙宅」，朝見主帥為「牙參」，所親之將為「牙將」，衛隊為「牙隊」，親兵很自然稱「牙兵」。一方面，因為經過精心選拔，驍勇善戰，牙兵在軍閥混戰中往往發揮決定性作用；一方面，因為恃寵而驕，桀驁難馴，翻手為雲，覆手為雨，牙兵往往成為禍亂之源。李克用曾嘆道：「如今四方諸侯都重賞招募勇士。我如果束之以法，他們一急拋棄我，我能孤軍作戰嗎？」魏博的牙兵就如此，屢易舊帥，天雄節度使羅紹威根本拿他們沒辦法，便祕密求助於朱全忠。

這年初，朱全忠出兵深州，說是要攻滄州。剛好朱全忠的女兒，即羅紹威的兒媳婦死了，朱全忠將兵器藏入袋中，選 1,000 士兵當挑夫，說是「會葬」，平平靜靜進入魏州。朱全忠親率大軍隨後，說要去行營，沒讓羅紹威的牙兵起疑心。羅紹威則派人暗暗進入自己的武庫，將弓弦和鎧甲的

繫繩全都弄斷，然後乘夜與朱全忠的士兵裡應外合、發起進攻。牙軍奮起反抗，可是沒一樣武器可用，結果全營 8,000 家全被殺，連嬰幼兒都沒放過。

羅紹威的牙軍覆滅後，魏州各軍驚恐萬狀，聚集幾萬人占據高唐，各州縣紛紛響應。朱全忠派兵鎮壓，李克用援助失敗。這一折磨就是半年，羅紹威供應朱全忠軍需，錢糧積蓄全花光。雖然解除牙兵威脅，但自身也衰落。羅紹威非常後悔，嘆道：「把 6 州 43 縣的鐵全都收來，也鑄不了這樣的大錯啊！」[195]

接著，朱全忠真的圍滄州。劉仁恭去救援，令境內 15 歲以上、70 歲以下的男人，都要自備兵器和糧食到行營報到，集兵 10 萬。為了鼓舞士氣，在每個兵卒的臉上刺「定霸都」（牙兵番號）3 個字，士人臉上刺「一心事主」4 個字。可這些兵非常害怕朱全忠，躲在城裡不敢出戰，糧食很快耗盡。

劉仁恭向李克用求救。李克用討厭他反覆無常，不予理睬。李克用的兒子李存勖（ㄒㄩˋ）進言：「如今天下，朱全忠已占十之七八，黃河以北能對付他的，只有我們與幽州、滄州。我們不與他一條心，說不過去。打天下的人不能糾結小恩怨。劉仁恭的確對不起我們，但如果我們還去救他，他一定會感恩戴德，既有美名又實惠，何樂不為？」於是，李克用出兵與劉仁恭一起攻潞州。

潞州守將丁會，對李曄被殺非常悲憤，一直懷恨在心。現在見李克用和劉仁恭來攻，馬上投降。丁會哭訴道：「我不是沒有防守力量，實在是不能忍受朱全忠！」

朱全忠驚聞潞州失守，立即放棄滄州，打道回府。他備的糧草剩太多，像山一樣堆著燒，還在船上的就鑿沉。滄州守將連忙去信給朱全忠：

---

[195]　同注 183，卷 265，〈唐紀〉81，P11328，「合六州四十三縣鐵，不能為此錯也！」

第七章　唐末 10 年

「我們城中缺糧幾個月了。您那些糧草與其化為輕煙和泥塵,不如拯救城中人的生命。」朱全忠動了惻隱之心,將剩下的糧草送進城去。殺人如麻的朱全忠,唯此令人兩眼一亮。

◎ 907 年,倒數計時:0

朱全忠從滄州無功而返,擔憂人心失散。羅紹威勸道:「如今唐室衰微到這般地步,天命已改,而各地起兵還是以復興大唐為名。您當儘早定國號,斷了別人的非分之想。」

李柷派員到大梁慰勞朱全忠,用臣見君的大禮,他坦然接受。於是李柷下詔禪讓,派宰相楊涉等人率百官,將傳國玉璽送到大梁。

目睹如此,楊涉兒子責備:「身為大唐宰相,國家淪落到今天這地步,不能說您沒責任。居然還親手將玉璽送到他手上,您雖然可以富貴一時,可是千年之後,人們怎麼評價?還不快辭職?」[196] 楊涉聽了嚇一跳:「你不想讓我們滅族吧?」因為謹慎,楊涉後來還是善終。楊涉令人感慨,總不能鼓動每個人都去做無謂的烈士吧?但對於同流合汙,我們完全應當加以鄙視。正因為一次次對「成王敗寇」追認太多,所以中國歷史越發血汙。

朱全忠變成「全不忠」,他自己也臉紅心跳得厲害,連忙又改名為「朱晃」。晃者,日光也,天之子。玉璽送到,舉行盛大登基儀式,然後酒宴喜慶。身為新皇帝的兄長,朱全昱無比激動,但也無比困惑。稍多喝幾杯,他忍不住了,直言不諱對皇上弟弟說:「朱三啊!你本來只是個平民百姓,跟人造反,為人不齒。天子重用你,富貴已極。你怎麼將人家 300 年的大唐滅了?將來,會不會有人滅我們全族?」[197] 這話讓朱全忠——

---

[196] 同上,卷 266,〈後梁紀〉1,P11342,「大人為唐宰相,而國家至此,不可謂之無過。況手持天子璽綬與人,雖保富貴,奈千載何?盍辭之?」

[197] 同上,P11344,「朱三,汝本碭山一民也,從黃巢為盜,天子用汝為四鎮節度使,富貴極矣,奈何一旦滅唐家三百年社稷,自稱帝王?行當滅族,奚以博為?」

朱晃 —— 嚇一跳，酒醒大半，草草散席。

朱全昱的擔憂並非多餘。用不著別人，僅僅6年後，朱溫 —— 朱全忠 —— 朱晃就被他親生兒子所殺。他的「大梁」（又稱「朱梁」）也才區區16年，只是僥倖沒被滅族而已。

朱溫 —— 朱全忠 —— 朱晃了斷289年的大唐，結束晚唐那個混亂時代，但同時開啟一個更加混亂的時代 —— 五代十國。

行文至此，對朱溫這個人物也厭惡至極，想必讀者亦然。不過，如果將視角定位於當時，就事論事，可能會有不同的結論。呂思勉《中國通史》可謂惜墨如金，可是對朱溫卻用了大段文字，動情地大鳴不平：

> 老實說，當大局阽危之際，只要能保護國家、抗禦外族、拯救人民的，就是有功的政治家。當一個政治家要盡他為國為民的責任，而前代的皇室成為其障礙物時，豈能守小信而忘大義？在唐、五代之際，梁太祖的確是能定亂和恤民的，而歷來論者，多視為罪大惡極，甚有反偏袒後唐的，那就未免不知民族的大義了。[198]

這段文字讓我感到一驚，隨即想起兩個類似的評論，一是明末清初思想家王夫之評論：「陳高祖非忠於蕭氏，而保中國之遺民，延數十年以待隋之一統，則功亦偉矣哉！」[199] 二是拿破崙曾經想寫一本書，主要想闡述：「在國家存亡的緊要關頭，任何東西只要能拯救國家，就是有理的。」[200]

這麼說，對朱溫也應該予以一定的諒解？

---

[198]　呂思勉：《中國通史》，P433。
[199]　王夫之：《讀通鑑論》卷18，P500。
[200]　[英]約翰·霍蘭羅斯：《拿破崙傳》上冊，P46。

第七章　唐末 10 年

後果：假如李曄能利用對手間的矛盾

　　一連幾章讀到此，是不是會有種似曾相似的感覺？從西漢末、東漢末、西晉末至唐末，幾乎全是帝王大權旁落，而大臣犯上作亂，尾大不掉，最後還取而代之。這種情形，應驗了孔子所說「君君臣臣」的問題，或者說東周的老問題拖延至此。但此後宋末、元末、明末、清末不再是這樣的問題了。唐宋是一道分水嶺，將中國歷史一分為二。甚至有學者說：「中國歷史在唐以前與宋以後，是不同的性別。」行文至此，深有體會。

　　當然，唐末這 10 年還是有所不同。這些軍閥相互間明爭暗鬥更激烈，皇帝不是小孩，還行使一定權力，讓他們爭相挾持。可是，末代皇帝李柷幾乎是求朱全忠接受禪讓。李曄不同，反抗強烈，直到最後的行程中，還寫密信，令李克用等人快來救他，否則發的詔書都將變成朱全忠的。朱全忠不是傻瓜，索性將他殺了，改立一個聽他話的李柷，當作篡權的過渡。這一次失敗怪不得李克用等人，李曄的努力似乎也沒什麼明顯失誤，只能說時機太遲。

　　那幾年當中，李曄最好的時機是 900 年那次清除宦官行動。儘管受挫，反遭劉季述等人囚禁，但還得到軍閥們的支持。然而，李曄心太軟，只追究劉季述等 4 人。等稍後再想重新清洗宦官，李曄反而遭宦官劫持，從虎穴救出落入狼窩，從狼窩救出又落入毒蛇之口，再沒有行動自由，沒有反抗的良機。

　　如果李曄像唐憲宗李純就好了！李純上任後勵精圖治，重用賢良，改革弊政，第二年就果斷地開始利用藩鎮相互間的矛盾，先後平定四川節度、江南的叛變，整頓江淮稅賦，招降河北強大的藩鎮，全力消滅淮西節度使，使其他藩鎮相繼降服，歸順朝廷，結束長期以來各地藩鎮專橫跋扈、對朝廷不供賦的局面，被譽為「元和中興」，李純也與李世民、李隆

基並駕齊驅，相提並論。

900年那時，各藩鎮與宦官、朝臣及他們自己相互間更是矛盾重重。李曄雖然實權大為削弱，但他如果像李純能利用那重重矛盾，各個擊破，是否也可以像李純那樣重振大唐雄風？

第八章　吳越末10年

第八章
吳越末 10 年

【提要】

　　西元 969～978 年為吳越倒數計時 10 年，忠懿王錢弘俶繼續奉行「保境安民」國策，但強鄰大宋則臥榻之側，不容他人鼾睡。錢弘俶一味苟且偷安，委曲求全，甚至出兵助宋滅南唐。錢弘俶盡輸國庫作見面禮，實指望趙光義也能開恩，卻被拘留，不得已獻國。

　　假如錢弘俶能像姬靜，改變一忍再忍的策略，拿出助紂為虐的血性，何至於自投羅網、坐以待斃？

第八章　吳越末 10 年

前因：超前的「中立國」

　　吳越混在五代十國那一大堆短命王朝中，沒多少人注意到。其實，它能在那堆短命王朝中笑到最後，當刮目相看才是。

　　江南太美麗富饒了，偶然出幾個帝王也「不愛武裝愛紅妝」，只想與民同享太平。吳越的君王不例外。錢鏐原本只不過是個小鹽販，書沒讀多少，打起仗來橫衝直撞不要命，勢力大了，自己稱王。他與眾多草頭王不同的是，像劉邦一樣華麗轉身，以文安邦，「保境安民」。吳越國很小，才 1 軍 13 州，即安國衣錦軍（錢鏐家鄉臨安）、杭州、越州、湖州、溫州、臺州、明州、處州、衢州、婺州、睦州、蘇州，及新置的秀州和後占的福州，杭州為首府，大致包括今天浙江和江蘇南部及福建北部一帶，都是魚米之鄉，為當時最富庶的地區之一。他甚至只注重經營杭州，明說：「千百年後，知我者以此城，罪我者亦以此城。」錢鏐是一介武夫出身，情趣倒是很雅緻。他身邊不乏佳麗吧？可他對妻子一往情深。有次妻子回娘家探親，稍多待了些日子，他就思念不已，寫信去催。信剛寫完，他又想到妻子回來的山路崎嶇難走，連忙又在信末加一句：「陌上花開，可緩緩歸矣。」[201] 你就一邊賞花，一邊慢慢走吧！我不急，小心扭到妳的腳！這話讓現代人讀了還感動不已。他很知足，經常衣錦還鄉，浩浩蕩蕩，山林樹木全都用錦屋覆蓋，大宴鄉親，榮宗耀祖，十足「土豪」相。酒宴上，他曾仿劉邦〈大風歌〉即興大唱：

　　三節還鄉兮掛錦衣，碧天朗朗兮愛日暉。

　　功成道上兮列旌旗，父老遠來兮相追隨。

---

[201]　蘇軾：〈陌上花三首〉，「遊九仙山，聞里中兒歌陌上花，父老云，吳越王妃每歲春必歸臨安，王以書遺妃曰：『陌上花開，可緩緩歸矣。』吳人用其語為歌，含思宛轉，聽之淒然。」

家山鄉眷兮會時稀，今朝設宴兮觥散飛。

斗牛無孛兮民無欺，吳越一王兮駟馬歸。

這歌詞太文謅謅了，鄉親們聽不懂，錢鏐便改用家鄉話唱起山歌：「你輩見儂底歡喜，別是一般滋味子。永在儂心子裡！」吳語「儂」即「我」。這山歌雖短，但是鄉音土語，鄉親們「叫笑振席，歡感閭里」。這山歌長期流傳，真是知足者長樂！

一般認為錢氏吳越是富裕的，但有不同說法：

令人感到奇怪的是，千百年來，古今不少學者卻對吳越錢氏的統治多有溢美之詞，說錢鏐「自奉節儉」，錢氏子孫能「輕徭薄賦，獎勵墾殖」云云。造成這種情況的原因是，錢氏歸宋後，世代高官，聲譽頗佳，因此宋人自然不便揭其祖上之短。另外，有些錢姓之人寫書撰文竭力美化錢氏在吳越的統治，也掩蓋了不少事實。[202]

我還特地查了相關書籍，關於錢鏐，一是說他孝，為王後仍每天早晚親自背母親上下樓，而不肯讓他人代勞；二是說他為民除害，率1萬精兵齊射潮神；三是說當時著名詩人貫休和尚給錢鏐一首詩：

貴逼身來不自由，幾年辛苦踏山丘，

滿堂花醉三千客，一劍霜寒十四州。

萊子衣裳宮錦窄，謝公篇詠綺霞羞。

他年名上凌雲閣，豈羨當時萬戶侯。

錢鏐讀了很高興，對門衛說：「叫他把『十四州』改為『四十州』，朕就見他！」不想，貫休隨口回覆：「不羨榮華不懼威，添州改字總難依。閒雲野鶴無常在，何處江天不可飛。」說完，到別處雲遊去了。這故事本意是表現貫休不羨榮華不懼威，但我們從要求將「十四州」改為「四十州」這個

---

[202]　杜文玉：《夜宴：浮華背後的五代十國》，北京：中華書局，2006 年，P78。

第八章　吳越末10年

細節,可見錢鏐還是很有野心的。史家認為:「鏐居其國好自大,朝廷使者曲意奉之則贈遺豐厚,不然則禮遇疏薄。」[203] 這個民間故事剛好可佐證這個評價。

錢鏐這人很開明,他想立第七子錢元瓘為太子,特地召集兒子們說:「你們都說說自己的功勞,誰功大的,為太子。」結果,兒子們都推舉錢元瓘。後來有次病重,他又召集大臣們說:「我這幾個兒子都蠢懦,你們看誰比較好,可以當統帥呢?」大臣也眾推錢元瓘,其他兄弟沒什麼好爭。沒想到,錢元瓘繼位後卻政績平平,可見當時大臣們很可能只是迎合。

第三任錢弘佐在位那幾年,與南唐瓜分閩國占福州,內政方面雖寵信諂媚之人,但也能摘奸發伏,差強人意。第四任錢弘倧在位不足1年,948年被三朝宿將胡進思廢黜,改任錢弘俶。錢弘俶勵精圖治,令歷年欠稅盡行蠲免,田畝荒廢者「縱民耕之,公不加賦」,民心大悅。還置營田卒數千人,以松江闢土而耕,「境內無棄田」,糧食豐稔,斗米僅10文,一派盛世景象。

然而,錢鏐們生不逢時。那個時代,在我們這片大地上,同樣也是「帝國的墳場」,容不得哪塊沃土成為世外桃花。史料上的錢鏐並不想拓展疆域,當然也不想讓別人侵吞,策略是忍辱負重,破財消災,「保境安民」。唐亡前,錢鏐向唐稱臣;朱溫建梁後,向後梁稱臣;梁滅後,又向後唐稱臣。960年,趙匡胤黃袍加身後,連南唐那位「問君能有幾多愁」的李煜也不可容,又北伐遼、北漢,那麼吳越在趙氏臥榻之側,還能鼾睡幾年?

---

[203]　《資治通鑑》卷276,〈後唐紀〉,11798。

最大亮點：張居正大改革

◎ 969 年，倒數計時：9

在張習孔、田珏主編《中國歷史大事編年》上，這一年沒有吳越的蹤影。不是說沒有新聞的地方，就是好地方嗎？吳越歲月靜好吧！

不過，吳越的周圍，卻是磨刀霍霍。

趙匡胤登帝位後，多次微服私訪，還會突然造訪重臣的家，弄得宰相趙普退朝回家後也不敢脫衣冠。去年，在大宋歷史上可是大書特書的一年，成語「雪夜訪普」及古戲《宋太祖龍虎風雲會》，說的就是這年，趙匡胤在一個雪夜，出宮拜訪趙普的家。

趙普白：陛下，不知所憂者何事？說向臣聽。

趙匡胤白：寒風似箭，凍雪如刀。寡人深居九重，不勝其寒，何況小民乎！（唱）

【滾繡球】憂則憂當軍的身無掛體衣，憂則憂走站的家無隔宿糧，憂則憂行船的一江風浪，憂則憂駕車的萬里經商，憂則憂號寒的妻怨夫，憂則憂啼飢的子喚娘，憂則憂甘貧的晝眠深巷，憂則憂讀書的夜守寒窗，憂則憂布衣賢士無活計，憂則憂鐵甲將軍守戰場，怎生不感嘆悲傷！

趙普白：陛下念及貧窮，誠四海蒼生之福。

看這段戲，很容易誤以為趙匡胤跟錢鏐一樣念蒼生呢！其實他此時此刻心裡想的卻是要「身無掛體衣」的軍人先去征戰哪個地方。這一夜，他跟趙普商定了征滅鄰國的策略，決定先從北漢下手。南方暫緩，但也不能讓他們鼾睡。趙匡胤命南唐主李煜寫信給南漢主劉鋹，希望他別再敵對，主動歸附。趙匡胤「杯酒釋兵權」之事，也發生在這一年。

懾於大宋的強悍，南唐、回鶻、于闐等慌忙入宋奉貢。

第八章　吳越末 10 年

那麼，這一年錢弘俶在做什麼？沒有史書告訴我。我想像了一些，但這不是寫小說，還是讓它留白吧！

◎ 970 年，倒數計時：8

年初二月，趙匡胤親自率大軍攻北漢，直圍太原。北漢向大宋的死敵遼國求救，遼軍勁旅連夜從小道突降，趙匡胤不得不撤回。不然，他很可能一口氣將北漢滅了。

這時，遼國發生內亂，奴隸起事，殘暴的穆宗被殺，景宗上臺。景宗可不是省油的燈，但必須先穩定權力，內行寬政，對外也暫緩，以守為攻。

趙匡胤北邊策略受挫，憋了一肚子氣。八月南唐主李煜轉呈南漢的回信，居然拒絕。趙匡胤大怒，九月出征南漢，連克賀州、韶州等地。可這時，遼兵又大舉進攻定州等地，宋軍南下也受牽制⋯⋯

這一年，錢弘俶仍然無聲無息。

◎ 971 年，倒數計時：7

二月，趙匡胤對南漢加大攻勢，劉鋹撐不住了，決定逃入海島，將金銀財寶和嬪妃裝了 10 餘船，沒想到沒等劉鋹上船，就被宦官偷開走了。劉鋹只好素服出降，60 州 240 縣 17 萬戶民盡歸宋，南漢亡。

李煜嚇壞了，慌忙自覺地將國號唐撤除，改印文為「江南國印」，意思為江南地區的諸侯封國，而不是獨立王國；是印章而不是璽，上書乞求大宋恩准。趙匡胤欣然批示同意。

這麼一來，錢弘俶再也坐不住了，連忙遣長子鎮海、鎮東節度使錢惟濬入宋奉貢。

◎ 972 年，倒數計時：6

趙匡胤的策略重點，轉移到南方。這年二月，李煜之弟李從善代表南唐入宋進貢，趙匡胤卻將他留下。這讓李煜更是嚇壞了，感覺趙匡胤要下手了。李煜一方面進一步減損制度，從各方面把自己的規格從皇降到王，盡量不招惹宋人；可是另一方面，又暗暗備戰，繕甲募兵。趙匡胤不是傻瓜，先用計謀，要李從善通知李煜親自入宋。李煜不敢，只是多送貢禮。趙匡胤忌憚南唐大將林仁肇，便收買他的部從，偷了他的畫像，然後特地帶李從善去看，說：「林仁肇已經準備來降了，這畫像為信物。」並指著一棟樓館說：「這是我準備賞賜給林仁肇的。」李從善聽信了，連忙派人回去報告。李煜也不知是計，命人將林仁肇鴆殺，自毀長城。

九月，錢弘俶委派大臣黃夷簡再次入宋朝貢。趙匡胤接見了黃夷簡，發表重要指示：「汝歸語元帥，常訓練兵甲，江南強倔不朝，我將發師討之，元帥當助我，無惑人言云『皮之不存，毛將安傅』？」[204]並賜戰馬及羊。

◎ 973 年，倒數計時：5

這一年，趙匡胤忙於內部事務，錢弘俶則無音訊。

◎ 974 年，倒數計時：4

宋遼議和，年初開始，年末達成協議，決定「用息疲民，長為鄰國」。當然，這份協議不會太久，那是題外話。

再說李煜，因為李從善仍然被扣留在宋，心裡很不安。這年五月遣使入貢，請求讓李從善回來，趙匡胤拒絕。李煜明白了，表示願意再降格讓宋冊封，趙匡胤仍不同意，反而明確要求李煜親自入宋。李煜怕當人質，更不敢答應。趙匡胤一邊調兵遣將，一邊下最後通牒。李煜稱病堅持不入

---

[204] 《宋史》卷 480，〈吳越錢氏世家〉，P10740。

第八章　吳越末 10 年

宋，於是趙匡胤令大軍南下，十一月在浮梁（今屬江西）渡江。

李煜發動軍民抵抗，並親筆寫信請求錢弘俶支援。李煜直言：「今日無我，明日豈有君？一旦明天子易地酬勛，王亦大梁一布衣耳！」[205] 錢弘俶不僅拒絕李煜求助，反而將此信交給趙匡胤以表忠心，並親自率兵協助宋軍圍攻南唐的常州等城。丞相沈虎子反對，說：「江南，國之封鎖，奈何自撤其封鎖乎？」錢弘俶不僅不採納，反而撤換了沈虎子。

趙匡胤召見吳越使者，要求回去轉告：「你們協攻南唐有大功，等戰爭結束可以來朝。朕說過要用隆重的禮儀來接待，難道會說話不算數嗎？」至此，通儒院學士崔仁冀明白宋併吞吳越是必然之勢，便告誡錢弘俶：「上英武，所向無敵，天下事勢可知。保族全民，策之上也。」[206] 對此，錢弘俶深有同感。

◎ 975 年，倒數計時：3

大宋與吳越聯軍進圍金陵，從年初至十一月，居民樵採無路，李煜只得出降，19 州 3 軍 108 縣 65 萬戶，連同李煜本人及其藏書盡歸宋。此時，趙匡胤絕對想像不到，將來他的子孫皇帝，也會跟李煜一樣，被入侵者押解北上。

南唐滅了，在一般人看來脣亡齒寒，在錢弘俶看來則因有功而竊喜。

至此，五代十國僅剩吳越一個了，錢弘俶還能堅持多久？

莎士比亞（William Shakespeare）四大悲劇之一的《哈姆雷特》（Hamlet）中，王子哈姆雷特發現母親和叔叔早有姦情，並害死了他的父親，痛苦萬分，對人生充滿懷疑，覺得活著沒有意義，自殺更好，可又對死亡恐懼，不知死後會不會下地獄。「生存還是毀滅」的問題，引起全世界千千

---

[205] 同上。
[206] 《續資治通鑑》卷 8，〈宋紀〉8，P198，「元帥克毗陵有大功，俟平江南，可暫來與朕相見，以慰延想，即當復還，不久留也。朕三執圭幣以見上帝，豈食言乎！」

萬萬人的共鳴。我想，此時的錢弘俶也在苦苦思索這個問題，只不過思之再三，還拿不定主意，比王子哈姆雷特更加難取難捨。

延壽是當時名僧，他早年是小稅吏，後督納軍需。但他自幼信佛，不忍看他人大魚大肉，常用自己的薪資買下放生，薪資不夠，就挪用國庫，犯下死罪。文穆王錢元瓘於心不忍，悄然交代監斬官：「臨刑時，他如果懼怕即殺，否則放之。」延壽臨刑鎮靜自若，欣然說：「我於庫錢毫無私用，盡買放生，莫知其數。今死，徑生西方極樂世界，不亦樂乎？」延壽死裡逃生後，出家天臺山，先後督建杭州西湖邊的六和塔、靈隱寺等。他對佛教的密教有重大貢獻，佛教界公認他是阿彌陀佛示現，紀念阿彌陀佛的誕辰日，即延壽大師的生日。雍正稱他「實為震旦第一導師」。

錢弘俶尊奉延壽為國師。這時，延壽重病在床，錢弘俶前往探望。談及時政，錢弘俶充滿憂愁，比王子哈姆雷特更痛苦萬分。降宋，當然一萬個不願意。然而，宋氏雖然相對於其他王朝更文明一些，但絕不是所謂「仁義之師」，生靈塗炭，更是他一萬個不願意。錢弘俶徵詢延壽的意見，延壽說：「納土歸宋，捨別歸總。」

年末，錢弘俶請求入宋祝賀長春節，趙匡胤恩准。長春節為二月十六日，趙匡胤生日，拍馬屁的好時機，唯恐去遲了。

◎ 976年，倒數計時：2

二月，錢弘俶攜妻孫氏、子惟濬奉命入朝。錢弘俶入宋可不像現在走親訪友，得低三下四。為了避趙匡胤之父趙弘殷名諱，他改名為「錢俶」，不敢再用那個「弘」字。據記載，他這次攜帶的貢品至少有白金30萬兩、絹20萬匹、乳香5萬斤，另有金玉寶器5,000件、美酒數千缸等等。為保證運載這批禮物的大型船隊通行，特地對古河道進行大規模疏濬。不過，趙匡胤這次對錢弘俶的恩典也「曠古少有」，一是賜錢弘俶「劍

第八章　吳越末10年

履上殿，詔書不名」，二是封錢弘俶夫人為王妃、王女為郡主。更重要的回饋是，同年三月趙匡胤西巡，錢弘俶主動請纓為護衛隨從，趙匡胤不許，只留下錢惟濬侍從，而送錢弘俶回國。臨行，趙匡胤又將一包袱賜之，囑咐：「途中方可密視。」途中打開一看，竟然全是臣僚奏請拘留錢弘俶的奏章，錢弘俶感動萬分。

想必，錢弘俶歸途的心情本來是滿好的。

傳聞「自王全斌平蜀多殺人，帝每恨之」，殊不知趙匡胤對南征大將授命「副將而下，不用命者斬之」，在這樣死命令下的戰事，有多麼殘酷。這年四月，也許還在快到家的路上吧！錢弘俶聽到一個駭人的消息：李煜降宋後，寫信要南唐各地軍民也降，紛紛響應，唯獨江州（今江西九江）軍校胡則不降。宋軍大將曹翰率兵強攻，然後屠城，搶劫金帛以億萬計。

江州的悲劇，讓錢弘俶極為不安。如果讓這悲劇在杭州重演，那絕對是錢弘俶不忍心的。這年八月，宋軍兵分5路大舉攻北漢，遼軍救援北漢，錢弘俶則出動火箭軍士助力宋軍。火藥於唐朝末年開始運用於軍事，稱「火箭」、「飛火」。據記載，唐末民軍在大風天「以火箭射城外茅屋，延及官軍營」，死約300人，可見威力不小。

南歸後，錢弘俶的心情再也不能平靜。中國古代宮殿、廟宇及帝王座位都是坐北朝南，登帝稱「南面稱王」，失敗被俘稱「敗北」、「北面稱臣」。可是有天，錢弘俶突然改坐東南，並對大臣解釋：「西北者，神京在焉，天威不違顏咫尺，敢寧居乎！」[207] 至此，錢弘俶已主動北面稱臣了。

十月，北伐未果，趙匡胤暴亡，傳言是被其弟趙光義謀殺。趙光義繼位，只好暫罷攻北漢之兵，安內要緊。那麼，錢弘俶可以喘口氣了吧？

---

[207]　同上，P201。

這年十一月，錢弘俶又派員帶著通天犀帶、金器 500 斤、玳瑁 500 斤及塗金銀香籠等財物入宋，祝賀新年。

◎ 977 年，倒數計時：1

趙光義忙於皇兄的葬禮等內部事務，但不等於忘了臥榻之側。每天下班後，他要在便殿或後苑親閱禁軍，挑選強壯的留下來當親軍，老弱的調遣去州縣。還在城西築講武臺，大閱兵。兵卒士伍南北綿亙 20 里，以五色旗為號令，以號令統一進退，千乘萬騎行動如一，令錢弘俶之輩聞風喪膽。

卑微出身的錢鏐試圖神化自己，佛教是他利用的方法之一。他們先後在杭州興建了 150 多座寺院與數十座塔，素有「江南佛國」之譽。吳越保存至今的印刷品都是佛經，有些寺院與數十座塔，迄今可以在杭州城看到。據考證，本年興建的主要是龍華塔和雷峰塔。

龍華塔：位於今上海徐匯區龍華路 2853 號。與此相對的有龍華寺，其名源於彌勒菩薩在龍華樹下成佛的典故。相傳該寺是三國時期孫權為其母所建，專家則認定建於本年。由於年代久遠，原塔多毀壞，經多次維修，現存按宋代佛教禪宗的伽藍五堂制建築。寺內有五進殿堂：彌勒佛殿、天王殿、大雄寶殿、三聖殿和方丈樓，兩側是羅漢堂、鐘鼓樓。

雷峰塔：錢弘俶為祈求國泰民安而建，又說他的寵妃黃氏為奉藏「佛螺髻髮」與佛經而建，故稱「黃妃塔」（「黃皮塔」）。又因地處西關門外，稱「西關磚塔」，還因位於西湖夕照山最高峰——雷峰頂上，多稱「雷峰塔」。可以說它成名於《白蛇傳》，也毀於《白蛇傳》。傳說美麗可愛的白娘子被法海和尚壓在雷峰塔下，馮夢龍小說《警世通言》中的一個篇章就叫〈白娘子永鎮雷峰塔〉。還傳說雷峰塔的塔磚有驅蛇避邪之用，紛紛去偷挖。日復一日，千年不止，塔基被挖空，以致整個塔於 1924 年突然倒塌。

第八章　吳越末 10 年

2001 年雷峰新塔建成，採用現代工藝，是中國首座彩色銅雕寶塔。

有感於雷峰塔坍塌，魯迅曾寫雜文〈論雷峰塔的倒掉〉，借題發揮，讚揚白娘子為爭取自由和幸福而決戰到底的反抗精神，對「鎮壓之塔」的倒掉，表示無比歡欣。意猶未盡，不久魯迅又寫〈再論雷峰塔的倒掉〉，從盧梭、孔子著墨，深入淺出，「大呼猛進，將礙腳的舊軌道不論整條或碎片，一掃而完」。可惜魯迅也晚，此大作沒能讓錢弘俶拜讀，讓他學一學一個女流之輩的反抗精神。

錢弘俶求助於佛，可是佛能保佑錢弘俶嗎？

◎ 978 年，倒數計時：0

新年伊始，錢弘俶又動身北上。他無法抑制心底的恐懼與不安，生離死別之感強烈襲來。行前，祭別錢鏐陵廟。錢弘俶的好友文瑩和尚記載，錢弘俶「知必不還」，但心裡還是殘存一些希冀，盡輸府庫所藏珍寶，竭盡所有取悅趙光義。[208]

三月抵汴京，錢弘俶叩見趙光義之後，果然被扣留了！

四月，原南唐平海節度使陳洪進迫於無奈，改旗易幟，向宋奉獻所轄漳、泉 2 州 24 縣、民戶 15 萬、士兵近 2 萬，趙光義即任命他為武寧節度使，其子分別為泉州、漳州知府，又在漳、泉大赦並免徭役賦稅 1 年。錢弘俶聽了這消息，感到自己也面臨最後抉擇的問題了。

五月，錢弘俶上表獻出所掌甲兵，繼而又上表辭去所封吳越國王之稱及天下兵馬大元帥之職，唯請求讓自己回歸吳越，趙光義不准。司馬光《涑水記聞》記載，隨從崔仁冀明白趙光義之意了，勸道：「朝廷之意甚明，大王如不速納土，禍將至矣！」錢弘俶嘆道：「其他條件均可答應，唯

---

[208] 文瑩：《玉壺清話》：「俶最後入覲，知必不還，離杭之日，遍別先王陵廟，泣拜以辭，詞曰：『嗣孫俶不孝，不能守祭祀，又不能死社稷。今去國修覲，還邦未期。萬一不能再掃松檟，願王英德各遂所安，無恤墜緒。』拜訖，慟絕，幾不能起，山川為之慘然。」

納土一事不可行啊！」崔仁冀不覺厲聲說：「您今已在他人手掌之中，離家千里，除非有翅膀飛回去！」錢弘俶思之再三，覺得萬般無奈，只好向宋獻上所轄的 13 州 1 軍，共 86 個縣、55 萬民、11 萬兵。他的僚屬事後才知道，號天大哭。趙光義顯然很高興，第二天便封錢弘俶為淮海國王，並給他兒子及重要官員要職。

值得一說後來。南漢主劉鋹荒淫無度，常備毒酒賜大臣，成俘虜後以其之道反治其人之身。有天，趙匡胤請他喝酒，他舉著酒杯嚇得不敢喝，求饒說：「陛下既待臣以不死，願為大梁布衣，觀太平之盛，未敢飲此酒。」趙匡胤大笑說：「朕推心置人腹，安有此事！」說著拿過他手上的酒，自己喝了。其他俘虜就沒有劉鋹這等幸運了。與錢弘俶同病相憐的李煜，這年七夕節死了。李煜雖然是亡國之君，但更是人們迄今喜愛的詞人，特別多愁善感。在七夕這個浪漫之夜，他無法不追思往事、懷念故國，揮筆新寫一首《虞美人》：

春花秋月何時了？往事知多少？

小樓昨夜又東風，故國不堪回首月明中。

雕欄玉砌應猶在，只是朱顏改。

問君能有幾多愁？恰似一江春水向東流。

寫完，興猶未盡，又命隨身的老歌妓吟唱，餘音繞梁，催人淚下，驚動了趙光義。這詞在今天讀來，淒美無比。趙光義的感受就不同了，認為「怎麼還沒忘卻你的故國？難道你還想當皇帝？」趙光義非常生氣，即賜藥將他鴆殺。

李煜死了，錢弘俶能有好日子，能壽終正寢嗎？10 年後，即 988 年八月，錢弘俶 60 大壽，趙光義派人祝賀，宴飲至半夜。然後，醉夢中暴卒，傳聞同樣是鴆殺的。

第八章　吳越末 10 年

宋史上有不少惡性循環，比如以欺人孤兒寡母始，以孤兒寡母被人欺終；俘別人的皇帝至死，將來自己的皇帝被人家俘虜至死⋯⋯

後果：假如錢弘俶對宋也有血性

我原本對吳越印象非常好，總覺得它像近現代歐洲的「中立國」，因而對它被併吞抱著深深的同情與惋惜。我不僅聯想到《哈姆雷特》，還聯想到佛經「捨身飼虎」的故事：3 位王子到叢林遊玩，忽見一窩老虎，母虎餓得皮包骨瘦，似乎正要吞食小虎。小王子慈悲心腸，對兩位哥哥說你們先行一步，我隨後就去。說完他獨自步入小徑，到餓虎面前，投向虎口。餓虎只朝他望了──眼，沒力氣吃活人。小王子便找來一截竹竿，往自己身上猛戳，熱血噴出。餓虎看到鮮血，才激發起吃人的欲望，開始噬食小王子。錢弘俶以他自己的血肉之軀，投向北宋虎口，將戰爭的導火線及時熄滅，為黎民百姓避免了一場災難。錢弘俶的境界顯然要比李煜高。

學者說：「在北宋統一全國的過程中，吳越是唯一沒有經過干戈而歸於一統的政權，從而使兩浙地區避免了戰火的破壞，有利於這個地區社會經濟、文化的發展。」[209] 錢弘俶們功莫大焉！

然而，稍一細想，想到錢弘俶與趙光義聯軍滅南唐，我就反感了。有作家控訴道：

南唐最後被宋朝所滅，吳越國是非常殘暴的幫凶，當時傷害南京老百姓最厲害的，不是宋軍，而是傾舉國之兵，直接參戰夾擊南唐的吳越軍隊。[210]

---

[209]　同注 202，P80。
[210]　葉兆言：《南京傳》，P224。

後果：假如錢弘俶對宋也有血性

　　吳越不僅當大宋的幫凶，而且「非常殘暴」，這讓我感到非常意外。於是我聯想到獵犬，對主人非常恭順，為了給主人留下好印象，對獵物非常凶殘，但最後牠還是被主人端上餐桌，只不過牠在被殺之時，仍然表現得很溫順。

　　要知道，南唐雖然同樣是大宋的獵物，但不該是吳越的敵人啊！南唐是大唐之後江南一個很有實力的小國，但生不逢時，敵國林立。其前身是吳國，雖然國勢強盛，但不仗勢欺人。當然，牙齒也有咬舌之時。919 年，吳軍大敗吳越國，後者禍不單行，又逢「大旱，水道涸，此天亡之時也」，部將建議乘勝窮追併吞它，徹底解除後患。丞相徐溫卻說：「讓雙方人民各安其業，君臣高枕無憂，豈不是更好嗎？為什麼一定要戰爭呢？」[211] 徐溫將軍隊撤回，而派出使者，與吳越和談，保持 20 多年友好關係。不久，吳國改號「南唐」，李昇勤於政事，變更舊法，但繼續與吳越和睦相處，與民休息。他常說：「百姓皆父母所生，安用爭城廣地，使之肝腦異處，膏塗草野？」[212] 941 年，吳越都城失火，宮室、府庫、甲兵焚盡，君王則大病，將帥們紛紛建議出兵，事半功倍。李昇卻堅持說：「兩國雖有疆域之分，但人民同一生理，儘管為不同的人主，朕也不忍屠戮。」[213] 結果，不僅沒出兵，反而送去大量救災物資。在五代十國那個「禮崩樂壞，文獻俱亡」的紛亂時代，南唐卻出現「儒衣書服」景象，比如當時南唐之泰寧，「比屋連牆玄誦之聲相聞，有不談《詩》、《書》者，輿臺笑之」[214]，很像春秋時代的鄒魯。李昇去世時，還特地遺囑太子李璟：「善交鄰國，以保社稷。」李煜更甚，乞求佛祖慈悲，還親自為僧尼削擦屁

---

[211] 同注 203，卷 270，〈後梁紀〉5，17 冊，P11556，「天下離亂久矣，民困已甚，錢公亦未易可輕。若連兵不解，方為諸公之憂。今戰勝以懼之，戢兵以懷之，使兩地之民各安其業，君臣高枕，豈不樂哉！多殺何為？」
[212] 史虛白：《釣磯立談》，南京：南京出版社，2022 年，P5。
[213] 同上，P6，「疆域雖分，生齒理一，人各為主，其心未離，橫生屠戮，朕所弗忍。且救災鄰，自古之道。」
[214] 葉祖洽：〈詔改泰寧縣記〉。

191

第八章 吳越末 10 年

股的「廟籌」。大將盧絳頗有先見之明，曾建言：「吳越，仇讎也，他日必為北朝嚮導，掎角攻我，當先滅之……臣請詐以宣、歙州叛，陛下聲言討伐，且乞兵於吳越，兵至拒擊，臣躡而攻之，其國必亡。」[215] 李煜不納。對外妥協，忍受恥辱，自然是痛苦的，他只能每天與大臣借酒澆愁，悲歌不已。忍無可忍之時，李煜也會暗暗備戰，把吳越當朋友求救，並英勇抵抗了一年左右的時間。相比之下，錢弘俶就太猥瑣，太齷齪了！

假如錢弘俶像周宣王姬靜就好了。姬靜的父親厲王很糟糕，宣王如果跟他一樣，儘管有召虎、周定公等賢臣輔佐，非常可能也會被驅逐。「國人」既然有了第一次，第二次更容易。所幸宣王明瞭這點，有意識地跟父輩切割，有針對性地實行改革，贏得民心，恢復國勢，進而征戰四方，全面復興。錢弘俶如果像姬靜，改變一忍再忍的策略，拿出助宋、滅南唐、助紂為虐的血性，與南唐攜手並肩，何至於束手就擒、坐以待斃？說不定也開創一個什麼中興呢！

---

[215]　同注 204，卷 6，〈宋紀〉6，P145。

第九章
遼末 10 年

【提要】

　　西元 1116～1125 年為遼國倒數計時 10 年，天祚帝親征金人失敗，後院連連起火，宋又叛盟與金聯手夾擊。天祚帝逃亡，金兵緊追不捨，最終落入敵手。

　　假如天祚帝能像萬曆那樣乾脆什麼都不做，不重用成事不足、敗事有餘的蕭奉先，不逼走忠良能臣，何至於亡？

第九章　遼末 10 年

前因：內亂無休

遼國朝中長期較亂。景宗耶律賢、聖宗耶律隆緒任職期間（969～1031年），與宋和平，「一國兩制」，民族平等，「諸道皆獄空」，農牧業興盛，被譽為「景聖中興」，詳見《秋之卷》第六章。但耶律隆緒晚節不保，以為天下太平，可以放心睡覺了，便熱衷遊獵，迷信佛教。耶律宗真繼位後，滿足於繼承到的中興成果，生活放蕩不羈，政治日趨保守，不願深化改革。耶律宗真的兒子耶律洪基，即道宗，也迷戀佛教而不思改革，朝政日益腐敗。史稱「宗王反側，無代無之，遼之內難，與國始終」。[216]

1101 年道宗去世，其子耶律延禧奉遺詔即位，群臣上尊號「天祚皇帝」。上臺不久，天祚帝即清剿奸臣黨羽，為受陷害者平反，讓人耳目一新。可是，他重用新的奸臣蕭奉先等人，生活荒淫，迷戀遊獵，不理國政，宗室貴族間陷於新一輪爭權奪利。特別是對異族剝削與壓迫，使遼的統治像一座暫未爆發的活火山。但統治者總是遲鈍的，醉生夢死，滿足於表面的安定。

1112 年初，天祚帝按慣例，到長春州遊樂釣魚，附近千里的女真族酋長紛紛趕來朝見，一派皇恩浩蕩的樣子。晚上魚頭宴，天祚帝喝酒不盡興，命酋長們一個個為他跳舞。其他酋長都樂意給面子，輪到完顏阿骨打時，他卻推辭說不會。天祚帝鼓勵說：「跳不好沒關係，來，圖個熱鬧。」完顏阿骨打還是坐著不動。天祚帝很掃興，事後還生氣地對蕭奉先說：「沒想到阿骨打如此跋扈，這種人遲早生事。你找個藉口，趁早除了他！」蕭奉先卻說：「阿骨打是個粗人，不知禮儀，不必計較。即使他有什麼異心，彈丸小國，小魚掀不起什麼大浪。」[217] 聽這麼說，天祚帝只好忍了。沒想

---

[216]　《遼史》卷 72，〈宗室傳〉，52 冊，827。
[217]　同上，卷 102，〈蕭奉先傳〉，P981，「彼粗人，不知禮義，且無大過，殺之傷向化心。設有異

到完顏阿骨打果真一身反骨，從此不再奉詔，並開始對其他部落用兵，翻天覆地。天祚帝雖然早懷疑阿骨打有反骨之心，但還是低估了他的聲勢，1114 年六月，還命阿骨打為節度使，九月他卻率各部落祭告天地，正式起兵反遼，迅速攻占寧江等地。第二年元旦建國稱皇帝，國號大金。天祚帝不敢再大意了，親率 50 萬大軍進剿。阿骨打率 2 萬兵迎戰，集中兵力直擊天祚帝的中軍，天祚帝潰逃，全軍崩散。從此，遼軍處於劣勢，再也沒能反轉。如此，遼也就開始倒數計時了。

最大看點：不停地逃亡

◎ 1116 年，倒數計時：9

去年天祚帝親征完顏阿骨打失敗，沒想到又後院起火。東征軍副先鋒元帥耶律章奴，還是皇親國戚，竟然擅自去上京（今內蒙古巴林左旗），要擁戴燕王耶律淳為帝。耶律淳是天祚帝的堂叔，拒絕叛亂。耶律章奴便轉拜祖廟，控訴：「國家內憂外患，天祚帝卻玩物喪志，我不能不站出來拯救！」[218] 拜完，耶律章奴向各州縣頒發檄文，號召起來反抗。響應者果然很多，很快達數萬，聲勢浩大。耶律章奴率眾進攻打天祚帝的行宮失敗，轉而進軍上京又失敗，連想逃入女真也遭敗。本年四月，天祚帝親征，俘耶律章奴，將他腰斬。

本年初，渤海國君主後裔、東京副將高永昌率卒 3,000 人反叛，自稱大渤海皇帝，占 50 餘州。天祚帝派兵鎮壓，高永昌則向金國求援。完顏

　　志，蕞爾小國，亦何能為？」
[218]　同上，卷 100，〈耶律章奴傳〉，P975，「我大遼基業，由太祖百戰而成。今天下土崩，竊見興宗皇帝孫魏國王淳道德隆厚，能理世安民，臣等欲立以主社稷。會淳適好草甸，大事未遂。邇來天祚惟耽樂是從，不恤萬機；強敵肆侮，師徒敗績。加以盜賊蜂起，邦國危於累卵……」

第九章　遼末 10 年

阿骨打應援占東京地區，從後部襲遼軍，遼軍大敗。

完顏阿骨打命高永昌取消帝號，遭拒絕後，將他擊敗，遼東京道 54 州歸金國。策略形勢變得對女真有利，戰火從邊疆蔓延到遼帝國的心臟。完顏阿骨打進一步挑戰，八月陷遼保州。

此外，還有長春州 2,000 餘戶起事，天祚帝派兵鎮壓。烏古部（古代北方部落）叛遼，不久降。

天祚帝越發感到兵不夠用，詔有雜畜 10 頭以上的，皆從軍。

◎ 1117 年，倒數計時：8

二月，鄉人董龐兒在南京（今北京）率眾起事，迅速發展到萬餘人。天祚帝派兵鎮壓，民軍敗退。三月民軍復聚，又遭敗。此後，董龐兒轉戰於雲州等地。宋封董龐兒為燕地王，並賜名趙翊。董龐兒上表自號「扶宋破虜大將軍董才」，後來又歸附金國。

宋人對北方始終耿耿於懷，眼看著遼開始受金的挑戰，不可能沒想法。但宋徽宗趙佶在這點上還保持一定的理性。他得考量遼金是否會議和？金是否有能力滅遼？這時，金國漢人高藥師等率親屬 200 餘人想渡海去高麗避亂，不意船被風颳到宋境。他們說那裡的漢人紛紛起事，契丹人已無力控制渤海，而金人已占遼河以西。趙佶獲悉這情報，即召蔡京、童貫等大臣商議。本年七月選 7 人，每人授官，攜市馬的詔書，要高藥師等人帶著浮海西去遼東，祕密偵察。沒想到，這行人才到金國邊界，望見女真巡邏兵，就嚇得邁不開步，就此退回。趙佶大怒，將這些人全發配到遠惡州軍。

天祚帝招募飢民為兵，名「怨軍」，報怨於金之意，共 8 營，布防於燕山至涼河一帶。另有 2.8 萬餘人布防於衛州一帶。本年末，金兵又大敗遼軍，乘勝占顯州，附近 7 州相繼降金。

◎ 1118年，倒數計時：7

楊樸原是遼渤海大族，進士及第，後降金，為阿骨打重用，金國朝儀制度都出於他之手。本年初，楊樸進言：「自古英雄開國或受禪，必先求大國冊封。」於是阿骨打遣使至遼，天祚帝也遣使至金，表示議和弭兵。七月，遼又派大臣攜書、詔、表、牒至金，金也遣大臣至遼，和議基本談成。阿骨打強調：「如果你們說話不算數，就不要再派使者了。」

東路諸州年初開始大饑荒，民食樹皮，甚至到掠人充食的地步，到處鬧事。五月，漢人安生兒、張高兒聚眾20萬人起事。安生兒戰敗身死，張高兒率眾轉戰，與霍六哥民軍匯合。六月，霍六哥攻占海北州，不久也敗。遼通等4都之民又有800餘戶降金。

趙佶改派地方官馬政率員公開訪金，八月從蓬萊渡海，順利抵金國上京。阿骨打接見馬政一行，聽說宋要聯金攻遼，十分意外。經兩天內部商議，金國決定同意，即委派使臣隨馬政回宋商議具體事宜。

這年末，遼節度使劉宏以懿州3,000戶降金，金委他以千戶之職。

◎ 1119年，倒數計時：6

有情報說天祚帝呈現「亡國之相」，趙佶即派大臣使遼，並隨從兩名畫師。到了遼國，拜訪天祚帝，說些親熱的閒話，悄然畫下他的相貌，順帶還畫了一路山川險要。回國後，使者匯報說：「遼主望之不似人君。臣謹畫其容以進，若以相法言之，亡在旦夕，幸速進兵。兼弱攻昧，此其時也。」[219] 趙佶聽了大喜，即拍板與金夾擊遼之大計。

遼遣使冊封阿骨打為「東懷國皇帝」。金不滿，遣使於遼，指責此冊文「輕侮」。不久又說遼冊禮失期，命諸路軍加緊備戰。

---

[219]《續資治通鑑》卷93，P2407。

第九章　遼末10年

◎ 1120年，倒數計時：5

二月，一方面宋與金之盟密談成功，陰謀開始付諸實施；另一方面，金與遼關於冊封之事的會談不歡而散。天祚帝認為阿骨打所稱「大聖」二字，與他們先世稱號相同，得避諱，為此再派使者到金國協商。阿骨打厭煩，怒曰：「遼人屢敗，遣使求和，實為緩兵之計，當議進兵！」當即召集大臣研究征遼的具體事宜。同時，阿骨打遣使至遼，責備天祚帝向高麗乞兵，妄圖與高麗夾擊金國，「賊喊捉賊」若此。從此，金遼恢復敵對，並迅速革新。

四月，阿骨打親自率兵出征，晝夜兼程，日行數百里，直奔遼都上京（今內蒙古巴林左旗）。當時，遊手好閒的天祚帝還在外狩獵呢！哪想敵人已經在獵他的路上。不過，幸好他在外，不然更早當俘虜。當時，宋使趙良嗣一行又到金國，發現阿骨打已上路，生怕誤事，立即追去，半路追到。阿骨打邀趙良嗣等隨軍觀戰，傲慢說：「你可以看看我怎麼用兵，就明白你們何去何從！」[220] 這話顯然是威脅，對大宋來說不啻於陪斬。

五月，金軍抵遼國上京城下。阿骨打親自督戰，清晨發起進攻，僅用兩、三個時辰，不到午時，守軍就出降了。趙良嗣等人看得目瞪口呆，根本沒去想像這樣的一幕很快將發生在大宋都城，只顧為金兵奇勝而高興，捧觴為阿骨打祝壽，口呼萬歲。

八月，回到金國上京（今黑龍江阿城），趙良嗣呈上趙佶的親筆信，請金夾攻遼，幫助宋收復燕京舊地。阿骨打說：「契丹無道，疆土都是我們的了。你們與我們友好，燕京本來就是漢地，理當給你們。」趙良嗣說：「我們約定了，不可與契丹復交。」阿骨打說：「即使契丹來乞和，也會把燕京還給你們了，才與他們議和。」說到這程度上，一百個放心。雙方還約定，金取遼中京大定府（今內蒙古寧城），宋取遼燕京析津府（今北

---

[220]　同上，P2419，「汝可觀吾用兵，以卜去就。」

京西南）。阿骨打立即出兵，要求趙良嗣馬上回去，盡快出征。不過，時值盛夏酷暑，金軍連續征戰有困難，牛馬又發生流行病，只好改約明年。

趙良嗣回宋，趙佶聽取匯報後感到滿意，斷定遼金不會議和，金肯定能滅遼，覺得與金聯手之事不可再拖，一邊命童貫勒兵待發，一邊再派使者赴金約定出征的具體日期。然而，雙方又發生爭議，主要是金不同意遼的西京（今山西大同）歸宋，平、灤、營州不屬燕京，也不能歸宋。

沒想到，沒等發兵北上，也沒等解決分贓分歧，十一月宋廷後院起火：方臘在東南州郡起事，很快發展百萬之眾，趙佶哪能顧及對外？

不過，對於宋金的勾當，天祚帝還蒙在鼓裡吧？

◎ 1121年，倒數計時：4

方臘之亂還要等到本年三月才平息，二月又發生更著名的宋江起事，聚梁山泊，在今山東、江蘇一帶活動，不過很快平定。這時，金使又入宋，直到京城，追著要宋履約北上。宋哪有辦法分身？這對遼來說，應該是得以喘息的好事，可他們沒有這麼好的運氣。

內亂仍然時不時發生。天祚帝元妃生子封秦王，文妃生子封晉王。因為晉王更受好評，元妃之兄蕭奉先擔心秦王不能當太子，便唆使他人誣文妃的妹夫耶律余睹等人陰謀逼天祚帝退位，改立晉王。天祚帝信以為真，不由大怒，文妃被賜死。耶律余睹覺得有口難辯，只好帶著家屬與部從千餘騎出逃，直奔金國。天祚帝聞訊，連忙派大臣們領兵追捕，快馬加鞭，半路追上。可是，大臣們忽然說：「主上信蕭奉先言，視吾輩蔑如也。伊都（即耶律余睹）乃宗室豪俊，常不肯為奉先下。若擒伊都，他日吾黨皆伊都也，不如縱之。」[221] 於是，他們放走耶律余睹，回頭只說沒追上。

年初，金國就有大臣建言：「遼主失德，中外離心。我朝興師，大業

---

[221] 同上94，〈宋紀〉94，P2428。

第九章　遼末 10 年

既定，而根本弗除，後必為患。今乘其釁，可襲取之，天時人事，不可失也。」阿保機贊同，即命諸路加緊備戰。耶律余睹來降後，金對遼的政情、軍情瞭如指掌，便著手實施新策略。十一月，阿保機命大軍出征，打前鋒的正是耶律余睹，直指遼中京。

國難當頭，天祚帝連夜令官員收拾珠玉、珍玩 500 多包，駿馬 2,000 餘匹，隨時準備走。他所想只有一個「逃」字，而且脫逃有術，一次次在獵人到來之前，成功地逃脫。

西夏本來坐山觀虎鬥，現在坐不住了，約遼一起攻宋，天祚帝拒絕。

◎ 1122 年，倒數計時：3

金兵勢如破竹，年初連克遼 2 城，陷中京，然後下澤州。

天祚帝出居庸關到鴛鴦濼。鴛鴦濼在今河北張北，其地南北皆水，勢如湖海，水禽集育其中。也有人說是因為鴛鴦多而名。不管怎麼說，這是個風景秀麗之地，成為遼國諸帝春獵之所。但這次天祚帝到這無法樂，耶律余睹率金軍正在追來。蕭奉先獻計：「耶律余睹此番率兵而來，並不是衝著您，只不過是為奪晉王罷了。為了您的安全，不如乾脆把晉王殺了，耶律余睹也就會死心，自然退兵。」天祚帝居然相信，真的賜死晉王。晉王「素有人望，諸軍聞其死，無不流涕，由是人人解體」[222]，天祚帝此舉無異於又一次自殺。

然而，耶律余睹並沒有退，繼續直逼天祚帝的行帳。遼國貴族與軍政大臣見天祚帝連自己無辜的兒子都敢殺，寒心極了，紛紛用腳投票，投靠金國。天祚帝只好離開鴛鴦濼，率 5,000 餘精騎逃往西京。由於太倉卒，玉璽掉到桑乾河裡。這可不是普通玉璽，是秦始皇流傳下來的，上面刻著「受命於天，既壽永昌」8 個字，唐時更名為「受命寶」，它在誰的手上，

---

[222]　同注 221，P2438。

就意味著誰是合法皇帝。為此，遼聖宗耶律隆緒還特地寫過一首〈傳國璽〉詩，寄語「子孫皆宜守，世業當永昌」。可現在軍情如火，逃命要緊。天祚帝顧不了撈起「受命寶」，讓阿保機撿了個大便宜。

到西京，終於可以喘口粗氣，可是天祚帝無法忘卻仍然在疾速追來的耶律餘睹，忽然想起耶律餘睹去年還是自己的重臣，怎麼突然變成了死敵？蕭奉先不讓他多思考，連忙說：「金兵雖然占了中京，但不可能飛越3,000里追到這裡來！」這話又給了他寬慰。

金兵攻勢有增無減。幾路金兵會師後，合力朝西京追來。天祚帝只好又逃白水濼，希望能在這裡安定下來。可是金軍精兵6,000，一日3敗遼軍，勢不可擋。天祚帝又逃漠北。蕭奉先無計可施了，只好建議丟棄輜重，輕騎入夾山。關於夾山有爭議，有人認為是今呼和浩特市北的大青山。天祚帝在這裡苟活達3年之久。

狼狽逃亡之中，在這漠北深處，天祚帝終於有機會靜下心來面壁思過，忽然省悟這一連串失敗的根源。他心平氣和地對蕭奉先說：「你誤我到這般地步，殺了你也不解恨。你走吧！別再跟著我。我怕將士們也意識到你的罪過，鬧出亂子連累我。」[223] 由此可見，天祚帝心還是善良的，可惜蕭奉先沒福分。他帶著家人逃離，卻被他的隨從抓住，送給金兵。金兵殺了他兒子，將蕭奉先押往完顏阿骨打那裡。沒想到途中遇遼兵，將他奪回來，天祚帝只好把他賜死。

有道是「國不可一日無君」。由於戰亂消息不靈，天祚帝與宮廷的聯繫中斷多時，大臣們不知他是否陣亡，便以「安史之亂」中擁立唐肅宗李亨的先例，在南京擁立耶律淳為天錫帝，即遼宣宗，而降天祚帝為親王。史稱此為「北遼」，遼國從此分裂。

這次情況不一樣了，耶律淳認真履職，置百官，然後向金求和，但被

---

[223] 同註217，P982，「汝父子誤我至此，殺之何益？汝去，毋從我行。恐軍心忿怒，禍必及我。」

第九章　遼末10年

拒絕。轉而向宋貢歲幣，也不成。宋出兵20萬攻南京，耶律大石率軍迎敵。耶律大石是耶律阿保機八世孫，《遼史》記載唯一一個契丹進士，智勇雙全，在白溝河大敗宋軍。耶律淳在位3個月死，蕭德妃以皇太后身分稱制。宋兵又襲南京，巷中激戰，遼軍再次獲勝。但遼軍終不敵金兵，十一月居庸關失守，十二月南京被破。大臣們亂了心旌，有的想降宋，有的想降金，就沒幾個想留在本國。

趙佶令出征幽州。幽州是漢地，孤立於遼境，遼兵力也有限。在趙佶與大臣童貫等人想來，10萬宋軍一到，只要打出旗號，擺開陣勢，那裡的軍民就會「懷德畏威」，望風而降。所以，宋軍還特別文謅謅強調：「奉聖旨，王者之師有征無戰，弔民伐罪，出於不得已為之。如敢殺一人一騎，並從軍法。」[224] 如此一來，倒是自我約束了。五月，童貫率兵兩路出擊，兩路都敗。九月，遼將郭藥師等降宋。童貫遣劉延慶率兵出雄州，以郭藥師為先鋒，也失敗。特別是劉延慶紮營盧溝南，忽見遠處起火，以為遼兵來襲，馬上燒了自己的軍營逃遁，慌亂中自行踐踏，死者百里。當地百姓見此情形，作歌嘲笑宋軍。宋與金分享戰果，紛爭諸多，詳見其他卷，此不贅述。

◎ 1123年，倒數計時：2

耶律淳的知北院樞密事兼諸軍都統蕭幹自立為奚國皇帝，天祚帝詔令討之。蕭幹率眾出山抗敵，破景州，直奪燕城。八月，蕭幹與宋軍郭藥師在峰山大戰，大敗。不久，蕭幹被部從所殺，奚國滅。

金兵逼近燕京之時，蕭德妃感到無法抵擋，只好帶著隨從投靠天祚帝。沒想到天祚帝不肯饒恕，將她誅殺，並責備耶律大石等人：「我還活著，你們怎麼敢另立耶律淳？」耶律大石毫不客氣地反駁回去：「陛下以全

---

[224]　《三朝北盟會編》卷7。

國之力尚不能拒敵，棄國而逃，生死不明，人民塗炭。在這種情況下，即使立 10 個耶律淳，也都是太祖的子孫，豈不比乞求別人好？」[225] 天祚帝無言以對，賜給酒食，赦免其餘，任用耶律大石為都統。耶律大石率軍攻奉聖州，戰敗被俘。金兵強迫他為嚮導，襲天祚帝的大營，俘了天祚帝之子、嬪妃、公主及從臣多人。這樣，金兵信任他，讓他隨軍西征。但他身在曹營心在漢，沒幾天就出逃，又帶一支部隊投奔天祚帝。

四月，金國派人招降天祚帝。天祚帝拒降，並出兵 5,000 與金大戰於白水濼，但又失敗，只好逃雲內（今內蒙古托克托）。

五月，夏主李乾順遣使邀請天祚帝到他們那裡避難。早在戰前，天祚帝曾對左右說：「如果金兵來了，我有日行 350 里的快馬，又與宋國為兄弟，夏國為舅甥，都可以去，也不失一生富貴。」天祚帝此言倒不是吹牛。早在 18 年前，李乾順即位時，即向遼國請婚。天祚帝封宗室女耶律南仙為成安公主，嫁李乾順為皇后，其子李仁愛已立太子。成安公主娘家情深，多次促成出兵援助，太子也曾主動請纓。現在落到這地步，還邀請去避難，算是很有面子了，天祚帝自然欣喜。他還是一副大遼皇帝的派頭，有模有樣地封李乾順為夏國皇帝。

這時，又有大臣護送天祚帝的次子、梁王耶律雅里逃到西北部，立他為帝。同年十月，耶律雅里病逝。

這年八月，金太祖完顏阿骨打死，其弟完顏晟繼位。那麼，天祚帝的命運有轉機嗎？

◎ 1124 年，倒數計時：1

天祚帝得到耶律大石帶來的部隊，又得到陰山部落的支持，得意忘形，自謂「天助」，決定出征燕雲，收復西京與南京。耶律大石認為不可

---

[225] 同注 221，P2459，「陛下以全國之勢，不能一拒敵，棄國遠遁，使黎庶塗炭。即立十淳，皆太祖子孫，豈不勝乞命他人邪？」

第九章 遼末 10 年

行:「前些年我們全師而戰還戰不過,現在落到這般地步,還主動求戰,不可啊!我們應當養兵待時,不可輕舉妄動!」[226] 天祚帝不聽,固執地開始對附近州縣發起進攻。耶律大石對天祚帝絕望了,只好率鐵騎 200 人連夜離開,自立為王。天祚帝不出所料失敗,重新又被追捕。

金國新帝完顏晟可不是昏君,而似乎更強悍。他獲悉天祚帝已渡河入夏境,即派人出使夏國,請求協助圍捕,許以割地的好處,否則後果嚴重。李乾順禁不住軟硬兼施,置親情於不顧,稱藩於金,按事遼的舊例事金。完顏晟說話算數,將原屬遼國的西北部大塊地盤割讓給夏。李乾順保證不再援助天祚帝,如果天祚帝入境,即執送金國。這麼一來,天祚帝西夏也不能去了。

趙佶忽然「欲誘」天祚帝,委託一名外國僧人,帶著御筆絹書去邀請。天祚帝喜出望外,連忙同意。於是,趙佶發出正式詔書,給天祚帝皇弟之禮,位在燕、越二王之上,並為他築第千間,置女樂 300 人。天祚帝非常高興,但稍微多想想,覺得宋人不會可靠,便往陰山深處逃去。不久證明天祚帝這次的選擇應該是正確的,因為即使趙佶有真心,也不可靠,北宋很快也被金亡了。

◎ 1125 年,倒數計時:0

逃亡之路越來越艱險。過沙漠向西,水糧斷絕,只能以雪充飢止渴。可是在這樣鳥不拉屎的地方,追捕的金兵還是從天而降。天祚帝只好冒險回西夏,心想好歹是姻親,即使李乾順變心,成安公主及其太子總會發善心吧?

現在,天祚帝隨從也沒幾個了,道道地地是亡命之徒,行宮之類早成了奢望,夜裡只能借宿農家。二月被金兵追上,再也無法逃了。

八月,天祚帝被解送金國上京,完顏晟降封他為海濱王,不久改豫

---

[226] 同上,卷 95,6 冊,P2476,「向以全師不謀戰備,使舉國皆為金有。國勢至此,而方求戰,非計也。當養兵待時而動,不可輕舉。」

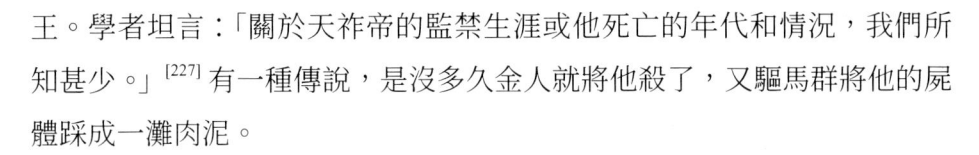

王。學者坦言:「關於天祚帝的監禁生涯或他死亡的年代和情況,我們所知甚少。」[227] 有一種傳說,是沒多久金人就將他殺了,又驅馬群將他的屍體踩成一灘肉泥。

眼看著舅國之滅,17歲的西夏太子李仁愛無法接受,恨父皇李乾順出賣親人太無情,悲傷而死。耶律南仙也悲傷過度,絕食抗議而死。

耶律大石離開天祚帝後,得到眾多契丹人的支持。他寫信給高昌回鶻君主:「我們與貴國非一日之好。如今,我想西去大食,借道貴國,請予支持。」他們一路向西北,到達遼朝北疆重鎮可敦城(今內蒙古烏拉特中旗),在那裡召集威武等7個軍州的長官和大黃室韋等18個部族的領袖,慷慨陳詞,痛斥金國以屬逼主,現欲借力復國,得到熱烈響應。於是稱帝建國,史稱「西遼」。1134年,東喀喇汗死後,邀請西遼出兵協助平亂。耶律大石幫他們平了亂,順手把東喀喇汗國收為附庸,割取其北疆為西遼直轄領地,並定都於八剌沙袞(今吉爾吉斯托克馬克),開始稱霸中亞。

後果:假如天祚帝索性什麼也不管

關於遼國之亡早有定論,這就是元朝史家脫脫說的:「遼以釋廢,金以儒亡。」遼是因為過度崇佛而亡,乍看有理。天祚帝前任時期,僧尼多達全國總人口的3.9%,怎麼養得起?歷史上,僧尼一過多,就像田地的草多了得鋤一樣,得「滅佛」,「三武一宗滅佛」都獲得好成果,其中唐武宗滅佛還開創「會昌中興」,天祚帝卻不知「抄作業」。如果天祚帝也大滅佛,很可能省出很多錢財,增加很多戰士,抵抗侵略也平添戰鬥力,而不至於很快被滅。

---

[227] 《劍橋中國遼西夏金元史》,P150。

第九章　遼末 10 年

但在最後這 10 年，我們並沒有看到佛教的明顯影響。歷史上有因滅佛而復興的，也有崇佛的楊堅開創「開皇之治」、武則天開創「武周之治」，這說明佛教與國運興衰並沒有直接的關係。

至於天祚帝宗室內亂，最後這 10 年倒很明顯，對於遼之滅顯然有重要影響。但更明顯、更重要的原因還在於天祚帝本身吧？

說起天祚帝，很容易讓我聯想到此前 2,000 多年的夏帝太康，遊獵無度而「不恤民事」，導致有窮氏趁機反叛，奪取夏的都城，他再也回不去。還可以聯想到歷史上諸多昏君、暴君，該做的都沒做，不該做的都做了。他也重用奸臣，典型如蕭奉先。蕭奉先嚴重之誤至少有二：

一是倒數計時之前，天祚帝發現完顏阿骨打反骨的苗頭，要及時根除，蕭奉先卻迂腐地認為完顏阿骨打不知禮義，不必計較，小魚掀不起大浪，勸阻了天祚帝。否則，他們也許還要等幾個世紀才會出現那樣傳奇式的領袖人物。

二是倒數計時第四年，蕭奉先為了自己不可告人的目的，唆使他人誣陷大將耶律余睹，逼得耶律余睹叛逃，讓金對遼的實情一下子瞭如指掌，立刻出兵侵遼，而打前鋒的正是耶律余睹。否則，完顏阿骨打還得再等待觀望，至少很可能沒這麼快大舉入侵。

此外，敵人已經出兵了，蕭奉先還說他們只不過擾邊而不敢深入，讓天祚帝麻痺、大意；又說耶律余睹此番只不過是為了奪晉王，讓天祚帝殺了自己的兒子，逼更多人投敵。蕭奉先之奸與蔡京、童貫、秦檜等人不同，簡直可以說是敵人派來的奸細！幾乎可以說，沒有蕭奉先，很可能就沒有遼國之亡。

然而，我還是認為遼國之亡最關鍵在於天祚帝本人。昏君與奸臣相輔相承，有了奸臣，君王必昏，但君王不昏就不會有奸臣。蕭奉先，天祚帝畢竟在倒數計時第三年突然醒悟，驅走又賜死，他並沒有直接導致遼國的

最後之滅。

　　瘦死的駱駝比馬大。遼國曾經是亞州最大的帝國，國力與人心不可能一下子都被消滅。最發人深省的是耶律大石，簡直堪稱文武智勇全才，而且忠心耿耿。在天祚帝不知所往、不知生死的情況下，他扶持蕭妃攝政。知道天祚帝的下落，又護送蕭妃來投奔。被金兵俘了，他沒有像耶律余睹等人那樣真心叛變，出逃又拉一支軍隊來護衛天祚帝。這一系列表現說明，耶律大石對天祚帝是夠忠誠的。最致命的問題在於，天祚帝一看耶律大石帶來的部隊（不可能太多吧！），又頭腦不冷靜，不是先圖生存、發展，而是立刻主動去決戰，無異於飛蛾撲火！這才讓耶律大石對他絕望，萬般無奈之下，只好另立山頭。耶律大石此去，無可厚非。成語「三諫之義」，說的是春秋時，戎狄侵曹國，曹伯想親自迎敵。曹羈進諫3次還不聽，便離去，曹軍果然大敗。對此，自古認為「君子以為得君臣之義也」，孔子也明說：「所謂大臣者，以道事君，不可則止。」[228]

　　這是天祚帝最昏昧的一招！後來，耶律大石重振契丹雄風，西遼稱霸於中亞，享國達88年。如果天祚帝能納耶律大石之諫，在他的扶助之下，會不可能死裡逃生嗎？

　　假如天祚帝能像萬曆也好。萬曆早年沒親政，放手讓張居正等大臣去改革；後來張居正等能臣死了，萬曆沉湎後宮，幾十年不上班，但由於沒有什麼亂指揮，照樣開創「萬曆中興」。如果天祚帝像萬曆那樣，乾脆什麼都不做，也許不會重用蕭奉先，也不會逼走耶律余睹、耶律大石等忠良能臣，何至於那樣狼狽而亡？

　　牛頓第二定律，是物體加速度的大小跟作用力成正比，加速度的方向跟作用力的方向相同。帝王的每一個錯誤判斷，都是為亡國加速，不信你再看一遍天祚帝的倒數計時。

---

[228]　《論語・先進》。

第十章　北宋末 10 年

第十章
北宋末 10 年

【提要】

西元 1118～1127 年為北宋倒數計時 10 年，宋徽宗趙佶見遼國叛出一個金國，便與金聯手滅遼，血洗百年之恥。好歹算是合作滅遼了，金兵卻轉身入宋都，擄走宋帝。

趙佶如果能像趙恆，在遼、金間保持中立，坐收鷸蚌相爭之漁利。金國畢竟才剛從東北角落裡興起，滅遼不可能太容易，更不大可能轉身就來滅宋。

第十章　北宋末10年

前因：改革一再失敗

　　大宋開局非常好，從960年太祖趙匡胤開國，至976年逝世，其間立誓不殺文人，優厚解除功臣後患，鼓勵官民享樂，被譽為「建隆之治」，詳見《春之卷》第七章。真宗趙恆當政時期（997～1022年），繼續以文安邦，與遼和平，集中精力發展民生與平民文化，鼓勵男人以讀書為業，工業化、商業化、貨幣化和城市化遠遠超過世界其他地方，中國古代四大發明中三大發明出於此時，被譽為「咸平之治」，盛況遠邁「貞觀之治」、「開元盛世」，詳見《夏之卷》第十三章。仁宗趙禎當政時期（1022～1063年），「慶曆新政」推行政治、經濟多方面改革，人口和稅收大幅成長，湧現指南車、活字印刷等先進科技，被譽為「仁宗之治」，詳見《夏之卷》第十四章。盛世連連，許多專家學者認為是中華帝制時代的巔峰。

　　早在宋建國前半個世紀，遼，即契丹國建立，其疆域是大宋的兩倍。1038年，從宋分裂出一個西夏國，1115年，又從遼分裂出一個金國，形成宋、遼、夏、金4國鼎立格局，其中宋和遼呈日薄西山之態，夏和金則是噴薄欲出之勢，相互間明爭暗鬥。與此同時，遼、金也相繼出現一系列盛世，如遼國的「景聖中興」，詳見《秋之卷》第六章；金國的「大定之治」、「明昌之治」，詳見《夏之卷》第十五、十六章。

　　任何盛世都不是完美的，問題是弊端及時改革，還是累積成患。針對「仁宗之治」時期的弊病，趙禎任用范仲淹進行一系列大改革。但改革觸動一大批既得利益者的痛處，他們百般阻撓，才一年多就宣告失敗。後任趙曙也很想有所作為，無奈體質太差，不得不由曹太后垂簾聽政。親政後要對舊的體制進行大膽改革，沒多久卻病故。俗話說：「官司越拖越輕，疾病越拖越重。」弊政跟人的疾病一樣，越拖只會越重。後來王安石驚天動地的改革，雖然力度空前，但阻力更大，敗得更慘，只能眼睜睜看著北宋衰落。

北宋末年有一批著名奸臣。時人稱蔡京為「公相」，童貫為「媼相」，他們兩個與王黼、梁師成、朱勔和李邦彥狼狽為奸，被稱為「六賊」。因為爭權奪利，蔡京與長子蔡攸也不和，相互傾軋。蔡攸探望蔡京，幫父親診脈，診完卻馬上跑到趙佶那裡說：「蔡京身體不好，該讓他失業！」他們父子各立門戶，互為仇敵。不過，蔡京與另一子蔡絛關係很好。蔡絛後來著有《鐵圍山叢談》一書，提到「六賊」時，認為他父親是好人，其餘都不好。

其實，蔡京至少是個理財能臣，首創利用現代金融工具從民間抽取鉅額利潤。當時，「交子」已經貶值達75%，蔡京便換個分身——改名稱「錢引」，重新發行，挽救了財政危機。如果不是外交失敗，也許中興成功了。

迄今有人為蔡京鳴不平，說「其實蔡京有蔡京的國家觀。如果成功了，就會有後人評價為太平盛世的英明宰相；而失敗了，則被酷評為亡國的奸臣。」[229] 該學者甚至說：

> 我們是否也應該為蔡京恢復名譽？身為王安石的繼承人，其學校政策以及社會政策，如上所述，相當具有近代國家的特徵。如果後來也沿著這條路線走的話，那麼中國，甚至整個東亞地區，肯定就會有與現在完全不同的歷史。[230]

倒數計時前一年，即1117年，有兩件小事不能不說：

外部：宋與女真——即金國——陸地不接壤，海上之路久閉不通。金國高藥師率其親屬200餘人，以大舟浮海想去高麗避亂，不想被大風漂到了宋境。他們說：「那邊在與遼作戰，很亂。」趙佶「聞之甚喜」，即召大臣商議「交金以圖遼」策略，決定由高藥師帶隊去金國，名為買馬，實為偵察。

---

[229]　《中國的歷史·宋朝》，P112。
[230]　同上，P114。

第十章　北宋末 10 年

內部：帝王是人，人難免都會有些嗜好，沒嗜好的人是可怕的。嗜好有好壞之分、雅俗之分，但即使俗的或壞的嗜好，如果沒對他人造成傷害，應該無可厚非；而好的、雅的嗜好，如果對他人造成傷害，那也不可諒解。趙佶的嗜好是藝術，又好又雅。他還嗜好珍奇之物，例如太湖、靈璧、慈溪、武康的花石，二浙的花竹、雜木、海錯，福建的異花、荔枝、龍眼、橄欖，海南的椰子，湖湘的木竹、文竹，江南各種果實，登、萊、淄、沂的海產品和文石，二廣和四川異花奇果等。各地競相進貢，一次 10 來船。因為一批貨船稱一綱，所以這類貨特稱「花石綱」。異味珍苞要用快馬，雖萬里三、四日即達，色香未變。所經之處，州縣地方官不敢過問。為此，這年秋增設「提舉御前人船所」，另在蘇杭設「應奉局」，專門負責這方面的政務。這類官人到處搜尋，發現一塊奇石、一株異草，即宣布為御用，責令百姓小心看護，稍有差錯就得追究。這樣，百姓聞「花石綱」色變。

內憂外患，這兩件事很快成為不祥之兆。

最大看點：錯選敵友

◎ **1118 年，倒數計時：9**

和平已逾百年，北宋主要精力在社會經濟。這年初，增各地酒價，宋徽宗趙佶還親敕兩浙漕司酒錢要全數上繳衙前。「衙前」是當時一種差役，職掌官物押運和供應，負責賠償失誤和短缺，官府特許他們承包酒坊。不久又詔沒收空閒地，增方田稅。「方田」指當時屯田守邊制，其田方形。但這年老天爺有點不配合，江、淮、浙等東南發生水災，朝廷遣使賑濟，又詔相關地區的監司，督促所屬州縣的流民還鄉。

雖臨末世，趙佶還是不乏漢武帝那樣「大併天下」之志。此前7年，童貫率軍征西夏有功，轉而圖謀遼國，請求出使。趙佶欣然同意，但大臣有意見，責問：「讓一個宦官代表出訪，難道我們這麼大的國家沒人嗎？」趙佶說：「遼人聽說童貫曾經大破羌人，很想見他。再說，藉此機會祕密偵察一番，沒有比他更合適的人選了。」[231] 在這次「友好」訪問中，有個叫馬植的遼國高官祕密求見，獻計說宋與新興的金國聯手，可滅遼，此意正中童貫下懷。童貫改其姓名為李良嗣，並將他帶回國。聽了童貫的匯報，趙佶立刻召見。馬植說北國「萬民罹苦」，「願陛下念舊民遭塗炭之苦，復中國往昔之疆，代天譴責，以順伐逆。王師一出，必壺漿來迎」。[232] 後一句是個典故，燕國暴政時，齊宣王趁機出兵，燕國老百姓用簞送吃的，用壺裝喝的來歡迎齊軍，因此有「簞食壺漿，以迎王師」之說。馬植還有「聯金滅遼」的具體想法。聽了這番激動人心的話，趙佶「嘉納之」，即賜李良嗣姓趙，收為自家人，任祕書丞等職，開始籌劃「聯金滅遼」策略。應該說，趙良嗣與大宋君臣見識不凡，此後幾個月，第二年，即1112年初，完顏阿骨打就公開表示不服遼主，1114年開始舉兵反遼。本章相關詳情，請與前章互參。

趙佶覺得時機成熟了，「聯金滅遼」策略開始實施。去年七月，委派高藥師所率7人，以做馬生意為名，渡海去金國。才到金邊界，一見女真巡邏兵就嚇得不敢邁步，退回青州。本年初，趙佶要求重新選派祕密使者，委任馬政及郭藥師。馬政是地方官員，這郭藥師與前文高藥師不是同一個人，以倒戈聞名。他們兩人順利到了金廷，轉達趙佶想與金為盟的意向。金太祖與眾臣商議後表示同意，於是委派使者攜國書及北珠、生金、貂皮、人參、松子等禮物，與馬政、郭藥師一起返宋。

---

[231]　《宋史》卷468，〈童貫傳〉，51冊，P10575，「契丹聞貫破羌，故欲見之，因使覘國，策之善也。」
[232]　《三朝北盟會編》卷1。

第十章　北宋末10年

　　趙佶自稱「教主道君皇帝」，經常請道士看相算命。他生日是五月初五，道士認為不吉利，改為十月初十。他多次下詔搜訪道書，設立經局，整理校勘道籍，所編《政和萬壽道藏》是中國第一部全部刊行的道藏。為進一步展現對道士的尊重，本年伊始，令天下道士免階墀迎接銜府，與郡官監司相見依長老法。趙佶本人在接見道士時，也以客禮相待。當時一些道教領袖的實際地位，已超出一般大臣之上。詔通真先生林靈素在上清寶籙宮據高座講道經，稱「千道會」，令士庶入殿聽講，趙佶親自設幄其側。林靈素自詡上曉天宮，中識人間，下知地府，不時摻雜些滑稽庸俗之語，上下起鬨大笑，有失君臣之禮，但趙佶不在意。不久詔令：「僧徒如有歸心道門，願改作披戴為道士者，許赴輔正亭陳訴，立賜度牒、紫衣。」[233] 輔正亭是近年新建的，在上清寶籙宮前，專門供應符水驅邪鬼。這也就是說，特許僧尼反叛到道教。本年還令學者編輯趙佶親自批注的《道德經》，同年完成頒行。此外，還蒐集自古以來的道教故事，編輯成書，趙佶命書名為《道史》，還置道官26等、道職8等，年末又親自將《老子道德經》改名為《太上混元上德皇帝道德真經》。

　　中國自古深受朋黨禍害，如東漢的黨錮之禍、唐代的牛李黨爭等等，都令人難以釋懷。趙佶沒忘歷史教訓，這年重申嚴禁群臣結朋黨。

　　「花石綱」擾民，很快弄得怨聲鼎沸。淮南轉運使張根上書，反映東南花石綱之費，讓民力難以承受，希望能詔停，「以厚幸天下」，惹得權貴「益怒」，趙佶御筆批張根「輕躁妄言」，予以貶職。[234]

◎ **1119年，倒數計時：8**

　　借金國之手報仇雪恥，收復燕雲，這是可以理解的。想想西周之末，申國要是不借助繒國（鄫國）、犬戎等外力，怎能抵抗強大的幽王？歷史

---

[233]　《續資治通鑑》卷92，5冊，P2388。
[234]　同上，卷93，P2398。

上,沒借助外力的造反,難有成功。何況有情報說:「遼主有亡國之相。」但這時與金關係卻出現波折,宋使被扣留,幾次見金主,求著結盟,到年底才讓返回。

與西夏關係時好時壞。宋令熙河將軍攻朔方,中埋伏,喪師10萬,主將被殺,不久又在靈武敗於西夏。與遙遠的占城(今越南河靜一帶)倒是友好。宋開國以來,占城入貢從沒停過。這年初,宋冊封占城王。

林靈素想廢佛教,趙佶贊同。新年伊始下詔,佛改稱為「大覺金仙」,其餘稱「仙人大士」,僧為「德士」,改稱寺為宮,院為觀,並要求佛家更換服飾。這就沒佛祖、沒和尚,也沒寺廟了,都是道教的神仙、道觀及弟子。

繼續加強稅賦工作,詔令沒有方田的地方也要加以度量,均定租稅。天災也繼續,東南各路水災,淮河流域則旱災,百姓流離失所。

這年提拔蔡京的長子蔡攸為開封儀。蔡攸經常用民間笑話取悅趙佶,進言:「所謂人主,當以四海為家,太平為娛。歲月能幾何,豈可徒自勞苦?」趙佶聽了這話,「深納之」。[235] 這種「及時行樂」思想,可以說是宋之前中國古代一種較普遍的社會思潮,無可厚非。問題是身為一個人,尤其是男人,特別是帝王,應當有所擔當。曹操感慨「人生幾何,對酒當歌」,有點頹廢,但並沒有影響他的大業。可是趙佶聽了蔡攸的話,卻玩物喪志。太學生鄧肅認為「花石綱」害民,寫詩勸諫,被放歸老家。

終於發生被寫進著名小說《水滸傳》的宋江起事,宋江聚集36個強悍猛勇之士,在黃河以北地區起事,殺富濟貧。他們馬不停蹄,轉戰於山東、河北一帶,先後攻打河朔、京東東路(今山東益都一帶),轉戰於青、齊至濮州間,攻陷10餘郡城池,聲勢日盛。

---

[235]　同上,P2413。

第十章　北宋末 10 年

◎ 1120 年，倒數計時：7

趙良嗣出使金國，仍然以買馬之名，行密盟之實。趙良嗣在剛被金攻占的遼京城臨潢（今遼寧巴林）會見金主，出示趙佶的親筆信。經談判達成協議：一是宋、金夾攻遼國，金軍負責攻取大定（今內蒙古寧城），然後南下直指長城古北口（今北京密雲），宋軍負責攻取燕京，然後北上古北口匯合，宋、金兩國以此為界；第二，宋收回燕雲十六州；第三，宋將原本「恩賜」給遼的財物改贈金國，但「不如約，即地不可得」。[236] 就事論事，宋增加的付出只是些軍力，得到的卻是夢寐以求的燕雲十六州，就當戰爭收復吧！怎不是一大好事？

南宋人卻認為「國家禍變自是而始」[237]，這是有道理的。當時，遼國大致在今天津、大同一線之北，金國則遠在今黑龍江發難，中間隔著大塊地方。對大宋來說，最理想的策略顯然是繼續與遼為盟，共同抵禦金，並讓遼當自己的北方屏障。而滅遼，宋就與金為鄰了，一旦反目，就是引狼入室。

且說宋金聯手，沒來得及調動軍隊北上，南方又爆發著名的方臘起事。方臘是一家漆園老闆，官方一再強行徵地，他十分不滿。當然，不滿的百姓還很多。於是，方臘利用摩尼教聚眾，啟發說：「天下國家，本同一理。現在我們耕織，終年勞苦，卻少有衣食。稍不如意，還要受鞭笞酷虐，你們甘心嗎？」眾人說不甘心。方臘說：「我們賴以活命的只有漆楮竹木，卻被官府徵去。官人歌舞女色、狗馬遊獵、營造宮苑、蒐羅奇花異石揮霍，還要賄賂西北兩大仇敵，又要我們弟子去打仗，你們能忍受嗎？」眾人當然忍無可忍，於是以誅奸臣朱勔為名起事，見官吏就殺，並加以斷肢、剖腹之類。附近百姓紛紛響應，很快發展近百萬人。與此同時，宋江

---

[236]　同上，P2420。
[237]　徐夢莘：《三朝北盟會編》卷 1。

民軍繼續攻打京西、河北等地。趙佶頒旨招安,沒有結果。

副宰相余深反映「福建以取花果擾民」,希望能罷之,以平民憤。趙佶聽了很不高興,將他貶回福州。

不日,金國送文牒來,童貫拆開才知是檄書。檄書即檄文,古代一種下行公文,一般用於對其下曉諭或聲討,自然沒什麼客氣話。童貫看了嚇一跳,立即呈報。當時趙佶正在郊祭,不便打擾,耐著性子等禮畢才進呈。趙佶看了更是直冒冷汗,這才意識到問題的嚴重性。但是,燃眉之急要緊。

◎ 1121年,倒數計時:6

年初,宋徽宗趙佶命大臣童貫率京師禁兵及秦晉蕃漢兵15萬,兵分兩路南下,並說:「如有急,即以御筆行之。」到了江南,地方官匯報:「反叛難平,就因為花石綱擾民太甚。」當地民謠稱:「金腰帶,銀腰帶,趙家世界朱家壞。」朱指朱勔,趙佶的寵臣,特設蘇杭應奉局做「花石綱」,方臘的造反旗號就是「誅殺賊臣朱勔」。找到了癥結,童貫便按事先授權以皇帝名義,釋出〈罪己詔〉,深刻檢討自己「過咎行於天下」,主要是「言路壅蔽」,小人得志,「諸軍衣糧不時,而冗食者坐享富貴」,現不論朝野,不論中外,凡能為救國建功立業的,都將予以嘉獎;宣布改革措施,重點是撤銷蘇杭應奉局,罷「花石綱」及朱勔。同時,罷免朱勔父子等人之職。結果「吳民大悅」[238],圍剿戰役非常順利。方臘連失衢州、婺州、睦州及青溪,率20萬眾退入大山,憑險固守。官軍分兵合圍,前後夾擊。民軍腹背受敵,被斬7萬餘人,方臘被俘。餘眾散據各地,繼續抵抗,但大勢已去。

宋江方面,知海州張叔夜率軍清剿。張叔夜先派探子,偵知民軍有10

---

[238] 同注233,卷94,〈宋紀〉94,P2428。

第十章　北宋末 10 年

條大船，裝載擄掠的財物，便設伏於海邊，趁機焚燒船隻。民軍被伏兵重圍，只得投降。

閏五月時局稍緩，宰相王黼便發牢騷：「百姓造反是茶法、鹽法太嚴激起的，跟花石綱根本無關！童貫這人太老實，被小人矇騙，把責任推到陛下身上，下什麼〈罪己詔〉，實在是無能！」[239] 聽這麼一說，趙佶也生氣，隨即下令恢復蘇州應奉局，並令王黼和梁師成負責繼續採運花石綱，繼續醉生夢死。僅從這點看，趙佶是個十足的昏君！百姓不僅怨聲載道，而且反叛起事了，還不能正視問題。為什麼不能藉此機會脫胎換骨，收拾民心，重振朝綱呢？

金國使者入登州，準備在西京（今河南洛陽）與宋高官會談。登州守臣說目前童貫等大臣都在忙於鎮壓方臘，請在此等候。金使者發怒，要步行前往，只好派人馬送行。

金國方面無法等宋軍從內戰前線調兵回來，單獨發起進攻，直逼遼國中京（今遼寧寧城）。

這時，夏卻攻占宋西安州等地。夏跟宋有某種相同的思維，曾約遼一起攻宋，遼主不同意，它就單獨做。

這年老天爺又生氣，各地起蝗，黃河決堤。但趙佶還有清靜之心，命人編《道典》。

◎ 1122 年，倒數計時：5

金與遼戰爭激烈，遼主求和，金主不允。遼主又以免歲幣為條件向宋求和，也沒下文。王黼說：「今不取燕雲，女真必強，中原故地將不復為我有。」這看法也許正確。趙佶決意用兵，按人口徵算賦，籌得 6,200 萬緡錢專用於戰爭，並決定由童貫率 15 萬兵北上。大軍出發時，有大臣反

---

[239]　同上，P2432，「方臘之起，由茶、鹽法也，而童貫入奸言，歸過陛下！」

對，說：「我認為燕雲之役開始之日，就是邊患大開之時。太祖親自身披甲冑，當時將相勇略過人，難道他們不想收復燕雲嗎？不是！只是他們不忍心讓百姓陷入戰亂之中。澶淵之役大勝，仍然與遼議和，也是為了百姓安寧。如今童貫結交蔡京，同納趙良嗣，共謀燕雲之戰，我很擔心脣亡齒寒，邊境從此不得安寧。因此請陛下堅持與遼舊好，不要讓外夷有機可乘，這樣才能上安宗廟，下安黎民。」另一位大臣鄭居中也極力反對，對蔡京說：「您為大臣，國家元老，不遵守兩國盟約，主動挑起事端，絕非妙算。」蔡京解釋：「皇上討厭每年50萬歲幣，想一戰擺脫。」鄭居中反駁：「您怎麼不看看漢代和親花了多少錢？如果讓百萬生靈肝腦塗地，就是您的責任！」[240] 蔡京、童貫及趙佶則想：「如果能為百年之恥報仇雪恨，莫大功焉。如果失敗……如今是跟金國夾擊，失敗的機率微不足道吧？」他們對「漢奸」言論不計較，一心一意謀戰功。

五月，童貫率兩路大軍進擊，遼國突然變得背腹受敵。遼主大吃一驚，馬上派使者見童貫，不卑不亢說：「女直之叛本朝，亦南朝之甚惡也。今射一時之利，棄百年之好，結新起之鄰，基它日是之禍，謂為得計，可乎？救災恤鄰，古今通義，唯大國圖之！」[241] 童貫當然不會為這麼幾句話動搖，命令軍隊繼續前進。遼軍只好迎戰。萬萬沒想到，宋軍內戰內行、外戰外行，東西兩路大軍均潰敗。

六月，遼天錫帝死，其妻蕭氏主持工作。王黼認為有機可乘，又力主出兵，詔童貫、蔡攸不要回師，異議者斬。童貫派大將劉延慶率10萬兵出雄州，以剛來降的遼將郭藥師為前導，進軍遼國。這時，遼國蕭皇后又派使臣見童貫，請求念在長達119年友情的情面上，不要再進攻，遼願降為臣屬。童貫一口拒絕，還將使者趕出帳外。那使者在帳外大哭：「遼宋兩國和好百年，盟約字字俱在。你能欺國，不能欺天！」童貫趕走遼國使

---

[240]　同上，P2442，「公獨不見漢世和戎之費乎？使百萬生靈肝腦塗地，公實為之！」
[241]　同上，P2444～2445。

第十章　北宋末 10 年

者，下達奇襲燕京令，但又失敗。劉延慶在盧溝南遠遠見火起，就以為遼兵來了，馬上燒營而逃，自相踐踏百餘里，養積幾十年的 20 萬兵馬盡失。當地百姓看了，作歌嘲笑，把大宋的面子丟光。

金國見大宋沒用，只好自己南下燕京，一舉告破。宋派使者前往燕京分享戰果，請求如約收復燕雲，並請求歸還在唐朝失去的平州、灤州和營州。金主回答：「那 3 州不可能！燕雲也不能完全給，因為你們沒履約。」他答應將山前（太行山以東）7 州給宋，但要求將燕京的稅賦給金國。趙佶沒話說，只得同意，但仍視為偉大勝利，在全國人民面前大吹牛。

這年還有兩件小事值得一說，一是令各郡縣普查蒐集各類遺留在民間的書籍；二是「壽山艮岳」建成。壽山艮岳是座皇家園林，建於宮城東北，趙佶親自參與規劃，特色是以竹造景。趙佶更名為「萬歲山」，並寫有〈御製艮岳記〉一文。只可惜這華奢的園林，連趙佶自己也享用不了幾年，金人陷汴京後即被拆毀，「萬歲」只能是個夢！

◎ 1123 年，倒數計時：4

年初金國使者入宋，議定交還燕山條件：宋給金歲幣 40 萬之外，每年繳燕京代稅錢 100 萬；雙方不准招降納叛等。宋使者隨後回訪金，金主發威：「我們獨自攻下燕山，就為我們所有，你們憑什麼要？」趙良嗣一時無言以對。不過，在他百般勸說下，金還是撤軍了。童貫、蔡攸率員步入燕山府交接，卻大失所望，因為燕山的財物、官員和百姓「被金人盡掠而去」，大宋「所得者空城而已」。金人還聲稱這是宋帝的旨意：「只要土地，不要人民。」[242] 真是入木三分！不過，悠悠數千年，「只要土地，不要人民」的，豈止宋帝。但不管怎麼說，老祖宗的失地畢竟討回來了，完全可以哄騙人民，雪百年之恥。趙佶是歷史功臣！全國狂歡大慶，立「復燕雲

---

[242]　柏楊：《中國人史綱》中冊，P275。

碑」，極力誇耀此事，濃重粉飾末世危機。趙佶一心想讓此功銘記千古，卻未料此碑沒有見諸後世文獻著錄，沒有隻字片語錄存於今天。

不久，金國在南京（今河北盧龍）的留守官張覺，舉州叛逃入宋，趙佶樂呵呵笑納。趙良嗣進言：「盟書約定不准招降納叛，墨跡未乾，怎麼就違背了？」趙佶不聽，反而將趙良嗣貶職。金主大怒，一舉將南京奪回。在金國壓力下，趙佶才將張覺殺了，送還人頭。無獨有偶，金軍向燕山地方官譚稹索要軍糧，譚稹拒絕：「又不是皇上承諾的，趙良嗣答應算什麼？」為此，「金人大怒，及舉兵，亦以此為辭」。[243] 只因這年八月金主死，其弟繼位，又忙於與遼決戰，暫時沒找宋要說法。

燕京被金兵攻破後，遼帝出逃，奚族領袖蕭干趁機成立大奚國，自稱神聖皇帝。蕭干率兵出盧龍嶺，破景州，並擾燕城，妄圖渡河南侵。童貫命郭藥師率兵出擊，大敗蕭干，奚國滅亡，解除遼殘餘勢力對宋的威脅。

難得一段和平時光，老天爺又添亂。京師地震，秦州、鳳州一帶旱災，河北、京東、淮南一帶遭饑荒。又詔命刊印趙佶親注的《沖虛至德真經》，並要求不能如數徵稅的各地官員貶職。

年末，金又將武州和朔州還宋。

趙良嗣被貶後，私下說：「這種和平，頂多只能保 3 年！」史稱：「時上下皆知金必渝盟而莫敢言。」[244] 那麼，上上下下都不說，就等於解除危機了嗎？殺了公雞，就能阻止天亮嗎？

◎ 1124 年，倒數計時：3

金國轉入新主時代仍然勢不可擋，夏向金稱臣，遼與金在夾山決戰，遼軍大敗。宋坐山觀虎鬥，按捺不住，居然邀請遼主南下大宋來避難，真

---

[243]　同注 233，卷 95，6 冊，P2474，「良嗣所許，豈足憑也？」
[244]　同上，P2464。

第十章　北宋末 10 年

不知趙佶怎麼想。遼主可不再信任宋，北逃陰山。

趙佶陶醉在燕雲回歸的喜悅之中，大赦天下。然而，這勝利果實有點難嚥。傾河北、河東及山東 3 路之力，供燕京一地的軍需，因為各種消耗太大，用數十石才能換一石。僅僅一年時間，3 路都耗窮，人力也變緊張。詔西京、淮、浙、江、湖、四川、閩、廣等地徵調夫各數十萬，如果要免役，每夫折算錢 30 貫，違者軍法處理。大臣宇文粹中上書，認為祖宗之時，量入為出，富有節餘，而近年來……

諸局務、應奉等司截撥上供，而繁富路分一歲所入，亦不敷額。然創置書局者比職事官之數為多，檢計修造者比實用之物增倍，其他妄耗百出，不可勝數。若非痛行裁減，慮智者無以善其後。[245]

老天爺還是無情。閏三月京師、河東與陝西地震，京東與河北一帶因歉收而苦於官方征斂，百姓紛紛起事，多的 50 萬眾，少的也有兩、三萬。

趙佶沒意識到江山多危險，仍然醉心於他的書法藝術事業。這年初，創設「書藝所」，「欲教習法書，命使能者書之，不愧前代」。然而，趙佶在藝術方面也是個武大郎，利用職權下令：「有收藏習用蘇、黃之文者，並令焚毀，犯者以大不恭論。」[246] 蘇、黃指蘇東坡和黃庭堅，他們是大文豪，也是大書法家。蘇東坡以捺筆為主，極少用鋒；而黃庭堅則以篆入草，中鋒行進。趙佶的「瘦金體」是另一種風格，乾脆爽朗，殺鋒果敢，有「泠泠作風雨聲」之稱。3 人的藝術各有千秋，本來是好事，百花齊放，異彩紛呈，趙佶卻要利用職權扼殺其他兩人，獨傳自己。

◎ 1125 年，倒數計時：2

二月，遼帝在夏國被金兵俘虜，宣告遼國滅亡。沒安靜幾天，金兵轉

---

[245]　《宋史》卷 179，〈食貨志〉下，44 冊，P2925 ～ 2926。
[246]　《宋史》卷 23，〈徽宗紀〉4，P276。

而掠宋。燕山府上報朝廷,宰相不敢向趙佶轉報,十之八九是覺得報了也沒用,可以理解,但令人悲哀。十月金主下詔向宋發起正式討伐,兵分兩路,西路軍從大同攻太原,東路從平州攻燕京,然後在宋都開封會合。

金東路軍連陷檀州、薊州。西路軍先禮後兵,遣使太原見童貫,提議:「如果立即割讓河東、河北,以黃河為界,可以讓宋朝繼續存在。」童貫不敢答應,慌忙溜回開封。他們派使者追到開封,一個個大臣大驚失色,也沒一個敢答應,只好用厚禮為使者送行。於是,西路軍連占宋朔、武、忻、代等州,馬不停蹄圍太原。東路軍到燕山城下,郭藥師率「常勝軍」在白河與金軍遭遇。郭藥師的隊伍整齊,金兵一望不覺生畏。鏖戰30餘里,金軍敗北。沒想到另一位宋將卻逃跑,金軍追擊,導致「常勝軍」也潰敗,戰局發生180度突變。郭藥師守不住,只得投降。金軍對郭藥師非常重視,馬上委任他為燕京留守,發給金牌,賜姓完顏氏,然後令他率2,000騎為先鋒,趁宋來不及準備,長驅直下。

趙佶聞訊,連忙又下〈罪己詔〉,立即實行10項改革,如撤應奉局、將所占百姓的土地全歸還、減省宮中費用、罷道宮及宮觀所撥土地等等。這些措施跟方臘起事時的對策大同小異,趙佶以為這次危機也會很快應付過去。當然他知道這次危機比上次嚴重,緊接又任命太子趙桓以開封牧的身分監國。

朝野急忙尋求對策。大臣吳敏、李綱建議趙佶直接傳位給太子。李綱說:「敵勢猖獗,非傳位太子,不足以招徠天下豪傑。」怕心意不夠誠,李綱還寫一份血書呈趙佶。趙佶同意退位,但心裡悲憤得很,直嘆:「我平日性剛,不意金人敢爾!」嘆著嘆著,忽然氣塞不省,墜御床下。大臣們手忙腳亂將他扶起、進藥,過了一會兒才稍甦醒。然後索紙筆,用他那漂亮的「瘦金體」寫下新詔:「皇太子可即皇帝位,予以『教主道君』退處龍德宮。」當即命人起草詔書。趙佶看了詔書草稿,表示同意,又親筆在詔

第十章　北宋末 10 年

書左側尾部批語：「依此，甚慰懷。」[247] 太子趙桓繼位皇帝，即欽宗，他為「教主道君」。

◎ 1126 年，倒數計時：1

正月初七，金兵抵汴京。郭藥師曾經在城西北的牟駝崗打過球，知道宋在此有馬 2 萬，飼料堆積如山。於是金兵就在此駐紮，首先斷了宋的軍需。

趙佶出城往東逃，留趙桓抵抗。趙桓也想一跑了之，被李綱勸留。可是第二天一早，李綱又見禁軍披甲待發，皇帝、皇后正要上車，連忙高聲問禁軍：「你們願意以死保衛大宋嗎？」禁軍紛紛表示願戰。李綱轉而對趙桓說：「陛下昨天答應我留下，為什麼今天又要走？敵人已近，知道皇室撤離不久，快馬加鞭追去，怎麼辦？」趙桓無話可說，只得再留下。金兵數十艘大船順流而下攻城，李綱率死士 2,000 人英勇作戰，金兵不得不退。

金兵攻城不能下，便與宋議和。李綱請求前往敵營，趙桓說：「你性情太剛烈，不合適。」趙桓提出條件：給金增歲幣三、五百萬兩，免割地；一次性犒勞軍費三、五百萬兩，另外稅金及酒果錢 1 萬兩。金軍卻要求犒軍費 500 萬兩，銀 5,000 萬兩，絹彩各 100 萬匹，牛馬各 1 萬匹；割讓太原、中山與河間 3 鎮，並以親王和宰相為人質。趙桓即派康王趙構和宰相張邦昌前往金營為人質。

不久，以种師道等將軍為首的各路勤王兵相繼匯集京城，多達 20 餘萬。李綱向趙桓建言：「金兵虛張聲勢，其實不過 5 萬，孤軍深入，我們勤王兵就是他們數倍，根本不用怕。當務之策，關鍵是扼守關隘津口，絕敵糧道，以重兵臨敵營，堅壁困之。」但一部勤王兵夜襲敵營，想救趙

---

[247]　同注 243，P2495。

構,不意大敗而歸。趙桓大怒,連忙解李綱的職,並送上割地詔書及地圖謝罪。這時,陳東率數百太學生上街請願,支持李綱,要求懲治賣國賊,聲援的軍民增至數萬。金軍見此情形,不能不感到恐懼,好處已得,便溜之大吉,去接收割讓的3鎮。

外部危機暫除,接下來是內部當務之急。首先加強防備,認為「金人要盟,終不可保」,為此命种師道等率軍駐守太原、中山、河間3鎮;其次平民憤,將主張議和的「六賊」及趙良嗣等人陸續貶官,李綱也以「專主戰議,喪師費財」的罪名貶出,太原、中山與河間的官員,守城有功褒獎;第三是改革弊政,如詔選習武議兵書的人才,詔為民辦實事17件。

可以說趙桓的信譽極差,根本不把盟約當一回事,現在又想盡快翻盤。他連寫兩封密信,一是給一位關係較好的金國大將,請他發動兵變;二是給遠逃而去的遼主,對此前毀約表示歉意,請求恢復舊盟,夾攻金國。搞笑的是,居然會把如此重要的密信,交給金國委派到開封的使臣,派去尋找遼主的使臣也被金國巡邏兵抓了,一切暴露給金主。

八月,金主以宋勾結遼降臣,又不履行割3鎮之約為藉口,再次兵分兩路南下。這回他們不再孤軍深入,而穩紮穩打,先後破太原和真定府等,兩個多月時間,將華北幾乎占盡,兩路大軍會師開封城下,然後才要求割讓已經落到他們手中的整個黃河以北地區。

這時發生一件更搞笑的事,用雷海宗的話說是「幼稚的幻想」。兵部尚書孫傅獲悉他的士兵郭京身懷「六甲法」,說是只要選7,777個男子接受他的培訓,就可以刀槍不入,消滅金兵,並生擒兩路敵軍元帥,連忙向趙桓匯報。趙桓深信不疑,馬上決定與金兵決戰。培訓好神兵後,照郭京要求,命城上守軍全都撤退,不准偷看(以免失靈)。有人置疑,說:「自古未聞以此成功者……今委之太過,懼必為國家羞。」孫傅怒斥:「你這話幸

第十章　北宋末 10 年

好是跟我說，如果跟別人說，非治你不可！」[248] 堅持使用這批「神兵」出擊，金兵乘勢攻城，如入無人之境。

金兵卻不據城，而退回城郊營地，讓趙佶和趙桓繼續在宮裡與他們談判，索金 1,000 萬錠，銀 2,000 萬錠，帛 1,000 萬匹，又索京城騾馬 7,000 餘匹，並要他們盡快籌集這天文數字的黃金白銀與勞軍的美女。

◎ 1127 年，倒數計時：0

兩河地區被割讓，當地百姓極為不滿，紛起抗金。宋副元帥宗澤與金作戰 13 次全勝，可惜改變不了大勢。

二月，趙佶、趙桓、太后、諸皇子及後宮有位號的女人，都被送到金營，然後宣布趙佶、趙桓廢為平民，將他們連同皇族 3,000 餘人，包括駙馬和宦官，押解北行。有一段頗有意味地描述：

> 他們此行的目的地，正是北宋初年幾代皇帝曾經夢想踏上的土地──燕雲十六州。只是這次行軍的性質，卻與他們祖先的夢想完全不一樣。北宋初年的皇帝們，夢想成為征服者，踏上這片土地，而他們，卻成了異族的囚徒，這片土地也最終成為亡國之君的棲息地。[249]

參拜金主的時候，趙佶被封為「昏德公」，趙桓為「重昏侯」，倒不太冤枉。

金軍撤退前，立張邦昌為帝，強迫文武百官擁戴。秦檜當場高聲抗議，金軍惱怒，將他也帶走。秦檜被押至 1130 年釋放回來，卻變成一個恰恰相反的角色。

北宋至此告終。不過，被稱為善於舞文弄墨的統治集團──黃仁宇稱以文辭見長的官僚機構──不說這是亡國，輕描淡寫為「靖康之變」

---

[248]　《宋史》卷 353，〈孫傅傳〉，P8864，「幸君與傅言，若告他人，將坐沮師之罪」。
[249]　彭勇：《天朝落日》，P201。

（「靖康」為年號）；趙佶、趙桓被押送到偏遠的東北囚禁至死，不叫被俘，而美化為「二聖北狩」。狩獵自古是帝王浪漫的休閒方式之一，《周禮》就有合禮安排，《詩經》中有不少頌歌。趙佶自己感覺當然不是那麼回事，請讀他用那美麗瘦金體寫的一首詩：

徹夜西風撼破扉，蕭條孤館一燈微。

家山回首三千里，目斷山南無雁飛。

這是他在五國城（今黑龍江依蘭）寫的，距開封約3,000里，夠悽慘。

陸游〈釵頭鳳〉寫他與愛妻痛別：「紅酥手，黃縢酒，滿城春色宮牆柳。東風惡，歡情薄，一懷愁緒，幾年離索。錯、錯、錯！」趙佶如果仿此寫他的別國之痛，一連三個錯都不夠。

後果：假如趙佶與遼國保持友好

北宋之亡，問題顯然。內部雖然有宋江、方臘起事，名聲很大，可實際影響不大，所涉範圍很小，沒有其他人響應，頭尾才多少時間，就歸於平定。主要問題在於外部，時間上看也有些突然，但來勢凶猛，沒幾回合就致命，百年江山毀於一旦。

不可思議的是，這個外敵是自己請來的。燕雲十六州歷史遺留問題，還有「澶淵之盟」令人感到恥辱，要雪洗百年之恥，心情可以理解。但身為一國之主，應當正視現實，而不能像「憤怒的青年」般亂衝動。當時宋、遼、金三者，無非是以下4種選擇：

一是宋、遼聯合抗金：這是可行且最易行的，因為宋、遼已結盟百餘年，遼主一再要求繼續和好，完全可能聯手鎮壓金，宋遼盟友將因此更牢

第十章　北宋末 10 年

靠。這是最理想的結局。

二是宋、金聯合抗遼：這也是可行的，因為金非常需要宋這樣的幫手（即使宋不助滅遼，也實質性幫了金），對宋而言，獲得收回燕雲報酬也是很有可能的，只不過道義上得背叛盟的十字架。金必然因此看不起宋，一個公開叛盟的人，誰還敢信賴呢？最終不可能真心跟宋結盟，因此不是最好選擇。

三是遼、金聯合抗宋：這是最不可能的，因為金從遼那裡叛離。

四是宋、遼、金三不和：也不可能，因為宋遼已是百年盟友。

對於與金聯手抗遼，當時就有大臣明確反對，說得非常清楚——唇亡齒寒，邊境從此不得安寧。坐山觀虎鬥，然後伺機而動，是當時的最佳選擇。可是趙佶不採納，固執己見。

如果形勢如趙佶所料也罷，宋金一舉滅遼，坐地分贓，證明自己偉大，光宗耀祖，萬民擁戴。可他沒注意自己的後院，百姓已忍無可忍，搶先一步打響內戰；沒有考量到自己軍隊外戰無能，仍然會成為遼的敗將，讓國內外恥笑；更沒有一種堅定的態度對待自己的選擇，既然已經在宋金聯手之路上邁開了步，怎麼會突然又想聯手遼來夾擊金呢？簡直像小孩玩遊戲一般。所以，宋幫金打了仗也沒人情，在背叛老友遼的同時，又加上背叛新朋友金的不義，讓金滅遼之餘，隨手轉而滅宋。咎由自取啊！趙佶先生！

趙佶如果像他祖宗趙恆就好了。想當年與遼在澶淵會戰，宋已占上風，可他見好就收，以金錢換和平，而不義的良心債，讓遼去背。可當時大臣就說，趙恆親自身披甲冑，當時將相勇略過人，難道他們不想收復燕雲嗎？不是！只是他們不忍心讓百姓陷入戰亂。這百餘年，百姓不是果然過得很幸福嗎？同時，遼國也開創「景聖中興」。這才是千秋之功！當然，希望「只要土地，不要人民」的昏君這樣考量，實在是奢望。但趙佶可以

228

思考看看，趙恆要是不和解，遼軍敗退，不日再來，沒完沒了戰下去，宋能保證下次、下下次永遠會再贏嗎？說不定北宋在百年前就亡於遼之手了。

趙佶如果像趙恆，在遼、金之戰中可以保持中立，坐山觀虎鬥，坐收鷸蚌相爭之漁利。金剛剛興起，剛與遼大戰，又不了解宋軍實力，幾乎不可能一滅遼、轉身就來滅宋。如果能支持遼鎮壓金，那麼遼一定會很感激，這時，或是在之後適當時機，和平索回十六州，並非不可能。當時，夏也曾約遼一起攻宋，遼主就不同意，這說明遼是講信用的。宋與遼保持聯盟是最好的可能，即使選擇與金聯手，那麼在遼主蕭皇后又派使臣請求不要再進攻，表示遼願意降為臣屬之時，趙佶應當像趙恆那樣見好就收。如果這時提出收回十六州之事，想必也可能。如此，何至於轉眼間成為金的俘虜？

第十一章　南宋末 10 年

第十一章
南宋末 10 年

【提要】

西元 1270～1279 年為南宋倒數計時 10 年,宋度宗趙禥弱智,權臣賈似道善理財但不懂軍事,仿效北宋叛舊盟結新盟,舊盟亡而自己成新敵,皇帝又被擄走。大臣帶著兩個小皇帝逃亡,要麼溺海要麼投海。

假如謝太皇太后像遼國蕭太后,及時撤換賈似道,給人民信心,多堅持一下,避過蒙軍的鋒芒,何愁沒有轉機?

第十一章　南宋末 10 年

前因：北方崛起特大強鄰

南宋雖然半壁江山，依然有資格笑傲四鄰。有作家評論：「經過『靖康之難』的打擊，宋室的國家政體幾近陷於癱瘓，南宋在軍事上一直萎靡不振，但在經濟文化方面卻一直是遼、夏、金、元等少數民族王朝的領袖，這也使得『中興』有了更為確鑿的歷史含義。」[250] 也有學者說：「我傾向於認為中國中古與近古之間的分野與歐洲相仿，在十二世紀前後，就是宋朝時期。」[251]

高宗趙構恢復宋室後（1127～1162 年），忍辱負重，與金和解，集中精力發展經濟、文化，全面復興，被譽為「建炎中興」，詳見《春之卷》第十章。

孝宗趙昚當政時期（1162～1189 年），與金「隆興和議」，為岳飛平反，反腐懲貪，禁偽學，清理苛捐雜稅，貨幣經濟大發展，被譽為「乾淳之治」，詳見《夏之卷》第十七章。

南宋雖然在某種意義上相對委屈些，但經濟文化在當時世界還是很強的，無奈當時有一個軍事方面極為強大的鄰居——蒙古——崛起，更糟的是，當時南宋統治者重蹈了北宋末代統治者的覆轍。

1221 年，蒙古軍進逼汴京，膠西宋軍紛紛南逃，京東軍則降，宋寧宗趙擴被迫通好於蒙古。但這種友好是不可長久的，一方面是蒙古人野心太大；另一方面是宋人始終不忘中原而又總想投機取巧。歷史悲劇重演，南宋與蒙古先結盟聯手滅金，金一滅，自己變成惡鄰。據說南宋派使者北上求和，忽必烈命人抬出幾個大箱子，裡面全是南宋聯合蒙古伐金的契約。忽必烈說：「只要能挑出任何一份，你們曾經兌現過，我們立即撤軍，永

---

[250]　張筱兒：《論南宋建炎中興及江南民生》。
[251]　傅小平：〈作家寫史會不會偏離歷史真實〉，《文學報》2015 年 7 月 30 日。

不南下！」南宋使臣啞口無言。1261年秋，忽必烈準備全面侵宋，詔令指責說：

> 朕即位之後，深以戢兵為念，故年前遣使於宋以通和好。宋人不務遠圖，伺我小隙，反啟邊釁，東剽西掠，曾無寧日。朕今春還宮，諸大臣皆以舉兵南伐為請，朕重以兩國生靈之故，猶待信使還歸，庶有悛心，以成和議，留而不至者，今又半載矣。往來之禮遽絕，侵擾之暴不憶。彼嘗以衣冠禮樂之國自居，理當如是乎？[252]

就因此，水陸並進，大舉南下問罪。後來，元廷還辯解：「宋之權臣不踐舊約，拘留使者，實非宋主之罪，倘蒙聖慈，止罪擅命之臣，不令趙氏乏祀者。」[253] 這話跟內部一些謀反如出一轍：「清君側」。

南宋和北宋一樣對盟友不誠信，這有一系列事實，然而狼要吃羊總是有理的，宋對蒙守信也難免會被侵吞，只不過是時間早晚而已。呂思勉評：「約金攻遼，亦並不算失策，其失策乃在滅遼之後，不能發憤自強，而又輕率啟釁。約元滅金之後，弊亦仍在於此。」[254]

蒙古可汗蒙哥與他弟弟忽必烈在南宋問題上有嚴重分歧，蒙哥主張速滅，忽必烈主張審慎行事，先鞏固華北統治。當然，得以蒙哥意見為準。1259年，3路大軍下江南，蒙哥執意親征四川，忽必烈攻鄂州，另一路從雲南入廣西攻湖南。宋理宗趙昀連忙任命賈似道為右丞相，率軍救鄂。賈似道不懂軍事，但是會理財，而且他姐是貴妃，趙昀以「師臣」相稱，百官尊稱他為「周公」，他家成為事實上的官府。為了增加軍費，賈似道推行「公田法」，即將被政府收回的田地，除一部分劃為寺院、學校外，其餘全部賣給私人經營，70%上繳中央，30%留給地方，除了增加軍費，還

---

[252] 《元史》卷4，〈世祖〉1，55冊，P49。
[253] 同上，卷8，〈世祖〉5，P109。
[254] 呂思勉：《中國通史》，P451。

第十一章　南宋末 10 年

可以減少苛捐雜稅。此舉被《宋史》詬病，實際上在當時具有正面作用，賈似道並非平庸之輩。然而，他在戰爭中的實際表現也的確太糟。他到前線沒本事禦敵，卻膽敢與蒙軍私下議和，遭到拒絕。幸好老天爺這時幫一回南宋，這年夏特別炎熱，蒙軍發生霍亂疫情，一個個倒斃，士兵強烈要求北還。蒙哥自己又中箭而死（有的說是病逝），忽必烈攻鄂州也遭頑強抵抗。賈似道看準機會再請求議和，表示願意稱臣、歲奉 20 萬兩銀、絹 20 萬匹，忽必烈喜出望外。閏十一月，蒙軍撤回辦喪事及王位交接，賈似道與其他將領會師，趁他們撤退時進攻，殺敵 170 多名。

賈似道班師回朝，隱瞞與元議和之事，報捷說：「諸路大捷，鄂圍始解，匯漢肅清。宗社危而復安，實萬世無疆之福。」朝野歡天喜地，賜賈似道「衛國公」榮譽稱號，文武百官恭迎他凱旋而歸。賈似道與同黨編寫《福華編》，毫不客氣地歌頌自己的抗蒙「英雄事蹟」。同時弄權，排除異己，加緊享福。傳說他迷戀蟋蟀和美女，帶著蟋蟀上朝，議政時傳出蟲鳴聲，甚至有蟋蟀從袖中跳出黏到皇帝鬍鬚上。

忽必烈是不會健忘的，派使者郝經入宋談判履約細節。賈似道慌忙將郝經祕密囚於軍營，紙就暫時包住火了。1264 年趙昀死，宋度宗趙禥繼位。趙禥母親原本是王府一名小妾，懷孕後被逼墮胎沒成功才生下。他生來體弱，手足發軟，7 歲才會說話。但因為是皇帝近親唯一的男孩，還是被選為接班人，配備良師，精心教導。因為體制所限，他被迫繼承皇位。這皇帝不該傻的傻，該傻的卻不傻。他當太子時以好色出名，繼位後更如此，史稱「一日謝恩者三十餘人」[255]。好端端的大宋，就這樣再次醉生夢死，步入倒數計時。

---

[255]　《續資治通鑑》卷 180，10 冊，P4926，「帝自為太子，以好內聞，既立，耽於酒色。故事，嬪妾進御，晨詣閤門謝恩，主者書其月日。及帝之初，一日謝恩者三十餘人。」

最大看點：重蹈前朝覆轍

◎ 1270 年，倒數計時：9

　　襄陽地理位置十分重要，素有「華夏第一城池」之譽，兵家必爭。據統計，歷史上曾在此發生 172 次有影響的戰爭，最有名的便是宋元這次。新年伊始，宋廷命李庭芝將軍督師增援，賈似道還命他的親信范文虎將軍配合。范文虎去年曾率舟師增援那裡，被蒙軍擊敗，心有餘悸。他寫信給賈似道，吹牛拍馬說：「吾將兵數萬入襄陽，一戰可平，但願無使聽命於京閫，事成功則歸於恩相矣。」[256] 閫指統兵在外的將軍，這裡特指李庭芝。范文虎在這裡赤裸裸不聽從朝廷命官，賈似道卻予鼓勵，命他為福州觀察使，讓他反過來節制李庭芝。李庭芝一次次邀出兵，范文虎總是說未領旨，婉言拒絕。在等不到援軍的情況下，襄陽守軍步騎萬餘及戰船百餘艘，向萬山堡的蒙軍發起進攻，可惜又失敗。九月，范文虎終於率戰船 2,000 艘抵襄陽，卻被蒙軍斬殺 1,000 多人，掠船 30 艘，只得引退。蒙軍在萬山築城，從此斷襄陽城裡的糧源。

　　金亡不久，蒙軍開始向長江中游地區發起攻勢，勢如破竹。忽必烈繼位後，加強對南宋的攻勢，四川戰場呈現膠著狀態。宋軍搶修被破壞的合州城，蒙軍發現，立即干擾。隨後又加強防備，臨嘉陵江策柵，扼守水道。夜晚還在柵上掛燈，能照百步以外，以防宋軍趁夜修城。

　　宋將牛宣與蒙軍在嘉定、重慶、釣魚山、馬湖江一帶作戰，全都失敗，牛宣被俘，同時被掠無數百姓、牛馬及戰船。

◎ 1271 年，倒數計時：8

　　蒙軍進一步加強對襄陽的攻勢，水陸並進，分別占嘉定、滬州和汝州。

---

[256] 同上，卷 179，P4891。

第十一章　南宋末 10 年

宋將范文虎又率兩淮舟師 10 萬增援襄陽，到城東約 30 里處的鹿門山時，不想山洪瀑發，漢水大漲，難以行船。蒙軍趁機發起進攻，宋軍不利，乘夜而逃，丟戰船 100 餘艘。同時宋軍在五河口築柵據城，蒙軍聞訊出兵來搶，但遲一步。不久，宋軍進攻襄陽城南的百丈山，但失敗，被斬 2,000 餘級。

蒙軍進攻梁山的銅拔寨，宋軍投降。又在渦河一帶敗宋軍，同時分兵抄掠五河城。

宋軍也在膠州對蒙軍發起進攻，但還是失敗，丟戰船百艘。

這年十月，蒙古大汗忽必烈將原屬於西夏、金、宋、大理 4 國的疆域與蒙古本土合併，改稱皇帝，國號改為「大元」。

◎ 1272 年，倒數計時：7

襄陽被圍 5 年，援軍還沒到。這年三月，樊城的外城終於破，被殺 2,000 餘，俘萬計。

宋軍命李庭芝將軍移師郢州，在襄陽西北的青泥河造船百艘，募民兵 3,000。民兵負責人張順、張貴號召：「這次戰鬥所得恐怕只有死。怕死的請離開，不要壞我大事！」群情激奮，沒一個告退。當時洪水大，順流發百船，以紅燈為號，趁夜半出江。張貴率先，張順斷後，突破重圍，轉戰 120 里，天亮時分到達襄陽城下。城中聽說援軍到，深受鼓舞，但發現張順失蹤。幾天後有屍逆流而上，發現是張順。他身中 4 槍 2 箭，卻還是怒氣如生。張貴入城後，與守軍呂文煥將軍共同作戰。張貴等兩人具有伏水中數日而不食的本事，特命他們潛回郢州，求助於范文虎，約定發兵 5,000。

張貴離開郢州，重新潛入襄陽城，登船時發現帳前有個人逃了，大吃一驚。於是連夜發船，冒險突圍。突然發現掛著大宋旗的戰船到來，張貴

連忙迎上。近前才發現這船上是元兵,想退來不及,奮戰到最後,還是被俘。蒙軍勸降,他誓死不屈,被殺。

蒙軍圍攻襄陽好幾年,這才發現該城特點:漢水穿城而過,分出南北兩岸的襄陽、樊城,隔江相望,唇齒相依;應當先攻樊城,斷其唇,襄陽不攻自下。這時,剛好有回回人為蒙軍發明新式炮,馬上調到襄陽前線使用。「回回」泛指回族,或信奉伊斯蘭教的人和國家,也指伊斯蘭教。當時有兩位非常有名的穆斯林製炮專家在蒙軍中,所以這種新式炮被稱為「回回炮」或「西域炮」。因這種炮首先在襄陽使用,又稱「襄陽炮」。

蒙軍想在鹿頭山築新城門,宋軍出城干擾。深夜大雪,城上箭和石頭如雨,蒙軍傷亡很大,但還是一夜築成,天亮時安置好新炮。同時,蒙軍縱火燒江上的宋軍船艦。城中宋軍想援助,被擋回城內。

◎ 1273 年,倒數計時:6

正月雪夜,天寒地凍,蒙軍用回回炮向樊城發起進攻。這不是現代意義的火炮,只不過是在古代拋石機基礎上加以改進,但威力大多了。據記載,這種炮發射的巨石重達 150 斤,落地時可砸出 7 尺深的坑。蒙軍矢石如雨,通宵達旦,宋軍死傷慘重。原本樊城與襄陽之間還可以利用漢水相互援助,在江中置巨木,用鐵索固定,造浮橋,如履平地。現在蒙軍鋸木、割索、焚橋,兩城不再相通,又受如此炮轟,樊城被破。守將范天順絕望,仰天長嘆:「我范某生是宋臣,死為宋鬼!」嘆罷自縊。另一名宋將牛富率死士 100 人巷戰,身負重傷,便以頭觸地,赴火死。副將王福見狀,嘆道:「將軍死國,我豈能獨生?」也赴火死。

接著,蒙軍用回回炮轟襄陽。史書描述:「一炮中其譙樓,聲如震雷,城中洶洶,諸將多逾城降者。」[257] 蒙軍勸降:「你們堅守孤城 5 年,

---

[257]　同上,卷 180,10 冊,P4916。

第十一章　南宋末10年

很不容易。如今斷絕外援，還能堅持幾天？如果降，既往不究，還可以加官。」元將折箭誓言承諾算數。宋將呂文煥不僅降，還為蒙軍攻鄀州獻計、獻策，並表示願為先鋒。蒙軍以襄陽大都督原職委任，只是旗幟變了。從此，蒙軍一路順著長江而下，未再遇實質性抵抗。

這關鍵性一仗，輸給稍加改進的拋石機回回炮，近千年之後的今天，想來還感到痛心。眾所周知，火藥是中國古代「四大發明」之一，還不如人家剛剛改進的拋石機，再幾百年後，還讓西洋人拿著真正的火藥武器打到家門口來，「四大發明」換個角度看，無不浸透恥辱，嗚呼！

襄陽之敗，「國勢危甚」，朝野反思。大臣陳仲微上書：「誤襄者，老將也。夫襄之罪不專在於庸閫、疲將、孩兵也，君相當分受其責，以謝先皇帝在天之靈……唯君相幡然改悟，天下事尚可為也。轉敗為成，在君相一念間耳。」[258] 這話雖然給予人鼓舞，但矛頭不僅指向重臣，還公然指向皇上，這就成問題了。賈似道大怒，將陳仲微貶黜到地方去。

◎ 1274年，倒數計時：5

新年伊始，元廷召開重要會議，負責指揮襄陽大戰的元帥府大將阿里海牙說：「荊、襄自古是用武之地。現在漢江已為我所有，只要順流長驅，宋很容易平定。」另一位大將阿術（阿朮）也說：「臣發現宋兵比以往更弱了，今日不取，時不再來。」於是又徵兵10萬，造船800艘，準備對宋發起全面進攻。六月元帝下詔，指責：「朕委派使者郝經前往友好談判，竟然被拘留迄今，所導致戰爭，禍全在宋的一方。」[259] 元帝下令諸將率兵全面南侵。七月趙禥突然病死，33歲豔福到頭。繼位的恭帝趙㬎年僅4歲，縱然天才也沒用。老奶奶謝太后主政，更多權力委以賈似道。偏偏這時又

---

[258]　《宋史》卷422,〈陳仲微傳〉，P9876～9877。

[259]　同注255，P4926,「爰自太祖皇帝以來，與宋使介交通。憲宗之世，朕以藩職，奉命南伐，彼賈似道復遣宋京詣我，請罷兵息民。朕即位之後，追憶是言，命郝經等奉書往聘，蓋為生靈計也，而乃執之。以致師出連年，死傷相藉，係累相屬，皆彼宋自禍其民也。」

面臨凶惡蒙軍全面進攻,「天下之勢,十去八九」,本當皇帝親征,現在全體官員和太學生只好一致強烈要求賈似道親征。

蒙軍元帥伯顏率20萬大軍抵鄂州20里處,與宋軍10萬隔漢水對峙。兩岸戰艦上千,鐵索橫江,蒙軍無法南下,只好轉道襲城。宋兵力戰,蒙軍也無法得逞。勸降,宋軍拒絕。伯顏派小股精兵潛入漢口,屠沙洋,破新鄂,然後進逼復州,宋軍降。再攻陽邏堡,又遇力敵。伯顏聲東擊西,引開宋軍主力,輪番奇襲,終於破陽邏堡。緊接攻鄂州,守軍不戰而降。

這時,謝太皇太后下〈哀痛詔〉(即〈罪己詔〉),說皇帝年幼,自己年邁,國家艱危,希望各地文武豪傑同仇敵愾,共赴國難,朝廷將不吝賞功賜爵。這詔下後,各地反應並不熱烈。

忽必烈發2.7萬兵與高麗軍聯手向日本發起進攻,占有壓倒優勢,卻不想日本武士團驍勇善戰,加之暴風襲擊,結果失敗。

◎ 1275年,倒數計時:4

蒙古人在日本遭失敗,在宋卻變得如入無人之境。對宋而言,這簡直是個投降之年。正月,蒙軍先後攻黃州等地,宋將以城降。安慶府衙設在山上,兵糧足,守將范文虎又是勁敵,蒙軍原以為難攻,做好惡戰準備,沒想到范文虎也以城降。伯顏喜出望外,委任他為兩浙大都督。隨後,宋建康等地守臣棄城而逃,海州等相繼也降。十二月,大宋朝廷也降,蒙軍拒絕。謝太皇太后派左丞相陸秀夫等人奉國書,表示願意以姪的身分納幣乞和,元主這才答應。宋室江山是趙匡胤從後周孤兒寡母手中奪得,現在又失於孤兒寡母之手。帝國史就這麼弔詭。

二月,賈似道遣使入元,請求歸還已降州郡,願貢歲幣補償。伯顏說:「我們沒過江時,入貢議和可以。沿江各州郡已歸我們了,現在想和,要當面來議。」賈似道感到對方沒誠意,調集精銳部隊7萬,屯於池州。蒙

第十一章　南宋末10年

軍戰船鋪天蓋地沿江而下，賈似道布兵兩岸，又調戰船 2,500 艘橫江中。第二天，伯顏令步騎夾岸而進，以炮轟擊。宋兵亂了，有的不戰而逃，賈似道也望而生畏，鳴金退兵，大亂陣腳。蒙軍追殺 150 里，繳戰船 2,000 多艘。賈似道逃揚州。

這時，臨安朝野一片驚恐，紛紛要求殺賈似道以謝天下。謝太皇太后說：「似道勤勞三朝，安忍以一朝之罪，失待大臣之禮！」只將他免職，貶到偏遠的廣東。縣尉鄭虎臣曾受賈似道迫害，現在主動請求押解任務。路上，鄭虎臣多次要賈似道自盡，他不願。鄭虎臣不耐煩，在木棉庵（今福建龍海）將他殺了。被賈似道密囚 16 年的元使者郝經終於獲釋，但在歸途中病死。

當然，也有寧死不屈的。如蒙軍攻饒州，知州等人戰死。又如蒙軍攻五牧，守將尹玉孤軍作戰，敗後召集殘兵 500 人繼續拚，一夜殺敵數十，最後力竭被殺，兵卒無一降。最著名的是狀元出身的贛州主官文天祥，他本來是花花公子，因反對賈似道受排擠。讀〈哀痛詔〉深受感動，拿出家產，召募 3 萬壯士組建民軍，北上抗元。有人說：「蒙軍那麼多，你這點兵不是羊入虎口嗎？」文天祥說：「吾亦知其然也。第國家養育臣庶三百餘年，一旦有急，徵天下兵，無一人一騎入關者。吾深恨於此，故不自量力而以身徇之，庶天下忠臣義士將聞風而起。義勝者謀立，人眾者功濟。如此，則社稷猶可保也。」[260] 他被任命兵部尚書，建議分置長沙、隆興、鄱陽和揚州 4 鎮，建都統，足以抗敵。但大臣們認為不切實際，不予上報。

值得特別一說是這年三月，天氣變熱，江東瘟疫，蒙軍感到行軍困難，決定休整一段時間，等到秋天再戰。這時，元使者入宋被殺，宋廷急忙派人向蒙軍道歉，說是邊將所為，朝中實不知情，願出錢罷兵友好。不久，伯顏派出的使者又被殺。伯顏大怒，馬上恢復進攻。柏楊曾評論道：

---

[260]　同上，卷 181，P4944。

狂熱一旦到了靠流別人的血來表達自己忠貞的地步，這種狂熱便成為兩頭尖的劍，固然傷害別人，也同樣傷害自己。強烈的愛國心是可敬的，但只用別人的生命表達它，這個愛國心就不純潔，有邪惡的成分在內。[261]

元兵侵江州，宋軍政要員有的殉國，有的夜遁，有的迎降，在著名的「庾公樓」設宴為伯顏洗塵，還「選宗室女二人，盛飾以獻」。不想伯顏大怒，斥責：「吾奉天子命，興仁義師，問罪於宋，豈以女色移吾志乎？」[262]所謂「興仁義師」顯然是無恥謊言，但毅然將送上門的美女驅走，與去年死於後宮的宋帝，形成鮮明對照。

◎ 1276年，倒數計時：3

戰爭和投降在繼續。潭州被蒙軍包圍，知州李芾堅守3個月，力不能支，新年伊始終於被破。但李芾對宋廷的忠誠不破，當天為兩個兒子舉行冠禮。有人感到驚奇，責問：「國破如此，你還有如此閒心？」李芾心平氣靜說：「我要帶著成年兒子去見祖先！」說完點火，一家人自焚。眾人看著那熊熊烈火，紛紛仿效，據說那城裡沒一口井沒被填滿，沒一棵樹沒人上吊。

然而，無數殉國之血沒能感動官軍，湖南其餘州郡相繼降。此後陸續還有一些宋軍抵抗，但規模都不大，不贅述。不能不說說〈蹇材望偽態〉所記：浙江湖州知州副職蹇材望，曾當眾立誓與城池共存亡，且製作一塊錫牌，大書「大宋忠臣蹇材望」，小書「凡找到我屍首的，請代為埋葬並樹碑祭祀，碑題『大宋忠臣蹇材望』，此二銀為埋葬、立碑之用」。蹇材望將牌與銀子繫於腰間，敲鑼打鼓廣而告之，只等元軍到時投水殉國，湖州老少都被感動。本年正月初一，元軍入城之時，卻發現蹇材望昂首騎在元軍的大馬上，繼續當元朝的湖州官員。

---

[261] 柏楊：《中國人史綱》下冊，P16。
[262] 同注255，P4938。

第十一章　南宋末 10 年

　　蒙軍逼近臨安。宋建議對元以伯姪相稱，元不同意，只能以君臣相稱，當然是大宋屈為元之臣，並歲貢銀 25 萬兩，絹 25 萬匹。堂堂中原淪為北狄之臣，簡直是奇恥大辱！宋乞存境土，說是「為宗社生靈祈哀請命」，甘願對外敵受些凌辱、送些財物，有如當年南唐、吳越的「保境安民」。不久，進封趙昰為益王，領東南福州；趙昺為廣王，領距福州不遠處的泉州，指望他們有朝一日復興大宋。然後，遣使將傳國玉璽送到伯顏手中。伯顏召宋右丞相陳宜中議事，陳宜中連夜逃溫州。於是改任文天祥為右丞相，命他前往伯顏軍營，交涉說：「蒙軍必須退兵到平江或嘉興，然後才商量歲幣與勞軍事項。蒙軍北還是上策。如果你們一定要毀大宋宗社，那麼淮、浙、閩、廣一帶多數還在我們手中，肯定還要重開一戰！」伯顏看文天祥言辭強硬，心有不服，便將他拘留不放。張世傑、劉師勇等將軍見朝廷不戰而降，氣憤不已，率部移師海島。蒙軍入臨安城後，詔諭大宋軍民說：

　　祕書省圖書，太常寺祭器、樂器、法服、樂工、鹵簿、儀衛，宗正譜牒，天文地理圖冊，凡典故文字，並戶口版籍，盡仰收拾。前代聖賢之後，高尚儒、醫、僧、道、卜筮，通曉天文歷數，並山林隱逸名士，仰所在官司，具以名聞。名山大川，寺觀廟宇，並前代名人遺跡，不許拆毀。鰥寡孤獨不能自存之人，量加贍給。[263]

　　由此看來，蒙軍比諸多「農民軍」更「文明」？

　　二月，謝太皇太后悄然詔大臣江萬載等人，護送趙昰、趙昺二王從海上南逃。伯顏聞訊，馬上派兵追，沒追到。伯顏將臨安圖書、祭器、樂器大掠一番，帶著趙㬎及皇后等俘虜北還，北宋末的悲劇重演。

　　聽說趙昰、趙昺二王在溫州，文天祥、陸秀夫、張世傑（被譽為「宋末三傑」）等文武官員陸續找來，共議起兵復興，並派員入閩，準備以福

---

[263]　同注 252，P121 ～ 122。

建為基地。李庭芝聽說趙㬎及皇后等人被擄行至瓜州，傾家蕩產犒勞4萬將士，哭著發誓要奪回宋帝，可惜失敗。

五月，一幫遺老遺少在福州扶持只有7歲的趙昰繼位，即端宗，並委任一批文武官。不久，文天祥在南劍州（今福建南平）建立督府（即軍府），經略江西。

蒙軍入福建，連破建寧（今福建建甌）、邵武。陳宜中等人用海船率軍17萬、民兵30萬，將趙昰等皇室避到泉州。因泉州主官叛變，又移潮州。

有諸多通史將本年臨安陷落視為宋朝正式滅亡，但也有不少將宋的歷史延續幾年。這裡從後者。

◎ 1277年，倒數計時：2

文天祥想立足汀州，可是當地守官欲降元，只好移師漳州。不久，那降官追到漳州勸降文天祥。文天祥大怒，一刀將他斬了。然後，文天祥出福建，收復梅州；出江西，與吉州、贛州等地的宋軍相匯，合攻會昌。隨後敗，逃至循州（今廣東惠州一帶）。這時，蒙軍抓了文天祥的妻兒等家屬押送北京，兩個兒子死於途中。

趙昰遷潮州的淺灣，蒙軍很快追至。這時，陳宜中自己逃占城。趙昰一行入海，也想去占城，但沒去成。

◎ 1278年，倒數計時：1

三月，為躲避蒙軍追擊，江萬載一邊帶兵禦敵，一邊扶趙昰上船。不想遇颱風，趙昰被捲入海中，江萬載將他救起，自己被狂風巨浪捲走。不久逃到碙洲（今廣東湛江硇洲島），趙昰因溺海受驚，一病不起。張世傑和陸秀夫等大臣擁立趙昺，年僅8歲。

趙昺一行遷崖山。崖山在今廣東新會南40里處的大海中，是中國第一大火山島，面積56平方公里，東南控海，西北港口，與奇石山對峙如扉。

第十一章　南宋末 10 年

張世傑認為那裡有天險可據，入山伐木，造行宮 20 間及軍營 3,000 間，至今可以在那裡看到宋皇城遺址、翔龍書院、皇井、皇碑和皇亭等等。

畢竟算是宋廷尚存，還有人遙相呼應。湖南宋臣張烈良和劉應龍等起兵，雷州等縣民眾紛紛響應，多者數萬，少者數千。不久，又有政和縣民黃華等人聯合畬民起兵響應。不過這些民眾畢竟不是如狼似虎的蒙軍對手，很快被鎮壓。

閏十一月，文天祥在海豐戰敗被俘。蒙軍令他下拜，文天祥不屈。蒙軍改而為他鬆綁，以禮相待。文天祥求死，也不允。

◎ 1279 年，倒數計時：0

年初，元將張弘範發現宋廷最後營壘，率水、陸兩軍直趨崖山，以戰艦堵塞海口，斷絕退路。張世傑只好背水一戰，下令焚燒島上行宮軍屋，人馬全部登船，依山面海，1,000 多條戰船排成長蛇陣，用繩束連線在一起。船的四周築起城樓，將趙昺的船保衛在當中，決心共存亡。蒙軍用小船裝柴草，澆上油，火攻宋軍。宋船塗溼泥，火勢無法蔓延。又用長木撐住火船，火攻失敗。蒙軍又斷水源，封鎖海口，死死圍困。

張世傑有個外甥在蒙軍，張弘範命他出面勸降，被拒絕。又命獄中的文天祥寫信勸降，文天祥卻寫了那首著名的詩篇〈過零丁洋〉：

辛苦遭逢起一經，干戈寥落四周星。

山河破碎風飄絮，身世浮沉雨打萍。

惶恐灘頭說惶恐，零丁洋裡嘆零丁。

人生自古誰無死？留取丹心照汗青。

這詩光耀千秋。張弘範再施一計，派人對島上的土著百姓喊話，鼓動他們反叛，也沒一個人聽從。

萬般無奈，二月六日決戰。張弘範分兵 4 路猛攻，一艘艘戰船直撲而

來，從中午到傍晚，箭如暴雨。宋軍腹背受敵，傷亡慘重。張世傑明白大勢已去，調精兵接趙昺，準備突圍。

陸秀夫護衛趙昺，見來接的小船，擔心被截獲，拒絕上船。陸秀夫明白難以脫身，便令妻子投海，然後換上朝服，禮拜趙昺，哭訴：「國事到這地步，陛下當殉國，不可再被俘受辱！」[264]說著將金璽繫在趙昺腰間，背起他跳入大海。宮眷和將士見狀，紛紛跟著投海，只有800人被俘。7天後，海上浮屍10餘萬。

張世傑率水軍餘部突圍，到海陵山，稍事休整。這時，有人帶來陸秀夫背趙昺投海的噩耗，颶風大作。部下勸上岸暫避，他拒絕，嘆道：「無濟於事了！」說著登舵樓，焚香遙祝：「我為趙氏竭盡全力了！一君亡，復立一君，如今又亡。我之所以沒殉身，實指望蒙軍退後再立新君。可現在，颶風又如此，難道真是天意？」沒人作答，唯有風越來越大，昏天暗地，張世傑只好也縱身一躍。

此役後果異常嚴重，「崖山之後無中國，明亡之後無華夏。」有人認為真正的中華文明，從秦朝開國就沒有了，而後來的中華文明「復興模式」，到宋朝崖山戰役也結束了，建議在崖山修建紀念碑，我想這是個好主意。

明代史家陳邦瞻認為：「中國古代歷史只有三變，除了周至秦，漢至唐，就是宋……至明時還沒有終」，[265]也就是說，元明的政治制度都繼承於宋。現代歷史學家也認為：「從近代的『人心政俗』來看，則宋代在政治理念、思想文化方面的歷史遺產，的確深深地滲入到中國社會的肌體之中。」[266]

---

[264]　同上，卷184，〈元紀〉2，P5027，「國事至此，陛下當為國死。德祐皇帝辱已甚，陛下不可再辱！」

[265]　陳邦瞻：《宋史紀事本末·敘》，「宇宙風氣，其變之大者有三：鴻荒一變而為唐虞，以至於周，七國為極；再變而為漢，以至於唐，五季為極；宋其三變，而吾未睹其極也。」

[266]　鄧小南：《祖宗之法：北宋前期政治述略》，P13。

第十一章　南宋末 10 年

日本學者還認為:「宋代在許多方面,至今還發揮著激發漢族民族主義感情的重要作用」。[267]

後果:假如謝道清沒用錯人

南宋何以亡?非常明顯是體制之亡。一個又一個皇帝那麼幼小,賈似道膽大妄為,成事不足敗事有餘,暫且不論。除此之外,還有什麼?我注意到謝太后謝道清。在最後那 10 年裡,她主要做了 3 件事:一是下〈罪己詔〉,凝聚人心;二是將負有戰敗責任的賈似道貶官(但不是問罪處死),整頓官風;三是安排幼小的皇室出逃,以圖將來,但三者全都失敗。謝道清早就有干政,如 1259 年蒙軍過長江,趙昀打算遷都到平江、慶元,謝道清因深恐動搖民心而反對,趙昀作罷。如果早遷都,也許早轉危為安;如果早處置或重處賈似道,也許更能挽回民心,也許有救,但她沒有。蔡東藩評論:

> 宋多賢母后,而太皇太后謝氏實一庸弱婦。以之處承平之世,尚或無非無議,靜處宮闈。若國步方艱,強鄰壓境,豈一庸嫗所能任此?觀其初信賈似道,及繼任陳宜中,而已可知謝氏之不堪訓政矣。[268]

一個體弱多病且不善政的老婦人,牽著一個幼小的皇帝,怎麼可能救國?即使沒有蒙古人入侵,也很容易被王莽、楊堅、趙匡胤之流篡奪吧?

謝道清如果像蕭太后就好了!遼聖宗繼位時,年僅 10 歲,尊蕭綽為皇太后,攝政到聖宗 38 歲。諸王宗室不服,200 餘人擁兵自重,控制朝廷,對蕭綽及聖宗構成威脅。在耶律斜軫、韓德讓等大臣支持下,她果斷

---

[267]　《中國的歷史・宋朝》,P352。
[268]　蔡東藩:《宋史演義》第 99 回。

地撤換一批大臣，下令諸王無事不得出門，並設法解除他們的兵權，迅速穩定朝政。宋太宗趙光義認為他們孤兒寡母有機可乘，大舉北伐。蕭綽指揮反擊，大獲全勝。然後，蕭綽反過來大舉伐宋，果斷與宋達成「澶淵之盟」，百年友好，兩國都開創盛世，真可謂實現雙贏。

　　假如謝道清像蕭綽，那麼她會及時撤換賈似道，而重用其他人。蒙軍強悍，但並非天兵天將，在四川幾年沒突破，在日本和東南亞更是失敗，反而導致他們自己迅速衰弱。南宋畢竟占有天時地利，文武百官也不是個個無能又無德，民眾更沒幾個反叛，只要多堅持一下，避過蒙軍的鋒芒，何愁沒有轉機？何至於那般狼狽？何至於忍受它奴馭百年？

#　第十二章　深化與超越

第十二章
深化與超越

【提要】

　　西元 1359～1368 年為元朝倒數計時 10 年，順帝難得露一面，活躍的是一群又一群民軍。朱元璋實施宏偉策略，勢如破竹，直逼大都。元廷高層仍然內訌不休，不得不逃回草原。

　　假如元順帝能像唐宣宗李忱，妥善處理好孛羅帖木兒和擴廓帖木兒大腿與手臂的矛盾，鞏固帝國柱石，很可能扭轉局勢。

第十二章　深化與超越

前因：朝野不寧

忽必烈也是有作為的帝王。他只想征服東亞，但他的視野絕不限於東亞，而「按照前所未有的綜合設計和覆蓋整個歐亞大陸的規模，創造出一個新型的世界國家和橫跨東西的交流圈。在世界史上，還不曾看到如此龐大規模和周到的設計，來實施國家建設的範例」。[269]

元時保持兩宋經濟持續發展的情勢。透過《馬可・波羅遊記》、安格斯・麥迪森（Angus Maddison）《世界經濟千年史》（*The World Economy: A Millennial Perspective*）等著作，我們很容易生動地看到當時繁華及活躍的國際貿易，仍然是當時世界最富庶的國家之一。馬可・波羅對忽必烈很有好感，但他也如實記載：「很多心存不軌的人，經常有謀反的趨向。」[270] 元統治不得人心，大致有兩點：

一是官多而虐民。浙江溫州一帶的造反旗幟上寫著：「天高皇帝遠，民少相公多。一天三遍打，不反待如何！」相公本意是為官之人，一般是對為官之人的尊稱。

二是對漢人統治過於嚴酷。每十戶（有的說是 15 戶）為一個單位，派駐一名蒙古兵，稱「家韃子」。據說他們不允許漢民私自擁有菜刀，由「家韃子」負責管理一把菜刀，供他們輪流使用。「家韃子」吃飯，由這十戶輪流供養。更令人髮指的是，「家韃子」可以隨意闖入民宅姦淫，誰家新婚第一夜，都得由他充新郎。這樣的統治，自然容易逼人反抗。1301 年，雲南省左丞劉深征討八百媳婦（現泰國北部一個部落），沿途科派，烏蒙（今昭通）等地民眾忍無可忍，暗中約定在漢族除夕之夜，每保相聚，請「家韃子」吃飯，趁機把他們殺了。為了遮掩血跡，用青松毛鋪地。過年用青松毛

---

[269]　《中國的歷史・遼西夏金元》，P261。
[270]　黃仁宇：《中國大歷史》，P183。

鋪地的習俗，及「殺家韃子」的口頭禪，在雲南流傳至今。如今東北吉林還把一家人在一起打麻將稱為「殺家韃子」，由此可見「殺家韃子」流傳之廣。

據統計 1295～1332 年間，在漢族地區爆發 24 次民變，少數民族地區爆發 131 次民變。實際上，元統治近 100 年，始終處於血雨腥風中。

1342 年開始，黃河大氾濫，河南、山東、淮北等地幾乎每年鬧水災，糧食顆粒無收，死屍相枕，橫臥於野。元政府一方面變更鈔法，怕鑄銅錢麻煩，大量印發紙鈔，導致物價暴漲；另一方面，派官員督促治理黃河，特別是當時有兩套方案，一套省錢省事，只是權宜之計，另一套長久之計，費時費力，元廷卻選擇後者，本來是件善事，可是官吏卻趁機敲詐勒索，加上天災，逼更多人冒死反抗。著名的白蓮教起事和紅巾軍起事，都在這年爆發。

蒙古人曾颶風一樣橫掃亞歐大地，元朝也曾睥睨於東亞，國祚卻不滿百，其有深刻的原因。呂思勉認為：「元世祖所創立的治法，是專以防制漢人為務的」；其「無一善政，所以仍能占據中國數十年，則因中國社會，自有其深根寧極之理，並非政治現象」；「到順帝時，政治既亂，而又時有水旱偏災，草澤的英雄，就要乘機而起了」。[271]

這時期的歷史舞臺上，元順帝難得露臉，活躍的是一群又一群民軍。小和尚出身的朱元璋，這時已成長為大將軍，並開始實施「高築牆，廣積糧，緩稱霸」的宏偉策略。因為朱元璋的地盤不跟元軍接壤，四周都是造反者，東部有張士誠，西部有徐壽輝，北部有小明王，南邊則是長江天塹，高枕無憂，坐山觀虎鬥。等待對手消耗差不多了，朱元璋才大打出手，勢如破竹。

元順帝蒙語姓名為「孛兒只斤‧妥懽貼睦爾」，太拗口了吧？為尊重多數讀者閱讀習慣，寫蒙古和滿族，我一般直呼他們的職稱。

---

[271]　呂思勉：《中國通史》，P459、450～451。

第十二章　深化與超越

最大看點：內鬥忙於外鬥

◎ 1359 年，倒數計時：9

　　陳友諒漁家出身，略通文義，在縣衙當小吏。風水先生看過他祖墳後說：「你日後會富貴。」這讓陳友諒的心再也無法平靜，總在暗暗尋找機會。紅巾軍民變，他隨即投徐壽輝部將倪文俊的麾下，初為文書，很快升元帥。然而，這些草莽英雄，沒幾個甘於久居人下。1357 年，倪文俊謀殺徐壽輝未成，投奔陳友諒。陳友諒卻趁機殺倪文俊，併吞他的軍隊，自稱州官，然後連克江西、安徽、福建等地，屬江南最強。本年初，陳友諒攻克信州，隨後克衢州，又攻襄陽，轉而對付戰友趙普勝。趙普勝是紅巾軍將領，善用雙刀，所以外號「雙刀趙」。他以巢湖為根據地，戰船千艘，兩萬餘眾。1355 年投奔徐壽輝，進駐樅陽，再取安慶。陳友諒本來就嫉妒，現在聽說趙普勝想歸附朱元璋，心裡一下失衡。不為我用也罷，總不能歸對手吧？這年秋，陳友諒以會師為名，突然到安慶。趙普勝蒙在鼓裡，熱情迎接，美酒、烤羊肉，準備在清風明月中，好好風雅一番。哪敢設想，陳友諒一登船，寒暄笑著，便一刀殺了他，收編他的軍隊。這年底，陳友諒攻下龍興。老首長徐壽輝很高興，想遷居到龍興，陳友諒拒絕。徐壽輝不高興，從漢陽發兵至江州，給陳友諒壓力。陳友諒不是吃素的，早早埋下伏兵，將他們殺盡，然後以江州為都，自稱漢王，置百官。念在往日情分上，陳友諒也請徐壽輝來，但只是虛位閒居。

　　這年初，朱元璋遣使招諭方國珍。「招諭」指帝王對敵進行招撫，居高臨下，可見朱元璋自視甚高。但方國珍不是窩囊廢，他原本販私鹽，算是個良民。因為鄉里有人嘯聚海上，官兵討伐不下，無法向上交差，便亂抓百姓應付，方國珍被冤家趁機誣告，遭官府追捕。方國珍氣憤說：「區區玩寇都對付不了，天下肯定會大亂。與其束手待斃，枉作泉下鬼，不

如闖一條生路。」方國珍帶兄弟們打響元末民變第一槍，很快有數千人響應，專門劫海運皇糧，比劉福通、徐壽輝、郭子興起事早三、四年。方國珍攻下臺州、溫州和慶元 3 府，以此為據點。他還曾率軍過長江戰崑山，用 5 萬兵戰張士誠 7 萬軍，7 戰 7 捷。面對朱元璋的招諭，方國珍對謀臣說：「如今元朝國運將終，豪傑並起，只有朱元璋所向無敵。現在他又下婺州，恐怕我不能與他對抗。何況與我為敵的，西有張士誠，南有陳友定，不如姑且從朱元璋，靜觀其變。」陳友定並非陳友諒兄弟，相反，是冤家。陳友定是福建明溪驛卒，以討山賊起家，升任縣令。本年，陳友諒攻汀州，被陳友定擊退，元政府升他為福建行省參政，堵在方國珍南面。如此權衡一番，方國珍玩騎牆，遣使奉書獻金帶於朱元璋，表示願獻溫州、臺州、慶元 3 路，還以次子為人質。朱元璋授官給方國珍，元政府也授官給他，兩頭受益。

劉福通本來是個「富二代」，還當個現代鄉鎮武裝部長之類的小官。但朝廷欽差以修河為名，假公濟私毀劉宅，國仇家恨，激發劉福通夥同韓山童，利用白蓮教起事，這就是著名的「紅巾軍」，因燒香拜佛，又稱「香軍」。韓山童戰死後，劉福通擁立他兒子韓林兒為帝，國號「大宋」，定都亳州。這時出現策略失誤，退守安豐。蟄伏幾年又奮起北伐，去年連陷大同等地，本年正月攻下遼陽行省。

元廷元氣大傷，但還沒癱瘓。一方面照常推行一些政務，如詔定科舉流寓名額，蒙古、色目、南人各 15 名，漢人 20 名；詔京師 11 門全部加築甕城，造吊橋，加強防務。另一方面組織反攻，如發秦、晉兵圍攻汴梁城。官軍全年僅此一戰主動，可見它已處於難以招架的地步。

◎ 1360 年，倒數計時：8

以往鄉試 3 年一次，每次 300 名、會試 100 名。本年減少，鄉試只有 88 名，會試取 30 名。

第十二章　深化與超越

皇室內亂又起。陽翟王擁兵數十萬，想發動兵變，遣使入京，明著挑戰說：「祖宗以天下付汝，汝已失其大半；若以國璽付我，我當自為之。」順帝不卑不亢回答：「天命有在，汝欲為則為之！」[272] 說著調重兵鎮壓，陽翟王逃往上都（今內蒙古錫林郭勒正藍旗，也稱夏都）。

張士誠雖然鹽販出身，人稱「十八條扁擔起義」，卻不是一般小混混，時有「友諒最桀，士誠最富」之說。他在高郵建國大周，自稱誠王，《水滸傳》作者施耐庵、羅貫中曾投身他麾下。他與朱元璋發生衝突，被打敗，便投降官方，封為太尉。張士誠東山再起，很快占江南最富庶的常熟、平江兩個重鎮。本年初，張士誠率軍攻朱元璋的老家濠州，又占徐州等地。朝廷將海運 11 萬石糧至大都（今北京）的重任委以張士誠，並將江浙方面的權力全歸他，蒙族江浙行省主官倒變成徒有虛名。

陳友諒情勢也猛。他率軍入杉關，一口氣攻下邵武、汀州、延平等地。當地民眾紛紛響應，但也有些官員去降朱元璋。陳友諒親率軍艦攻克太平，然後派人將徐壽輝的腦袋砸了，以一個寺廟為行殿，登基稱帝，國號「漢」。時值大雨，群官淋成落湯雞，大典只能草草收場，似乎是不祥之兆，但陳友諒沒在意。緊接約張士誠聯手攻建康，張士誠沒理睬。陳友諒沒心思跟他計較，率師沿江而下，建康城裡聞訊大亂。朱元璋不是草包，他利用部將康茂才是陳友諒老朋友的關係，要康茂才修書密約，裡應外合，說是在江東橋邊作內應。陳友諒深信不疑，連夜行軍。天亮時分趕到江東橋，那石橋軍船根本通不過，這才發覺受騙，但為時已晚，伏兵四面殺出。時值退潮，船擱淺，退路也斷，被殺、被淹無數，被俘 2 萬多。這時陳友諒營中又出現叛徒，不僅降，而且說安慶城目前沒有守軍，於是朱元璋乘勝追擊，連取太平和安慶，陳友諒逃九江。

朱元璋順風順水。他有人緣，不少人主動歸附。三月克處州後，有人

---

[272]　《續資治通鑑》卷 216，〈元紀〉34，P5876。

推薦宋濂、章溢等4位隱士為謀臣,他重金厚待。朱元璋頗有雅量,說:「我為天下委屈你們4位先生了!這天下亂紛紛,何時才能安定?」章溢用標準儒家話語回答:「天道無常,唯德是輔,唯不嗜殺人者能一之耳。」一個不安分的小和尚,哪來一統天下之志?但朱元璋很聰明,心有靈犀一點通,稱道不已,可惜後來恰恰相反。大敗陳友諒後,朱元璋提拔宋濂為儒學官員。宋濂是位大學者,順帝曾召他入官,他以奉養父母為由拒絕,在家修道著書。這時,他開始負責為朱元璋講解《春秋左氏傳》。宋濂說:「《春秋》是孔子褒貶善惡之書。如果能行,天下就可安定!」可惜後來歷史也證明朱元璋恰恰相反。

◎ 1361年,倒數計時:7

新年伊始,順帝詔赦天下,爭取民心。劉福通攻杞縣被擊退,張士誠海運的糧食順利抵京。紅巾軍重慶分支元帥明玉珍不服陳友諒,自立為隴蜀王,這年五月克嘉定等地,但隨即被官軍收復。汝南、潁州2郡的民軍主動歸降官軍。官軍在東阿渡河,戰勝2萬紅巾軍。又乘勝攻克東平,然後繞到紅巾軍後部攻泰安、濟陽及近海各地,紅巾軍或敗或降,山東各州縣大都歸官軍。後又有齊河、禹城的紅巾軍降,這樣海濱一帶也基本收復,濟南迎刃而解。同時內亂平定,陽翟王伏誅。

朱元璋開始加強經濟,訂鹽法,並置局設官,稅率為1/20,充軍用;訂茶法,由官府發給經營執照,凡商人買茶,先納錢才准許出境,每100斤收200錢;設寶源局,鑄大中通寶錢,與其他錢並行,以400錢為1貫,4貫為1兩,4文為1錢,貨物價值則由百姓自便。陳友諒喘過氣來,收復安慶。朱元璋大怒,斬了敗將,大舉反攻。陳友諒抵擋不住,攜妻子逃武昌。朱元璋克東平等地,另有蘄州等地相繼歸降。

元軍反擊紅巾軍戰果顯赫,全賴察罕帖木兒。察罕帖木兒出身一般軍人家庭,紅巾軍起事後他才糾集武裝,組織義兵,成為當時規模最大、鎮

第十二章　深化與超越

壓民軍最有力的地方武裝。朱元璋對察罕帖木兒這樣的敵人不敢小視，在大戰陳友諒的大忙時刻，特地遣使山東與他通好。

◎ 1362年，倒數計時：6

元都有三：上都、中都（今河北張北）和大都。上都是他們的老巢，宮殿曾失火，因大臣進諫說要體恤民間疾苦，不宜大興土木，沒能及時修復。這年四月，顧不得那些迂腐說辭了，詔令諸王、駙馬及衙門不得占匿差役，以便集中人力、物力修上都宮，無疑是準備退路。

形勢讓順帝振奮不起來。有善觀天象者預言「山東必失一良將」，意指元廷最後的柱石察罕帖木兒。元廷即派員前往山東，勸他勿輕舉妄動，但遲了一步。他很信任紅巾軍降將田豐和王士誠。這年六月，田豐將察罕帖木兒騙來，王士誠伏兵將他殺了，兩人逃益都。朱元璋聽說察罕帖木兒死了，不由跳起來歡呼：「天下無人矣！」

察罕帖木兒的養子擴廓帖木兒襲父職，立即領兵圍益都。擴廓帖木兒，即王保保，生父是漢人，母親是察罕帖木兒的姐姐，身材魁偉，頗有英雄氣質。朱元璋對他也很欽佩，誇他為天下奇男子。每遇那種稍有點功便驕傲的人，人們便譏笑：「嘗西邊拿得王保保來耶？」這話成為一句諺語，意思是：「你這點小事算什麼，有本事到西邊把王保保抓過來！」面對久圍不下、反而喪父的益都，擴廓帖木兒絞盡腦汁，挖地道突襲。劉福通遭兵援助，被蒙軍擊敗，益都城破。擴廓帖木兒將王士誠和田豐殺了無法解恨，還剖他們的心祭父。從此，東從臨沂，至西部的關中陝西無一民軍，擴廓帖木兒駐兵河南，繼續作為元廷的最後柱石。

三月，明玉珍在蜀稱帝，國號大夏。他不僅仿周制設官，還廷試科舉，置雅樂郊祭，像模像樣。隨後，遣兵攻龍州等地。

◎ 1363 年，倒數計時：5

新年伊始，朱元璋遣使送信給擴廓帖木兒，說：「我對你們父子充滿敬意，希望以後多往來，發展貿易，不要分你我。」[273] 這可能嗎？

也許朱元璋真想與大家和平相處，只是被逼得南征北戰。張士誠圍安豐，城中饑荒，人相食。劉福通急忙派人請求朱元璋出兵相救。朱元璋說：「如果安豐被破，張士誠肯定更囂張，不可不救！」可是謀臣反對，說陳友諒正在伺機而動，別讓他乘機得到利益。朱元璋還是要救。安豐城很快被破，劉福通被殺，速戰速決，像上街一樣，趕回建康。

陳友諒圍洪都，水陸 60 萬兵。陳友諒的戰艦高達數丈，外塗紅漆，上下 3 層，帶著家屬和百官，氣勢嚇人。但這「樓船」有個致命問題：笨重。洪都守將是朱元璋之姪朱文正，朱元璋親率 20 萬兵救援。陳友諒不敢小視，連忙撤圍，轉而在鄱陽湖迎戰朱元璋。陳友諒的「樓船」居高臨下放炮石，朱元璋的船中彈，差點被俘。然而，朱元璋的戰船雖小，但是靈活，便用火攻，燒敵艦 20 多艘，殺敵 2.5 萬。隨後更糟，秋旱水位降低，樓船擱淺，而小船既能快速進攻，又可以靠岸作持久戰。朱元璋收復洪都，兵力集中到贛江、長江。陳友諒潰敗，逃往武昌。朱元璋上萬步騎及時趕到，在湖口岸上萬箭齊發，遮天蔽日，陳友諒成甕中之鱉。躲了好久，陳友諒小心翼翼從船艙中探頭觀望，立即被流矢射穿腦袋。這次戰役被認為是中世紀世界規模最大的水戰。

陳友諒次子陳理逃到武昌，被殘部擁立繼位。朱元璋命部將立柵圍城，自己還建康，特地囑咐在武昌的將軍只圍不戰，時間久了，他們自然會降。這展現他人性的一面，寬宏大量，與登帝後判若兩人。

---

[273] 同注 272，卷 217，〈元紀〉35，12 冊，P5902，「元失其政，中原鼎沸……閣下先王，奮起中原，英勇智謀，過於群雄，聞而未識，是以前歲遣人直抵大梁，實欲縱觀，未敢納交也。不意先王捐館，閣下意氣相期，遣送使者涉海而來，深有推結之意，加以厚貺，何慰如之！薄以文綺若干，用酬雅意。自今以往，信使繼踵，商賈不絕，無有彼此，是所願也！」

第十二章　深化與超越

朱元璋同時忙他的內政。處州主官進言：「關市大徵，舊例二十取一。今令鹽貨十取一，稅額太重，商人不復販鬻，則鹽貨壅滯，軍儲缺乏，且使江西、浙東之民艱於食用……請仍從二十取一之例，則流轉不窮，軍用給足。」[274] 這話讓我吃驚。鹽稅 1/10，即 10%，會很高嗎？那是戰爭時期啊！徵 50% 也會有人覺得理直氣壯。輕徭薄賦是盛世特徵，末世特徵是橫徵暴斂。朱元璋納諫改回 5% 的稅率，只因他還沒奪得江山。

順帝仍似乎置身局外，親試進士 62 名。皇太子想奪帝位，以擴廓帖木兒為外援，順帝只能依靠能征、善戰的大將孛羅帖木兒與之相抗。擴廓帖木兒駐兵冀寧（今山西太原一帶），與孛羅帖木兒衝突不斷。孛羅帖木兒攻冀寧慘敗，從此衰弱。

張士誠想稱王，安排部下對自己開展歌功頌德運動。浙江地方官上書朝廷，請求順帝封張士誠為王，沒答覆。張士誠只好自命為王。戶部再請幫忙運糧，張士誠不做，只是繼續奉元為主子罷了。看來，蒙古人跟劉邦一樣，封王的肥水絕不外流。然而，這是救世之時啊！一個王位難道比皇位更重要？

◎ **1364 年，倒數計時：4**

新年伊始，朱元璋即位吳王，比原本吳公提升一些，封百官，置中書省左右相國，近乎皇帝。因為張士誠早一步稱吳王，所以跟區分東漢、西漢一樣，又稱張士誠為東吳，朱元璋為西吳。朱元璋繼續重視經濟工作，將商稅定為 1/30，約 3%，可能屬中國歷史上最低（但不是唯一）。如有多收，以違法論處。同時設貨泉局負責官方鑄錢事務，頒發大中通寶大小 5 等錢的樣式，讓大家知曉。

武昌仍然圍而不破，朱元璋親自前往督戰。城內陳理更急，派人到

---

[274]　同上，P5904。

岳州請張必先救援。援兵離武昌20里地遭狙擊，朱元璋將張必先捆到城下，讓城內斷了援兵的希望，再派陳友諒的舊臣入城勸說，陳理只好降。朱元璋善待陳理，封他為歸德侯。廬州守將等先後以城降，辰州守將棄城而逃。

張士誠在常熟也注重民生。30年前，相關專家周文英曾著〈論三吳水利〉呈上，創「掣淞入瀏」說，建議治白茅和婁江，沒被採納。現在張士誠偶然讀到，便調兵和民夫10萬，浚白茅、鹽鐵諸塘，讓百姓得以休養生息，安居樂業。為了感激張士誠，每年七月三十，當地百姓上街燒「狗屎香」。張士誠乳名九四，所以叫「燒九四香」，諧音成「狗屎香」。雖然聽起來不雅，但人們感恩的心是虔誠的。直到今天，有些地方仍保留這個習俗。

孛羅帖木兒率兵入居庸關抵大都城下，皇太子的統軍抵清河，丞相也率軍至昌平，一時形成三足對峙局面，但三方都無心開戰，於是和解。順帝下詔說：「孛羅帖木兒和擴廓帖木兒是我的大腿與手臂，心與脊梁。希望你們從今以後摒棄宿怨，齊心協力，為國建功立業！」[275]

◎ 1365年，倒數計時：3

去年那種祥和只會是偶然一時，內爭外鬥才是末世之常態。

朱元璋部將繼續在各地發動攻勢，克贛州等，降韶州等。陳友定侵處州，朱元璋部擊退，順勢占浦城和松谿。朱元璋致信明玉珍，說：「你在西蜀，我在江左，好比三國孫權與劉備。我與你實如脣齒相依，希望能以孫權、劉備互相廝殺為戒。」對張士誠的泰州等地，朱元璋則派部將出擊。同時，朱元璋不忘加強經濟，令凡家有田5～10畝的，栽桑、麻、木棉各半畝，10畝以上的加倍；更多的以此比率增加。不種桑的農民，可以出絹一匹；不種麻和木棉的，可出麻布、棉布各1匹。

---

[275] 同上，卷218，〈元紀〉36，P5931，「博羅特穆爾、庫庫特穆爾俱朕股肱，視同心膂，自今各棄宿念，弼成大勛。」

第十二章　深化與超越

孛羅帖木兒又發難,遣兵攻上都太子黨。順帝連忙調兵阻擋,擴廓帖木兒在通州擊退孛羅帖木兒的部將。順帝命 6 個殺手潛伏在廷春門,孛羅帖木兒上早朝的時候,一舉將他殺了。然後,詔令盡殺孛羅帖木兒黨人,派人拿著孛羅帖木兒的人頭,到冀寧請太子還京,大赦天下,獎賞討伐孛羅帖木兒的功臣。護送太子進大都的時候,皇后卻傳旨令擴廓帖木兒率重兵進京,想逼順帝禪讓給太子。擴廓帖木兒明白皇后的意思,覺得難以從命,便在距大都 30 里的地方將軍隊遣散。順帝感到擴廓帖木兒可以信賴,封他為河南王,代皇子親征,總領關陝、晉冀、山東一帶兵馬、錢糧與升遷等政務。

◎ 1366 年,倒數計時:2

真不知道順帝對科舉哪來那麼大興趣,好像比內戰更熱心。增加北方各地會試名額,並給進士及第以下者也官升一級,顯然是收買人心。隨後又廷試進士 72 人。

其實,順帝一點雅興也沒有。平息沒幾天的內訌又起,這回是因為順帝過於重用擴廓帖木兒,引起其他部將不滿,公開拒絕接受他的指令。李思齊跟擴廓帖木兒的父親一樣是地方武裝,鎮壓紅巾軍,後擁兵陝西,受官府重用。現在接到擴廓帖木兒的調令,大怒:「這臭小子,胎毛還沒退,居然指揮起我來!你父親請我喝酒還得先拜三拜呢!你算什麼東西!」[276] 平心而論,狂妄的是李思齊。調兵是憑皇上委以的權力,又不是憑資歷,怎麼不能指揮你?可軍閥就這麼不講理。從此,擴廓帖木兒跟他們又起戰亂,順帝也無法調解。

朱元璋節節獲勝。攻安豐打得很艱難,挖地道 20 多丈,城塌才攻入。元守將出逃,追 10 餘里,又大敗其援軍才告捷。八月攻張士誠,發兵 20

---

[276] 同上,卷 219,〈元紀〉37,「乳臭小兒,黃髮猶未退,而反調我!我與汝父同鄉里,汝父進酒,猶三拜然後飲,汝於我前無立地,而今日公然稱總兵調我耶?」

餘萬,聲東擊西,調虎離山,先攻湖州,然後直指蘇州。又用反間計,大敗張士誠部將,十一月才完成對蘇州城的包圍。四面築長圍,架起3層高的木塔,每一層都可以向城中發射弩箭與火槍,還有威震天下的回回炮,讓城中驚恐萬狀。

朱元璋很大度,仍然擁戴韓林兒為主。南方收拾差不多了,這才派人到滁州將韓林兒接到建康。行至瓜步船翻了,韓林兒沉入江底。有人說是朱元璋派人將船底鑿了,成為一樁歷史懸案。

◎ 1367年,倒數計時:1

擴廓帖木兒與李思齊打來打去,誰也吃不了誰。順帝又當和事佬,委派使者前去調解,擴廓帖木兒連使者也殺。西部軍閥們推李思齊為盟主,聯手對抗擴廓帖木兒。順帝感到江山搖搖欲墜,顧不得擴廓帖木兒與李思齊等人誰是誰非,當務之急是對外,詔命太子總領天下兵馬,一路由擴廓帖木兒領潼關以東軍取江淮,二路由李思齊領鳳翔以西軍取川蜀,三路進軍襄樊,要求各路軍團結一心,挽救時局。但這種「鋸箭療法」行不通,病根沒解決。不久解除擴廓帖木兒的軍職,保留河南王的頭銜,以便讓李思齊等人心理平衡些,但沒用。

朱元璋繼續為大業做鋪陳,也開科取士,要求「先之以謀略,次之以武藝。俱求實效,不尚虛文。」[277] 朱元璋命人修訂的法律草成,共285條,令大臣們審議通過,頒布實施。朱元璋對此很滿意,說前代法律問題不在於不繁密,而在於任由官吏操縱,百姓知法很少。本朝法律可以讓百姓人人通曉,今後犯法的人自然會減少。歷史證明朱元璋這想法也是一時激動,他得勢以後,懲治的人並不比別的朝代少,而且更為殘酷。我個人總認為,向來就是知法少才會犯法少,知法犯法或執法犯法者多。

對付政敵方面,朱元璋攤牌,誰也不給面子,一路橫掃過去。大舉征

---

[277] 同上,P5981。

第十二章 深化與超越

討方國珍，但對自己軍人有所約束：「三州之民，疲困已甚。城下之日，毋殺一人！」[278] 大破蘇州城，張士誠自縊，被救後，跟其他俘虜一起送建康，但他堅持不降，仍然上吊。朱元璋命徐達為征討大將，常遇春為副將，率 25 萬兵馬從淮河入黃河，北取中原。同時釋出告北方官民，提出「驅逐胡虜，恢復中華，立綱陳紀，救濟斯民」的綱領，號召北方民眾奮起反元。蕭公權認為：「此檄詞旨激揚，實為二千年中創見之民族革命宣言，而亦中國最先表現之民族國家觀念。」[279] 500 餘年後，孫中山號召民眾推翻滿族統治者時，直接利用了「驅除胡虜，恢復中華」的說辭。

徐達和常遇春兩將才勇相似，所向披靡，接著攻克慶元等地和山東各地，方國珍不得不降。朱元璋本來大怒，認為這種人反覆無常，當殺，可是一看他的降書，寫得非常誠懇，感到方氏也是難得之才，這才回覆說：「吾當以投誠為誠，不以前過為過。」[280] 同時命部將從海上進軍福建，也是一路降多。

◎ 1368 年，倒數計時：0

新年伊始，朱元璋在應天（今江蘇南京）稱帝，國號「大明」。朱元璋的國號繼承元朝，沒有恢復以前朝賜予爵位為國號的中華傳統，也沒用白蓮教主曾賜他的「吳」。後來滿洲人也如此。

朱元璋建政後，馬不停蹄轉入鞏固政權。不久即克福州和延平，俘並斬陳友定。隨後平定廣東和廣西等地。

擴廓帖木兒還在拒繳兵權，順帝命李思齊討伐他。不久恢復擴廓帖木兒的職務，命他與李思齊分兵抵禦明軍。直到朱元璋向河北各路發起總攻，擴廓帖木兒還在平陽至大同一帶繞道觀望，李思齊則窩在鳳翔按兵不動。

---

[278]　同上，卷 220，〈元紀〉38，P5992。
[279]　蕭公權：《中國政治思想史》下冊，P527。
[280]　同注 279，P6007。

明軍幾乎沒遇什麼抵抗。明軍才攻下通州，順帝就想逃。朱元璋令善待順帝，並派使者去勸降。順帝讓朱元璋的使者帶回一首詩，〈答明主〉：

金陵使者渡江來，漠漠風煙一道開。

王氣有時還自息，皇恩何處不昭回。

信知海內歸明主，亦喜江南有俊才。

歸去誠心煩為說，春風先到鳳凰臺。

諸多史家對這首詩的真實性表示懷疑，他們認為順帝北逃後還曾經多次組織反撲，所以不可能會有詩中那種逆來順受的情懷。但也有不少人認為是真實的，《四庫全書》等也收錄，還有人說順帝是史上最文雅的亡國之君。

大臣哭著進諫，請求留下，死守京城。順帝嘆道：「時至今日，難道我要做當年宋朝被俘的二帝？」他半夜逃了。先逃上都，後逃應昌（今內蒙古赤峰）。他在那裡組織兩次南下，試圖奪回中原，都被明軍擊敗。長詩〈黃金史綱〉是研究明代蒙古的主要史料之一，據說作者正是元順帝妥懽貼睦爾，其中描述丟失中原的情形：

丁卯年失陷的我可愛的大都……

生性愚昧的那顏們都各自回跑自己的領地，

我哭也枉然……

宣揚大國威儀以九寶裝飾的我的大都城

宣揚四十萬蒙古聲威的四方四隅的大都城

恰在弘揚佛法之際，

因昏聵而失去了可愛的大都，在我的名聲之下……[281]

---

[281] 《漢譯蒙古黃金史綱》，中國國際廣播出版社，2016年，P41。

第十二章　深化與超越

那顏是蒙語音譯，貴族之意。在這首詩中，順帝再沒有〈答明主〉當中那種溫文儒雅之氣了。讀著這詩，我們彷彿聽著他號哭，捶胸頓足，痛心不已……

徐達請示：「元都克，其主北逃，追擊嗎？」朱元璋想了想，笑道：「元運衰矣，行將自滅，不用麻煩我們的將士了。只要固守各疆，防止他們南侵即可。」[282] 朱元璋認為妥懽貼睦爾順天明命，所以給他諡號「順帝」。對此蒙古人不接受，因為他北逃上都後，仍然使用元的國號，史稱「北元」，直到 200 多年後，被清朝收復。

連年遭受天災的華北各城大都不戰而降，然而，「明軍進入大都城，燒殺搶掠，一派野蠻行徑。與蒙古兵不血刃進入杭州城相比，形成了鮮明的對照。」[283] 朱元璋們本來就不是什麼君子，這只是他們獸性剛開始發作而已。這也證明前文所謂「城下之日，毋殺一人」實屬謊言。至於蒙古人未屠杭州，偶然一時，並未改變他們血腥的本性。

至此，蒙古人在中原的統治告終，我們認為元朝滅亡。

後果：假如順帝處理好大腿與手臂的關係

說實話，我真不願意想像這個末世獲挽救的可能。當年蒙元歧視漢人南人，我迄今反感這個政權，巴不得它早亡呢！然而，又有哪個末世不是我希望盡快結束的？只是為了像文學探索另一種人生可能性一樣，我在這裡探索歷史的另一種可能性，試著改寫每一個末世。既然如此，不妨也為

---

[282]　同⑤，卷 125，P2471，「氣運有勝衰，彼今衰矣，不煩窮兵。出塞之後，固守封疆，防其侵軼可也。」
[283]　同注 269，P335。

後果：假如順帝處理好大腿與手臂的關係

他們假設一番。

每到末世，統治者往往只剩一件事——鎮壓，包括平息內部爭權奪利。分裂意味著衰弱，匈奴給我這點印象最深。我幾曾想，如果他們不經常分裂，中原更糟。蒙元也如此，你看蒙哥與忽必烈就在那內訌，只因蒙哥意外死亡，沒造成太大後果。其後還不時出現紛爭，如1328年泰定帝一死，帝位之爭白熱化，懷王在大都被擁立為帝，另一批人在上都擁立新帝，並出兵進攻大都，戰爭波及四川等地，一戰幾年。在這末世，他們仍然在那裡爭來爭去，大打出手。可想而知，這影響他們對外。

當然漢人政權也在內訌，只不過多半限於勾心鬥角，打口水戰，後果沒那麼明顯。「黨爭」常常誤事，如范仲淹、王安石等改革大業，都是被「爭」掉的。而如果能正確處理，就可能開創新局面。唐後期宦官專權，朝中正直官員大都遭排擠，兩黨互相傾軋，一鬧近40年，加劇政治危機，史稱「牛李黨爭」。唐宣宗李忱即位後，快刀斬亂麻，將李黨宰相貶出而重用牛黨，轟轟烈烈重振朝綱，開創「大中中興」盛世，李忱本人也有「小太宗」之譽。

孛羅帖木兒的政治、軍事才能都是傑出的。假如元順帝像李忱，妥善處理好孛羅帖木兒和擴廓帖木兒大腿與手臂的矛盾，鞏固帝國柱石，也很可能扭轉局勢吧？

第十三章　明末 10 年

第十三章
明末 10 年

【提要】

西元 1635～1644 年為明朝倒數計時 10 年，民軍發展已步入新階段，官軍雖有相應調整，但天災與官場腐敗一次次助李自成起死回生，思宗朱由檢被迫自縊。吳三桂為奪愛之仇，向清軍借兵，不想清廷趁機移入北京，並全面南下。

假如朱由檢像後唐明宗李嗣源，不躲在深宮玩弄文字遊戲，早發軍餉，接濟飢民，何至於讓「賊」一次次絕處逢生，而自己卻吊上老槐樹？

第十三章　明末 10 年

前因：天地裡外發難

明太祖朱元璋 1368 年開國至 1398 年逝世，其間自身節儉，狠治貪官，與民休息，大規模從山西移民至中原和江南，恢復發展經濟，被譽為「洪武之治」，詳見《春之卷》第十四章。

成祖朱棣從 1402 年政變奪位，至 1424 年逝世，其間遷都北京，鄭和下西洋，編《永樂大典》，興修水利，「賦入盈羨」為明代之最，被譽為「永樂之治」，詳見《夏之卷》第十八章。仁宗朱高熾、宣宗朱瞻基當政時期，從 1424 年朱高熾繼位，至 1435 年朱瞻基去世，其間改革朱棣留下的弊政，把工作重點轉移到內政上，政治環境稍寬鬆，鼓勵發展經濟，被譽為「仁宣之治」，詳見《夏之卷》第十九章。孝宗朱祐樘在任期間（1487～1505 年），整頓吏治，收復哈密，同時努力發展經濟，被譽為「弘治中興」，詳見《秋之卷》第七章。穆宗朱載坖從 1566 年繼位至 1572 年死，其間解除海禁，與蒙古議和，全世界白銀總量 1/3 湧入中國，2/3 貿易與中國相關，距資本主義僅一步之遙，被譽為「隆慶之治」，詳見《夏之卷》第二十章。神宗朱翊鈞在任期間（1572～1620 年），張居正大刀闊斧改革，戚繼光抵禦倭寇，國內外暫且安寧，並有一系列意外的經濟文化成果，被譽為「萬曆中興」。詳見《秋之卷》第八章。

然而，儘管有諸多所謂的治世與中興，大明卻還沒有效建立起長治久安的機制，「萬曆中興」即被視為實際滅亡。

學者指出：「有的統治者對國事毫無興趣，還有些興趣是有的，但只是為了滿足一時的突發奇想，還有的智力低下，甚至是瘋子。」[284] 此論在中國歷史上可以找到非常多例證。明朝是一個可惡的時代，因為這個朝代的皇帝，要麼暴君，要麼昏君。從它降生到滅亡，從朱元璋到朱由檢，

---

[284]　《統治史》卷 1，P44。

200多年始終如此。最後4個皇帝各有各的糟，大致來說：朱翊鈞懶，朱常洛色，朱由校貪玩，朱由檢殘暴。這樣的王朝不滅亡，天理難容！

1627年朱由校死，其弟朱由檢繼位。朱由檢這年18歲，有志向，有魄力，一上臺就著手剷除以魏忠賢為首的閹黨，又勤於政事，被稱為中國歷史上最勤政的帝王。然而，他的勤政用錯了地方，事與願違。

1616年，努爾哈赤建立後金汗國（後改為「清」），1618年便向大明宣戰。努爾哈赤死後，後金感到明朝邊兵還是有實力，便改變策略，先滅蒙古（即北元），然後繞道蒙古，直接挖大明心臟──北京。1629年與1633年，他們兩次深入北京一帶。同時，老天爺跟中國人過意不去，朱由檢上臺第二年開始，陝西頻頻鬧災。[285]人們疾呼：「死於飢，與死於盜等耳。與其坐而飢死，何不為盜而死，猶得為飽死鬼也。」[286]著名的民軍領袖高迎祥、張獻忠等人，都是這時揭竿而起。相當於現代政府招待所兼郵局的陝北驛站裁員，負責看馬的驛卒李自成失業，逼得投奔民軍，成為明王朝的掘墓人。歷史老人開始倒數計時，民軍發展已步入新階段。

最大看點：皇帝日益孤寡

◎ 1635年，倒數計時：9

去年末，5省總督洪承疇調集豫、楚、晉、蜀等地官軍出潼關，民軍領袖們大有滅頂之災的感覺。洪承疇可不簡單，算是鎮壓民軍起家。開始幾年，朱由檢策略是「剿撫兼施、以撫為主」。韓城被民軍包圍時，陝西

---

[285] 《漢南續郡志》：「崇禎元年，全陝天赤如血。五年大饑，六年大水，七年秋蝗、大饑，八年九月西鄉旱，略陽水澇，民舍全沒，九年旱蝗，十年秋禾全無，十一年夏飛蝗蔽天……」
[286] 計六奇：《明季北略》卷5，北京：中華書局，1984年，P106。

第十三章 明末 10 年

總督楊鶴手中連將都沒有，臨時拉他手下的文官洪承疇領兵。沒想到這文官更心狠手辣，一下斬殺 300 餘人，已降的也殺，頓時聲名大噪。因為民軍越來越多，楊鶴罷官入獄，洪承疇繼任。洪承疇集中兵力進剿陝西，還親赴前線指揮，激戰數十次，民軍損失慘重，朝廷譽稱之「西澳大捷」。現在，洪承疇又率主力出潼關，要對民軍更大規模清剿。

面對這種形勢，闖王高迎祥等 13 家 72 營民軍在滎陽大會盟，形成共識。這些年各自為陣，孤軍奮戰，到處失勢，像竭澤一樣被驅到河南一地，現應改變策略，聯合對敵。但具體該怎麼聯合，分歧較大，爭論多時，幾乎陷入僵局。這時，小小部將李自成站出來，說：「官軍包抄合圍，我們就來個分兵定向，四面出擊，打亂他們的策略，我們就勝利！」李自成的闖勁和膽略，當即獲得一致稱讚。

民軍一路向南抵擋川湖兵，二路向西防禦陝西官軍，三路北上控制黃河，此外還有一支機動部隊對付意想不到的戰局。高迎祥和張獻忠這支勢力最強的主力軍則向東，風馳電掣，不到 10 天就攻陷鳳陽。鳳陽是朱元璋的老家，大明的龍脈。民軍不僅殲滅兩萬守軍，將當地富戶殺個一乾二淨，還砍光皇陵幾十萬株松柏，拆除周圍建築和朱元璋出家的龍興寺（又名皇覺寺），又掘皇帝的祖墳。

朱由檢聞訊，立即穿喪服到太廟大哭，請求老祖宗恕罪，然後撤兵部尚書的職，斬鳳陽巡撫等人，又把早已革職在家的 5 省督師拉出來殺。他也對自己進行深刻反省，親筆擬一份〈罪己詔〉，調兵遣將、加強圍剿，深情地寫道：

> 唯是行間文武，主客士卒，勞苦飢寒，深切朕念。念其風餐露宿，朕不忍安臥深宮；念其飲冰食粗，朕不忍獨享甘旨；念其披堅冒險，朕不忍獨衣文繡。[287]

---

[287]　同上，卷 11，P175～176。

這些漂亮話，我竟然聯想起前文所引古戲《宋太祖龍虎風雲會》的唱詞：「憂則憂當軍的身無掛體衣，憂則憂走站的家無隔宿糧……憂則憂鐵甲將軍守戰場，怎生不感嘆悲傷！」朱由校愛好木匠活，也愛演戲，曾經在《宋太祖龍虎風雲會》劇中親自演宋太祖。朱由檢很可能看過這戲，並留下很深印象，現在派上用場了。煽情地表白一番後，對自己進行判決：「減膳撤樂，除典禮外，餘以青衣從事，以示與我行間文武士卒甘苦相同之意，以寇平之日為止」，並要求「文武官也各省察往過……仰體朕心，共救民命」。朱由檢對自己「處罰」並沒有什麼實質性的東西，只不過作秀罷了。朱由檢先後下過 6 份〈罪己詔〉，這是第一份。

西部民軍也告捷。五月攻下商州，逼近西安，進而圍平涼等城。洪承疇命大將曹文詔率軍追擊，從河南入漢中，越秦嶺至真寧，不想民軍伏有數萬騎，飛箭如雨，官兵傷亡慘重，曹文詔拔刀自刎。洪承疇聞訊，傷心大哭。隨後，高迎祥、李自成入陝西，又在函谷關、咸陽和永壽大敗官軍。

洪承疇感到難以兼顧，也改變策略，請朝廷命盧象昇總領直隸（今河北）、河南、山東、湖廣、四川軍務，兩人分工，洪承疇督關中對付西北，盧象昇督關外兵對付東南。這樣又輪到民軍受挫。高迎祥和李自成從陝西退河南，不久敗於嵩縣和汝州，再退光山，又在確山敗，南退臨潼民軍也敗。

這年初，後金征服蒙古鄂爾多斯部，林丹汗之子獻傳國璽歸降。至此，漠南蒙古全部統一於後金。同時，後金對大明不時騷擾，如攻寧遠等地，還用書信對喜峰口等關隘守將進行恫嚇。

◎ **1636 年，倒數計時：8**

年初民軍攻六合、滁州失敗，轉而北破蕭縣、開封。李自成在朱仙鎮失敗，西行與其他民軍匯合。李自成又敗，只好南下光化。李自成想謀山

第十三章　明末 10 年

西受挫，在安定被追兵大敗。其他民軍也連連受挫，最慘的是高迎祥被俘，送京師問斬。他的部下推李自成繼任闖王。李自成在隴州敗於洪承疇，轉慶陽、鳳翔一帶，與其他民軍匯集，再次分工合作，四面出擊，爭取化被動為主動。

朱由檢問計於眾臣。工部侍郎劉宗周是個理學大家，愛發表意見，直言不諱批評：「今日之禍，己巳以來釀成之也。」己巳指 1629 年，清兵直抵北京城下，為此，袁崇煥被錯殺。至於對策，劉宗周建議：「陳師險隘，堅壁清野，聽其窮而自解來歸。」朱由檢聽了大罵他迂腐，不得不貶他為民。

寧夏官軍遭饑荒，遷怒於當地主官，發動兵變將他殺了。朱由校感到震驚，發動朝中百官捐助軍餉。但不久山西又發生缺軍餉情況，盧象昇便大興屯利，募民墾田，永不徵租，兩年積穀 20 萬石。

這年四月，後金改國號為「清」，繼續擾明，入侵喜峰口，至居庸關，連陷昌平等 16 城，一個多月才退去。為此，南陽的唐王朱聿鍵起兵勤王，中途被朱由檢勒令退回。京城雖然受外敵威脅，還有挽救的餘地。這擅自起兵的先例一開，可是後患無窮。朱由檢餘怒未消，又將他廢為庶人，幽禁在鳳陽。他們也如宋人，防內重於防外。朱聿鍵幽禁期間，太監向他索賄未成，用墩鎖折磨，讓他生不如死。當地官員路振飛見狀，大抱不平，向朱由檢告狀，殺了這太監。

清廷的策略是先剷除自己兩翼威脅，即左邊的蒙古和右邊的朝鮮。本年初，解決蒙古問題後，隨即轉向朝鮮。朝鮮和中國關係非常特殊，他們自稱「後明朝」、「小中華」，而稱清朝「夷虜」、「胡皇」，連「康乾盛世」都瞧不起，說是「今天下中華制度，獨存於中國」。[288] 日本曾入侵朝鮮，一度占領平壤，中國援軍將日軍擊潰。1618 年，明朝和清兵作戰，朝鮮派

---

[288]　葛兆光：《宅茲中國》，P157。

兵援助，要求出兵 8,000，他們出一萬。清對朝鮮採取拉攏政策，多次派遣使臣，請他們與明朝脫離關係。朝鮮不為所動。當然，朝鮮也不希望與清作對。這年向清進獻稻米，清予以拒絕。因為清的野心在於明，擔心朝鮮再次支持明，所以不要他們的小恩小惠。年末，清帝率 12 萬兵親征朝鮮，拔安州（今朝鮮清川江），前鋒入漢城，朝鮮王往南逃江華島（今屬韓國）。

◎ 1637 年，倒數計時：7

年初清兵攻入江華，朝鮮王請降，改向清稱臣，將向明朝貢奉的金、銀、皮革等 21 種物品，改向清進貢，並送人質 2 人。從此，清無後顧之憂，全力攻明。清兵從朝鮮班師回朝，封朝鮮王，賜玉鈕金印。但朝鮮王請求歸還人質，清廷拒絕，顯然不放心。

明廷作出策略調整，稱「四正六隅十面網」。「官樣文章」如同文字遊戲，不解釋外人根本看不懂。「四正」指陝西、河南、湖廣和江北的官軍，要求「四巡撫分剿而專防」；「六隅」指延綏、山西、山東、江南、江西和四川的官軍，要求「六巡撫分防而協剿」。兩者合起來，就是「十面網」。同時決定增兵 12 萬，增加「剿餉」280 萬。

年初，張獻忠及其別部，從襄陽攻安慶、桐城和滁州，還入湖廣，有的留江北或走河南。不久李自成戰敗，逃四川。張獻忠接著連破梓潼等城，進逼成都。

這年北方大旱，赤地千里，餓殍遍野，民不聊生，而地方官吏仍舊逼糧催債，盤剝百姓，加劇社會動亂。朱由檢在京城祈雨，沒能感動上天，於是下第二份〈罪己詔〉，怒斥地方官「出仕專為身謀，居官有同貿易……嗟此小民，誰能安枕！」[289]

---

[289] 同注 286，卷 13，P219。

第十三章　明末 10 年

◎ 1638 年，倒數計時：6

開局利好明廷，隨州一支民軍降官軍。張獻忠襲南陽失敗，自己也受傷，脫險後率部退穀城。他的部從接連在舞陽、光山和固始戰敗。在這種情況下，張獻忠向官方投降，條件是仍然駐守穀城，不裁減軍隊，不接受排程，實際上只不過是停火。但對官方來說，總比繼續戰鬥好，所以遷就，以便空出兵力去對付其他。

李自成從夏到秋一敗再敗，往東逃。洪承疇緊追，李自成又在潼關大敗，妻女失散，只剩 18 騎突圍，躲到商洛的大山裡。同時，江北、河南與湖廣等地的民軍也紛紛或敗或降。

然而，清開始大舉攻明，清帝親自率兵戰山海關，多爾袞由盧溝橋侵京郊 48 縣。兩路清軍在通州會師，等洪承疇趕到北京，清兵已南下山東。

問題的嚴重性還在於起的不只是清軍。被貶已久的阮大鋮不甘寂寞，想為時局盡些心力。說來阮大鋮也是個人物，現代還得承認他是著名戲曲作家，所作傳奇今存《春燈謎》、《燕子箋》、《雙金榜》和《牟尼合》，合稱「石巢四種」。他當官總共才 2 年左右，但影響很不好，先依東林黨，後依閹黨，被治罪罷官為民，閒居南京。其間招納游俠，談兵說劍，實指望能起用他的軍事才能。當時名士黃宗羲等很討厭他，便作〈留都防亂公揭〉：「其惡越甚，其焰越張，歌兒舞女充溢後庭，廣廈高軒照耀街衢，日與南北在案諸逆交通不絕，恐嚇多端。」這文章影響很大，自然也就沒人敢重新起用他。

更糟的是內訌還出現在戰場。清兵大舉入侵時，盧象昇督師勤王，號稱督天下兵，引起兵部尚書楊嗣昌嫉妒。現在，楊嗣昌事事掣肘，不准諸將出戰，貽誤軍機，相距 50 里卻不肯應援，餉也不及時給，讓盧象昇的將士挨餓，導致他本人戰死，全軍覆沒。

朱由檢這年做了一大好事,開福建海禁。「隆慶開關」後又保守,朱由檢這次開禁只是為了賺些外匯,補充軍餉。

◎ 1639 年,倒數計時:5

清兵連下山東幾縣。宦官高起潛在盧象昇危急時見死不救,現在督師臨清,又坐視不救,濟南被克,德王朱同櫬等被俘,官民死傷無數。清帝親征那一路一城無獲,三月敗退,其他清兵跟著退。這一役,他們深入大明 2,000 里,攻城 43 座,俘虜人口 46 萬,劫銀 97 萬多兩,夠本錢就溜。

其實,清軍不敢久留。蒙古高原自東北向西南延綿萬里,東北方和南方是兩大平原,向東是碧波萬頃的渤海。在山與海之間,只有一條極狹的走廊。這走廊兩端,一頭是山海關,一頭是錦州,它是從遼東進關的必經之地,大軍想過關,不走這條走廊,就得遠繞蒙古。而寧遠,正好卡住這條走廊的咽喉。有寧遠在,就有山海關在。現在清帝沒打通這條走廊,即使孤軍繞道蒙古入塞,也怕斷他們的退路。因此,他們一邊將俘虜的漢兵編成漢軍八旗,一邊遣使入明表示友好,但不久又攻錦州和寧遠,還是要搶這條走廊。

去年歸附朝廷的張獻忠,突然又率軍叛逃,連攻房縣和保康。為什麼呢?張獻忠在牆上留下一片文字,說他們不堪官員敲詐勒索,並指名道姓寫上向他們索賄的官員名單及數目,最後寫:「沒向我們要錢的,只有兵備王瑞栴一人。」[290]

其實貪腐並非僅張獻忠所接觸的地方官與軍隊。朱元璋反腐史上最嚴酷,但成效甚微,照樣一代代賄賂公行。朱由檢上任第二年,吏科給事中韓一良曾上奏坦言:「而今何處非用錢之地?何官非愛錢之人?向以錢進,安得不以錢償」[291],並具體指出:

---

[290] 《明史》,〈王瑞栴傳〉,「不納我金者,王兵備一人耳。」
[291] 同上,〈韓一良傳〉。

第十三章　明末 10 年

臣所聞見，督撫也，非五六千金不得；道府之美缺，非二三千金不得；以至州縣並佐貳之求缺，各有定價；舉監及吏承之優選，俱以賄成，而吏部之始進可知也。至科道亦專以此得之，館選亦然。

朱由檢讀了此文，欣喜不已，召來眾臣，命韓一良讀給大家聽，表揚他，並予提拔重用。可是幾年過去，朱由檢也沒能打造出一個廉潔的官府。1634 年，高迎祥、張獻忠、李自成等部，在新任 5 省總督陳奇瑜圍剿中，誤入車箱峽（今陝西平利縣西）。這峽谷只有一條古棧道，四面山勢險峻，易入難出，唯一出口被官軍所截，眼看就要全軍覆沒。結果，李自成賄賂陳奇瑜身邊的軍官，假意投降。陳奇瑜立即釋放李自成等人，並派 50 多名安撫官將他們遣送回籍，放虎歸林。可是李自成等人一出峽谷，立即殺安撫官，變本加厲與官府對抗。李自成造反生涯中，多次陷入絕境，全賴官軍腐敗或決策失誤起死回生。

民軍多了，官軍開支自然得增加。這年六月，軍方要求除「剿餉」之外，加徵「練餉」730 萬。其實，萬曆末年已經增賦 520 萬，朱由檢上臺不久也增 140 萬，後來又增「剿餉」280 萬。短短 20 多年間，增稅達 1,670 萬，而由於天災人禍，到處鬧饑荒，百姓顯然沒什麼增收，怎能增納那麼多稅？百姓恨得要死，私下為朱由檢取個外號叫「重徵」（當時年號「崇禎」），更多人加入民軍。就這樣，越多人加入民軍，得越多軍費；越增加軍費，逼越多人造反，形成一種惡性循環。

◎ 1640 年，倒數計時：4

民軍幾乎陷入絕境。張獻忠在太平大敗，逃大山中。其他民軍也敗的敗，降的降。羅汝才狡詐多端，反覆無常，有曹操之稱，這年夏也連續敗。羅汝才逃巫山，與張獻忠聯合，似乎絕處逢生，連破廬州等地。

李自成是張獻忠的部下，本來關係不錯。不可思議的是，當年洗劫鳳陽皇宮時，只為爭奪小太監和樂器，兩人鬧翻，氣得帶一群人馬西走甘

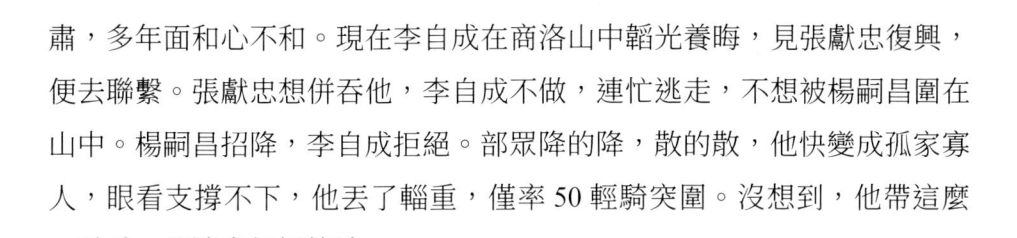

肅，多年面和心不和。現在李自成在商洛山中韜光養晦，見張獻忠復興，便去聯繫。張獻忠想併吞他，李自成不做，連忙逃走，不想被楊嗣昌圍在山中。楊嗣昌招降，李自成拒絕。部眾降的降，散的散，他快變成孤家寡人，眼看支撐不下，他丟了輜重，僅率50輕騎突圍。沒想到，他帶這麼一點兵，卻連克偃師等地。

中原又旱，到處是飢民，紛紛投奔李自成。李自成很快又壯大數萬之眾，更重要的是李巖、牛金星等儒士來加盟。李巖是舉人，有文武才，李自成與他一見如故，相見恨晚。李巖勸李自成尊賢禮士，除暴恤民，收買人心，以圖大業。特別是對內提出「殺一人如殺我父，淫一人如淫我母」的守則，整頓軍紀；對外則喊出「均田免糧」的口號，打造李自成造反為民的光輝形象。李巖派部將扮成商人，在民間四處散布「闖王仁義之師，不殺不掠」，編童謠到處傳唱：「開了大門迎闖王，闖王來時不納糧」，「早早開門拜闖王，管教大家都歡悅」。把一個窮途末路的流寇，精心打扮成窮苦百姓的大救星，比父母還親。就這樣，河南一帶的災民盼星星、盼月亮一樣，盼著李自成到來，唯恐不至。李自成再次絕處逢生，兩年後發展到百萬之眾。當年朱元璋正是依靠政治包裝打敗元軍和競爭對手，現在李自成以其人之道還治其人之身。一個又一個政治騙子成功了，只可惜百姓一代又一代被哄騙。

◎ 1641年，倒數計時：3

大過年的，李自成攻下洛陽，殺了福王朱常洵，還用他的鮮血拌鹿肉，美其名曰「福祿酒」。接著攻開封，但失敗，又攻南陽。原本投靠張獻忠的羅汝才轉來伴李自成，一起攻鄧州，也失利。

張獻忠被官軍打敗，逃湖廣，破襄陽，抓了襄王朱翊銘。張獻忠請他喝酒，說：「我想借你的人頭，讓楊嗣昌受誅！」說著將他殺了，然後連破信陽等地。楊嗣昌在重慶聽說襄陽、洛陽失守，而福王和襄王又相繼被

第十三章　明末 10 年

殺，怕朝廷追究，連忙自殺，遂了張獻忠的心願。

京城及山東、河南、浙江、湖廣又發生旱蝗大災。當時，保定巡撫徐標應召進京，目睹災情，稟報說這一路千里「蕩然一空」，「雞犬無音，未遇一耕者」。[292] 因此，更多飢民起事。這時，張獻忠在信陽被官軍大敗，自己也負傷，剩幾十人逃命，只好投奔李自成。李自成收留張獻忠，但只委以部將之職，不肯屈從，便想殺他。張獻忠感到危險，與羅汝才一起拉了 500 人溜走。

陝西總督傅宗龍率 3 路大軍進剿李自成，遭伏擊，頓時潰敗，只剩傅宗龍獨守項城。堅持 8 天，傅宗龍突圍而出，但沒逃幾里被追殺。李自成破南陽，殺唐王朱聿鏌，隨後又連破鄧州、許州等 10 餘城。

錦州去年秋就被清兵圍攻，本年，命洪承疇率步騎 13 萬去救援，在寧遠集中。洪承疇部署從錦州西南 40 里的杏山，挺進錦州城南 18 里的松山，然後從松山進擊錦州，步步為營，以守為戰。先派 6 萬精兵為前鋒，其餘跟進。糧草則留在寧遠、杏山及錦州西南 60 里處的塔山堡。沒想到清帝親自統兵來增援，駐松山與杏山，橫斷大路，並派精兵奪了塔山堡的糧草。明軍不敢野戰，嚴陣而退，有一部率先逃，各軍大亂，爭先恐後而逃，又遇清軍伏兵。這樣，明軍死亡 5.3 萬多人，洪承疇也被圍困在松山，錦州更危險了。

本年，荷蘭與西班牙為爭奪臺灣開戰，荷蘭獲勝，從此占整個臺灣。朱由檢連內地都顧不了，哪有能力去逐荷蘭軍。

◎ **1642 年，倒數計時：2**

新年伊始，朱由檢詔免 1639 年之前的欠賦，顯然是想取悅於民，但顯然太晚。已經太多人餓死，已經製造太多敵人，不免也大都收不回。

---

[292]　《明史紀事本末》，卷 72，「臣自江、淮來數千里，見城陷處固蕩然一空，即有完城，僅餘四壁。蓬蒿滿路，雞犬無聲，曾不見一耕者。土地、人民如今有幾？皇上亦何以致治乎？」

這時，大臣建議重用西方傳教士湯若望協助製造的火炮。朱由檢召集大臣商討，理學大師劉宗周又跳出來反對，說用兵之道最高境界是仁義，其次是統治者克己，最末才是武器。湯若望的學說本來就不適合堯舜之世，現在又鼓吹什麼先進武器，罪大惡極，請陛下逐湯若望回國，永遠別讓「異教」進中國。朱由檢耐著性子說：「你說的道理很對，可是有先進武器還是得用。」劉宗周堅持說：「火器終無益於成敗之數。」朱由檢有點生氣了：「那你說該怎麼辦？」劉宗周說：「應當改行堯舜根本之道，而不是拿火器這樣的苟且之事來搪塞。」朱由檢發怒：「現在火燒眉毛了，你說當下該怎麼辦？」劉宗周還是說：「宋臣曰：『文官不愛錢，武官不惜死，則天下太平。』其言，今日針砭也。」君臣哭笑不得，議而不決。[293]

李自成數十萬兵馬在鄖城圍攻明大帥左良玉。陝西總督汪喬年率軍到襄城，李自成便從鄖城轉而圍襄城。汪喬年只有 1,000 多步兵，等著左良玉來救，等了 5 晝夜沒等到，成為李自成的俘虜，當即被殺。李自成接著相繼破陳州等城，又圍開封。左良玉及其他 3 鎮兵在開封西南的朱仙鎮會師，想替開封解圍。可是左良玉被李自成的氣勢嚇壞了，率先逃，其他兵全都跟著跑。李自成被射傷一隻眼睛，氣急敗壞，決黃河水淹開封城。據記載，開封城原本 100 萬戶，經過這半年圍攻，又飢又疫，最後剩不到 2 萬。戰爭之罪惡，此見一斑。朱由檢命 3 邊總督孫傳庭出關相救，孫傳庭說陝西沒精兵，新兵不堪用，建議固守潼關。朱由檢不同意，孫傳庭只得硬著頭皮執行。等他們到潼關時，開封已陷落。孫傳庭追擊，李自成將軍資物品故意丟路上，讓追兵爭著搶，趁機反擊，將他們大敗。然後，李自成乘勝破南陽等城。

張獻忠破廬州，雖然在潛山一敗，轉而陷太湖。

東北方面，松山被圍半年，城中糧盡，明軍副將不得已開城降清，洪承疇被俘。洪承疇飽受儒學浸染，重視名節，被俘之初一言不發，閉目不

---

[293] 同注 288，P4402。

第十三章　明末 10 年

見人,只求速死。消息傳到北京,說洪承疇「義不受辱,罵賊不屈」,以身殉國。朱由檢非常傷心,下旨為洪承疇建祠堂,隆重祭奠。然而,祭奠香火未熄,又傳來消息說他已降。原來,早降清的范文程去見洪承疇,不提降事,只談詩書,讓洪承疇變溫和。其間,房梁落下一塊燕泥,掉在衣上,洪承疇輕輕地彈掉。范文程回去奏報:「洪承疇不會真想死!他連衣服都那麼在意,何況生命呢?」皇太極贊同這判斷,對洪承疇更加有耐心,待遇更優厚,甚至傳說讓太后親自上演美人計。洪承疇感到清帝比朱由檢更有為,終於歸降。

投降這種事,比新冠病毒更容易傳染。錦州被圍更久,城中糧食早沒了,到人相食的地步,又見松山失守,只好也降。接著,清軍又破塔山、杏山。這樣,明軍在關外僅剩一座寧遠城,清軍終於逼近山海關。

清帝有心議和,多次向朱由檢致信示意。但儒家總認為「漢賊不兩立」,南宋以後更是以和談為恥,認為凡是主戰的,都是民族英雄;主和的,都是漢奸、賣國賊。所以,朱由檢猶豫得很。他曾同意兵部前任尚書楊嗣昌的議和建議,心想,現任尚書盧象昇也很可能會建議和談,沒想到他脫口而出:「臣意主戰!」朱由檢聽了立刻變臉,愣了好一會兒,才狡辯:「朝廷原本未言撫。所謂撫,乃外廷之議。」這裡所說的撫,指和談。事後,盧象昇還對同僚坦誠:「長安口舌如風,倘唯唯從議,袁崇煥之禍立至。」[294] 這裡長安指北京。由此可見,袁崇煥之死的後果。

朱由檢只好改口,辯稱根本沒議和之意。現在松山戰敗,內地形勢也變得更加嚴峻,朱由檢不得不重新考量,委派兵部尚書陳新甲與清聯繫,但要求保密。陳新甲委派大臣馬紹愉祕密出使清國,帶回清帝致朱由檢的信,約定平等相交及歲幣、疆界等具體事項。馬紹愉將這些機密資料報送陳新甲,陳新甲不巧有事外出,就放在他家茶几上,而陳新甲的僕人誤以

---

[294]　同注 286,卷 14,P245 ～ 246。

為是普通塘報,轉抄流傳出去,社會譁然。朱由檢受不了舉國漫罵,遷怒於陳新甲,要求他自首。偏偏這陳新甲書呆子氣,不肯認錯,反而稱是功勞。朱由檢只好將他下獄,並處死,也把議和的路堵死了。史家普遍認為,依當時情況,明王朝幾乎不可能同時打贏內外兩場戰爭,和解是明王朝得救的唯一機會。如果能像北宋跟遼那樣和解,及時停損,明廷可以把抗清兵力轉而集中對付李自成等人,很可能不至於覆亡。對於議和變卦,清帝非常惱怒,立即派兵大舉南侵。民族主義誤事,此為一例。

為此,朱由檢下第三份〈罪己詔〉。這份顯然更誠懇些,說天災人禍,都因為「朕不德」,「罪在朕」,不敢原諒自己。但對策只是「敬於宮中默告上帝」,[295] 這類把戲有可能會有實效嗎?

《水滸傳》家喻戶曉,寫北宋末年宋江等人起事,原名《忠義水滸傳》,突出「忠義」二字,主題是「只反貪官不反皇帝」。所以,朱元璋沒禁這小說,讓它暢銷。當時學者胡應麟說:「今世人耽嗜《水滸傳》,至縉紳文士亦間有好之者。」據統計,從嘉靖到崇禎100多年間,《水滸傳》刊印了31次。但到現在不一樣,當年大義凜然的起事者,墮落為人神共憤的造反對象,對《水滸傳》的態度也發生180度變化。本年四月,刑科左給事中左懋第上書,請求焚毀《水滸傳》。朱由檢心有靈犀,當即下旨:「著地方官設法清查轄內,嚴禁《水滸傳》。」這是《水滸傳》第一次遭禁。說來這左懋第可不一般,他曾屢次上疏,針砭時弊,積極為救國救民獻計、獻策,為朝野所矚目。他富有民族氣節,後來被清兵所殺,被譽為「明末文天祥」。可這禁書建議徒留笑柄,難道《水滸傳》成書之前那千百年的人們不知道造反嗎?早在唐朝便有人提醒:「坑灰未冷山東亂,劉項原來不讀書」,左大人和崇禎大帝們難道不曾讀這詩?

---

[295] 《崇禎實錄》卷15,「災害頻仍,干戈擾攘,興思禍變,宵旰靡寧,實皆朕不德之所致也!罪在朕躬,勿敢自寬。自今為始,朕敬於宮中默告上帝,修省戴罪視事,務期殲胡平寇以贖罪戾⋯⋯」

第十三章　明末 10 年

◎ 1643 年，倒數計時：1

年初李自成破承天（今湖北鍾祥），將襄陽改名為襄京，自稱新順王，號「奉天倡義大元帥」，他親密戰友羅汝才是「代天撫民威德大將軍」，任命文武官員一大批，設府州縣地方政權，招撫流民，鼓勵發展經濟。李自成本人生活儉樸，不好酒色，對部下要求也嚴。羅汝才卻妻妾數十，生活奢靡。李自成很討厭他這點，多次批評，可他不聽。有人趁機挑撥，說羅汝才私通官軍。李自成大怒，將羅汝才殺了，收編他的兵。

張獻忠連破黃州、漢陽和武昌等地，抓了楚王朱華奎，裝到籠子裡沉江，所有楚地的宗室全都殺光，並讓部下分食他們的肉。

聽到張獻忠稱王的消息，朱由檢痛心疾首，第四次下〈罪己詔〉，責自己失德，導致生靈塗炭、社稷遭殃，希望天下官民士紳能夠共赴國難，拯救危機。

李自成則異常憤怒，立即派人祝賀：「某某已降，某某已死，現在該輪到你了！」張獻忠怕李自成真來找麻煩，連忙放棄武昌，轉湖南，破長沙等，然後入江西，破吉安、撫州等。所到之處如蝗災，不剩一物。有人建議取吳越，張獻忠怕左良玉，還是轉四川。

張獻忠在四川自稱「大西王」，授文武百官，開科取士。錄取進士 30 名，授以州縣官職。民間傳說張獻忠有次開科取士，只是讓舉子在他的大旗上寫個「黃」字。因為字太大，找不到相應的筆，沒人敢去寫。王秀才做一支特大的筆，在墨缸裡浸 3 天，一揮而就。他高興得要命，以為馬上會受重用。沒想到張獻忠大怒：「好小子，日後膽敢謀害我的，肯定是你！來呀！把他給我砍了祭旗！」不到兩年時間，張獻忠幾乎把四川人殺光，所以後來清兵入關，從兩湖、兩廣一帶向那裡移民，這就是歷史上著名的「湖廣填四川」。

清兵南侵至本年四月才退，一路攻掠京郊、山東 88 個府州縣城，俘

36萬多人，劫金1.22萬兩、銀220萬多兩、牛馬50多萬頭。這年八月清帝死，由8歲的兒子福臨即位，多爾袞攝政。

朱由檢猜想清廷內部該亂一陣子，顧不了南侵，想抓住時機，盡快解決內部問題。孫傳庭敗歸陝西後，招兵買馬，發明一種戰車，上面裝火炮，車廂裡存放士兵的衣服和糧食，名「火車」。想像過去，有點像現代坦克吧？這車有2萬輛，組成一個火車營。這年，朱由檢命孫傳庭為兵部尚書，賜尚方寶劍，催他率10萬兵出潼關，同時協調其他路兵馬，夾攻李自成，大有決一雌雄之勢。

李自成聞訊，毫不示弱，親統大軍北上河南迎敵。雙方主力在郟縣激戰，民軍抵擋不住，很快潰退。官軍緊追，李自成本人也差點被擒。民軍逃入襄城，官軍尾隨而至。有些將士想投降，李自成說：「不妨決一死戰，如果不能獲勝，你們殺我投降還來得及！」

這時老天爺又幫李自成大忙，大雨整整7天。因為後勤供應出現問題，城外露宿的官軍苦不堪言，情緒越來越大。孫傳庭只好回師取糧，令河南總兵陳永福留守。陳永福士兵見陝軍走了，自己繼續忍飢挨餓，憤憤不平，便跟著撤。陳永福無法控制局面，隊伍大亂，民軍則趁機發起進攻。官軍全線崩潰，逃到南陽才緩過神來，調頭迎戰。這時，民軍已布置5重大陣：第一重飢民，第二重步兵，第三重騎兵，第四重精銳騎兵，第五重家屬。官軍很容易攻破前三重，第四重相持不下。官軍的火車營雖有優勢，但機動性差，率先潰敗，引發連鎖反應。騎兵跟著逃，形勢瞬間發生變化。民軍傾巢而出，窮追不捨，一日一夜追400餘里，殺敵4萬餘。李自成又陷潼關，孫傳庭戰死。民軍長驅直入，很快包圍西安，守軍投降。然後，李自成兵分3路，繼續追剿官軍殘餘勢力，奪陝西、寧夏、甘肅一大片軍事重鎮。這意味著官軍戰鬥力基本被摧毀，朱由檢的命運也就此定型。

第十三章　明末 10 年

◎ 1644 年，倒數計時：0

正月初三（具體日期記載出入較多），李自成在西安建國「大順」，封功臣，命百官，開科取士，公告天下。然後率軍東進，連破太原等城，直指京城。但李自成仍然沒太大野心，進京途中還委派降將去跟朱由檢談判。李自成提出的條件僅僅是想稱西北王並要些賞銀，相對獨立些，報答是「為朝廷內遏群寇」，特別是「以勁兵助剿遼藩」。[296] 朱由檢的野心卻仍然很大，一點好處也不肯讓別人分享。

二月初一，朱由檢一上班，收到一封信，李自成寫來的，變成勸他投降，並限期三月十五日之前。朱由檢將信燒了，心裡卻再也無法平靜。中旬，他下第五份〈罪己詔〉，痛陳弊政，歷數自己罪過，號召人民「忠君愛國」，建功立業，最後表示，願給立大功者分別予以世襲高官、通侯等重賞。[297] 應該說這懸賞夠分量，文辭也相當懇切，只遺憾太遲了！就像一個屢教不改的孩子，再沒人聽信他的花言巧語，李自成更不會停下進京的腳步。

三月十五日，朱由檢又接最後通牒，限他十八日之前投降。3 天時間裡，朱由檢召集大臣商討對策，一籌莫展。守城的士兵消極抵抗，他平時最寵的太監曹化淳居然帶頭開啟彰義門（今廣安門），迎民軍進入外城。夜裡，朱由檢無法入睡，出宮上萬歲山（也稱煤山，今景山），但見城外烽火連天，殺聲一片。他明白什麼也無濟於事了，只能回宮喝酒，令皇后嬪妃們自殺，又親手殺自己的女兒，怨道：「妳為什麼要生在皇家！」[298] 殺完，想逃出城，可是幾大城門已關死。十九日凌晨，朱由檢返宮中，鳴鐘上朝，卻一個大臣也沒來。至此，朱由檢什麼希望也不抱了，再上萬歲

---

[296] 《甲申傳信錄》卷 1，「議割西北一帶分國而王並犒賞軍銀百萬，退守河南……闖既受封，願為朝廷內遏群寇，尤能以勁兵助剿遼藩。但不奉詔與覲耳。」

[297] 同注 286，卷 20，「朕為民父母，不得而卵翼之；民為朕赤子，不得而懷保之，坐令秦、豫丘墟，江、楚腥穢，罪非朕躬，誰任其責……草澤豪傑之士，有恢復一郡一邑者，分官世襲，功等開疆……若能擒斬闖、獻，仍予通侯之賞。」

[298] 同注 290，卷 121，〈長平公主傳〉，60 冊，P2435，「汝何故生我家？」

山，吊死在一棵老槐樹上，也吊銷了朱氏經營中華江山的執照。

李自成於十九日中午進京。牛金星領著一班文官跟隨，帶著特製的牌子和招貼，將李自成比作堯舜。3天後才發現朱由檢已自縊，便以皇帝之禮，隆重葬了朱由檢。然後，這班新的君臣，忙於抓沒逃的富人敲詐財物，笙歌燕舞，醉享勝利成果，全然不在意江淮以南還有50萬明軍。李自成注意到離京不遠的山海關，連忙對其守將吳三桂勸降。吳三桂已打算降李自成，可是家僕接踵而至，問他父親如何，僕人說被李自成的兵抓了，吳三桂自慰說：「沒關係，我一進京便會放人。」問家裡財產如何，僕人說被沒收，吳三桂還笑笑說：「沒關係，我一進京便會歸還。」再問他愛妾陳圓圓如何，僕人說是被他們搶了，吳三桂的臉陡然變色：「沒⋯⋯這怎麼會沒關係呢？」吳三桂怒髮衝冠，立即大開關門，邀請昨日的敵人──清兵，來幫他報殺君奪愛之仇。李自成聞訊，知道大事不妙，星夜趕去平吳三桂，無奈遲一步，對付不了吳三桂和清兵聯手。四月二十六日，李自成退回北京，二十九日登殿稱帝，三十日便命人焚燒紫禁城和各城樓，倉皇逃出北京，恢復一個「流寇」的本來面目。吳三桂和清兵緊追不捨，第二年，李自成在湖北被殺。

清兵幫吳三桂報了仇，卻賴著不肯走。五月，攝政王多爾袞率文武百官入紫禁城，公告天下，滿清開始成為中國新主。

歷史諸多惡性循環。想當初，朱元璋強調「朕取天下於群雄，非取天下於元氏」[299]，意思說他朱元璋不是儒家痛恨的亂臣賊子，權力來源完全合法。他肯定想不到，300年後，康熙強調「自古得天下之正莫如我朝」[300]，意思說大清奪的是李自成的權，而非朱氏，來源非常合法。其實都是狡辯，在此暫不展開反駁。

---

[299] 《明史紀事本末》卷10，P130。
[300] 《清聖祖實錄》卷275。

第十三章　明末 10 年

當年五月，即有福王朱由崧在南京即位，史稱「晚明」。先後有 3 個小朝廷，跟南宋末年一樣流亡，但史學家為什麼沒跟南宋一樣，將明朝之末計算到 1661 年小朝廷結束，而 1644 年便吊銷他們的執照？

朱翊鈞早就躲著不上班了，朱由校則是上班時間去玩木匠活，朱由檢卻在上班時間自殺，你說朱氏帝王的工作責任感哪裡去了？那麼，晚明如何？新官上任三把火，當務之急該做什麼，村長也會知道。可是說來令人不敢相信，朱由崧下的第一道聖旨是徵宮女，第二道聖旨徵春藥，難怪只能混 13 個月。第二位流亡的明帝是前文提及的朱聿鍵，在福州繼位，倒是想有番作為，將工作重點由「平寇」（即鎮壓民軍）改為「禦虜」（即抗清），「小貪必杖，大貪必殺」，但他卻被大將鄭芝龍出賣，很快被清兵俘虜。第三位流亡小皇帝朱由榔在肇慶繼位，沒幾天被迫逃緬甸，最後也沒能逃脫追殺。柏楊說：

> 站在當時的民族感情上，由漢人組成的明王朝的覆亡，使人悲痛。但站在中國歷史的高峰回顧鳥瞰，我們慶幸它的覆亡……內政的改革根本無望，只有越變越壞。[301]

是的，「內政的改革根本無望，只有越變越壞」，一切專制政權都如此。朱氏的執照，早就該吊銷了！

後果：假如朱由檢不玩弄文字遊戲

朱由檢自縊，屍身掛著他此生第六份，也是最後一份〈罪己詔〉：

朕自登極十七年，逆賊直逼京師。雖朕薄德藐躬，上干天咎，然皆諸

---

[301]　柏楊：《中國人史綱》下冊，P141～142。

臣之誤朕。朕死無面目見祖宗，去朕冠冕，以髮覆面。任賊分裂朕屍，勿傷百姓一人。[302]

有人認為這遺書是偽造，也有人認為是真的，但不論它本身真假，內容顯然不可信。朱由檢對官吏非常嚴酷，「錯一事則罷一官，丟一城則殺一將」。據統計，朱由檢當政的17年裡，一共任用過50位內閣大學士，這是前無古人，後無來者的最高紀錄。其中吏部尚書13人、戶部尚書8人、兵部尚書17人、刑部尚書16人、工部尚書13人（有些人曾任幾個尚書），另有都察院左都御史132人。死於他手下的有輔臣1人、尚書4人、總督和督師7人、巡撫11人，侍郎（中央副部級）以下的官員難以計數。兵部尚書、監軍宦官之類的重要官員，該是他親自選的吧！怎麼一到戰場，不是不戰而逃，就是見死不救呢？負責與滿清祕密和談的尚書，也該是他親自選的吧！怎麼會犯那麼低階的錯誤？狀元魏藻德擅長辭令，有辯才，且善於觀顏察色，深受朱由檢寵信，空降上任兵部尚書兼工部尚書、文淵閣大學士，1644年，又臨危受命為內閣首輔，只可惜沒有真才實學。李自成兵臨城下，最後通牒來了，朱由檢問計於魏藻德：「可不可以封個王，打發李自成？你拿個主意，朕速下旨！」魏藻德束手無策，只會反覆呼喊：「吾皇萬歲萬歲萬萬歲！」朱由檢氣得說不出話，一腳踢翻了龍椅……朱由檢親自挑選了大量「誤朕」之臣，至少得承擔用人不當的「領導者責任」吧！

朱由檢無疑勤政，在最後10年裡毫無大權旁落的跡象，這在末世當中實屬罕見。他也是有使命感的，不然不會一再感到內疚，先後下6份〈罪己詔〉，又創歷史之最。現在，且讓我們綜合看一下他這幾份〈罪己詔〉的說辭：

---

[302] 《明通鑑》卷90。

第十三章 明末 10 年

時間	原因	整治措施	簡析
1635	民軍毀鳳陽祖墳。	減膳撤樂，除典禮外穿青衣。	有實際意義嗎？
1637	大旱導致更多造反。	批評文武百官「出仕專為身謀，居官有同貿易」。	指責入木三分，卻沒說如何整治。
1642	清兵大舉南侵。	在宮中向上天默告。	有實際意義嗎？
1643	張獻忠稱王。	希望天下官民共赴國難。	如何讓官民響應呢？
1644	李自成發最後通牒。	許諾給抗敵功臣分封之賞。	務實，可惜沒剩幾天時間了。
1644	李自成陷北京城。	令民軍「勿傷百姓」。	「賊」有可能「遵旨」嗎？

由此可見，朱由檢的反省不乏深刻，但對自己的「處罰」及問題的對策並沒有什麼內容，不可能產生實際作用。例如許諾給剿匪功臣分封之賞，乍看很讓人動心。然而，朱由檢如果真有這麼大方，上個月何不與李自成和解？李自成只是請求封王，主動承諾的則是「願為朝廷內遏群寇，尤能以勁兵助剿遼藩」。如果達成合作，不僅其他民軍不在話下，清兵也休想入關了。朱由檢應當知道之前歷史上無數以錢帛、美女及土地換和平的先例，他卻不肯，還以花言巧語，想哄那些殘兵敗將跟著僥倖到底。

朱由檢到這火燒眉毛之時，仍然不肯發放那拖欠 5 個月之久，多達 10 萬守城將士的軍餉。是太窮沒錢救災發薪嗎？完全不是！帝王在經濟上也是貪婪的。明朝皇室有「內帑」，用百姓的話來說，就是「私房錢」。全國各地的礦、稅由皇帝直接派太監坐鎮在那裡收，收了直接進皇帝的私帳。李自成進北京後，發現一座封閉了 220 多年的皇家金庫，計有白銀 3,700 萬錠，金 1,000 萬錠。當時全國人口約 5,100 萬，按此計算，每 5 口之家可得 150 多兩。如果早開啟這金庫，可以拯救多少災民啊！軍餉根本不用拖欠，全力保衛明廷的軍民會更多。可他還是希望百姓和軍隊能勒緊褲帶繼續為他賣命，僥倖把「賊」鎮壓下去，那錢繼續作為「千年必不可拔之

基」，留給子孫後代，而只是玩弄一下不花錢的減膳、為「賊」下旨之類雕蟲小技。朱由檢的行徑，應驗了一句俚語：「有錢買棺材，沒錢買藥。」

1644年初，李自成陷平陽（今山西臨汾）的時候，朱由檢曾經長嘆：

朕非亡國之君，事事皆亡國之象。祖宗櫛風沐雨，一朝失之，何面目見於地下！朕願督師親決一戰，身死沙場無所恨，但死不瞑目耳！[303]

可他的招術始終只是花拳繡腿，花言巧語，縱然不吃不睡地勤政，加上殉國，也只能感動一些書生，而感動不了士兵，挽救不了時局，逃脫不了不是亡國之君的亡國悲劇。這個善於舞文弄墨的統治集團——以文辭見長的官僚機構，只會應付百姓，實際常常不敵四夷的團隊，咎由自取！

因此，我很自然地想，朱由檢如果是後唐明宗李嗣源就好了！李嗣源是沙陀人，不識字，也就沒什麼陳腐的限制。他的名言是：「別人用嘴戰勝敵人，我只用手戰勝敵人。」[304] 登帝後，他勇於徹底改革父親留下的弊政，開創「長興之治」盛世。

身為讀書人，不該推崇文盲。可是猶豫再三，我還是忍不住想，假如朱由檢像李嗣源，肯定不會像現代「宅男」一樣，躲在深宮裡玩弄文字遊戲，而會親征，軍中腐敗之類的事肯定不會多，戰鬥力倍增；肯定不會死鎖國庫，早發軍餉，早早接濟飢民。哪來那麼多人追隨「賊」，讓「賊」一次次絕處逢生，而自己卻一步步吊上老槐樹？

---

[303]　同注290，卷253，〈李建泰傳〉，P4378。
[304]　《舊五代史》卷35，〈唐明宗紀〉，P334，「公輩以口擊賊，吾以手擊賊」。

第十四章　清末 10 年

第十四章
清末 10 年

【提要】

西元 1903～1912 年為清朝倒數計時 10 年,革命派、改革派與清統治者誰也不甘落後。慈禧華麗轉身,堅定地推行「君主立憲」政治體制改革,而保守勢力至最後關頭還在阻撓,逼革命黨施行「斬首行動」,終結千古帝制。

如果攝政王載灃能像孫中山,立足中華民族長遠利益的高度,爭取更多人由革命派轉為改革派,結局肯定不一樣。

第十四章　清末 10 年

前因：天地裡外發難

　　清聖祖玄燁（即康熙）、世宗胤禛（即雍正），與高宗弘曆（即乾隆）時期，自 1681 年康熙平三藩，至 1796 年乾隆退位，拓展大面積疆域，數種工業產品超越歐洲，GDP 領先於世界，編《康熙字典》、《四庫全書》，向歐洲展示中華文化，被譽為「康乾盛世」，或稱「康雍乾盛世」，詳見《春之卷》第十三章。

　　「康乾盛世」後，「嘉道中衰」接踵而至。同治帝載淳、光緒帝載湉期間，至中日甲午戰爭前夕（1861～1894 年），與西方列強初步和解，**轟轟烈烈**開展「洋務運動」，軍事、經濟、文化方面的改革開放，很快獲得初步成效，被譽為「同光中興」，詳見《秋之卷》第九章。

　　有人說：「在工業革命之前的 2,000 多年裡，人類一直過著幾乎一成不變的生活；秦始皇如果來到康乾盛世，凱薩如果見到路易十四，一定不會感到過分驚奇。」[305] 我贊同，但我想，秦始皇如果到「同光之治」後的中國，一定會感到十分驚奇。

　　托克維爾描述法國：「如果沒有大革命的發生，古老的舊社會就會像一座年代久遠的建築，要麼早一些時候，要麼晚一些時候，慢慢地塌落。古老的舊社會如果以這種方式塌落，一定是一塊一塊地塌落，而不是瞬間徹底倒塌。」[306] 古老的中國，終於也要大革命。孫中山的革命黨人沒有等它「一塊一塊地塌落」的耐心，而要「瞬間徹底完成」了。

　　前面那些篇章，的確如黑格爾所說「一再重複」的感覺，而本章將完全不一樣。這個時期的革命派或改革派，與歷史上幾千年不一樣，幾乎都不是被酷法、飢餓逼上梁山，或是出於取而代之的野心，而是對國家和民

---

[305]　杜立君：《歷史的細節》，P303。
[306]　[法]《舊制度與大革命》（畫報版），P31。

族的過去、現實和未來，有著清楚的認知，有著時不我待的急迫之情，更有著大無畏的犧牲精神，不由令人兩眼一亮，肅然起敬。當時統治者也很不同以往，對時局有較清醒的認知，願追隨歷史潮流，並願努力順從人民的意願，而不再一味抗拒和鎮壓，不乏可圈可點之人和事。革命與改革，似乎誰也不甘落後……

張之洞與曾國藩、李鴻章、左宗棠並稱「晚清中興四大名臣」，骨灰級的「愛國者」。倒數計時開始的前一年，即1902年十月初十，時任湖廣總督的張之洞在漢口為慈禧辦生日慶典，親自寫了一首〈愛國歌〉：

> 大清皇帝坐明堂，天下人民願自強。
>
> 海晏河清環宇泰，忠臣孝子姓名香。

張之洞也許是由衷地頌揚，可是放眼望去，大江南北，哪有「海晏河清環宇泰」的影子？還剩幾個「忠臣孝子」？

最大看點：革命與改革之賽

◎ 1903年，倒數計時：9

去年清政府與沙俄簽訂《交收東三省條約》，規定東三省「一如俄軍未經占據以前，仍歸中國版圖及中國官治埋」。可是一年過去，沙俄不僅不撤兵，反而進一步提出在東三省及內蒙古一帶享有路政稅權及其他領土主權等7條要求。清政府被逼無奈，準備簽《中俄密約》。天津記者兼日本某報通訊員沈藎，偶然得知中俄要簽密約的消息，設法得到草稿，迅速在天津英文版《新聞西報》刊登。國內外各大新聞媒體紛紛轉載，輿論譁然，群情激憤。本年4月，在上海的18省愛國人士集會，譴責沙俄，指責清

第十四章　清末 10 年

政府,並通電各國:「我全國國民萬不承認」。愛國學社、育才學堂、愛國女學等學生參加集會。北京、湖北、江西等地學生也紛紛集會抗議。留日學生還成立「拒俄義勇隊」,黃興、陳天華等知名人士簽名參加。留日女學生組成「赤十字會」,準備隨軍做看護工作。清政府密捕回國代表,勾結日本政府解散他們。北師大學堂學生召開拒俄大會後,成立「抗俄鐵血會」、「東亞義勇隊」和「關東獨立自衛軍」。

在國內外強大輿論壓力下,清政府不得不放棄簽《中俄密約》的計畫,改而追查洩密案。沈藎非但沒躲避,反而想讓太監李蓮英刺殺慈禧太后。他把這個想法告訴兩個最好的朋友——旗人慶寬和前翰林吳士釗,萬萬沒想到這兩人告密。沈藎被捕,知道凶多吉少,寫〈絕命詩〉4 章,其一為:

獄中鐵鎖出郎當,宣武門前感北堂。

菜市故人流血地,五忠六士共翱翔。

今年三十有一歲,贏得浮名不值錢。

從此興亡都不管,靈魂歸去樂諸天。

身為一介書生,對國家興亡能至此,已經夠盡責了。沈藎被打得血肉飛濺,但未吭一聲。劊子手以為他已死,下令停止捶打。沈藎忽然用微弱的聲音說:「速……用繩絞……」沈藎是中國歷史上第一位殉職的新聞記者。

10 月,俄軍第三批退兵時間到,不僅又不履約,反而重新侵占奉天省城(今遼寧瀋陽)。

這時期,越來越多人由改革派轉變為革命派。太平天國失敗,「三千歲」洪全福逃廣東東莞,後轉香港、古巴,隱姓埋名到外輪當廚師,在行船中認識孫中山,並為孫中山運輸武器。本年初,洪全福在廣州發動起

義,事洩失敗,逃新加坡。孫中山則將日本視為革命活動的根據地,稱之為「第二故鄉」,在東京成立革命軍事學校,聘請日本軍事家及退伍軍人為教授。該校誓詞為:「驅除韃虜,恢復中華,創立民國,平均地權。」孫中山說:「從前是英雄革命,今後是國民革命。」當時民眾不解,困惑得很:「不要滿族皇帝,那讓誰來當皇帝呢?」孫中山睿智得很,不講民主大道理,簡單地回答:「中國四萬萬人都是皇帝!」[307]

更多人在為革命鳴鑼開道。「拒俄義勇軍」成員鄒容著〈革命軍〉一文,2萬餘字,以火熱和犀利的筆調,謳歌革命和民主,指出「革命是國民之天職」,是「除奴隸而為主人的必經之路」,可以使中國與「世界列強並雄」,獨立於20世紀新世界;讚揚西方「自由、平等、博愛」思想和天賦人權學說,主張用革命「掃除數千年種種專制體制」,打倒洋人的「奴隸總管」清政府,並響亮地喊出「中華共和國萬歲」口號。這本書被譽為中國的「人權宣言」,由黃宗仰出資在上海出版,章太炎(即章炳麟)作序,風行全國,發行超過100萬冊。上海日僑報紙《蘇報》連續發表文章,推薦〈革命軍〉為國民必讀第一教科書,抨擊清政府,呼喚建立「中華共和國」。清政府照會上海租界當局,以「勸動天下造反」罪名,查封《蘇報》,並到學社搜捕。章太炎搶著挺身而出,說:「其他人都不在!要抓章太炎,就是我!」讓鄒容從後門逃走。但他逃脫後,出於義憤,又主動投案。拖到次年5月,章太炎和鄒容分別被判處監禁3年、2年,鄒容病死獄中。有人評論:

晚清知識界,知識分子普遍希望國家好,只是有人激進點,後來被視為革命者;有人持重點,後來被視為改良派。而1903年發生在上海的《蘇報》案,是一場原本不該發生的事件,只因當事人之間缺少信任、缺乏溝通,陰錯陽差鑄成大案,影響深遠。[308]

---

[307] 中國國民黨中央執行委員會:《民權主義》第五講。
[308] 馬勇:〈《蘇報》案源於一場誤會?〉,中國社會科學院網學術成果,2014年2月20日。

第十四章　清末10年

留學生陳天華曾寫血書抗議俄國侵占東三省，所著《猛回頭》、《警世鐘》在日本出版，揭示民族危機和亡國沉痛，呼喚推翻「洋人的朝廷」，建立民主共和國，具體要求「改條約，復稅權，完全獨立；雪仇恥，驅外族，復我冠裳」，並揭露「維新」虛假，「想拒洋人，只有講革命獨立」。

此外還創辦一批進步報刊，如上海創辦半月刊《繡像小說》，所刊作品多數宣揚改良，表達對帝國主義和封建統治者的不滿。劉鶚著名小說《老殘遊記》就是在該刊發表的。章士釗等在上海創辦《國民日日報》，附刊《黑暗世界》。上海創辦《中國白話報》，以「鼓吹愛國救亡」為宗旨，載有〈白話揚州十日〉等宣傳反清民族革命思想。湖北留日學生李書城等在東京創辦革命刊物《湖北學生界》，隨後各省留日學生相繼創辦《浙江潮》、《江蘇》、《新湖南》等。

紹興籍留日學生周樹人（即魯迅）和許壽裳等27人，在東京開懇親會，發表〈致故鄉人民書〉，主張「年少之士，亟宜遊學」，鼓勵鄉人「憤思奮發」、「更新國政」。

這時期的教育事業快速向現代化轉變，如法國傳教士在上海創辦震旦學院，後稱震旦大學，直到1952年各院系分別歸併上海市各相關高等學校；直隸總督袁世凱在保定創辦北洋陸軍速成學堂，相當於現代軍校；清廷命各省城設立農務學堂，相當於現代農業大學。武昌還成立湖北幼稚園，聘請3名日本保母，為中國幼稚園事業之始。

經濟方面也向現代化轉變，一是外向型，二是注重金融、交通、通訊等。如準備參加明年美國聖路易城世界博覽會，增改中葡《通商條約》，中美、中日分別訂立《通商行船條約》，中法訂《滇越鐵路章程》，商部代僑商申辦潮汕鐵路，中東鐵路通車，與英國中英公司訂立《滬寧鐵路借款合約》，商部將路礦事務併入，命袁世凱督辦電務。

這是一個非常特殊的末世。除了腐朽不堪的專制制度及其文化行將入土，許多現代文明都開始萌芽，到處生機盎然。

◎ 1904 年，倒數計時：8

去年 11 月，以黃興生日為名舉行祕密會議，陳天華、宋教仁等 20 多人參加，決定成立「華興會」，對外以辦礦業為名，稱「華興公司」。本年 2 月，華興會在長沙正式成立，推舉黃興為會長，會員先後有四、五百。這次會議決定本年十月初十慈禧 70 壽辰日舉行起義，並在岳陽、常德、瀏陽、衡陽和寶慶響應。宋教仁和幾位湖北知識分子，則在武昌成立「科學補習所」，會員 40 餘人。他們借研究科學為名，以「革命排滿」為宗旨，在新軍和學校中進行革命活動，準備積極響應華興會的湖南起義。但起義洩密，黃興等逃亡日本，馬福益等被捕殺。「新軍」是中日戰爭後按德國軍制新建的一支近代化軍隊，對士兵身體、文化、品德各方面要求較嚴，但他們不是忠於國家，而是忠於各地軍閥，實際上變成私人武裝或地方武裝。

11 月，蔡元培等在上海成立「光復會」，又稱「復古會」，蔡元培為會長，宗旨是：「光復漢族，還我山河，以身許國，功成身退。」這「功成身退」4 個字，非常了不起！中國歷史上造反的無數，「功成身退」卻沒半個，很顯然是學華盛頓。光復會的革命方式是暗殺和暴動，會員多為紹興商、學界人士，如徐錫麟、秋瑾和章太炎等。

革命輿論有增無減，如 1901 年上海創辦的《俄事警聞》，專錄沙俄侵東三省的罪行，揭露清政府賣國外交，現改名為《警鐘日報》，蔡元培主編，對其他帝國主義侵凌中國之事也加以抨擊。上海創辦《女子世界》月刊，宣揚男女平等和愛國精神，反對封建禮教，鼓動婦女投身革命。

清廷為改革正名。6 月對「戊戌變法」案進行平反，除康有為和梁啟超

第十四章　清末 10 年

2 人外，其餘涉案人員均予寬免。已革職的復職，通緝監禁及交地方管制的一律開釋。他們想以改革的現實，替代革命的思潮。

帝國主義侵略中國沒有止步。去年英國派遣一支侵略軍入藏，占帕里（今西藏亞東），本年 5 月，又占江孜。藏軍以長矛之類落後武器頑強抵抗。8 月，英軍占拉薩，十三世達賴喇嘛被迫外逃。9 月，英軍強迫 3 大寺寺長簽訂《拉薩條約》，規定西藏為英國獨占勢力範圍，開放江孜、亞東等地為商埠，賠償英軍兵費 50 萬英鎊，拆除印度邊界至江孜、拉薩一線的炮臺等防禦工事。西藏軍民抵制該條約，清政府拒絕簽字，並派員與英國交涉。日本對在中國旅順口的俄國艦隊發動突然襲擊，日俄戰爭爆發。清廷宣布保持中立，將遼河以東劃給他們作為「交戰區」。

清廷繼續努力融入國際社會。5 月照會瑞士，宣告中國願加入國際紅十字會。對外經濟進一步發展，如中葡訂《廣澳鐵路合約》及《中葡通商條約》，開放長沙及濟南城外、濰縣、周村商埠。繼續發展鐵路，如膠濟鐵路建成，新設川漢鐵路公司。具有悠久輕商思想的官方，還破天荒表彰商人，如江蘇張謇的公司經營很好，朝廷以頭等顧問官之職加三品銜。工人和商人開始維護自己的權益，如成都兵工廠 600 名工人罷工，反對工頭剋扣薪資，持續 16 天；重慶全城罷市，反對釐金局（相當於現代稅務局）苛索。

上海創辦《東方雜誌》，內容包括時政、軍事、外交、教育、實業、宗教、小說、譯文及調查報告等，直至 1948 年停刊，為中國近代歷時最長的大型綜合性雜誌。不過，這年初，重訂學堂章程，規定「立學宗旨，無論何等學堂，均以忠孝為本，以中國經史之學為基」，顯然有倒退之嫌。

◎ 1905年，倒數計時：7

　　帝國主義繼續在中國爭權奪利。針對日俄戰爭，美國第三次提出「門戶開放」政策，照會各國。門戶開放政策是美國在1899年首次提出，主要內容：在整個中國範圍，西方各國都有進行貿易的權利，利益均霑，機會平等。美國還曾脅迫清政府簽訂《中美會訂限制來美華工保護寓美華人條款》，去年末期滿。旅美華僑10餘萬人聯名上書清廷，要求廢約。美國拒絕，要求續簽新約，激起民眾反對。5月10日，上海工商界召開會議，決定兩個月內，美國如果不改虐待華僑苛法，便抵制美貨。隨後，上海清心書院、中西書院學生抗議美國，一律退學。廣州、湖州、蘇州、天津、南京、汕頭、潮州、杭州、福州、漢口和長沙等地的紳商，紛紛集會抗議。留日學生及海外華僑也響應。7月，上海紳商集議不訂美貨，上海商務總會致電全國各大商埠抵制美貨。8月，美國照會清政府商部，要求嚴禁抵制美貨。電告駐美公使：「通告美國政府，已諭示商民停止抵制美貨，請速訂華工條約。」同時，清政府命各省商民不得禁用美貨。

　　9月，日俄在美國簽訂和約，結束戰爭。俄國承認朝鮮為日本保護國，庫頁島南半部、旅順、大連轉租日本，南滿鐵路併同地方附屬一切利益，均無條件讓給日本。11月，日本應清政府要求，頒布《關於准許清國人入學之公私立學校章程》，即《清國留學生取締規則》，引起中國留日學生的抗議，認為有辱國體，實行總罷課，8,000多人參加，其中200多人回國。陳天華還認為日本報紙詆毀中國留學生，作〈絕命書〉，奉勸留日學生「堅忍奉公，力學愛國」，然後在東京大森海灣投海，以示強烈抗議。日本強迫清政府簽訂《中日會議東三省事宜條約》，規定日本在中國東三省獲得新特權，一是將東三省16個地方開埠通商；二是如俄國護路兵撤退，日本可照辦（實際上長期在沿線駐紮「護路」軍隊）；三是中國允許日本繼續經營安東（今丹東）至奉天鐵路，以15年為限；四是在營口、

第十四章　清末 10 年

安東、奉天劃定日本租界；五是中日合營公司採伐鴨綠江右岸地方森林。這條約使日本進一步擴大在中國東北的侵略權益。

沙俄藉口新疆「回漢衝突」，以「保商」為名，分兵進入新疆伊犁、喀什噶爾和蒙古各地。中德訂立《撤兵善後條款》，德國從山東膠州、高密撤回青島。隨後又訂《中德青島海關協定》，德國交還海關。

應當看到，被列強打得焦頭爛額的慈禧太后有改革的誠意。這年 7 月，委派鎮國公載澤、戶部侍郎戴鴻慈、兵部侍郎徐世昌、湖南巡撫端方出洋考察政治，隨後又加派商部右丞紹英。此舉引起革命黨反對。9 月 24 日考察團出發時，革命黨人吳樾自殺式爆炸，載澤和紹英受傷，吳樾當場身亡。但這沒能阻止出國考察的腳步，增加順天府丞李盛鐸、山東布政使尚其亨。一路戴鴻慈、端方前往美、德、義、奧等國，另一路載澤、李盛鐸、尚其亨前往日、英、法、比等國。11 月，清廷委任政務處大臣等籌定立憲大綱，隨後專設考察政治館，「延攬通才，悉心研究各國政治」。

革命的火焰更為旺盛。8 月 20 日，興中會、華興會、復興會在日本合併成立中國同盟會。在成立會上，孫中山作了 2 小時演講。他說：

現在中國要由我們四萬萬國民興起，今天我們是最先興起的一天。從今後要用盡我們的力量，提起這件改革的事情來。我們放下精神說要中國興，中國斷斷乎沒有不興的道理。[309]

他同時呼籲拋棄君主制，「擇地球上最文明的政治法律來救中國」，把中國建成一個 20 世紀頭等的共和國。這次會上，孫中山被推舉為總理，黃興為副總理。會議制定〈軍政府宣言〉、〈中國同盟會總章〉和《革命方略》等，並決定在國內外建立支部和分會，聯繫華僑、會黨和新軍，成為全國性的革命組織。同盟會確認政綱為：「驅除韃虜，恢復中華，創立

---

[309]　孫中山：〈中國絕不會淪亡〉。

民國，平均地權」。黃興、宋教仁、陳天華等曾在日本創辦《二十世紀之支那》，宣傳反清革命，隨後作為同盟會的機關報，本年11月，改名《民報》。孫中山在〈發刊詞〉中，首次將同盟會綱領概括為「三民主義」，即民族主義、民權主義和民生主義，在國內外產生廣泛影響。

革命思潮仍呈洶湧澎湃之勢，如在日本新創辦《醒獅》月刊，主要撰稿人有馬君武、柳亞子等，宗旨是反對專制政體，反對君主立憲。清廷加強言論控制，查禁《浙江潮》、《新民叢報》、《新小說》等報刊。

教育事業繼續改革發展。清廷決定自明年開始，所有鄉、會試一律停止，各省歲科考試也停止，迅速頒發各種教科書，在城鄉各地遍設小學堂。上海震旦學院部分師生因學潮脫離，自辦復旦公學，後改名為復旦大學。另創辦美國教會學校上海聖約翰大學。

甲午戰後，西方在中國強占租借地和劃分勢力範圍的同時，也在中國投資建設，或貸款，或獨資經營，或合辦，重點集中在鐵路和礦山兩方面。隨著民族資本主義發展，收回鐵路主權和礦產主權的呼聲日益高漲。率先反對的是留日學生，於本年6月致電清政府外務部，要求廢除津鎮鐵路借款草合約，募資自建。緊接直隸、山東、江蘇3省京官也先後向清政府商部、郵傳部發出《請廢津鎮鐵路草合約》、《籌款自建津鎮鐵路》等呈文，指出：「津鎮鐵路迤邐一千七百餘里，為南北樞紐，貫我腹心。若使鐵路利權俱落外人之手，將來患害不可勝言。」駐美公使與美國合興公司訂《贖回承辦粵漢鐵路合約》；與香港政府訂立《贖回粵漢鐵路借款合約》，投資達110萬英鎊，於當年末破土動工。清廷與英商所訂《蘇杭甬鐵路草合約》撤廢，由浙江紳民自辦。本國主辦也越來越多，最著名是10月中國第一條自建鐵路——京張鐵路開工，詹天佑為總工程師；福建紳商獲准鐵路自辦；創設上海大連輪船有限公司；張謇在南通創辦澤生水利公司、資生鐵廠和頤生釀酒公司。同年還有株萍鐵路和盧漢鐵路建成通車，開始

第十四章　清末 10 年

合建黃河大橋，中國會同 15 國續修通商進口稅善後章程。

工人運動不斷出現。上海新華紗廠工人反對將該廠賣給日本，舉行罷工，打傷 1 名承辦人（英國籍）。虹口捕房到廠鎮壓，拘捕為首的 5 名工人。上海整合紗廠南廠工人為反對工頭壓榨，舉行罷工。隨後北廠工人也參加，增至 4,600 人，搗毀工廠門窗機器。中西巡捕鎮壓，捕工人代表 2 人，判處鎖枷 1 個月。

◎ 1906 年，倒數計時：6

這年夏，兩路出國考察人馬先後回到北京，帶回書籍 400 多種。載澤總結說：「憲政有利於國，有利於民，最不利於官。」[310] 考察團向朝廷匯報建議，說中國《憲法》應仿效日本，兵農工商應學習日本和德國，政治方面則首先應實行滿漢民族平等，實行「君主立憲」制。有作家評論：

> 不要說中國人保守，也不要說中國的統治者保守……透過對東西立憲各國政治架構與實踐的考察，得出一個重要結論，即君主立憲無礙於皇權，反而有利於皇權永固，有利於消弭革命，有利於抵禦外患。君主立憲既然有這麼多好處，又是皇親國戚親眼所見、親耳所聞，還有什麼好懷疑的呢？[311]

清廷現在的認知到位了，便加快改革的腳步。9 月鄭重宣布「仿行憲政」，明確宣布爭取用 9 年時間，走完日本 20 多年的改革之路，將君主專制變為一個完全意義上的君主立憲。11 月改革朝廷機構，任命新官。

原本各部設尚書 2 人，滿漢各 1 人；侍郎 4 人，滿漢各 2 人。這次改革說是取消滿漢之分，任人為賢。然而，任命結果卻是 11 部 13 個大臣和尚書中，滿族 7 人，蒙族 1 人，漢族僅 5 人，滿漢的比例反而擴大，令人不滿。嘴上說讓權，卻又都包攬，變本加厲，非常令人失望，引起極大不

---

[310]　轉引自紀彭：〈亂世清末的官二代們〉，《國家人文歷史》2013 年第 96 期。
[311]　馬勇：《清亡啟示錄》，北京：中信出版社，2012 年，P7。

滿。12月上海紳商成立「預備立憲公會」，這是中國第一個立憲派團體。

革命黨也轉入實質性階段。禹之謨曾在日本學習新興化學和紡織工業，回國致力於實業、興學和革命活動，成為同盟會湖南分會負責人之一。他曾促成4,000多人參加「湖南全省紳商抵制美貨禁約會」。本年夏，又組織全城萬餘學生迎陳天華的靈柩，公葬於嶽麓山，藉以擴大革命影響。被捕後，受嚴刑斷指割舌，體無完膚，對同盟會組織隻字未吐。臨刑前高呼：「禹之謨為救中國而死，救四萬萬人而死！」

同盟會成員從日本回國後，約定年底在長沙起義。黃興囑劉道一、蔡紹南等在萍鄉、瀏陽、醴陵一帶響應。由於風聲洩漏，清軍突襲設在萍鄉的起義總部，不得不匆忙宣布起義。龔春臺以「中華國民軍南軍革命先鋒隊都督」名義，釋出檄文，歷數清政府賣國等10大罪狀，宣布革命宗旨是推翻清朝統治，「破除數千年之專制政體」、「建立共和民國」、「使地與民平均」。這是同盟會主導的第一次起義，也是自太平天國後規模最大的一次起義，不到10天增至3萬人。清廷出動湘、鄂、贛、蘇4省5萬大軍鎮壓，不到半個月，將革命之火撲滅。事後清鄉追查，捕家族成員當人質，殺上萬人。

更大規模的革命行動尚在加緊準備。去年劉靜庵等發起，利用美國聖公會所設的日知會閱報室，每星期天開會演講，宣傳革命。本年2月，在湖北武昌正式成立日知會，會員100餘人，在新軍、學生等團體中宣傳革命，隨後全體會員加入同盟會。梁啟超在日本橫濱創辦的《新民叢報》，連續登載梁啟超本人〈開明專制論〉和〈申論種族革命與政治革命之得失〉2篇長文，竭力反對革命，鼓吹中國目前只能實行「開明專制」，然後再實行君主立憲。隨後梁啟超將這2文合為《中國存亡一大問題》一書，刊印1萬冊，廣為發行。為此，《民報》發號外，歸納革命派與改良派之間的原則分歧：「一是民族方面，革命派主張政治革命，同時主張「種族革命」

第十四章　清末 10 年

（指推翻清朝），而改良派則主張「種族革命與政治革命不能相容」；二是民權方面，《民報》主張共和，政治革命必須有實力，而《新民叢報》主張專制，政治革命只須要求；三是民生方面，《民報》鑑於世界前途，知社會問題必須解決，故提倡社會主義；《新民叢刊》以為社會主義，不過是煽動乞丐流民之具」。從此，兩派及其包括海外 20 多個報刊，全部捲入激烈爭論。5 月，在日本新辦《復報》，柳亞子主編，與《民報》一起與《新民叢報》等改良派刊物論戰，持續到下年。同時，孫中山與黃興、章太炎等制定同盟會《革命方略》，包括〈軍政府宣言〉、〈軍政府與各國民軍之條件〉、〈招軍章程〉、〈招降清朝兵勇條件〉、〈略地規則〉、〈對外宣言〉、〈招降滿洲將士布告〉和〈掃清滿洲租稅釐捐布告〉等，準備在革命黨人起義時使用。

留日學生在東京創辦《雲南》雜誌，宣傳民主主義，反對英、法帝國主義，主張地方自治，爭回路礦權利。

西方傳教士在中國廣設教堂，僅江西一省，天主、耶穌教堂達 300 處。一些鄉里地痞、流氓借勢入教作惡，不時發生天主、耶穌兩派教民衝突。這年 2 月，法國天主教南昌主教王安之強求知縣江召棠擴大傳教特權，江召棠不允，竟被刺死，引起強烈抗議。全城工人罷工，商人罷市，學生罷課。各縣民眾數萬人集會，連毀法、英教堂、學堂 4 處，打死王安之等傳教士 9 人。清政府鎮壓，賠償法教士「恤銀」5 萬兩、教堂銀 25 萬兩、醫院銀 10 萬兩。

在北京簽《中英續訂藏印條約》，中國宣布「不准他國干涉藏境及其一切內政」，英國承諾「不占藏境及不干涉西藏一切政治」，但又將 1904 年非法的《拉薩條約》作為附約。

更多的是中外文化、經濟合作。詔外國人在中國設學堂無須報備，從此外國教會學校遍布全中國。英教會在北京創辦協和醫院，不久改由英、

美醫務人員合辦。美教會在上海創辦滬江大學。廣九鐵路由中、英合辦。日本成立「南滿洲鐵道株式會社」，在大連設支社。美國在上海設慎昌洋行，並在北京、天津、瀋陽、廣州、香港等地設分行，主要經營小規模進出口業務，後來成為美國奇異公司、英國藥品公司等幾十家英、美公司在華代理商。

清廷公布全國教育宗旨為「忠君、尊孔、尚公、尚武、尚實」，將各省貢院改設學堂。學部設編譯圖書局，這是中國部編教科書之始。專為王公大臣子弟設立貴胄學堂，規定只有宗室紈褲子弟才能入學，而將來高階軍官必須由該校派出。換言之，這是專門培養「接班人」。命各省興辦圖書館、博物館、動物園和公園。陸軍行營軍官學堂在保定成立，段祺瑞任督辦。

吳趼人自傳性小說《二十年目睹之怪現狀》第一冊公開出版，與此前已出的《官場現形記》、《老殘遊記》、《孽海花》，並稱「晚清四大譴責小說」。這部小說以主角的經歷為主線，描述1884至1905年左右日益殖民地化的政治狀況、道德面貌、社會風尚以及世態人情，發表時標注「社會小說」。

盧漢鐵路（更名「京漢鐵路」）、汴鄭鐵路建成通車，又新成立廣東商辦粵漢鐵路公司，信成儲蓄銀行也在上海成立。

◎ 1907年，倒數計時：5

清廷繼續推進改革。各省按察使改為提法使，增設巡警、勸業道，裁撤分守分巡各道，留兵備道，分設審判廳。山東等3省先行，直隸和江蘇擇地試辦，其餘各地分批推行。考察政治館改為「憲政編查館」，再派外務部、學部和郵傳部的侍郎分赴英、日、德考察憲政。成立資政院，作為在預備立憲中所設定的中央諮議機關。隨後資政院以議院為基礎，各省督

第十四章　清末 10 年

撫均在省會籌建諮議局，預籌各府州縣議事會。

康有為將保皇黨改組為國民憲政會。梁啟超等 300 多名留日學生在東京成立「政聞社」，圖謀推動立憲運動。革命黨人到場鬧事。隨後，在上海創辦《政論》月刊，鼓吹君主立憲。各地立憲派紛紛上書請願速開國會。

社會思潮多樣化。《中國女報》月刊在上海創刊，秋瑾主編，宣傳婦女解放。《中國新報》月刊在東京創刊，主張君主立憲，要求清政府召開國會。于右任等在上海創辦《神州日報》，報端以干支紀年，不刊清朝年號。吳敬恆等人在法國巴黎創辦《新世紀》，宣傳無政府主義。留日學生張繼、劉師培在東京發起「社會主義講習會」。張之洞在湖北創立「存古學堂」，設經學、史學、詞章、博覽 4 門課程，提倡尊古讀經。而清廷則加強社會控制，嚴禁各省紳商士庶干預政事，命憲政編查館會同民政部草擬關於政事結社的條規。隨後又命學部嚴申學堂禁令，不准學生干預國家政治、聯名聚眾開會、演說等，否則教員、管理員、督撫、提學使等人一併懲處。

革命黨步入頻頻武裝起義的新階段。同盟會萍瀏醴起義時，日知會準備響應被發覺，劉靜庵等 9 人被捕。之後，湖北革命黨化整為零，先後組織種族研究會、文學研究社、群英會等 20 多個小團體，繼續爭取力量。

萍瀏醴起義失敗後，清政府要求日本政府驅逐孫中山。本年 3 月，孫中山被迫離開日本，赴安南（今越南），在河內設立西南武裝起義總機關，準備就近組織廣東、廣西和雲南 3 省起義。由於走漏風聲，引起清軍警覺。5 月 21 日，數十名清兵進駐黃岡鎮。次日，同盟會 200 餘人在黃岡城外起義，攻克黃岡城，成立軍政府，以「廣東國民軍大都督孫（中山）」或「大明都督府孫」名義布告安民。附近貧民紛紛參加，很快發展到五、六千人。但這時清軍主力已到潮州，廣東水師提督又派援軍，夾攻民軍。由於力量懸殊太大，起義軍只好解散隊伍，轉香港。孫中山在《建國

方略》中評價說,「此次死難的同志都屬同盟會。若無此次諸烈士轟轟烈烈足喪滿虜之膽之善因,怎有辛亥武昌之義師一舉而鄂督瑞澄入軍艦之美果?」

黃岡革命軍起義第六天,同盟會員鄧子瑜在七女湖(後改名汝湖,今廣東惠州)起義響應,很快增至200餘人,與清軍激戰10餘日。清軍從黃岡增援,鄧子瑜彈藥缺補充,只得解散隊伍,部分逃亡香港。

光復會領袖徐錫麟,深受安徽巡撫恩銘信任,升任安徽巡警處會辦兼巡警學堂監督。他與秋瑾約定,7月6日浙、皖兩省同時起義,然後合攻南京,占蘇、皖、浙各地。但又洩密,清軍搜捕,只得提前在巡警學堂畢業典禮上,趁進呈學生名冊時,徐錫麟突然槍殺恩銘,率學生軍起義,攻占軍械所。激戰4小時後,起義失敗。徐錫麟等人被捕,慷慨就義。審訊時,徐錫麟揮筆直書:「蓄志排滿已十餘年矣,今日始達目的。本擬殺恩銘後,再殺端方、鐵良、良弼,為漢人復仇。」當晚被剖腹剜心,慘不忍睹。

徐錫麟失敗,秋瑾被出賣。有人勸秋瑾快逃,她拒絕,說:「革命要流血才會成功!」她遣散多數,只帶少數留守大通學堂。14日下午,清軍包圍,秋瑾抵抗無效被捕。紹興知府連夜審訊,她堅不吐供,寫「秋風秋雨愁煞人」以對,並寫〈絕命書〉:「雖死猶生,犧牲盡我責任;即此永別,風潮取彼頭顱。」天亮後從容就義。女人一旦捲入政治,一點也不比男人遜色。秋瑾之死引起巨大「風潮」,清廷承受不住社會輿論壓力,不得不把批准殺秋瑾的浙江巡撫張曾敭調江蘇。江蘇的士紳和知識分子又不歡迎,上街遊行,只好將他調山西。山西的士紳和知識分子也十分反感,張曾敭勉強熬3個月後上吊。由此可見當時民心所向,正氣浩然。這時,官場開始流行一種說辭:「革命軍不足畏,唯暗殺實可怕。」[312]

---

[312] 《安徽文史資料集萃叢書‧辛亥風雷》,合肥:安徽人民出版社,1987年,P79。

第十四章　清末 10 年

　　本年春，王和順前往河內拜見孫中山，加入同盟會。孫中山將聯繫桂、越邊境會黨的全責委以王和順。返回後，廣東欽州三那墟（那黎、那彭、那思）民眾反抗苛徵糖捐，官府關押請願代表。民眾組織「萬人會」，推舉劉恩裕為首，舉行起義，救出被關押的代表。兩廣總督率兵前往鎮壓。孫中山派黃興、王和順潛入欽州。黃興到軍營中遊說，王和順以「中華國民軍南軍都督」的身分連結會黨、民團，擴大起義力量。9月，王和順率200多人在欽州王光山發動起義，新軍倒戈，占領防城。王和順發布〈中華國民軍都督王告示〉、〈告粵省同胞文〉、〈告海外同胞書〉和〈招降滿洲將士布告〉，宣傳同盟會綱領，宣告起義的宗旨「以自由、平等、博愛為根本」，歷數清政府的罪惡，斥責立憲派。隨後王和順率500人攻打欽州等地。兩廣總督張人駿急調桂林、柳州等地的軍隊進行圍堵，民軍腹背受敵。堅持到9月中旬，彈盡糧絕，只好解散革命軍，退往越南。

　　孫中山和黃興在河內策劃鎮南關（今友誼關）武裝起義，由黃明堂率幾百名游勇在鎮南關、隘口、憑祥一帶活動，另派鄧睿臣等人到憑祥發動民眾。12月1日夜，黃明堂等率領革命軍100多人，抄小路從越南同登趕到鎮南關附近的山中設伏，第二天直取炮臺。孫中山在河內獲悉，帶領黃興等10人搭火車抵鎮南關，連夜到炮臺犒賞起義部隊。清軍反撲，歷時9天。因孫中山從越南運送的武器途中被法國扣留，民軍彈藥不足，遂告失敗。

　　同盟會張伯祥、日知會孫武等人在東京成立「共進會」，以同盟會綱領為他們的綱領，僅將誓詞「平均地權」改為「平均人權」，策劃長江流域地區的起義。四川革命黨人在瀘州、成都等地起義，均告失敗。

　　這一連串起義失敗，革命陷入低潮，一批又一批革命者離開革命陣營，而回國、回官方主導的改革當中。著名的革命黨人章太炎、蘇曼殊甚至出家為僧。學者認為：「可以這樣說，比起在中國社會底層傳教、祕密結社籌劃起義的洪秀全，城市的新興菁英們，最初的起義計畫，顯得過於

輕率。」[313] 不僅如此，這之後的起義，仍然屢屢留給人「輕率」的印象。

列強繼續在中國爭權奪利。日本在大連辦「南滿洲鐵道株式會社」，轄80分支；東京設東亞經濟調查局，大連設調查部，瀋陽、吉林、哈爾濱、北京、上海等地設事務所，蒐集中國軍事、政治、經濟情報。

7月，《日俄協定》與《日俄密約》同時簽訂。前者承認並保護日、俄及列強在中國的侵略利益；後者規定北滿洲為俄國勢力範圍，南滿洲為日本勢力範圍；俄承認日本在朝鮮的地位，日本承認俄國在外蒙古的利益，赤裸裸分贓。

「間島」是韓國對圖們江以北、海蘭江以南的稱呼，包括延吉、汪清、和龍、琿春4縣市，自古屬中國，現隸屬吉林延邊朝鮮族自治州。1906年，朝鮮要求日本派員到間島一帶保護朝鮮墾民，日本自然欣喜，但顧及中國的反對和歐美列強的關注，便改為建立朝鮮統監府的暫駐機構，聲稱中朝國界未清、間島歸屬未定。本年8月起，清政府與日本政府交涉，據理力爭。同時，英俄訂波斯（今伊朗）、阿富汗、西藏協定，承認「西藏為中國領土，此後不與西藏直接交涉」，承認他們彼此在西藏的既得利益，宣布維持西藏現狀。

山東「收回利權運動」引起清政府重視。3省紳民要求廢約自築鐵路之事，清廷令袁世凱、張之洞辦理。袁世凱等人並不打算廢約，多次宣告已訂草約「必須尊重，不可輕違，尤不可輕廢」，但也不敢強逆民意，於是對3省進行勸說，強調「造路不如贖路」。3省紳民便想與英、德銀行直接交涉，他們拒絕理睬。袁世凱與英、德討價還價，最後於次年初簽訂《津鎮鐵路合約》，英、德兩國被迫做出某些讓步，不過津鎮鐵路名為自辦，實際上從工程到經營管理，仍操縱於英、德工程師和會計之手。江蘇、浙江和安徽也掀起收回築路權運動。四川留日學生創辦《四川》月刊，宣傳反

---

[313]《中國的歷史・清末中華民國》，P127。

第十四章　清末 10 年

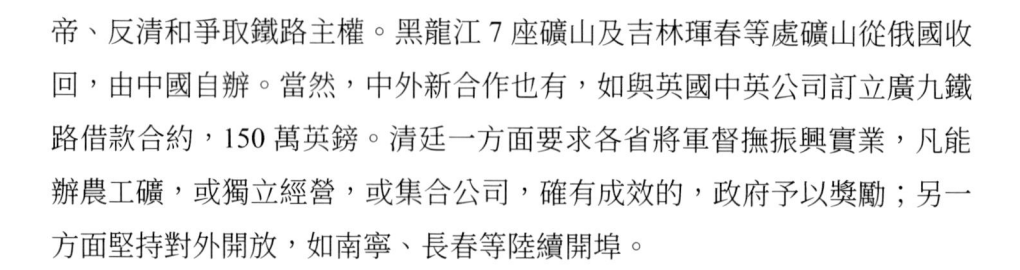

帝、反清和爭取鐵路主權。黑龍江 7 座礦山及吉林琿春等處礦山從俄國收回，由中國自辦。當然，中外新合作也有，如與英國中英公司訂立廣九鐵路借款合約，150 萬英鎊。清廷一方面要求各省將軍督撫振興實業，凡能辦農工礦，或獨立經營，或集合公司，確有成效的，政府予以獎勵；另一方面堅持對外開放，如南寧、長春等陸續開埠。

◎ 1908 年，倒數計時：4

去年開始各地立憲派紛紛上書請願速開國會，本年情勢更猛。原本擁護朝廷的人也紛紛轉為不滿，朝廷壓力加大。為此，他們不是積極回應，而是從多方面打壓。如 8 月命各省查禁「政聞社」，拘捕社員。《江漢日報》因發表華僑國會請願書，有歸政遷都之說，被查封。日本封禁同盟會機關報《民報》。禮部侍郎于式枚從地方〈請願文〉中，摘出一句「憲政所以能實行者，必由國民有運動極烈之年月，蓋不經此，不足摧專制之鋒」，奏請緩行立憲。法部主事、政聞社成員陳景仁則電請朝廷 3 年內開國會，並革于式枚職，以謝天下。同是朝廷官員，于式枚與陳景仁代表兩端，用現代話來說是左與右。對此，朝廷打壓陳景仁，說「政聞社內諸人良莠不齊，且多曾犯重案之人。陳景仁身為職官，竟敢附和」，革職看管。不過，清廷也沒有採納于式枚的意見，改革事業不慌不忙繼續著。清廷釋出《各省諮議局章程及議員選舉章程》，並要求各省迅速設立諮議局，限一年之內全部辦齊。隨後釋出《欽定憲法大綱》，要求立憲限 9 年籌備完成，並頒布〈九年預備立憲逐年推行籌備事宜清單〉，逐年開列每年應該完成的事項，應該說，這讓人有所信服。

這時發生一件驚天動地的大事！11 月 14 日傍晚，被囚禁在瀛臺的光緒帝駕崩，年僅 38 歲。更奇巧的是第二天下午，實際統治中國近半個世紀之久的慈禧太后也斷氣，時年 74 歲。因為僅隔一天，引起諸多猜測。較多人認為光緒是被謀殺，一是說慈禧因為不願在自己死後由光緒掌權，

所以派人毒死他；二是說袁世凱曾在「戊戌變法」時出賣過光緒，怕慈禧死後遭他報復，便賄賂太監下毒；三是因為光緒日記中曾說慈禧死後要誅袁世凱和太監李蓮英，所以李蓮英下毒。2008 年，光緒去世 100 年之際，透過現代醫學方法，對光緒遺體的頭髮、遺骨、衣服及墓內外環境樣品，進行反覆檢測、研究和分析，確定光緒是因為「急性腸胃型砒霜中毒」而亡。至於誰做了這件事，恐怕連光緒在天之靈自己也不知道。12 月 2 日，溥儀繼位，年僅 3 歲，由其父載灃攝政。據說登基大典時鼓樂喧天，溥儀嚇得大哭，載灃在旁哄勸：「別哭，快完了！」[314] 這話讓我覺得非常有趣！我小時候生病打針，母親肯定也這樣說過，自己有時也會用類似的話鼓勵孩子再堅持一會兒。然而，載灃根本沒想到這話會一語成讖。

載灃是光緒的親弟弟，慈禧太后的親外甥，跟慈禧太后接手時一樣 26 歲。但載灃的心胸與能力都遜色得多，一接手就改變慈禧太后和光緒的路線，將最能幹的大臣袁世凱、端方、岑春煊等相繼清洗，由其弟載洵、載濤分任海軍大臣、軍諮府大臣，自己則代替兒子出任陸海軍大元帥。實際上，真正擁有權力的人，不需要虛假的名分，只有沒實際能力的人，才要將所有權力都攬在自己手裡。慈禧從來不會在意誰管軍隊，幾十年不照樣呼風喚雨？所幸的是，憲政事業沒有人亡政息，蕭規曹隨，繼位的同時宣布立憲預備，重申以 9 年（至 1916 年）為限。

然而，革命黨的耐心實在有限。3 月，黃興根據孫中山指示，率「中華國民軍南軍」200 餘人在欽州發動起義。遇清軍 600 餘人狙擊，黃興以退為進，分 3 路猛攻，清軍大敗。義軍占馬篤山，乘勝向桂邊出發。清軍大部隊窮追不捨，革命軍又因彈盡糧絕失敗，黃興等出走越南，餘部退入十萬大山。4 月，黃明堂等率起義軍在欽州一帶轉戰，孫中山委派他們赴雲南邊境，發動河口起義。起義軍貼出〈中華國民軍都督黃告示〉，分兵

---

[314]　溥儀：《我的前半生》，哈爾濱：哈爾濱出版社，2019 年，P58。

第十四章　清末10年

出擊,連克新街等地,發展到3,000餘人。孫中山委黃興為雲南國民軍總司令,命他趕到河口督師,但終因寡不敵眾而失敗。原日知會會員任重遠等注意到,一系列起義失敗的根源,在於沒有抓到清廷的要害,於是他發起「湖北軍隊同盟會」,發展會員400餘人。發動軍人起義,這不能不是要害,代表革命黨又步入一個新階段。不久,湖北軍隊同盟會改組為「群治學社」,以「研究學問,提供自治」為名,在新軍士兵中宣傳革命,發展革命力量。岳王會密謀發動起義,安徽新軍砲兵隊官熊成基被推為總指揮。11月19日,清軍在太湖舉行新軍秋操,安慶城內清軍兵力空虛,熊成基認為這是一個極好機會,便發動3處駐軍同時起義,奪取彈藥庫,然後會同北門外的步兵圍攻安慶城。但內應軍官未及時開啟城門,苦戰一晝夜無果,只得撤退。熊成基隻身逃日本,殘餘部隊解散。

只要一有機會,有的列強就不忘欺凌中國。澳門商人柯某購買日本軍械,由日輪「二辰丸」號運抵澳門海面,被清廷緝獲。在現代來說,也算「偷運軍火」。日輪船主承認違法罪行,服從懲處。於是清兵將船貨扣留,帶回黃埔,並撤走船上所掛的日本國旗。為此,日本駐華公使向清外務部抗議,說「二辰丸」擁有運載軍火進入澳門的准單,並未在中國領海卸貨(該地屬澳葡領海),反誣清政府越境截捕商船違約,要求「速放該船,交還國旗,嚴罰所有非法之官員,並陳謝此案辦理不善之意,以儆效尤」。葡萄牙公使也照會清廷外交部,說此舉有違葡國所領沿海權和葡國主權。面對日本和葡萄牙的外交壓力,清廷一再讓步。3月,清外務部照會日本公使,對「二辰丸」日本國旗被中國士兵扯下一事表示歉意,答應對辦事失當人員加以懲戒。但日方不肯罷休,進而提出5項要求:一是立即放船,二是放船時中國軍艦鳴炮示歉,三是扣留的軍火由中國買下,四是處置相關責任人,五是賠償所造成的損失。清廷全部接受。消息傳出,舉國上下感到莫大恥辱。粵商自治會當即舉行數萬人大會,定為「國恥日」,

當場燒毀日貨。40天內，僅廣州口岸日貨進口減少近300萬元。梧州、南寧、上海、香港、南洋群島紛紛響應，有的長達1年之久。最後，日本被迫放棄賠款要求。這是中國歷史上第一次抵制日貨。

6月，美國會通過以一部分庚子賠款退還中國發展教育的法案。以這些「賠款」資助，次年開始每年派100名學子赴美國留學（第五年開始改為50名）。

清政府比以往更注重民族經濟。龐元濟創辦機器造紙公司，清廷賞給正二品封典，隨後又加一品；祝大椿興辦實業，賞二品頂戴；還有許鼎霖、劉世珩、程祖培等創辦公司，賞正二品。民族主義活動增加，吉林「公民保路會」成立，反對中日合辦吉長鐵路，但對外合作的腳步沒停，津浦鐵路向英、德兩國借款自行修建，中英訂滬杭甬鐵路借款合約150萬鎊，中德合辦井陘礦務，中日決定合辦南滿陸路電線和煙臺關東海底電線，中日訂立新奉、吉長鐵路借款續約。

在奉天設東三省講武堂、憲兵學堂；在京設女子師範學堂，並要求各省城努力辦女子師範學堂，順應時代潮流。然而，這年3月頒行《大清報律》，除將前些時候制定與頒行的報刊禁載規定全部收入外，還新增不少限制性條款，加強對輿論的控制和對新聞自由的箝制，而不提言論保護。北京報界同時停版，呼籲全國報界與政府進行交涉，或將所有報館的發行所移到租界，全體掛上洋旗。有識之士認為，《大清報律》頒布意味著千年冰封的裂開，意味著清廷在一定程度上承認──儘管只是有限制地承認──言論、集會、結社的合法性。

◎ 1909年，倒數計時：3

袁世凱是中國近代史上最具爭議的人物之一，有人說他是「獨夫民賊」、「竊國大盜」，也有人認為他對中國近代化有貢獻，是真正的改革

第十四章　清末 10 年

家。在新軍中,有知道袁世凱,而不知道皇帝的影響。但他是個非常滑頭的人,當時大臣跪見慈禧,不准抬頭,無法觀顏察色,見風使舵,袁世凱便買通慈禧身邊的太監李蓮英,請他用雙腳分合來暗示慈禧的心情好壞,投其所好,果然格外受寵。載灃攝政後,新年第二天便以「足疾」為由,命其「回籍養痾」,收回兵權,自己掌握。袁世凱回老家河南安陽賦閒,寫有〈自題漁舟寫真〉二首,其一首寫道:

百年心事總悠悠,壯志當時苦未酬。

野老胸中負兵甲,釣翁眼底小王侯。

思量天下無磐石,嘆息神州變缺甌。

散髮天涯從此去,煙蓑雨笠一漁舟。

袁世凱如果真的就此散髮、弄扁舟,那中國近、現代史也許會簡單一些。

這時,張之洞倒是真生病了。張之洞與曾國藩、李鴻章、左宗棠並稱「晚清中興四大名臣」,骨灰級的「愛國者」。所以,載灃親臨病床探望。張之洞還念念不忘天下安危,請攝政王務必善撫民眾。載灃不以為然,反過來安撫他說:「不怕,有兵在!」這話多厲害啊!載灃說的不假,可是千古哪一個末代帝王不是「有兵在」呢?丟盡了臣民之心,兵有何用?張之洞絕望了,只是長嘆一句「國運盡矣」,當天嚥氣。高陽歷史小說《瀛臺落日》,寫了這個細節。

載灃甩開袁世凱,但沒背棄君主立憲國策,以皇帝名義重申「預備立憲,維新圖治」,並有些實質性進展。地方自治方面,年初頒布《城鄉地方自治章程》,命民政部及各地貫徹落實。諮政方面,2 月各省諮議局舉行初選,於年內成立諮議局,籌辦各州縣地方自治。10 月各省諮議局召開第一屆會議,頒《資政院選舉章程》,定議員 200 名,其中欽選 100 名,由皇

帝委派王公世爵、宗室、各部院衙門七品以上官員、碩士通儒和多額納稅者產生；民選 100 人，由各省諮議局產生，但須經當地督撫審查通過。說穿了，後者算是半官選。清廷還公布《法院編制法》，意味著「三權分立」呈雛形。如果說上述這些還只是「紙上談兵」，那以下兩樁人事應該能說明問題：

一是陝甘總督升允，他為人剛直，彈劾權貴，凜然不懼。慈禧太后「西狩」時，太監沿途騷擾，升允大力制止。慈禧太后 70 壽誕，慶親王命各省獻金祝壽。升允不僅不遵，反而上疏要求停止獻金。史書稱讚升允「實為滿員之得未曾有者」。然而這年 6 月，升允上書反對立憲，清廷以妨礙新政之過，將他革職。由此可見憲政改革的最大阻力何在，也可見清廷對改革確有決心。

二是翁同龢，他先後擔任同治、光緒兩代帝師，歷任戶部尚書、工部尚書、軍機大臣兼總理各國事務衙門大臣。中法戰爭中，翁同龢主張進兵結合談判，不可一味依仗「黑旗軍」，不久被罷。因光緒信任，不久再任軍機大臣。翁同龢支持維新變法，力薦康有為，擬定並頒發了變法的綱領性檔案《明定國是詔》。變法失敗，翁同龢被革職，詔曰：「今春力陳變法，濫保非人，罪無可逭……永不敘用，交地方官嚴加管束。」翁同龢回老家江蘇常熟賦閒，直到 1904 年去世。臨終占一絕：「六十年中事，傷心到蓋棺。不將兩行淚，輕向汝曹彈。」短短 4 句，道盡宦海浮沉之傷。著名的楊乃武與小白菜冤案，就是他任刑部右侍郎時平反昭雪的，或許因此積下陰德吧！本年 7 月，翁同龢終被平反，官復原職。人已死再平反，對他本人毫無意義，但對他家族意義重大。更重大的意義是，此舉與升允被革職一正一反，從不同側面展現了清廷的改革誠意。

然而，現在形勢大不一樣。成語「主少國疑」，意思說君主年幼初立，人心疑懼不安。正是出於這種疑慮，立憲派強烈要求加快步伐，希望

第十四章　清末 10 年

能早日擺脫風險。11 月 27 日，由張謇發起的各省諮議局聯合大會在上海召開，16 省代表到會。會議決定推選代表團赴京請願，要求縮短立憲年限，盡快召開國會，設立責任內閣。同時成立「國會同志請願會」，發表通電，創辦《國民通報》。攝政王從容應對，首先肯定大家的愛國熱情；其次提醒各位代表注意，當年定 9 年預備立憲的原因，是考量國民教育需要時間，如果目前強行召開，恐怕沒什麼好結果；三是重申憲政必立，議院必開。但這沒能說服立憲派，他們繼續接二連三再請願，甚至有人準備自殺，為請願代表餞行。攝政王不願與臣民為敵，不主張武力鎮壓，雙方開展耐力比賽。

這一年，革命黨似乎銷聲匿跡，外國列強似乎也平靜下來。中日終於簽訂《圖們江中韓界務條款》，確定間島為中國領土。日本往吉林增兵並運送軍資，清廷外交部抗議，要求撤兵。日本侵略軍向延吉清軍挑釁，互有傷亡。

經濟合作，一方面從比利時收回京漢鐵路管理權，中德訂立山東收回德商 5 礦合約；另一方面，與巴黎銀行公司訂立正太鐵路款的合約，與英、法、德、美 4 國簽訂《鄂境內粵漢鐵路與鄂境川漢鐵路借款合約》。更重要的是，繼續鼓勵自力更生。10 月，中國自建的第一條京張鐵路正式通車，詹天佑發明「豎井開鑿法」和「人字形」線路，震驚中外。清廷對詹天佑等人予以嘉獎。粵東新寧鐵路建成，也對相關人員予以獎勵。

清廷設立貴冑法政學堂，招收宗室、外藩、王公、滿漢世爵。這顯然又是以權謀私，與改革大勢不協調。具有歷史意義的是，這年在清華園建立「遊美肄業館」，學生經考試後「擇其學行優美，資性純篤者」，隨時送美國深造。後改名清華學校（清華大學前身）。于右任在上海創辦《民呼報》，宗旨「大聲疾呼，為民請命」，但因刊登揭露陝甘吏治腐敗的文章，于右任和主筆被上海租界司法機構拘捕。後改名《民籲報》，在駐滬日本

領事脅逼下，上海地方當局判令永久停刊。

有趣的是，前文提及的湖南巡撫端方，現任直隸總督。這官是清朝9位最高級封疆大臣之一，總管直隸、河南及山東的軍民政務，現代沒有相當的官員，但你可以想像那位子大概有多高。我想說的是，端方這滿族官員，對真理與藝術的愛好遠勝於權力。他從日本、美國、英國、法國、德國、丹麥、瑞典、挪威、奧地利、俄國等10國考察回來後，上呈〈請定國是以安大計折〉，力主以日本明治維新為學習藍本，盡快制定《憲法》。同時獻上自己編著《歐美政治要義》，這是中國立憲運動的重要著作。他還是中國新式教育的創始人之一，中國第一所幼稚園和省立圖書館的創辦人。這年11月15日，慈禧葬禮隆重舉行，端方按慣例，帶幾位僕從參加。問題是，他僕從當中有2位攝影師，認為機會難得，沿途拍照。有官員認為，他們「妨害風水，破壞靈道，偷照御容，故意褻瀆」，要求按大不敬罪處以斬決，端方也難逃。端方多方疏通求情，最後還是以「恣意任性，不知大體」為由，予以革職。這在今天來說，多不可思議，但在當時多麼順理成章。如果你文化成果還不夠大，那只因為你超凡脫俗還不夠！

◎ 1910年，倒數計時：2

都察院代遞諮議局議員孫洪伊等，聯合各省旗籍代表等人第二次請願，堅持要求提前召開國會。清廷答覆：「仍俟九年籌備完全，再定期召集議院，不得再行續請。」[315] 請願代表團改名「北京國會請願同志會」，定於明年2月第三次請願，稱如果不答應，各省將奉行「不納稅主義」。12月，又有東三省要求速開國會代表進京請願。地方督撫、資政院和資議局，漸漸站到民眾這邊，與中央的衝突愈演愈烈。清廷感到越來越孤立，不由動怒，要求民政部和步軍統領衙門將請願代表強行送回原籍，並命各督撫依法懲處。

---

[315] 張習孔、田珏：《中國歷史大事編年》卷5，北京：北京出版社，1997年，P809。

第十四章　清末10年

10月3日，資政院如期開院。資政院作為立憲運動的議會準備機構，職權是議定國家出入預算、決算、稅法、公債、法規、彈劾等大事。但規定議決事項須具奏請旨可否，限制實際權力。這次開院，有的議題被接受，清廷同意提前於1913年開設議院，先將官制釐定，預行組織內閣，編訂《憲法》；有的被駁回，如關於奏劾軍機大臣責任不明，請迅速組織責任內閣，答覆朝廷自有權衡，不是院臣可以擅自干預的。

早在萍瀏醴起義時，清廷調新軍第九鎮前往萍鄉鎮壓，其中砲兵隊官、同盟會員倪映典密謀響應起義，未果。後計劃於本年元宵節在廣州起義，因故提前到正月初三。這天上午，清軍將領齊汝漢集合士兵訓話，倪映典開槍將他擊斃，號召士兵起義。步、炮、工、輜各營紛紛響應，推舉倪映典為總司令。然後兵分3路攻城，倪映典手持紅旗，指揮新軍進入陣地。倪映典犧牲後，起義軍奮起猛攻，激戰1個多小時，終因傷亡慘重，彈藥不繼而退。這樣，革命黨重新傾向於暗殺活動。本年，在日本東京成立光復會總部，南洋英、荷所屬各埠設分會。同盟會熊成基在哈爾濱對從歐洲考察回國的貝勒載洵行刺，不想失敗，被捕就義。黃復生、汪精衛等謀劃炸攝政王載灃，也事洩失敗。

同盟會員胡鄂公等在保定成立共和會，以推翻清朝專制、建立共和國、融合種族界限、發展實業為宗旨，到會有天津、北京等地代表，共3,000多人，成員主要是學生和士兵。隨後，在北京、天津、通州、太原、廣州、桂林、武昌等地設分會。後來合併於同盟會。湖北新軍革命團體「群治學社」改名「振武學社」，新章程稱本社「講求武學」，其實為革命活動，成員240多名。

據統計，1901～1911年，全國先後發生騷亂1,300多起，本年達高峰。4月11日，長沙挑水工黃貴蓀妻子帶著僅有的80文錢去買米，店主發現其中雜有12個不通行的錢，不肯售。傍晚，她乞錢湊足80文再去

買，米價已漲12文，還是空手而返。她悲憤得很，回家做餅給兒女吃，然後投水。黃貴蓀回家發現妻子死，率子女也投水。悲劇傳開，無不憤慨。一群人抓住店主就打，把米搶光，並將前來鎮壓的知縣圍住，要求開倉平糶。知縣答應第二天中午開倉。第二天發現被騙，民眾湧向衙門要求開倉，打轅門，摧照壁，鋸旗桿，掀石獅，有的還向內堂衝擊。官方開槍，當場打死10多人，傷幾十人。飢民更憤怒，一夜將長沙800家米店、坊棧存米搶光，將警兵站崗的木棚搗毀。官軍四出鎮壓，還調來軍艦20餘艘，開炮示威。英、日、美、德等國也紛紛從上海、武漢調來10多艘兵艦，協助清政府鎮壓，17日才平息。此外，湖北、江西、安徽、江蘇等省也相繼出現搶米風潮。

山東萊陽因霜災，莊稼大半無收，而官紳仍然勒逼錢糧與苛捐雜稅，奸商又趁機囤積居奇，哄抬物價，貧民生存艱難。5月21日，曲詩文率700餘人擁入縣城，要求減免，知縣被迫答應。不想，這知縣被革職，新知縣照舊逼收，並派兵捉拿曲詩文。曲詩文率數千農民圍縣城，搗大戶，抓富豪。山東巡撫派大批新舊軍前往鎮壓。曲詩文率眾增至數萬，武裝抵抗2個多月。此外，廣西、廣東、雲南、浙江、江蘇、安徽、河南等地，也先後爆發抗捐、抗稅鬥爭。

外事方面難得平靜。美國照會中、日、英、法、俄、德幾國，建議「滿洲鐵路中立化」。日、俄反對，中立計畫無果而終。中俄訂立《松花江行船章程》，清政府開放松花江，任各國商船自由航行。

還值得一說是清廷為出洋留學歸國人士賞一等進士資格，詹天佑等為工科進士，嚴復等為文科進士，張康仁等為法科進士，另有二等舉人若干。舊瓶裝新酒，不倫不類。10月，在上海召開第一次全國運動會，140名運動員參加，史無前例。

第十四章　清末10年

◎ 1911年，倒數計時：1

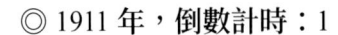

新年伊始，奉天、直隸和四川等省學生罷課，要求速開國會。清廷命各省嚴禁。奉天代表經過天津時，下車與各界人士座談，決定進行第四次請願，並組織「全國學界同志會」，推舉溫世霖為會長。隨後組織學生3,859人，打著各色旗幟，呼喊「誓死請願」口號，遊行至督署。溫世霖通電各省，號召罷課。結果，溫世霖被發配新疆，交地方官嚴加管束。

5月，清廷頒新內閣官制，設責任內閣，實現形式上的民主制。然而，13名大臣名單中，滿族9人，其中皇族5人，漢族僅4人。人們跌破眼鏡，嘲諷「皇族內閣」、「親貴內閣」。人們普遍認為，大清朝廷將國家權力視為一家一姓之私產，他們不僅不信任漢人，甚至也不信任無血緣關係的滿人，而只信任一小撮宗室親貴；不惜公然蔑視皇室不入閣的國際慣例，等於坐實革命派的指控。7月，都察院轉呈諮議局重組內閣的呼籲，得到的答覆是：「朝廷用人，是君上大權，議員不得干預。」議員不得干預國家大事，那就只能坐等革命黨來干預了！這是把改革的機會拱手讓給革命的愚蠢之舉。立憲黨人終於醒悟，跪著求變革不可能完成歷史使命。於是，紛紛轉而投身革命。梁啟超曾在第三次請願時，深深憂慮說：「國民所以哀號迫切再三籲訴者，徒以現今政治組織循而不改，不及五年，國必大亂，以至於亡；而宣統八年召集國會，為將來歷史上所必無之事也。」現在一看皇族內閣名單，梁啟超絕望了，憤然說：「政府現象若仍不變，則將來世界字典上絕無復以宣統五年四字連屬成一名詞者！」[316] 宣統五年指1913年。梁啟超一語成讖，只是還嫌保守些，連「宣統四年」都毀在這份名單上！

不僅如此。皇族內閣下發的第一號檔案，是宣布鐵路國有政策。實際上，鐵路國有化是正確的，有利於資金和技術上保障。然而，在這特殊的

---

[316]　梁啟超：〈鄙人對於言論界之過去及將來〉。

敏感時期，統治者「塔西佗陷阱（Tacitus Trap）」，其政治信用每分每秒都在下跌，即使偶然辦點好事，也很容易被誤解。長沙湘路公司第五天召開全體大會，決定抵制。紳學商民各界一萬多人前往官府請願，鐵路工人罷工。不日，清廷又以國有化為名，出賣已集股興工的粵漢、川汊鐵路權利，激起川、鄂、湘、粵4省民眾抗議，掀起轟轟烈烈的「保路運動」。人們不用紙幣，紛紛持票領銀，引起市場動盪。粵督連忙向外國銀行借現款500萬兩供周轉，並令對作亂者格殺勿論。四川成立「保路同志會」，致力於「拒借洋款，廢約保路」，全省各地數十萬人參加。川漢鐵路宜昌分公司4萬多工人奮起反抗，令湖廣總督覺得「兵警鎮壓為難」。四川紳民2,400人呈請願書，被拒絕。這時，詹大悲在漢口《大江報》發表文章，稱「大亂者救中國之妙藥也」，遭拘捕，報館被封。但千千萬萬的人繼續抗爭，立憲派連夜寫「保路同志會公啟」，釋出光緒牌位，令家家戶戶張貼門上，焚香致敬，「文明爭路」，防範暴動。成都及附近州縣罷市、罷課，對著光緒牌位哀哭。清廷命四川總督趙爾豐鎮壓。趙爾豐致電內閣，說群情義憤，如不准所請，生變頃刻，全國都將受影響。清廷還是要求驅散了事，並命端方帶兵入川。趙爾豐以談判為名，誘捕11名領頭人，並對成都萬名請願者下令開槍，死32人，傷數百人。學者評論：

> 這種忤逆人們感情的強壓性態度，結果使原本勉強支持清政府的立憲派也走上了革命派的道路。收回權利運動原本針對列強的民族主義浪潮，開始轉向清朝。[317]

於是，同盟會員組織「保路同志軍」，遍布附近10餘州縣，將成都層層包圍，最後被鎮壓。四川旅京人員到資政院請願，遭官方遣散。清廷起用被停職的粵督岑春煊入川協助趙爾豐鎮壓，岑春煊到武昌便稱病不前。9月25日，同盟會員吳永珊等宣布榮縣獨立，建立革命政權。成都附近各

---

[317] 同注312，P145。

第十四章　清末 10 年

縣相繼響應，形成全省大起義。

廣東水師提督李準陰鷙險狠，去年廣州新軍起義，就被他鎮壓。為今後起義順利，香港革命統籌部派人暗殺李準。南洋同盟會員溫生才接受這個任務，利用傍晚觀看飛行表演的機會，對著提督的轎門開槍，轎內之人當即斃命，沒想到這天轎子坐的卻不是李準，而是孚琦。孚琦是廣州一位將軍，滿洲正藍旗人，好詩書，到處以興學為己任，似乎沒什麼惡行，真是錯了。更錯的後果是李準從此格外戒備，為後來黃花崗起義帶來諸多困難。溫生才受審時，問及同黨，他說：「普天之漢人，皆為同黨！」又問：「何故暗殺？」他說：「明殺！」追問：「何故明殺？」他響亮回答：「滿族無道，日招外侮，皆此輩官吏為厲之階耳！殺一孚琦固無濟於事，但藉此以為天下先。此舉純為救民族起見，既非與孚琦有私仇，更非有人主事！」當時革命黨人智勇雙全，大義凜然，即使出差錯，仍不能不讓人肅然起敬。同年 8 月，同盟會員等人前仆後繼，又謀殺李準，這回將他炸傷。

4 月 27 日，黃興親率 20 餘名敢死隊員，發動同盟會第十次武裝起義——廣州起義。義軍直撲督署，碰到李準的親兵，展開惡戰。黃興將所部分為 3 路，一路川、閩及南洋黨人攻督練公所，二路花縣黨人攻小北門，3 路黃興接應防營。然而，除黃興一部及順德會黨外，其餘各路均未行動，可謂孤軍奮戰，只剩黃興一人改裝出城。事後，廣州革命志士潘達微收殮犧牲的革命黨人遺骸 72 具，葬於廣州郊外的紅花崗，改名黃花崗，史稱「黃花崗七十二烈士」。孫中山在《黃花崗烈士事略》序文中深情地寫道：

> 是役也，碧血橫飛，浩氣四塞，草木為之含悲，風雲因而變色！全國久蟄之人心，乃大興奮。怨憤所積，如怒濤排壑，不可遏抑，不半載而武昌之大革命以成。

行文至此，百年之後的我，仍然為這種浩然之氣所感動。福州有林覺民紀念館，我曾特地前往瞻仰。林覺民是此 72 名烈士之一。紀念館牆上

高懸著〈與妻書〉，那是林覺民在起義前，跟妻子訣別的手寫信，並配有雄渾而悲壯的誦讀：

吾充吾愛汝之心，助天下人愛其所愛，顧敢先汝而死，不顧汝也。汝體吾此心，於啼泣之於，亦當以天下人為念。當樂為犧牲吾身與汝身之福利，為天下人謀永福也！

我不由感到一種震撼。我想，悠悠幾千年歷史，有幾個江山不是烈士鮮血染出來的？又有幾個江山的後人無愧於先烈？這種反覆循環的歷史惡性循環，何時終結？

康有為流亡時，以光緒「衣帶詔」為號召，在加拿大成立「保救大清光緒皇帝公司」，簡稱「保皇會」，在華僑中籌款。康有為善於經營，投資地產酒樓，辦書局報刊，創設「富有山堂」，發行「富有票」，入會者達10萬餘眾，但他的保皇事業失敗。1904年，孫中山學康有為這招，在法屬殖民地越南發行「中華革命軍銀票」，註明「持券人可在中國革命政府成立一年後，向廣東政府官庫或其他海外代理機構兌取現銀」。本年5月，又在美國芝加哥成立「革命公司」，動員華僑購買「公司」股票，承諾在革命成功後，股金本息加倍償還。捐5美金以上者，雙倍發給中華民國金幣票收執；10美金者，列為優先國民；100美金者，記功一次；1,000美金者，記大功一次，待民國成立後論功行賞。數月內募集美金144.1萬，陸續供應各省義軍。孫中山就任臨時大總統後，籌餉局將一切帳目上繳革命政府兌現。

在反皇族內閣和保路運動高潮中，對清廷致命一擊時刻終於到來！10月10日晚，新軍工程第八營的革命黨人打響武昌起義第一槍，奪取軍械所，繳獲步槍數萬支，炮數十門，子彈數十萬發。城內外各營革命黨人紛紛奔向楚望臺，達3,000餘人。3路進攻總督署和旁邊的第八鎮司令部，並在天亮前獲得勝利，控制整個武昌。當天深夜，正在保定軍諮府軍官學

第十四章　清末10年

校的同盟會何貫中等人得知消息,立即組織起來,潛出校外,將清軍南下的唯一大動脈漕河鐵橋炸毀,為革命黨在全國範圍內起義贏得時間。隨後兩天,革命軍光復漢陽和漢口,然後成立湖北軍政府,黎元洪被推舉為都督,改國號為中華民國,頒布《中華民國軍政府條例》,號召各省民眾起義響應。短短兩個月時間,湖南、廣東等15個省,紛紛宣布脫離清政府。11月15日,獨立各省代表在上海召開各省都督代表會議,10省代表參加,推舉武昌軍政府為中央軍政府。12月,頒布《中華民國臨時政府組織大綱》,17省代表又選舉孫中山為臨時大總統。史稱「辛亥革命」。

清廷一方面慌忙調兵遣將,起用袁世凱為湖廣總督,袁世凱卻藉口腳痛還沒好,辭不受命;另一方面,急忙平息朝野之怒,20天內連下3道諭旨:赦免梁啟超等政治犯;制定《憲法》,實行憲政;開放黨禁,允許結社自由。

嚴復被譽為向西方尋找真理的「先進中國人」之一,堅定地反對革命,最後時刻還在到處鼓吹君主立憲。他看到這3道諭旨時大發感慨:「一切都太晚了!如果是在一個月之前執行這3條,結果也許將不一樣……」有學者的看法大不同:

如果說在這之前,要清廷自我糾正兩個致命失誤很困難,其實武昌起義為清廷提供了一個契機,只是清廷沒有善待這個時機……結果我們看到,直到湖南、太原等地新軍相繼起義宣布光復,清廷依然採取鴕鳥政策,不願正面回應人們關注的實質問題。[318]

他們都說得很有理,但是沒用。專制者總是「不見棺材不落淚」,一絲僥倖也不願放棄。從載灃那句「不怕,有兵在」的話中,我們不難理解他們不放棄僥倖的理由。他們對憲政有誠意,但不可能太多。

直到10月29日,駐紮在灤州的中央軍主力張紹曾等將領向清廷發出

---

[318]　同注311,P13。

通電，要求立即撤銷皇族內閣並召開國會，清廷這才忽然發現雖有兵在，但那可能已不是他們的兵了，連忙以小皇帝名議下〈罪己詔〉，11月1日宣布取消皇族內閣，3日又頒布《重大信條十九條》（即《憲法信條》），宣布實行責任內閣制，皇族不得任總理大臣，皇室經費聽由國會決議，皇帝許可權和皇室大典由《憲法》規定，但仍規定皇位世襲並不受侵犯。

隨後袁世凱任總理大臣並組閣，攝政王載灃引咎辭職。清入主中原時是一位攝政王，現在亡國又是，有人戲言這是一種宿命。

應該說皇族內閣等讓步都夠大，且有實質性。然而一到召開國會實際操作，皇族又不願放權，在南北和談中一再刁難，引發新軍將領段祺瑞等人不滿，清廷的政治信用最後破產。有趣的是，這時候清廷發行「愛國公債」3,000萬元，自然沒銷路。和平之時，他們是不會讓民眾真正「愛國」的。

隨後，17省代表選舉黎元洪為臨時副總統，通過國務員名單。河北灤州新軍王金銘等人率眾起義，宣布獨立，成立北方革命軍政府，然後進軍天津。袁世凱調兵堵擊，王金銘等人戰死。

對外關係的主題轉入經濟合作，如向英、美、德、法4國銀行借款1,000萬英鎊，用於幣制改革與東三省振興實業。俄國打不過日本，只會欺凌中國。1881年，沙皇俄國用武力逼迫清政府簽訂《伊犁條約》，後來又訂5個子約，掠奪中國7萬多平方公里土地。根據約定，清政府最早可以在1911年2月20日正式宣告修訂或者廢止該條約，沙皇卻於這年2月5日向中國提出最後通牒，限中方3月28日前做出圓滿答覆，否則進軍伊犁。為此，清廷非常憤怒，各省諮議會也主張對俄宣戰。但最後選擇妥協，被迫同意在科布多、哈密和古城設立俄國領事館，同意俄商在新疆和蒙古進行免稅貿易，中國失去修訂《伊犁條約》和取消俄國一系列特權的機會。在中國人忙於革命之時，12月1日又被俄國算計一把──策動外

第十四章　清末 10 年

蒙古趁機宣布獨立。

英軍侵占緬甸後,進而侵中國片馬鎮(今雲南瀘水境內),當地傈僳族人用弓弩、刀箭抵抗。在清廷要求下,英軍撤退。英租界巡捕房槍殺一名人力車工人,武漢各界數萬人集會抗議。這年 5 月,地球另一端的拉美國家發生排華事件,300 多名華人被殺,震驚世界。清政府立即電令正在北大西洋海域游弋的巡洋艦「海圻號」趕去解救,同時向排華最嚴重的墨西哥發最後通牒。墨西哥政府向中國賠禮道歉,賠償損失,緝捕暴民,「海圻號」這才停止進軍。由此可見,當時世界並不都像日俄那樣不給清政府面子。

這年 5 月,將軍機處與大學士內閣廢除,改設內閣總理大臣,與諸大臣組織內閣。11 月,命袁世凱為內閣總理,討伐南方革命軍,但他暗中也與南方革命軍談判,裡外討好。

◎ **1912 年,倒數計時：0**

元旦,在南京宣告中華民國成立,孫中山就任臨時大總統。同時,袁世凱授意部將馮國璋等 48 名將領聯名通電,聲稱如果新成立共和政體,他們將誓死抵抗。第二天,袁世凱見中華民國已宣布成立,只得承認,並祕密協商清帝退位條件。孫中山許諾讓出總統之位。

1 月 12 日皇室貴族良弼等人祕密召開會議。19 日以「君主立憲維持會」的名義釋出宣言,強烈要求隆裕太后堅持君主政權,反對共和,被稱為「宗社黨」(「宗廟社稷」的簡稱)。他們密謀打倒內閣總理大臣袁世凱,與南方革命軍決一死戰。

清廷連續幾天舉行御前會議,討論如何體面地退位。部分大臣接受共和,但王公親貴仍然反對。可以理解,利益集團至死貪婪。他們在索取方面是極積的,在退讓方面則始終被動,至少也得半推才半就,不推不可能

會就。於是京津同盟會決定採取「斬首行動」，為清廷最後推一把：誅殺袁世凱、良弼、載澤3人。炸袁世凱失敗，100餘人被捕，被殺3人。就在清廷嚴密搜捕革命黨之時，同盟會員彭家珍接過刺殺良弼的重任。良弼是皇族幹將，曾經留學日本，為「宗社黨」領袖。1月26日，彭家珍對良弼的馬車投炸彈，自己當場殉國，良弼被炸成重傷，2天後死亡。死前，良弼對妻子和女兒說：「炸我者⋯⋯真是個奇男子！我是軍人，死不足惜，只是怕我宗社就此而亡。」良弼的哀嘆很快成為現實。他死後，宗社黨聞風喪膽，無人再敢出頭，紛紛逃匿，再沒人覺得「不怕，有兵在」了。孫中山讚道：「我老彭收功彈丸！」大學者吳修齡為彭家珍撰輓聯：「個人肯為同胞死，一彈可當百萬師。」

袁世凱雖然躲得更緊，但態度也變了。1月20日，南京臨時政府向袁世凱正式提出清帝退位的優待條件。22日，孫中山提出辭去臨時大總統的條件，在各報公開發表，主要是「清帝退位」，袁世凱贊同共和；袁世凱被推舉為總統後，必須誓言遵守臨時參議會制定的《憲法》。26日，即良弼挨炸的那一天，袁世凱授意段祺瑞等47名北洋將軍通電擁護共和，並奏請清帝退位。

2月12日，清帝下詔退位。宣布完畢，載灃抱著溥儀回家。學者敘述：

有人說載灃對自己退位如釋重擔，求之不得。其實，如釋重擔倒有幾分，求之不得卻未必是真。他確曾說過「從今天起我可以回家抱孩子了」，但那只不過是無可奈何的自我安慰、自作寬心罷了。

革命黨並沒有堅持「驅除韃虜」的主張，而按照《關於大清皇帝辭位之後優待條件》約定，讓清帝在政治上享受元首待遇，生活上享受國庫每年數百萬兩銀子，清廷官員不少人在民國政府中繼續擔任要職。後來，溥儀當了偽「滿洲國」的傀儡皇帝，但仍然被大赦。載灃回家後，閉門讀

第十四章　清末10年

書，平靜生活，直到1951年壽終正寢，享年67歲。用現代話來說，中國最後的皇族能夠「軟著陸」，應該是滿不錯的結局。沈醉的女兒回憶一件往事：

　　一次，家父、杜聿明等邀溥儀去遊故宮，他開始有點不想去，家父說：「你是不是怕觸景生情啊？」

　　溥儀苦笑一下說：「去就去吧！」

　　當家父在故宮門口買了門票，遞給他一張時，他驚詫地說：「到這裡來，我還得買門票？」

　　家父等人不由一愣，但馬上體諒到他的心情。在溥儀的潛意識裡，故宮就是他生於斯、長於斯的家。

　　進了故宮後，他也是邊走邊沉思。後來，有人問他，坐在金鑾殿的大龍椅上舒服不舒服時，他才笑笑說：「我那時還是三歲的小孩，哪會懂那麼多！」此後他的話才慢慢地多起來。無論走到哪裡，他都能說出，往左到什麼地方，往右到什麼地方，什麼地方、什麼時候發生過什麼重大歷史事件等。後來在御花園裡坐下休息時，居然有人認出了他，大家慢慢地圍了過來。家父怕民眾好奇，圍住他問長問短，便提議早點回去。從那以後，溥儀再也不願去故宮，家父等人也不再邀他去了。不過，後來家父還是陪他去過一次景山公園。

　　溥儀稱「景山」為「煤山」，他說那是故宮過去堆煤渣的地方。走到景山公園那棵崇禎皇帝上吊的歪脖樹下時，他停下來久久地打量那棵樹，一言不發，在那裡站了足有十來分鐘，然後才走到旁邊的一塊石頭旁坐下，點上一支菸，吸了一口，對家父說：「過去，是不會有人讓我到這裡來的。今天看到這棵樹，心裡真是感慨萬千啊！」[319]

　　想必溥儀此言發自肺腑。在此之前，一個又一個末世，舊政權從上到

---

[319]　沈美娟：〈溥儀解放後買票遊覽故宮〉，《揚子晚報》2017年8月22日。

下被清洗，整族整族被殺。學者評論：

> 比起過去屢次失敗、血流成河的革命運動，清王朝的結束，被歸納為自行崩潰應該比較恰當，因為其過於簡單地落下了帷幕。歷史改變的瞬間，也許往往就是如此。[320]

中國歷史終於開始變文明，一方面取決於革命者，另一方面取決於被革命者，畢竟曾是改革者，也是退讓者。

第二天，袁世凱通電宣告贊成共和，孫中山則踐諾向參議院辭去臨時大總統之職，並薦袁世凱繼任。15日，參議院選袁世凱為臨時大總統。

此為中國歷史上最偉大的華麗轉身，終於扭轉了4,000多年前大禹的醜陋轉身──把「公天下」變「家天下」。

後來，儘管還有諸多波折，甚至出現有形無形的大倒退，但從長遠看，千古帝制畢竟從此被掃進歷史垃圾堆了！

後果：假如載灃能放棄一族之利

清末離我們最近，最多人反思。日本著名思想家福澤諭吉說：「一個民族要崛起，要改變三個方面，第一是人心的改變，第二是政治制度的改變，第三是器物的改變。」日本就是按福澤諭吉這個順序走的，而清朝則相反，結果一個成功，一個失敗。

最後這10年，慈禧、載灃等人，一沒大權旁落，二沒偷懶，而且可以說是扎實推進著政治體制改革。專家學者強調：「清朝在它的最後10年中，可能是1949年前150年，或200年內，出現最有力的政府和最有生

---

[320]　同注312，P149～150。

第十四章　清末 10 年

氣的社會。清朝的歷史並不單純表現為漫長的衰敗過程。」[321] 直到 1912 年初，17 省代表選出臨時副總統，北方革命軍政府成立，學者還認為沒到置之死地的程度（見前文）。換言之，清政府還有挽救的餘地。

專家學者將清之滅亡時間定為 1908～1912 年，也就是慈禧太后和光緒死後，載灃攝政時期，說「至少在 1908 年前，它能夠完全控制新思想，以防止它們對原有的秩序構成任何嚴重的威脅」。1908 年開始就不一樣了！因為「主少國疑」，人們強烈要求加快改革步伐，希望能早日擺脫風險，連地方督撫、資政院和資議局也越來越多人站在民眾這邊，載灃們卻沒能順應形勢，以致民心、軍心、官心與皇族之心衝突愈演愈烈，「引起普遍的不滿和更廣泛的反清大聯合」[322]，放棄改革，而選擇革命，導致君主立憲事業突然暴亡。

載灃如果像孫中山就好了！近年有些人炒作清末變法、新政、憲政之類，而非議孫中山的革命，有的則強調孫中山退讓是被客觀條件所迫，我不贊同。不能只事後論，說假如君主立憲運動如果沒受到革命干擾，那將如何如何。我寧願多想像一下載灃那句「不怕，有兵在」，能樂觀到哪裡去？絕不可能比孫中山革命好！孫中山主張革命，但並不主張暴力。專家學者記述一個細節：

當孫中山於 12 月 21 日到達香港時，他與其他同盟會領袖們討論了策略。胡漢民堅持，清政府早已失去了統治權，革命派此時的主要問題是打敗袁世凱的軍隊……但孫中山需要滿人正式退位，因此，他認為袁世凱可能有用。他還寧願取政治解決，而不取軍事解決。他急於要防止外來干涉，同時他還要使國內外的觀察家們得到這樣的印象，即權力的轉移是和平的和明確無誤的。[323]

---

[321]　《劍橋中國晚清史》下冊，P497
[322]　同上，P147、148。
[323]　同上，P523

這指的是 1911 年。隨後，孫中山成功地以自己的總統寶座和平地換下了千古帝制。孫中山之偉大就在於此！寧願犧牲已到自己手裡的大權，幾千年文明史能有幾人？他是中國的華盛頓！劉邦、朱元璋之流，政權到手，就死握權力不鬆手，不惜清洗老戰友，流血有聲，雖也功業千秋，但他們跟孫中山站在一起，立刻矮一大截。而載灃之流與孫中山，則是天壤之別。

如果載灃像孫中山，那麼他會改變「不怕，有兵在」的心態，說服「宗社黨」不要結黨營私，而立足中華民族長遠利益的高度，順應民心，那份責任內閣名單，就會是滿族 4 人，而漢族 9 人，就會爭取更多人由革命黨轉向立憲黨，那就可能不會有「保路運動」，更可能不會有辛亥革命，「君主立憲」的藍圖，能不化為美麗的現實嗎？

何兆武曾說：「中國當年（清末）如果能像英國那樣，有一個『不流血的革命』，最好。」[324] 誠然如此。不過，如果「君主立憲」成功，那樣一來，可能今天還得叩謝皇恩浩蕩之類，我可不願！

---

[324] 馬國川：〈何兆武談辛亥百年：中國招牌換得多，實質內容變得少〉，FT 中文網，2011 年 9 月 21 日。

小結：王朝夭折與國家永恆

小結：
王朝夭折與國家永恆

【提要】

　　每一個王朝創立之時，無不奢望萬歲，但迄今無一過千。從選帝王與用帝王兩個角度看，不難發現病根在其體制上、骨髓裡。

　　如今「主權至上」，弱小國家也不必擔心被強國併吞。只要人民心不死，也不至於解體。

小結：王朝夭折與國家永恆

考察完14個末世，如同從14個火災、水災之類現場回來，掩卷而思，眼前還是一幅幅慘象。粗線條來說，大致有以下幾點：

一是從帝王方面看，不是昏君，就是暴君，沒有明君（如果有，那就是盛世）；

二是從高官方面看，不是奸臣，就是弄臣，沒有能臣（被趕盡殺絕，還能剩下的話，那也可能是盛世）；

三是從軍事方面看，不是孤軍，就是叛軍，沒有援軍（官軍一天天大批大批減少，以致全軍覆沒）；

四是從百姓方面看，不是暴民，就是難民，難得安民（難有尚能平靜地生活之民）；

五是從國際方面看，不是敵人，就是小人，難得友人（能不像當年的金國、蒙古、後金就不錯了）。

王朝夭折之必然的內部因素

《秋之卷》附錄〈帝制時代的天時地利人和〉，從天時、地利、人和3個方面，對王朝生存的內外因素作了一些分析。本卷既然對王朝末世作了專題探討，換個角度，對其內部因素再作進一步的剖析。

劉禹錫詩「沉舟側畔千帆過，病樹前頭萬木春」，意在勸慰人們不必畏懼那「沉舟側畔」。偶爾沉一、兩舟，固然很可能是船長的問題，太大意了，平湖淺水也可能覆舟淹死人。而如果在同一個地方再三沉舟，那就該想想那「側畔」有沒有問題了，比如險灘。如此，我很自然聯想到舊縣志上有記述：

王朝夭折之必然的內部因素

閩江之險，比於蜀。自建寧抵福州千有餘里，灘石林立，而蘆庵灘為最著。灘之下巨石，突出屹然，如灩澦堆，俗名「關刀嘴」。嘴曲而銳，水與石相搏激，觸之者輒立碎，一歲中幾無完舟。

建寧與泰寧相鄰，蘆庵灘在泰寧境內大壩處。灩澦堆是長江江心突起的巨石。在當時看來，蘆庵灘跟灩澦堆一樣凶險，一年中過往的船帆，幾乎沒一艘完好。清政府、民國政府都炸灘過，但導致船毀人亡的悲劇。直到後來公路開通，河流的交通作用逐漸減少，蘆庵灘的哭聲才越來越少，以致完全消除。我忽然想，體制好比交通，而專制體制則好比蘆庵灘、灩澦堆之類險灘，2,000多年從無完舟。

學者說：「家天下的最大好處是，因為江山是一家一姓的，產權明晰，從主觀上來說，任何一個心智正常的皇帝，都不可能有意把自家的天下弄亂，把自家的王朝弄垮。」[325] 乍看，這話很有道理。可稍加思考，便覺得不對，事實上把自家王朝弄垮的帝王多得是。

一、選帝王方面

選帝王的特點，最簡單概括就是：想當、有能力當帝王的，不讓他當；而不想當、沒能力當的，卻硬要他當。前者不言而喻（其實想都不許你想，想在陰間謀反，都被嚴懲），這裡從略，只說後者。

1、沒能力當的，硬要他當

年齡之外的因素姑且不論。那種才幾歲的孩子，生活都還無法自理，卻硬要他當一國之主。這種在現代人看來顯然太荒唐的事，絕不是偶然，可以追溯到3,000年前，最後頑固到1912年初，那幾千年當中經常發生，一而再、再而三勉強選那些娃娃皇帝，把國家帶入險境。如此頑固不化，

---

[325]　聶作平：《皇帝不可愛，國家怎麼辦》，P197。

小結：王朝夭折與國家永恆

寧願糟的、不願女的；寧願一而再、再而三亡國，也不願改制；寧願讓人民淪為制度的奴隸。所以，昏君、幼君的江山被篡，實際上很容易得到諒解。王莽篡漢之初，朝野幾乎一片歡呼，現代民主選舉也難有那樣的人氣，只可惜後來變糟。對那些三、五歲、十多歲的亡國之君，你好意思要他們個人承擔什麼責任嗎？陸秀夫背著娃娃皇帝投海，避免像他祖宗一樣「北狩」，固然是忠，但我想只是小忠。陸秀夫如果能像陳霸先那樣不愚忠，毅然站出來組織一個強而有力的團隊，把蒙古軍擋回去，哪怕丟了「宋」字，另創一個「陸朝」，才算大忠，才真正無愧於歷史！《春之卷》第二章有專議，可參閱。

2、不想當的，硬要他當

人各有志，自古以來不願當官的人，包括帝王這種職位，即所謂隱士，相當多。早在遠古時候，相傳許由很有才，堯要將王位禪讓給他，派人去山裡請。許由聽了，不僅一口回絕，還立即跑去河裡清洗耳朵。朋友巢父還嫌他洗耳的水也髒了，將牛牽到上游飲水。這事傳了幾千年，很多人引以為榮。衛靈公死時，長子蒯聵逃亡在外，要次子郢繼位，他堅辭不肯，結果只好讓蒯聵的兒子輒繼承。東漢末，鄉下的劉盆子，只因為姓劉的血統可利用，被赤眉軍擁為皇帝，可他硬著頭皮沒當幾天，當眾跪下，哭著求情：「請各位饒了我吧！我實在不想當皇帝了！」[326] 官這種職位，許多人重如泰山，提著腦袋去爭、去搶，可也的確有不少人輕如鴻毛，撇之如履。

有道是「亡國之主多才藝」，可政治畢竟跟藝術不一樣，柏拉圖甚至要將詩人逐出統治者行列。宋徽宗趙佶「諸事皆能，獨不能為君耳」，當時就有大臣反對，如尚書章惇直截了當說：「端王（即趙佶）輕佻，不可以君天下。」但有實權的太后堅持認為「先帝嘗言，端王有福壽，且仁

---

[326]　《後漢書》卷11，〈劉玄劉盆子列傳〉，7冊，P321，「誠冀諸君肯哀憐之耳」。

孝」[327]。如果早要求這位不務正業、玩物喪志的皇帝「禪讓」，北宋結局會不會不一樣？那個萬曆，竟敢幾十年不上班，如果早把他開除，結局會不會不一樣？周幽王收受性賄賂，沉溺於女色，如果早把他免職，是不是可以避免「烽火戲諸侯」，進而避開一連串導致覆亡的事件？因為是體制強人所難，所以我認為對那些無心履職的帝王個人，也不便過多責難。

3、死板的選帝制度

理論上帝王不可能會選一個差的兒子接班，可事實上常常如此，而且幾千年如此。學界一致認為周人改制最大者就是「立子立嫡」之制，這就是《春秋》中概括：「立嫡以長不以賢，立子以貴不以長。」針對君王多妻制情況，以生母貴賤尊卑，將其子區分為「嫡子」和「庶子」。嫡子指正妻生的兒子，除正妻以外的妻妾生的兒子為庶子。在多子情況下，嫡子中按長幼為順序選擇，沒有嫡子，才從庶子當中選。庶子當中，這「貴」不是指他的才德，是指以其生母身分貴賤為先後。依照先嫡後庶、先長後幼的順序，把繼承人的資格限制在一個範圍之內。乍看這種選人方法簡潔、省事，可操作性強，不存在什麼漏洞可鑽，顯然有利於政權平穩過渡。然而，它根本不論繼承人從政更重要的年齡、品德、才能等方面的因素，而帝王並不能保證他生的個個都是龍鳳，所以經常堂而皇之地選娃娃皇帝、弱智皇帝或浪子皇帝，反而一次又一次為王朝帶來風險，甚至滅頂之災。

西晉武帝司馬炎兒子多達 26 個，其中楊皇后親生的也有 3 個，唯獨長子司馬衷是個弱智，人稱「白痴皇帝」。司馬炎早知道他智商有問題，可是楊皇后怕皇位落嬪妃兒子那裡去，司馬炎也不反對。結果，司馬衷成為傀儡，一接班就暴發奪權內戰，史稱「八王之亂」，把王朝帶入內戰的深淵。東晉安帝司馬德宗的智商更是有問題，據說他連冬、夏都分辨不出，只因為是長子，也成為傀儡皇帝，被人篡權亡國。劉詢早已對仁義衰

---

[327] 《續資治通鑑》卷 86，〈宋紀〉86，5 冊，P2193。

小結：王朝夭折與國家永恆

弱的太子劉奭不滿，意識到「亂我家者，必太子也」，很想改立，但劉奭的生母是劉詢的患難之妻，母以子貴，他下不了改皇后的決心。劉詢在是否更換太子的猶豫中去世，劉奭繼位。大權在握，劉奭可以放手「純任德教」，將「昭宣中興」的老本毀於一旦。

楊堅不無自豪地聲稱他有了避免太子之爭的法寶，因為他愛老婆、怕老婆，在帝王中破天荒只有一妻，所以有資格說：「歷史上帝王妻妾太多，兒子們不是同母所生，所以才會有分黨之爭。我5個兒子都是一母所生，親同手足，肯定不會再發生宮中自相殘殺的悲劇。」[328] 楊堅只看到人性中親情的一面，忽略了權力對人性消融的一面，高興太早了。太子本來是長子楊勇，他為人寬厚，率意任情不矯飾，優禮士人，但是好色，因此失寵，改立依然保持一妻的好兒子楊廣，結果沒幾年就弄丟了江山。靠祖訓及密室裡幾個人選出明君的機率太低了，無異於指望樂透大獎！

4、培養不出明君

不難發現一個事實，那些做得好的英明君主，大都是自己闖出來的，例如劉邦、朱元璋等等，書沒讀幾本，又從草根冒出來，可他們不僅打下江山，還創造輝煌。在非開國帝王中，如李世民、朱棣、康熙等，並沒有受過太子儲君培養，偶然或主動或被動獲得皇位，也能開創盛世。而在中後期皇帝當中，則大都受過太子儲君培養，至少攝政王飽讀詩書。南宋度宗趙禥自幼配備良師，精心教導，卻早早以好色出名，當皇帝後，連批閱公文也交給4個最寵的女人執掌，號稱「春夏秋冬四夫人」，蒙古兵入侵長江流域了，他還蒙在鼓裡，十足的昏君。

帝王具體如何受教育？萬曆皇帝當太子時，張居正為他每天安排的重

---

[328]《隋書》卷45，P821，「朕傍無姬侍，五子同母，可謂真兄弟也。豈若前代多諸內寵，孽子忿諍，為亡國之道邪？」

點課是:「先讀《大學》十遍,次讀《尚書》十遍」。[329] 張居正特地為他編寫一本書,從先皇《寶訓》、《寶錄》之類書中摘要出來,分成 40 類,即創業艱難、勵精圖治、勤學、獲天、法祖、保民、謹祀、崇孝敬、端好尚、慎起居、戒遊佚、正宮闈、教儲貳、睦宗藩、親賢臣、去奸邪、納諫、理財、守法、儆戒、務實、正紀綱、審官、久任、重守令、馭近習、待外戚、重農桑、興教化、明賞罰、信詔令、謹名分、裁貢獻、慎賞賚、敦節儉、慎刑獄、褒功德、摒異端、飭武備、御戎狄,[330] 多麼完備啊!

那麼,帝王學習效果如何?漢廢帝劉賀,6 歲繼昌邑國的王位,18 歲繼皇位,飽受太子專業教育培訓,卻還是糟得出奇,登帝僅 27 天,就被忍無可忍的大臣們廢除了。同時,朝廷治原昌邑國群臣的罪,指控他們沒有及時匯報劉賀的真實情況,沒有輔佐、引導好劉賀,殺了 200 多人,只有兩位多次勸諫過的大臣從輕發落,連劉賀的老師也要治死罪。法官責問:「師何以無諫書?」老師回答:「臣以《詩》三百五篇朝夕授王,至於忠臣、孝子之篇,未嘗不為王反覆誦之也;至於危亡失道之君,未嘗不流涕為王深陳之也。臣以三百五篇諫,是以無諫書?」[331] 法官聽了無言以對,也只好從輕發落。

北魏文成帝拓跋濬曾對大臣們公開坦言:「朕從前讀書的時候年紀小,心無法專一,繼位後又沒什麼時間學習。現在回想起來,主要怪我自己不夠勤奮,也與老師不敢管教有關。」[332] 光緒的老師翁同龢有詳細日記,王壽南從中整理出 3 個問題:一是教材方面,主要是《四書》、《五經》等道德文章,典型的八股教育;二是教法方面,只是背書、寫字而已,很少講解書中的內容與道理;三是訓導方面,小皇帝不肯學,不可能懲罰,也不

---

[329]　《張文忠公全集》,〈奏疏〉二。
[330]　《明史》卷 213,〈張居正傳〉,62 冊,P3765～3766。
[331]　《資治通鑑》卷 24,〈漢紀〉16,2 冊,P922。
[332]　同上,卷 136,〈齊紀〉,9 冊,P5670,「朕始學之日,年尚幼沖,情未能專。既臨萬機,不遑溫習。今日思之,豈唯予咎,抑亦師之不勤。」

小結：王朝夭折與國家永恆

可能獎勵（獎勵是居高臨下，不可能像一般學生那樣嚴加管教）。所以，王壽南說：「中國古代君主除極少數較有學問外，絕大多數都沒什麼學問，所以我們可以說，中國古代君主教育多半是失敗的。」[333] 當災民沒飯吃時，皇帝責問為什麼不吃肉粥，請不要嘲笑，因為從來沒人教他到底是米貴還是肉貴。學者還進一步說：「聖主明君不能不學無術，也不能不讀書，但讀書卻未見得就能讀出個聖主明君來，帝王之學非關書也。」[334] 柏拉圖說只有哲學家才能當帝王，儒家說只有孔子、朱熹們才能當皇帝，都是不可靠的。

二、用帝王方面

不要光說當官用人，也得說當人民怎麼用帝王。

太平盛世還稍好，只要賢臣、能臣能發揮作用，庸君或娃娃皇帝照樣可能開創盛世。末世就非得明君、聖君不可。東晉史家干寶就說：「天下之勢既去，非命世之雄才，不能復取之矣。」[335] 末世是非常之世，本當選非常之才，行非常之政，不惜壯士斷腕，大刀闊斧，深化改革，橫掃積弊，才可能力挽狂瀾。可你看本卷14個末世直接所涉20多個帝王，有幾個像樣？怎麼可能擔負起救世的歷史重任？然而那種死板的選人制度，幾千年不肯改，不是大意，也不是偷懶，而是太不負責任！大家都心存僥倖──僥倖皇上生個德才兼備的太子，僥倖有一班德才兼備的文官武將，僥倖敵人永遠弱弱的……說來讓人生氣。

當然，論歷史沒什麼好生氣，還是平心而論吧！

一隻猴子「為所欲為地橫行起來」，大不了把一個山頭的野果搗爛；一

---

[333] 王壽南：《照照歷史的鏡子》，北京：新華出版社，2012年，P54。
[334] 虞雲國：《南宋行暮：宋光宗宋寧宗時代》，P122。
[335] 同注331，卷68，〈漢紀〉60，4冊，P2736。

個女人「為所欲為地橫行起來」，大不了影響一個家庭上下幾口；而一個帝王「為所欲為地橫行起來」，史書常見的描述是「天下騷動」，那就禍國殃民了。

一是帝王不愛國，人民無奈。帝制時代百姓長期糊里糊塗地把國家與帝王等同，帝王及皇族心裡則清楚得很——國家與帝王是不同的！帝王們把自己的利益凌駕於國家利益之上。平時他們故意混淆概念，要求百姓愛國，實質是要求無條件地愛帝王。一旦面臨先救母親還是先救老婆的抉擇時，他們便棄之如履般，丟棄國家。石敬瑭為了當個小皇帝，竟然出賣燕雲十六州那麼大塊國土，並稱比他小10歲的遼帝為父皇，丟盡國人的臉——幸好不是漢人！對這樣的帝王，你能指望他國家利益至上嗎？

二是帝王犯錯，人民無奈。理論上，儒家與上天密切感應，為人民選的都是「聖王」。為防不小心有差錯，從周朝就開始設定諫官，專門糾繩帝王。歷代官員也以當諫官為榮，說是「武死戰，文死諫」，不惜抬著棺材進宮提批評意見，但實際效果實在難以恭維。李世民簡直是納諫的代名詞，但他不無作秀的成分，晚年則變得頑固拒諫，沒有第二個魏徵。盛世明君將進諫者貶官、杖打甚至斬殺，也不少見。帝王不是神，決策偶有失誤本來就很正常。問題是總想證明他是神，腦門一拍、聖旨一下，就難以糾正，常常用一個個大錯遮掩小錯，糟到難以收拾的地步，才可能承認得改，但這時往往已經太遲了，大災大禍已經釀成。

集權有利於辦大事，但也容易為國家和人民帶來大災大難。514年秋，從北魏來降的王足向梁武帝蕭衍建議築浮山堰，水攻上游260里處的淮河重鎮壽春。專業技術人員實地勘察後，認為那河床盡是泥沙，不可築壩。但蕭衍認為可以，發丁役和軍士共20萬人施工。見梁人築此堰，北魏有些人很恐懼，紛紛建議趁早出兵阻止。宰相李平認為那裡根本築不了堰，築了也會自行坍塌，用不著出兵。果不其然，第二年四月，浮山堰剛

小結：王朝夭折與國家永恆

築成就垮，幸好蓄水不多，沒造成太大損失。然而，蕭衍丟不起面子，咬咬牙，下更大決心，從京城運來數千萬斤鐵器沉下去，又伐百里之內岡陵木築井字形，再填以土石。那工地上，「夏日疾疫，死者相枕，蠅蟲晝夜聲相合」。那壩長約9里，在今天也堪稱世界上最長的水壩（三峽大壩僅2,308公尺），今皖東、蘇北、豫東等大片地區被淹沒。次年九月，空前絕後的偉大工程浮山堰重新築起，無比壯觀，歡天喜地。可是水剛蓄滿，堰又潰決，這次聲如雷響，300里內皆聞，「漂其緣淮城戍居民村落十餘萬口，流入於海」[336]。

三是帝王享樂無度，人民無奈。我非常欣賞范仲淹的才情，但不讚賞他「先天下之憂而憂，後天下之樂而樂」之說，因為前半句尚可，後半句實際上他本人也沒踐行，而用以苛求他人，則很容易成問題。學者指出：「剝削制度下的統治階級中，雖有賢明的君主和廉潔之臣，但從整體來看，追求生活的腐化享樂，是一種常態。」[337] 國人很重面子，帝王是國人的重要面子，絕對沒幾個人會要求他們像劉宋時期的劉裕那樣，清心寡慾，還留「憶苦思甜」展覽館，讓孫子譏笑為「鄉巴佬」。連國母也希望她能長的漂亮點，打扮漂亮，走出去風光，母儀天下，而不希望像劉恆的慎夫人，想穿街上流行的拖地裙，也捨不得布。問題是，帝王往往享樂過度，樂而忘憂，置「天命」不顧。晉大臣傅咸提醒：「奢侈之費，甚於天災」，但沒幾個帝王放在心上。宋末爆發大規模民變，趙佶不得已喊停「花石綱」。可是，民變一鎮壓，馬上又恢復，應付朝野一下而已，並沒有半點悔改。慈禧太后60大壽，時值中日戰爭，可她還是要大慶大賀，耗銀540多萬兩，而那場戰爭籌款才250萬兩，不到她慶生的一半。試想，如果把她的慶生開支用到前線將士身上，那場戰爭結局有沒有可能不一樣？晉武帝司馬炎還算明君，他開創了「太康之治」，可他後宮美女上

---

[336]《魏書》卷98，〈蕭衍傳〉，20冊，P1471。
[337] 卜憲群：《與領導幹部談歷史》，P158。

萬,就算一天換一個,也得排 30 年,你說他還能剩多少精力工作?這樣的王朝怎麼可能長久?

四是帝王以權謀私,人民無奈。朕即國家,帝王用不著像一般官員那樣,收受錢賄賂、性賄賂,但他們得為其一個個小集團私謀好處。造反奪權成功後,無不化家為國,兄弟們人人封賞個師長、旅長之類。擴大一些,為權力集團謀利,如清末那份內閣名單,無視皇室不入閣的國際慣例,13 名大臣中,滿族 9 人,其中皇族 5 人,漢族僅 4 人,變成「皇族內閣」、「親貴內閣」。再擴大一些,為本族、本姓謀福利,如高士廉等奉旨修《氏族志》,如實列山東士族為第一等,李世民不滿意,要求重新編,並明確指示「不須以前,只取今日官爵高下作等級」。[338] 結果改為以皇族李氏為首,外戚次之,山東崔姓等降為第三等,李世民這才批准頒行。又如武則天登帝後,立即在神都洛陽立武氏廟 7 座,封武氏子姪為王或郡王,武氏諸姑姐為長公主,天下武氏均免稅役。還可以再擴大至本民族,如蒙古人、滿族人入主中原後,都公然將本民族抬至最高,而將漢人壓至底層。清時,每部設兩名尚書,一滿一漢,但漢人尚書得服從於滿人尚書。層層疊疊,扣除這麼多私利,還能剩多少殘羹冷炙給人民?

五是帝王窮兵黷武,人民無奈。比《孫子兵法》更久遠的《司馬法》就指出:「國雖大,好戰必亡。」可歷史上還是戰爭不斷,沒幾個年頭平靜。有許多戰爭是被迫的,可也有不少是中原挑起的。楊廣征高麗,純粹是為了他的面子,還是要一戰再戰,逼得竇建德等人率眾起事。「澶淵之盟」後總認為主戰是英雄,和談是「漢奸」,趙佶很想挽回面子,繼位第三年就開始征戰,12 年間,相繼與吐蕃、西夏等鄰國戰爭,雖然勝多敗少,但龐大的軍費,將繁榮的經濟拖垮,導致民變不斷。在這種情況下,本當像劉徹那樣懸崖勒馬,與民休息,可惜趙佶不是這樣。沒忍幾天,見遼國

---

[338] 《舊唐書》卷 65,〈高士廉傳〉,30 冊,P1649。

小結：王朝夭折與國家永恆

叛出一個金國，馬上又狂熱起來，不顧與遼百年和好，與金結盟、對遼開戰，結果遼是滅了，金卻反過來隨手滅北宋。南宋末悲劇重演，與蒙古結盟、對金開戰，金一滅蒙古，也反過來滅南宋。如果不是這樣，那段歷史將如何？劉徹、李世民等在歷史上聲譽滿好的皇帝，其實也都因好戰敗光了盛世成果，為人民帶來災難。

六是帝王濫用奸臣，人民無奈。有為的帝王，無不善於用人，如劉邦、李世民等等。俗話說「國不可一日無君」，指的僅僅是帝王的寶座不可一日空缺，一缺，馬上就會有人陰謀。至於那寶座上坐什麼樣的人，只要血統正，能力次要，甚至根本無所謂。宋人說：「只要趙家一塊肉，便可當皇帝」。[339] 幼主或昏君之時，只要賢臣、能臣尚在，照樣可能出盛世，如「成康之治」、「萬曆中興」等。而沒有能臣，帝王累死也沒用。如果奸臣當道，不亡也得敗。你看哪個末世沒有奸臣當道？西周之亡，關鍵一敗「烽火戲諸侯」，就是大臣虢石父的餿主意。趙佶當政 20 多年裡所重用的，幾乎都是奸臣。假如晉末大臣王衍有忠心並實幹；宋末的宰相不是賈似道，而是個賢相；遼末的耶律大石沒被逼走；明末袁崇煥沒被誤殺……他們的歷史很可能都得改寫。

關於奸臣，王壽南說：「和平的方式，是否能成功地達到清君側的目的呢？我們尋遍史籍，幾乎找不到因為正直人士用和平方式提出『清君側』要求、君主就會真的清除這些小人的記載。也就是說，希望用和平、用議論方法來清君側是達不到目的的。」為什麼呢？王壽南進而分析，「要使一個執政者能接受臣民的勸告，處置身邊小人」的 4 種力量，一是司法，二是監察，三是輿論，四是壓力團體，這是「今天民主社會裡，能使執政者不得不顧及的四種力量」[340]，但在古代，貧乏得很。

---

[339] 周密：《齊東野語》卷 3，北京：中華書局，1983 年，P44，「但得趙家一塊肉足矣」。
[340] 同注 333，P86。

皇帝昏庸與奸臣當道相輔相成，乍看像雞與蛋那樣說不明、道不清，其實不然。沒有昏庸的皇帝，就沒奸臣當道的可能。在明君面前，奸臣即使產生邪念，也只能自生自滅，不可能囂張到「當道」的地步。所以，要反對將一切責任或重要責任歸咎於所謂「奸臣」的做法。每一個奸臣都早有人彈劾過，只因為帝王的庇護，甚至夥同奸臣、迫害檢舉人，才使奸臣禍害越來越大。安祿山舉兵叛亂之後，李隆基「始懼」，急召大臣商量對策。宰相楊國忠痛哭流涕說：「人告祿山反狀已十年，上不之信。今日之事，非宰相之過。」[341] 這辯護並非全無道理。奸臣的那份罪責理當帝王承擔，就跟未成年人犯罪得追究監護人一樣！

七是帝王縱容腐敗，人民無奈。對此，《秋之卷》附錄中有專論，在此只強調一句：亡國，大都是昏君、暴君和貪官汙吏「齊心協力」的結果。

八是帝王夜半臨池，人民無奈。昏君最重要的特徵是缺乏憂患意識，沒有責任感，對問題視而不見，醉生夢死，以致沒事生事，小事化大，大事化炸，而不是大事化小，小事化無，將矛盾及時解決在萌芽狀態。甚至在社會已經出現越來越多不滿之時，朝政已告危，他們仍然粉飾太平，對問題只簡單採取「鋸箭療法」——只鋸肉外箭桿，而不拔除肉中箭頭，得過且過，將定時炸彈迅速傳遞。沒擁有政權股份的朝野人士，倒很關心國家命運，往往比帝王還急。從西周末那位警告「若國亡不過十年」的大臣，到清末擔心將沒有「宣統五年」的梁啟超，每一個朝代之末，都不乏有識之士急切熱盼帝王能夠懸崖勒馬，華麗轉身。可那些夜半臨池的帝王，還不如千百年前的周公，以為「天命」一旦選擇，就像日月一樣不可變更。有的過度迷信自己尚存的實力，最典型的就是載灃那句：「不怕，有兵在！」是的，官軍對民軍——或者說革命軍——處於絕對優勢，完全有理由不把他們放在眼裡。可他忽略了，兵不是沒良知的炮灰，而他們

---

[341]　同注331，卷218，〈唐紀〉34，P9158。

小結：王朝夭折與國家永恆

的父母沒幾個在皇宮。由於越來越喪失人心，他手裡那些兵頃刻之間就可能變成敵軍。民軍離京城越來越近，楊廣還罵說真話的大臣：「這老傢伙詭計多端，想用賊兵來嚇唬我！」自欺欺人一番後，第三次出遊。途中還有人直言相勸：「如果陛下堅持巡遊江都，天下就不是陛下的了！」楊廣又將這人斬了，直到身邊的禁軍也突然變成敵人，他真的再也回不去了。梁啟超批評載灃們是不能開花的樹，不能生蛋的公雞，不能蒸出飯的沙子。為什麼要忘乎所以、頑固不化到如此地步呢？實在讓人不敢相信。

百般無奈的結果，人民只能淡漠政治。宋末，謝太皇太后發〈哀痛詔〉以賞功賜爵，許諾、號召百姓奮起救國，文天祥帶了頭，可是基本上無人響應。他們的祖宗不是「只要土地，不要人民」嗎？報應了！法國傳教士古伯察記一則見聞：他在一家小酒館碰到幾個中國人，想跟他們一邊喝茶，一邊討論道光皇帝之死的問題，沒想到這些中國人根本不感興趣。一位有點身分的笑道：「幹嘛要談那些無聊的事呢？那些事歸當官的管，他們拿俸祿。我們百姓亂思索政治，簡直是傻瓜！」[342] 難怪大小茶館總要奉行「莫談國事」的戒律。

繼而作壁上觀。鴉片戰爭時，英國海軍和清軍水師在鎮江交戰，岸邊有大批百姓圍觀。據說當清軍艦船被擊沉時，岸上百姓不僅不悲憤，反倒喝采。英軍登陸後，缺乏食物和淡水，百姓爭相賣給他們，而不是想方設法將那些入侵者渴死、餓死。英國軍官困惑得很，忙問中國翻譯。翻譯回答：「國不知有民，民亦不知有國！」梁啟超的政治小說《新中國未來記》，從小說藝術的角度來看，不敢恭維，但從讀史角度看，還是有不可忽略的意義。其中寫道：「你看聯軍入京，家家插順民旗，處處送德政傘⋯⋯」會不會太誇張？

最後反戈一擊。盛世往往是化敵為友，末世恰恰相反，國內、國外

---

[342] 轉引自熊培雲：〈救救家鄉，救救公共精神〉，《南方都市報》2009 年 4 月 11 日。

製造一批又一批敵人。梁啟超說當時「政府者，製造革命黨之一大工廠也」，[343] 一點也不冤枉！建政之初那些民變，你可以歸咎於是前朝的遺留問題。可是幾十年、一、兩百年過去，連他們祖宗都生在本朝、長在本朝，可謂「世受國恩」，完完全全本朝教育培養出來，道道地地專制文化薰陶出來，何以變成本朝的敵人？

有一個問題很顯然，末世的政治大都早已破產，儘管你說得天花亂墜，人們寧願信「賊」或外寇，也不信官府。這種時期再加上天災人禍，生存都成問題，百姓能不反嗎？專家學者在談唐末黃巢起事時指出：

> 他們並不是要解放農民的起義軍。說穿了，這只不過是一群失去社會信任，因自身能力不足，不被社會所承認的、對社會不滿的分子，毫無計畫、沒有理念地揭竿而起而已。[344]

豈止黃巢。從陳勝、吳廣到白蓮教、太平天國，幾千年間那無數的造反者中，有幾人胸懷「解放農民」的理念？與清末那些革命黨人不可同日而語。然而，無不是帝王製造！是帝王占著茅坑不拉屎，霸著國家機器而不為民謀福祉，讓他們「失去社會信任」，讓他們「能力不足」，讓他們「不被社會承認」，讓他們餓得要去吃比狗肉更殘忍的人肉……他們只得匆匆地「毫無計畫、沒有理念地揭竿而起」，「寧願在山頭望監獄，不願在監獄望山頭」。[345] 將他們稱之為「起義」，實在是抬舉過高（本書一般使用中性詞「民變」），但不可低估他們對王朝的毀滅性作用。他們不值得推崇，可也不該貶為「盜」，值得同情與深思。

---

[343]　梁啟超：《論現政府與革命黨》。
[344]　《中國的歷史・宋朝》，P21。
[345]　同注 331，卷 93，〈晉紀〉15，P3742，「臺下云我欲反，豈得活邪！我寧山頭望廷尉，不能廷尉望山頭。往者國家危如累卵，非我不濟；狡兔既死，獵犬宜烹。但當死報造謀者耳！」

小結：王朝夭折與國家永恆

國家永恆之可能

歷史學家強調：「儘管我們討論的是昔日的天下，但面向的無疑是未來的世界。」[346] 深有同感。

因為每一個帝王都滿心希望自己的江山千秋萬代，而事實上都落空，所以以往任何朝代（國家）都屬「夭折」。說王朝必然夭折，並非說那是國家的宿命。相反，我認為國家不說與日月同輝，也應當與其人民共存亡。如果在歷史上的帝制下不可能，那麼隨著時代發展，應該非常可能。

外部因素方面，在《秋之卷》附錄〈帝制時代的天時地利人和〉一文中有具體分析，不再重複。內部因素方面，換個角度再說說。

一、人民、政府與國家

我曾通讀民國二十七年（1938年）版《福建通志》的〈節烈傳〉，計3,343人，其中唐1人、宋36人、元31人、明741人、清2,524人。三千節烈，血淚成河，因此我對宋明理學──特別是朱熹──再沒有好感。

連江吳玉小在丈夫病危時，發誓殉節。丈夫安慰說：「妳做我妻子以來，吃了許多苦，老天有眼，會讓妳以後幸福！」她說：「你死了，我還有什麼幸福可言？我下定決心了！」果然，丈夫一死，她就用鐮刀割咽喉，鮮血噴湧濺地。救活之後，她又剪髮絕食，只希望父親來見最後一面。父親為讓她回心轉意，拖了3個月才去，沒想到她的決心絲毫未減，欣然說：「兒不孝，我要跟丈夫去了！」父親百般勸說無效。這天晚上，她關起房門，剪下頭髮絞為繩索自縊，終於奪得一個「烈女」的光榮稱號。

---

[346]　葛劍雄：《統一與分裂：中國歷史的啟示》，P209。

國家永恆之可能

再介紹個「節婦」的先進事蹟。侯官姚氏，聽說未婚夫死了，立即上吊，被母親解救；晚上投門前池塘，被鄰居救起。第二天，解金耳環吞，嘔吐不死，又絕食。姑陳氏帶著兒子來她家，勸慰：「妳丈夫死前，說要過繼我兒子。我兒子念書，將來讓妳夫家旺盛起來，不是很好嗎？」姚氏答應了。可她父母反對，說那個家太窮，養不起人，勸她改嫁。她掙扎下床，跪在父母面前說：「我願受苦！」父母無奈。於是，她到已死未婚夫的婆家生活，侍奉老少。後來，公公死，家更窮。沒幾年，姑又死，過繼的兒子也死，她與孫子相依為命。沒想到，這孫子「見家空，飄然不知所之」。她孑然一身，年老眼花不能當女工了，只得以缽為鍋，以草為衾。因付不起房租，被人趕出，流浪荒野。一個好心挑夫出錢，把她送入普濟堂，才免於餵野獸。在普濟堂，她還抱著未婚夫的靈牌，朝夕祭祀，祈求那個杳無蹤跡的孫子早日歸來，直到化為一座貞節牌坊。

這顯示出吳玉小和姚氏這類節婦、烈女，將自己的生命、婚姻及幸福，全與這個丈夫（而不可能會有第二個）捆綁在一起，只要這個丈夫死，她們的幸福、婚姻與生命也得結束。如果遭他人侵犯，即所謂「失節」，那麼她的婚姻和生命往往也得結束。即使苟活，也得終結婚姻與性。我覺得宋之後中國古代婦女悲劇的根源就在於此：性、婚姻與生命全被理學緊密捆綁在一起，沒有調節的餘地。

由此我聯想到人民、帝王與國家。孟子有句名言「民為貴，社稷次之，君為輕」，由此可見，人民、帝王與國家三者是有差別的，不可混為一談。可是，專制統治者不然，法國路易十四的名言是「朕即天下」。中國歷史上這三者也被儒家緊密捆綁在一起，難有相對區分的空間，一損俱損，只不過一榮並不一定俱榮（帝王的好處難得讓百姓分享）。只要帝王被推翻，甚至只是自然死亡，往往王朝（國家）也得滅亡，人民跟著遭殃。帝王的生命不可能永恆，明君也難以善終，卻要如此捆綁，簡直拿人

小結：王朝夭折與國家永恆

民和國家當人質！這是一件多冒險的事！黃仁宇指出：「當日的制度已至山窮水盡，上自天子，下至庶民，無不成為犧牲品而遭殃受禍。」[347]

現代不同了。人民、政府與國家適當區分，黨也區分為執政黨與非執政黨，政府及國家領導人有任期，只有人民和國家永恆不變，就跟現代人理財一樣，一般都懂得不把所有雞蛋放在同個籃子裡。英國「光榮革命」將人民、政府與國家及皇室適當分開，300多年來，不再有什麼社會大動盪。

如果說周公時代、孔子時代見識有限，之前雖然也有千萬年，但當時缺乏文字紀錄和文物，他們相信世上曾經有「聖人」，不足為怪。法國大革命時期，就有人警告：「倘將某一個人的功績，甚或他的德性，當作不可缺少之物時，就是共和國的不幸。」[348]

民主制度絕不是十全十美的神話，但它剛好是專制兩大癌症的剋星：

一是不可能選那種生活都無法自理、明顯智能不足或根本無心從政的人為國家元首；

二是即使不小心偶然選到一個不稱職的，也容易撤換，而不大可能讓他為所欲為，做出一堆貽笑千古的荒唐事，讓人民和國家掙扎在生死線上，還得叩頌皇恩浩蕩。驢有意在懸崖邊玩，你是「諫」不回的，唯有用「法的繩索」強行拉牠回來，關進「鋼鐵制度」的籠子裡。

中國早有「民本」思想，《尚書》就說：「民唯邦本，本固邦寧」，且有不少帝王踐行。然而，誠如專家學者所說：「雖然儒家大師們先後提出了種種『親民』、『民貴』的觀念，但他們大量有效的文字資料可以顯示，儒家在政治領域的主導性立場，並不是關注民眾生活、維護百姓福祉的『民本位』，而是維護君主權威、關注朝廷利益的『王本位』，亦即熊十力指出

---

[347]　黃仁宇：《萬曆十五年・自序》，P4。
[348]　[法]馬迪厄：《法國革命史》卷3，楊人楩譯，北京：商務印書館，1973年，P811。

的『以尊君大義為其重心』，具體表現在它不僅將民本位從屬於王本位，而且在出現衝突時，還會為了維護王本位，不惜否定民本位。」[349] 他們只不過是將人民視為載其舟的工具之本罷了。

何況，「民本」與「民主」相距不小。清末學貫中西的薩孟武有生動的說法：民主好比股份有限公司，人民是這個公司的股東；民本則好比獨資公司，人民是這個公司的員工，君主是公司老闆。眾所周知，股東是有權透過股東大會等形式參與經營的，而獨資公司的員工無權過問經營。如此，股東積極努力參與，希望公司永遠興盛，榮辱與共；而獨資公司員工只能希望僥倖碰到好老闆，待員工態度好，多發點福利，如果運氣不好，碰到不好的老闆，只能渴盼這個老闆快死，可能會換一個好一點的。這也深刻地揭示了歷史上何以那麼多改朝換代。

法國大革命時期有個風雲女人——斯塔爾夫人，她在巴黎有最著名的沙龍，常談論時政，以犀利的眼光批判拿破崙的獨裁趨向。拿破崙後來抱怨說：「從她家裡出來的每個客人，都變成了反對我的十字軍武士。」拿破崙幾次下令將她逐出巴黎。她曾說：

只有人民的自願同意，才能賦予政治機構生命；而用暴虐手段來保障自由，這種荒誕方法，只能製造出一種過一會兒就得上上發條才不致完全停擺的那種政府。[350]

這是我 30 多年前讀的，竟然過目不忘。我覺得歷史正是這樣，或幾年，或幾十年，或一、兩百年，就得上上發條。

上上鐘錶的發條，輕巧得很，小時候我還覺得好玩，但歷史發條上起來可不好玩。豈止不好玩，那常常是災難的代名詞。讀前 14 章，你沒有

---

[349] 劉清平：〈王本位，還是民本位：儒家立場辨析〉，《上海師範大學學報（哲學社會科學版）》2009 年第 5 期。

[350] [英] 約翰・霍蘭羅斯：《拿破崙傳》上冊，P217～218。

小結：王朝夭折與國家永恆

這種感覺嗎？民主則好比將機械鐘錶改用石英，省去過一會兒就得上上發條的麻煩，而讓它永久地、自動地、平穩地執行。

行文至此，我想借用孔子一句話：「民主此等優，鬱郁乎文哉，吾從之！」

■ 二、拉鍊、環鏈與射線

◎拉鍊式

有句話影響很大：「話說天下大勢，分久必合，合久必分。」因為這話出自《三國演義》頭一句；更重要的是，因為這話既描述了三國之前千百年歷史發展的軌跡，又與三國之後千百年的歷史發展軌跡相吻合，不能不令人嘆服。查查數千年的世界歷史，雖然有些帝國長達上千年，但整體同樣分分合合。每個國家的歷史，無不悲歡離合。然而，這是一種歷史規律嗎？處於分裂時期的人們，可能多數追求統一，可是處於統一時期的人們，難道又都會追求分裂？

日本學者對此觀點進行了剖析：「中國歷史這種統一與分裂的循環，只不過是一個偶然現象，從世界史來看，它並不存在普遍性……是不是統一就意味著和平，分裂就意味著戰亂呢？並不是，在分裂狀態下保持區域性和平的例子舉不勝舉。所以說『分久必合，合久必分』的分裂統一循環論，只不過是後人強加的一個觀念性結論。」[351]

我想將此表述為拉鍊式歷史觀，取其不斷地一開一合之意。

◎環鏈式

環鏈是由一個個環相連而成。環鏈與拉鍊有相似之處，都由一節一節連串組成，都有週期性。

---

[351] 《中國的歷史‧後漢三國時代》，何曉毅譯，桂林：廣西師範大學出版社，2014 年，P18。

如同以兩點為半徑畫圓。最早可追溯到《孟子》：「天下之生久矣，一治一亂」。亂世→治世→亂世……形成一個個圓周。這種說法如同一個公式，可以更換不同但是極為相近的概念。例如日本 13 世紀說唱本《平家物語》開篇第一句「諸行無常，盛者必衰」，「一治一亂」改為「一盛一衰」。

這裡的「環」，只是個象徵性說法，並非一定指那種正規的圓。準確一點來說，歷史發展更像是橢圓的上半部，時間長一些的朝代，像橫放雞蛋上部那弧較長，時間短一些的朝代，則像豎著雞蛋上部那弧很短。

◎射線式

拉鍊式、環鏈式對描述帝制時代歷史似乎中規中矩，但對描述近現代史及明天的歷史、將來的歷史，很可能就會「過時」了。

邏輯上來說，前天是的，昨天是的，今天是的，明天未必是。羅素（Bertrand Russell）曾經舉一個生動的例子：一個人養一隻雞，每天按時餵食這隻雞，久而久之，小雞習慣了這種餵養，所以每當一定的時間，只要看到這個人出現，牠就會在習慣的指導下，做出歸納推理，認為此人又來餵食，牠又可以飽食一頓，哪知道，此人今天來，是要將雞宰了、端上餐桌。同樣出於這種邏輯，我們是否可以說：三國之前是分久必合，合久必分；三國之後也是分久必合，合久必分；但這絕不等於今後依然會像拉鍊那樣，長長地分合下去。

歷史上是「叢林時代」，弱肉強食，帝國稍腐敗、衰落，就會開始被他人所食。「三千年未有之變局」以來，大不一樣了，再弱小的國家也不用擔心被他人所食。對此，《秋之卷》附錄有專論。當然，亡國的可能性還是有，那只有一種可能 —— 自行解體，例如蘇聯。

之所以成圓，或者橢圓，是因為興至盛之時就開始衰落。而有人民的監督，政府不敢鬆懈，一出現衰勢，就及時得以糾正，那麼盛之後就不再

小結：王朝夭折與國家永恆

是一段下落的弧，而將是一條射線……我數學不好，行文至此卻不知怎麼鬼使神差，突然冒出幾何學上的「射線」概念。不太放心，馬上查工具書，描述其特點：一是只有一個端點和一個方向；二是不可度量，通常把它看成是手電筒發出的光線。今後的歷史軌跡，應該如下圖所示：

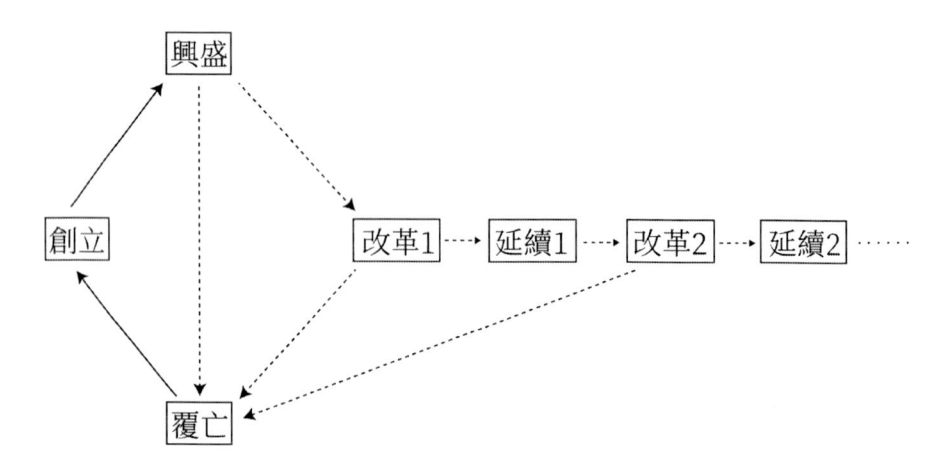

```
        興盛
       ↗  ⇘
     ↗      ⇘
   創立      改革1 ⇢ 延續1 ⇢ 改革2 ⇢ 延續2 ……
     ↖      ↙
       ↖  ↙
        覆亡
```

一個王朝既然能夠創立，肯定能興盛一段時間，只不過這時間非常無常，也許幾個月，或者幾年，直接就覆亡。如果有較長時間，那或多或少會轉而和平建設，亦即改革。改革不成功，仍得覆亡。改革成功，王朝壽命更延長一些。再改革，不成功還得亡，成功便再延續……

當然，這射線只是個象徵性說法。世界上沒有幾樣事物能像手電筒的光那樣筆直，太陽、月亮也有日食、月食之時，再美好的社會也不可能波瀾不驚，我只是深信，在世界歷經「三千年未有之變」的今後，民主之路可望讓國家的歷史在一個方向不可度量地、基本平穩地發展，大致呈射線式，而不再呈拉鍊式或環鏈式。換言之，誠如夏王桀所說：「天之有日，猶吾之有民。」（請不要因人廢言）

人民不死，國之永恆！

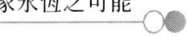

三、「歷史循環論」屬於歷史

外國學者論中國史,常用「朝代循環」一詞,狹義指朝代興亡相繼,廣義則指與朝代興亡相關的其他類似的循環現象。其實,中國自己也愛用「朝代循環論」,如孟子的「一治一亂」說,儒家最講究的「五德五行」說,官方民間普遍信奉的「分久必合,合久必分」,最新版本則要數「歷史週期律」……等等。

著名地質學家李四光,年輕時曾做過一篇關於中國歷史治亂週期的分析,認為中國歷史可分為以下數節:戰爭時期、土木工程時期、第一個安定時期、第二個安定時期,然後再回到戰爭時期。對此,史家評論:「在兩個安定朝代後,建立第三個安定朝代,也的確有其困難。因為經過兩代的長期太平以後,政治組織中的積習以及社會風氣,都一定有陳腐之處,倘若不能做到有效的改革,也就真會積弊叢生,而使第三個朝代無法安定下去。」[352]

然而,歷史的趨勢有一個大致的軌道,不過這種答案只有在專制的王朝才能適用。學者認為:「歷史將不會和前一個週期一樣,也就不能利用過去的歷史紀錄,來完全預測今後發生的事件。」[353]

「歷史循環論」當屬於歷史!

---

[352] 《古代中國的歷史與文化》,P16。
[353] 同上,P17。

小結：王朝夭折與國家永恆

跋：馮敏飛和他的歷史寫作

蕭春雷

敏飛兄懷舊。1996 年，他出版第一本著作《人性‧自然‧歷史》時，邀我寫了個跋記；24 年後，他已經是著作等身的名作家了，又請我為他的四卷本著作「歷史四季」作跋。他告訴我，他一直記得那個跋記裡的一句話：「他試圖透過對一個縣的政治、經濟、社會習俗等方面的深刻了解，作為開啟更廣大的文化與社會的鑰匙。」他後來的寫作道路，神祕地印證了這句話，像是存在一種宿命。

我仔細想想，真是這樣啊！馮敏飛和我曾經同學一年，大學畢業後又都回到家鄉教書，隨後他改行做行政、修地方志。這期間，我們組織一個「圍石文社」，兩人合作創作了第一份導遊詞。不久，我們的創作道路正好十字交叉：他在竭力擺脫地方史志的過度影響，向上提升，面向更廣闊的歷史和文化；我則從詩歌、哲學、歷史等宏大敘事墜落，一頭栽進地域文化的細部。敏飛皓首窮史，先後出版了歷史小說《孔子浪漫史》和歷史隨筆《歷史上的 60 年》。這是兩塊敲門磚，無意中幫他開啟了中國歷史令人生畏的大門。朝代的興衰，皇權的轉移，帝王的瘋狂和腐敗，都讓他深深著迷。歷史不但是一個更大的泥潭，還是漩渦、深淵、黑洞，吞噬了無數學者的生命。他不自量力，試圖破解古代王朝存亡的祕密。他的思考凝聚為這套四卷本「歷史四季」。

敏飛自嘲說：「我是無知者無畏，糊里糊塗闖進了歷史領域。年紀大了，漸漸覺得文學有點虛幻，還是歷史較結實，自然而然就轉過來了。」

然而話說回來，歷史是黑洞，難道文學不是嗎？我常說，文學是殘酷

跋：馮敏飛和他的歷史寫作

的事業，只有一二流的作品有機會存世；但三四流的文史筆記，後人依然視之為珍寶。自古文史不分家，文人另闢戰場，首選史學，並且成績斐然，賈誼的〈過秦論〉名垂千古，蘇軾品評了數十位歷史人物，歐陽修甚至自撰了一部《新五代史》。不過文人治史，並非做學問，而是喜歡別出心裁作史論。他們覺得史家太膽小，見識平庸，忍不住越俎代庖。

敏飛是我見過最勤奮的作家，從年輕時用鋼板刻蠟紙油印詩稿，到後來列印或鉛印文章，再到後來一本本著作，著述不輟，我常常有幸成為第一批讀者。如今，他有一間海景房，視野極佳。想像他每日坐在窗前，積一生閱歷，看滄海橫流，數歷代興亡，心中不知湧起多少感慨，急著與讀者分享。

「歷史四季」太厚了，我花了一個多星期瀏覽，這裡簡單說幾點感受。

長期以來，歷史成了史料和考據的堆砌，述而不論，面目可憎，語言乏味。敏飛以一個作家的身分討論歷史，帶來幾個讓人難忘的特點：一是敘事生動，語言活潑，讓歷史變得趣味盎然；二是視野廣闊，常將中國史與世界史比較，古代觀念與現代觀念對照，咳珠唾玉，精彩紛呈；三是關注歷史細節和個人體驗，為歷史注入了鮮活的人性，血肉豐滿。他的寫作方式，明顯受到前輩歷史作家房龍、柏楊的影響，但有個人特色。實際上，敏飛在表達自己的見解時更謙遜，書中大量引述各方意見，力求讓讀者全面了解，然後再加以點評。

這套書的最大優點，是找到了一種觀察中華文明的獨特角度：每個發育完整的王朝，猶如有機體，都經歷著春夏秋冬，在時間裡誕生、生長、衰老和死亡，有規律可循。這是一種古老的生命模型，優美簡潔，具有強大的建構能力和闡釋空間。接受這種敘述方式，就意味著你接受了他的歷史邏輯，從一個新的角度理解中國歷史。

身為人文地理作家，我覺得，這套書對地理、氣候、災害、瘟疫等歷

史外部因素的影響，還需要更加重視。舉個簡單的例子，歷史上漢民族勢力最強盛的幾個時期，春秋戰國、秦漢和隋唐，據竺可楨先生研究，氣候都要比現在溫暖 2 度左右；而漢民族勢力衰微的商末、南北朝、南宋末年和清初，則擁有歷史上最寒冷的冬天。這意味著，東晉和南宋之亡，不僅僅是人禍，更可能是天災——在嚴寒的驅趕下，北方游牧民族一波波南下，任何一個漢族王朝都難以抵擋。

歷史的迷人之處，就在於存在無窮無盡的闡釋可能，每一個視角，讓我們看見了真相的某些方面，同時遮蔽了另外一些方面。作家眼中的歷史，一部充滿個性和情感的歷史，更貼近我們的生命體驗，自有其不可替代的價值。

最後，根據敏飛的模型，我不妨略作發揮。縱看中華文明數千年歷史，夏商周是初春，生機勃勃；秦漢至隋唐是盛夏，雄渾飽滿；宋元明清是清秋，霜天曉角；鴉片戰爭後進入嚴冬，氣息奄奄。但一場全民族的抗日戰爭，讓中國復甦，重煥生機。新一輪四季即將開始嗎？

改日到敏飛家喝酒，再與他討論這種「歷史四季」的模型，不知他是否贊成。

（作者是人文學者，從事文學、藝評和人文地理寫作）

跋：馮敏飛和他的歷史寫作

後記

1

　　有一個困擾我已久，但迄今還不明白的問題：究竟是讀懂了歷史才看清現實，還是看清了現實才讀懂歷史？

　　不知不覺，我也形成了自己的一些史觀，體會最深的一條是「讀史明勢」，詳見《秋之卷》附錄〈帝制時代的天時地利人和〉。歷史，不只是過去的顯微鏡，還應當是未來的哈伯望遠鏡。正如葛劍雄所說：「儘管我們討論的是昔日的天下，但面向的無疑是未來的世界。」（《統一與分裂：中國歷史的啟示》，P209）孟澤也說：「歷史從來不只是一種關於過去的敘事，還是關於現實和未來的寓言。」（《獨醒之累》，P386）

　　有一位狀元讓我由衷地敬佩，他的大名是焦竑，知名度並不高。他仕途平平，但被稱為晚明傑出的思想家、藏書家、古音學家和文獻考據學家。他打動我的是一樁不起眼的小事：西元1546年，即焦竑6歲那年，他登上「觀象臺」，仰望群星閃爍的天空，感慨說：「蒼天如此廣闊無垠，而大地卻被人為地劃分此疆彼界，這全是世人思想狹隘所造成的啊！」（轉引自祖慧《中國歷代名狀元傳》，杭州出版社，2005年，P336）

　　焦竑這話真了不起！

　　將世界割裂得支離破碎，不是人類的理想。我想起一個小說：印度與巴基斯坦分治之時，一對戀人被迫分離，他們控訴「那些自稱文明的人，把世界瓜分了。這是我的，那是你的，另一塊是他的」，「你沒有對他

後記

們說,全世界都屬於上帝的嗎?」([印度] 克里山‧錢達爾《一個少女和一千個追求者》,湖南人民出版社,1981 年,P148)……我不信仰上帝,但我相信全世界的人和土地都屬於地球,我們都是「地球村」的人。

焦竑之慨該是越來越多人的共鳴,所以越來越多人嚮往「地球村」……

首先,讓我們停戰,別再弱肉強食。焦竑去世 400 年了。在他生前,人類「三千年未有之變」還沒發生,但可以說已開始醞釀。也許正是感於焦竑此類心聲,明清易世前後,歐洲那場打了 30 年的大戰終於和解,並開始建構「西發里亞和約」(Peace of Westphalia),相互尊重國家主權。與此同時,人們開始努力和平地建構「地球村」。

其次,讓我們分步走,先在經濟上實現全球資源最佳配置,然後在政治上逐步實現人類大同。

然而,近年相繼出現一系列倒退的現象,如英國「脫歐」、中美關係惡化、俄烏戰爭等,簡直給全球化致命一擊,彷彿要回歸 19 世紀。但我想,在歷史的長河中,這只不過剛轉入一個陌生的港灣,就可以斷言長遠的逆流?

這時,一件劃時代的大事發生!美國當地時間 2020 年 5 月 30 日下午 3 點 22 分,馬斯克(Elon Musk)的 SpaceX 的載人太空船發射成功,人類移民火星的夢想推進了關鍵一步。有個細節千萬別忽略:SpaceX 上面所標的不是「Made in America」,也不是「Made in SpaceX」,而是「Made on Earth by humans」(地球製造,人類生產)。由此可見馬斯克的胸懷。在無數網評當中,我最喜歡這一句:

飛向太空是下一個大航海時代,是人類對自己的終極超越,它讓地球上的一切爭端都變得渺小而無意義。

我不由想起奧地利作家褚威格在《人類群星閃耀時》（Decisive Moments in History）所說：「遺憾的是，我們的教科書總是覺得講述個別英雄人物的勝利和國家的戰爭更重要，而不去記述真實的、整個人類的共同勝利。」馬斯克的 SpaceX 發射成功，就是這種「真實的、整個人類的共同勝利」。

馬斯克的最終成功，得以多少「光年」計，我根本不想去記那些具體的數據，因為我這輩子肯定是看不到的，但我慶幸看到了 SpaceX 飛去的方向……

讓我們回到歷史，回眸一下北魏、遼、夏、金等少數民族漢化之路，再回眸一下 100 多年前從帝王、名儒到草民對玻璃、照相機、鐵路之類「洋貨」的態度，然後再看看全球化在當下所遭遇的挫折，很可能就容易釋懷了。

讀史的一個副作用，是覺得沒幾個褒義詞值得信賴。但對於順應人性之變，我仍不絕望，儘管它常顯得渺茫。

2

本書的史實整理，主要以二十五史、《資治通鑑》、《續資治通鑑》、《中國歷史大事編年》等典籍為基礎，注重吸收呂思勉《中國通史》、柏楊《中國人史綱》、卜憲群《中國通史》、《劍橋中國史》、《哈佛中國史》與日本講談社《中國的歷史》及《統治史》等新著的不同說法，參考了不少相關專著，也參閱了一些學術期刊論文。此外，還引用了一些來自網路上的資料，其中有的轉失了作者姓名或出處。我不是學者，讀書較雜，原本沒有做筆記或卡片之類的習慣（但有紅筆隨手記號），有些引文一時找不到可

後記

靠出處而又捨不得刪,請見諒!

我力求以嚴謹的態度來寫這幾本書,但我畢竟還是以作家的身分在寫歷史隨筆或曰歷史文化大散文,請見諒。

3

感謝妻子黃麗忠、女兒馮之凌多年的支持,讓我能夠潛心於史。陳怡寶等友人也曾大力支持本書,一併鳴謝!

帝國的暮色・冬之卷——王朝末世與滅亡剖析：

亡國必然因素 ✕ 永恆性探討 ✕ 歷史決策假設 ✕ 循環論之審視……以末世救亡視角，看中國各大王朝的「倒數十年」！

作　　　者：	馮敏飛
發 行 人：	黃振庭
出 版 者：	崧燁文化事業有限公司
發 行 者：	崧燁文化事業有限公司
E－ma i l：	sonbookservice@gmail.com
粉 絲 頁：	https://www.facebook.com/sonbookss
網　　　址：	https://sonbook.net/
地　　　址：	台北市中正區重慶南路一段61號8樓 8F., No.61, Sec. 1, Chongqing S. Rd., Zhongzheng Dist., Taipei City 100, Taiwan
電　　　話：	(02)2370-3310
傳　　　真：	(02)2388-1990
印　　　刷：	京峯數位服務有限公司
律師顧問：	廣華律師事務所 張珮琦律師

-版權聲明

本書版權為淞博數字科技所有授權崧燁文化事業有限公司獨家發行電子書及紙本書。若有其他相關權利及授權需求請與本公司聯繫。

未經書面許可，不得複製、發行。

定　　價：499元
發行日期：2024年10月第一版
◎本書以POD印製

Design Assets from Freepik.com

國家圖書館出版品預行編目資料

帝國的暮色・冬之卷——王朝末世與滅亡剖析：亡國必然因素 ✕ 永恆性探討 ✕ 歷史決策假設 ✕ 循環論之審視……以末世救亡視角，看中國各大王朝的「倒數十年」！/ 馮敏飛 著 .-- 第一版 .-- 臺北市：崧燁文化事業有限公司, 2024.10
面；　公分
POD版
ISBN 978-626-416-009-4(平裝)
1.CST: 中國史
610　　113015706

電子書購買

爽讀APP　　臉書